Usavršavanje NEMAČKI

autor Volker EISMANN

PREVOD I ADAPTACIJA
Goran Živanović

ilustracije Ž.-L. Guse

Naše metode

prate snimci na CD u audio ili mp3 formatu.

Kolekcije Assimil

Bez muke

Nemački - Engleski – Američki engleski Arapski - Jermenski - Bugarski - Katalonski -Kineski – Kinesko pismo - Korejski -Danski – Egipatski hijeroglifi - Španski -Esperanto - Finski – Savremeni grčki -Starogrčki - Hebrejski - Hindu - Mađarski –Indonežanski - Italijanski Japanski (1. deo) - Japanski (2. deo) - Japanski:kanđi pismo - Latinski – Novi holandski – Norveški - Persijski - Poljski – Novi portugalski – Brazilski portugalski - Rumunski - Ruski - Srpskohrvatski - Švedski (1. deo) - Švedski (2. deo) - Svahili - Tamul - Češki – Osnove tai jezika - Turski - Vijetnamski - Jidiš

Usavršavanje

Nemački - Engleski - Arapski - Španski - Italijanski

Regionalni jezici

Alzaški
Baskijski (uvod)
Bretonski
Katalanski
Korzikanski
Kreolski
Okcitanski

Poslovni

Poslovni engleski

Assimil English

Engleski kroz humor
Engleski izrazi
Konjugacije u engleskom

Sadržaj

Zahvaljujem se Šantal Ajsman što je strpljivo lektorisala tekstove i na mnoge načine ih poboljšala.

Uvod

Kakvi god bili lični razlozi zbog kojih ste odlučili da nastavite s usavršavanjem nemačkog jezika, postoji jedan koji važi za sve: stečena znanja nekog stranog jezika predstavljaju dragoceno jezičko blago koje nipošto ne bi valjalo zapostaviti. Pustiti ga da se uspava značilo bi da ga svaki dan pomalo gubimo!
Sticanje znanja iz jednog jezika podseća na postepeno otkrivanje nepoznatog kontinenta: prvo smo zakoračili, onda se, na početku, kretali omeđenim prostorima, a potom se upustili u sve udaljenija istraživanja; predeli nam postaju sve bliskiji i neprestano trčkaramo tamo-amo po sve širim prostranstvima.
Kako hodamo po toj zemlji tako sopstvenim koracima utiremo mrežu staza i drumova, «puteva za komunikaciju» koji će nam omogućiti da bez napora napredujemo, da se sretnemo s drugima i s njima razgovaramo.
Kad prestanemo da hodamo tim putevima, oni nestaju, priroda ih ponovo osvaja i teško nam je da ih ponovo pronađemo, posebno tek utabane staze ili one kojima smo retko išli. Ako počinjete s ovom metodom, to znači da su prvi koraci za vama: već ste «prokrstarili» zemljama nemačkog jezika i poznate su vam njegove osnove.
Možda ste već dostigli nivo s kojim možete da se snađete u svakodnevnim situacijama, ali koji sad želite da usavršite da biste stekli veću lakoću i samouverenost, koristili istančanije jezičke izraze i ovladali višim jezičkim registrima. Možda su vas neke druge brige na neko vreme udaljile od vežbanja nemačkog jezika, a zaborav je prekrio predele koji su vam postali bliski. Samo napred! Brzo ćete uvideti da ćete uz neznatan trud oko raskrčivanja terena otkriti mnogo toga za šta ste mislili da je izgubljeno.

Učenje uz metodu *Usavršite nemački*: uputstvo za upotrebu

Ako danas krećete na drugi deo putovanja koji ste započeli s *Nemačkim*, iz kolekcije «bez muke», već ste upoznati s intuitivnim i nenametljivim načinom učenja uz Asimil. Ukoliko to nije slučaj, evo nekoliko važnih saveta:
• Poslušajte najpre snimljen tekst lekcije i ponovite ga više puta ukoliko je neophodno, dok ne budete mogli verno da ga reprodukujete. Posebno obratite pažnju na akcenat reči i rečenice:

stavljajte akcente na pravo mesto, čak ih i malo jače naglasite, to će umnogome olakšati sticanje dobrog izgovora! Akcenti u reči su naznačeni masnim slovima u prvih trinaest lekcija. Imajte na umu da izgovor govornika odgovara nemačkom «standardnom» jeziku. Ipak, svaki govornik zadržava i nešto od svoje «lokalne boje». To će vam omogućiti da otkrijete neke regionalne nijanse nemačkog jezika s kojima ćete se na licu mesta susresti. Tekstovi na regionalnom jeziku (naročito u lekciji 38) su «odglumljeni». Nadamo se da nam ljudi iz tog kraja ovo neće uzeti za zlo!

• Pročitajte zatim tekst na nemačkom gledajući, ukoliko je neophodno, u srpski prevod. Ako smatrate da treba, poslušajte još jednom snimak lekcije. Steknite naviku da tekstove čitate naglas: suština jezika je u usmenom izražavanju; uostalom, jezik na usta izlazi! Ako nam pismo pomaže da jezik shvatimo na intelektualnom nivou, govor je neophodan da bismo jezik usvojili i učinili ga «svojim» jezikom.

• Čitajte objašnjenja data u napomenama koja prate svaku lekciju. Čak i ako vam tekst ne zadaje puno poteškoća, pročitajte napomene i iskoristite tu dopunsku pogodnost:
– da biste razumeli obrte i nove reči, neka gramatička mesta;
– da biste utvrdili i proširili vokabular (mnoge napomene uvode ili podsećaju na neke druge termine i/ili izraze vezane za navedenu reč).

• Uradite potom vežbanja. Pružiće vam priliku da primenite ono što ste upravo naučili. Pomoći će vam da zapamtite vokabular vezan za datu lekciju i primenite pravila objašnjena u napomenama.

• Ponekad ćete na kraju lekcije pronaći neki savet ili opasku koji se odnose na vaše učenje, napredak, dostignut nivo. Ali, najčešće, zaključak čini beleška iz kulture. Ona će vam uglavnom dati dodatna objašnjenja vezana za temu dijaloga koji stavlja u njegov kulturni, istorijski ili društveni kontekst. Takođe, ona može otkriti posebno značenje događaja, pojmove ili načine izražavanja vezane za određeno tematsko polje.

• U svakoj sedmoj lekciji nudimo vam lekciju za ponavljanje. Ona rezimira određena gramatička pitanja koja su se pojavila u prethodnim lekcijama i donosi dodatna objašnjenja najvećih jezičkih poteškoća (ukoliko je neophodno, možete pogledati i gramatički dodatak). Procenili smo da će biti korisno ako se u lekcijama 7 i 14 vratimo na neke osnovne gramatičke strukture nemačkog jezika (promenu glagola, deklinaciju, prostu rečenicu...); naredne lekcije su posvećene složenijim pitanjima svojstvenim za nešto zahtevniji jezički nivo.

• Takođe vam savetujemo da pratite već dokazan način rada prikazan u kolekciji «bez muke» (nivo za početnike i lažne početnike), odnosno njegovu «drugu fazu»: kad stignete do 35 lekcije, vratite se na prvu, poslušajte i/ili ponovo pročitajte tekst lekcije, potom prevedite svaku rečenicu sa srpskog na nemački; proverite potom tačnost svog prevoda. Ova dodatna vežba nije obavezna, ali je preporučujemo ukoliko želite još više da napredujete.

• Gramatički dodatak predstavlja sintezu uobičajenih gramatičkih oblika i radnji nemačkog jezika. Tu ćete pronaći i preglede predloga i uobičajenih veznika, nepravilnih glagola, glagolskih prefiksa s njihovim značenjem kao i često korišćene skraćenice.

• Gramatički indeks, po abecednom redu, nudi pregled svih gramatičkih aspekata nemačkog jezika koji su obrađeni u lekcijama ove knjige.

• U rečniku ćete pronaći većinu reči koje se prvi put pojavljuju u knjizi. Rečnik vam daje prevod reči tako kako je upotrebljena u lekcijama i upućuje vas na tekst u kojem se reč nalazi kako biste mogli da je vidite u kontekstu.

Nekoliko saveta

• Redovnost

Znate već da: **Steter Tropfen höhlt den Stein**, *tiha voda, breg roni*. Dakle, radije svaki dan prelazite male deonice puta nego da hodate usiljenim maršem: treba da se nastanite u jednoj zemlji, a ne da «na juriš» proputujete njome! Svaki dan odvojte pola sata da

Usavršite nemački, tako ćete dobiti najbolje rezultate. Poštovanje ovog ritma je jedina prinuda koju sebi treba da nametnete. Ukoliko nemate vremena, smanjite «dnevnu dozu», ali je nemojte ukidati: ponovo pročitajte neki dijalog, opet uradite neku od vežbi, pređite jedan pasus iz lekcije za ponavljanje. Ne dopustite da se sveže stečena znanja tek tako zaborave!

• Napredovanje

Savetujemo vam da napredujete prateći predloženi red lekcija. Iako u *Usavršavanju* nema više gramatičkog napretka u pravom smislu te reči, postoji ne samo napredak u vokabularu (smatramo da su reči/izrazi uvedeni u jednoj lekciji poznati u narednim lekcijama), već i napredak koji ide od tekstova ili dijaloga napisanih u prisnijem, praktičnijem, svakodnevnijem registru ka tekstovima ili dijalozima napisanim ozbiljnijim jezikom, koji pripadaju mnogo zahtevnijim registrima.

• Zadovoljstvo

Budite prijemčivi za život koji se krije iza reči i jezičkih obrta koje učite. Ne dozvolite da lekcija postane običan list papira! Načinite od nje leteći tepih koji će vas poneti i otkriti vam, svaki put, neki novi deo zemlje.

Und jetzt: Auf die Plätze, fertig, los!
A sad: Priprema, pozor, sad!

Reference citiranih tekstova

37. lekcija: Einige Tatsachen über Deutschland; odlomak iz *Tatsachen über Deutschland*, koji je objavio Biro savezne vlade za štampu i informisanje. © *Societäts-Verlag*

50. lekcija: Landgericht München I: Aktenzeichen (1) 16 T 22604/03; reprodukcija suđenja u sporu oko nasledstva, uz ljubaznu dozvolu *ra-online GmbH,* internet portala: http://www.kostenlose-urteile.de. Tekst je nešto prilagođen.

65. lekcija: *Erinnerung an die Marie A.,* Bertolt Brecht, *Gesammelte Werke,* © Suhrkamp Verlag, Frankfurt am Main.

69. lekcija: Odlomak iz *Deutschland, eine Reise*, Wolfgang Büscher; copyright © 2005 by Rowohlt Berlin Verlag GmbH, Berlin.

U mnogim drugim lekcijama pronaći ćete citate i odlomke «autentičnih» tekstova ili dokumenata, na primer: jednu narodnu pesmu (11. lekcija), narodnu priču (26. lekcija), viceve koji karakterišu pojedine oblasti (38. lekcija), himne na nemačkom jeziku (41. lekcija), nekoliko stihova čuvene Mocartove opere (48. lekcija), tekst prekršajne prijave (52. lekcija), odlomke iz jedne novele Franca Kafke (54. lekcija)...

1 Erste Lektion

Do you speak English? ①

1 – A**ha**! ② Sie **ler**nen Deutsch. Wie interes**sant**! ③

2 – Ja, das **fin**de ich auch!

3 – **Wol**len Sie denn ④ nach **Deutsch**land **fah**ren?

4 – **Al**so, das weiß ich noch nicht!

Izgovor

*du ju spi:k **in**gliš*

Pojašnjenje izgovora

Naglašeni akcenat postavljen na pravom slogu u reči (u prvim dijalozima će biti označen masnim slovima) uslovljava

Napomene

① ***Do you speak English?*** Naravno, mnogi Nemci – ali ne svi, daleko od toga – će odgovoriti potvrdno. Učenje olakšava činjenica da je deo engleskog vokabulara nemačkog porekla. Engleski će tako (ukoliko ga znate) često moći da vam pomogne da odgonetnete značenje neke nemačke reči. Samo pazite na «lažne prijatelje» – ima ih!

② Da bi istakli svoju reakciju ili nameru prilikom razgovora, govornici često uvode svoje rečenice sa **Ja**, *Da*; **Ach**, *Ah*; **Aha!** *Je li!*; **Tja**, *Pa, dobro*; **Na...?** *Onda... ?*; **Na ja**, *Dobro de, znam već*; **Also**, *Dakle*, *Da vidimo*, *To jest,* itd. **Aha** izražava čuđenje bilo divljenja ili sumnje: *Stvarno!? Zaista!?* Nemojte pokušavati da prevedete ove reči po svaku cenu; uostalom, ne postoji uvek pravi prevod na srpski jezik (prevodi u udžbeniku su dati informativno). Umesto toga, kad ponavljate rečenice na nemačkom, potrudite se da što vernije podržite intonaciju. ▸

Prva lekcija 1

Do you speak English? [Govorite li engleski?]

1 – Opa! Učite nemački. Baš zanimljivo!
2 – Da, i ja tako mislim.
3 – Vi onda želite da idete u Nemačku?
4 – Zapravo… Još ne znam.

pravilan izgovor date nemačke reči. Ponavljajte reči malo jače naglašavajući akcenat kako biste dobro čuli razliku između naglašenih i nenaglašenih slogova: izgovor će vam se veoma brzo popraviti!

▸ To će vam pomoći da ih postepeno sve bolje «osetite» i da pronađete pravi ton celokupne rečenice.

③ **Wie interessant (das ist)!** *Kako je to zanimljivo!* U nemačkoj uzvičnoj rečenici **das ist** se podrazumeva, dok u srpskom može i ne mora da se upotrebi. **Wie schön!** *Kako je to lepo!*; **Wie schade!** *Kakva šteta!*

④ Evo jedne od «malih reči» koja se veoma koristi u govornom jeziku. Njima govornik emotivno boji ono što nam kazuje. Pa tako **denn** često u nekom pitanju pojačava začuđenost ili ubeđivanje: **Was machen Sie denn hier?!** *Pa šta onda radite ovde?!* Sigurno su vam poznati i drugi primeri: **doch**, **aber**, **mal**, itd. Savet koji smo vam dali u napomeni 2, važi i za ove male reči: eventualno ih nemojte ni prevoditi, ali ih ne zaboravite dok ponavljate rečenicu na nemačkom!

1 **5** – Na, dann ver**steh**e ich **a**ber nicht, wa**rum** Sie sich **die**se **Müh**e **ma**chen ⑤!

6 – Es macht mir **kei**ne **Müh**e. Es macht mir Spaß.

7 – Ach, **wir**klich? **A**ber es soll ⑥ doch schon bald für **al**le **Spra**chen Über**set**zungsmaschinen **ge**ben, **ha**be ich ge**le**sen.

8 Da spricht man auf der **ei**nen **Sei**te in **sei**ner **Mut**tersprache ⑦ rein ⑧

9 und auf der **an**deren **Sei**te kommt die Über**set**zung in der **Fremd**sprache **fer**tig **wie**der raus.

10 – Ich **ha**be **a**ber **kei**ne Lust, mich mit Ma**schi**nen zu unter**hal**ten.

11 – Tja... Lohnt es sich denn **ü**berhaupt, **ei**ne **Spra**che zu **ler**nen, die nur von **ei**nem **klei**nen Teil der **Welt**bevölkerung ge**spro**chen wird ⑨?

Napomene

⑤ Sagovornik je ubeđen da učenje nekog jezika iziskuje napor (čak mučenje): **sich die Mühe machen**, *truditi se, mučiti se*. Ne pada mu napamet da se jezik može učiti **ohne Mühe**, *bez muke*, i da onome ko uči to može čak **Spaß machen**, *pričiniti zadovoljstvo*.

⑥ **sollen** nam ovde ukazuje da je reč o glasini, o onome što "neko priča": *kaže se da..., smatra se..., prema onome što se priča*. **Sie soll fließend deutsch sprechen**, *Priča se da ona tečno govori nemački*.

⑦ Da vas podsetimo na «trik» kojim ćete otkriti značenje nemačkih složenica: uvek idite s desna na levo, od kraja ka početku reči. Šta znači **Muttersprache**? Prvo, to je **eine Sprache**, *jezik*. A kakav jezik? Jezik *majke*, **Mutter**. ▸

5 – Ali onda ne razumem čemu sav ovaj trud!
6 – Nije mi naporno. Pričinjava mi zadovoljstvo.
7 – Zaista? Ali pročitao sam da će uskoro za sve jezike postojati mašine za prevođenje.
8 S jedne strane se govori na maternjem jeziku,
9 a sa druge izlazi gotov prevod na stranom jeziku.
10 – Ali je uopšte ne želim da razgovaram sa mašinama.
11 – Pa, dobro. Da li se uopšte isplati učiti neki jezik koji govori samo mali deo svetskog stanovništva?

▸ Pa naravno: “majčin jezik”, dakle, *maternji jezik.*

⑧ **rein** i **raus** (rečenica 9), sažeto od **herein/hinein**, (*ka) unutra*, i od **heraus/hinaus**, (*ka) spolja*, podvlače pravac neke radnje ili kretanja. U srpskom se ta razlika često pravi izborom između određenih glagola, na primer: **rauskommen**, *izaći*; **reingehen**, *ući.* Ali, nećemo uvek naći odgovarajući glagol. Tako ćemo za rečenicu **in die Maschine reinsprechen** morati da se «snađemo» i prevedemo je sa govoriti u *mašinu.*

⑨ Evo primera pasiva radnje koji se tvori s pomoćnim glagolom **werden** i participom prošlim glagola koji se menja (ovde **gesprochen**). Mi u srpskom radije koristimo aktiv. Ovaj pasiv ne treba mešati sa pasivom stanja (koji se gradi s pomoćnim glagolom **sein** + particip prošli glagola koji se menja) i koji označava svršetak, rezultat neke radnje. Primer ćete pronaći u 14. redu: **Englisch ist so verbreitet, dass…** *Engleski je do te mere rasprostranjen da…*

1 **12** – **Mei**nen Sie, ich **wer**de nicht ge**nug** Ge**sprächs**partner **fin**den?

13 – Nein, nein. **A**ber ich **fra**ge mich, ob wir **die**se **vie**len **Fremd**sprachen über**haupt** noch **brau**chen.

14 **Eng**lisch ist doch **heu**te so ver**brei**tet, dass man sich über**all** da**mit** ver**ständ**lich **ma**chen ⑩ kann!

15 – *Do you speak **En**glish?*

16 – Wie **bit**te? Was **sag**ten Sie?

17 – Ach, nichts. Es war nur ein **klei**ner Test... □

Napomene

⑩ **sich damit verständlich machen**, *sporazumevati se na (engleskom).* Prefiks **da-** u ovoj vrsti zamenice upućuje na element rečenice koji je ranije uveden. **Diese Übersetzungsmaschinen... Davon (= von diesen Maschinen) habe ich noch nichts gehört**, *Još nisam čuo da se o tome govori.* **Fremdsprachen? Dafür interessiere ich mich nicht**, *Strani jezici? Ne zanimam se za njih (Oni me ne zanimaju).*

***

Übung 1 – Übersetzen Sie bitte!

❶ Macht es ihm denn überhaupt keinen Spaß, Fremdsprachen zu lernen? ❷ Hat die Maschine das richtig übersetzt? ❸ In Wirklichkeit kann sich nur ein Teil der Bevölkerung auf Englisch verständlich machen. ❹ Machen Sie sich nicht die Mühe, den ganzen Text zu übersetzen. ❺ Er meint, dass seine Muttersprache die schönste Sprache ist.

12 – Mislite da neću pronaći dovoljno sagovornika?
13 – Ne, ne. Ali se pitam da li su nam, u suštini, još uvek potrebni svi ti strani jezici.
14 Engleski je danas toliko rasprostranjen da nas svugde s njim mogu razumeti!
15 – *Do you speak English?* [Govorite li engleski?]
16 – Izvinite? Šta ste rekli?
17 – Ništa. Bio je to samo mali test...

***

Rešenje vežbe 1

❶ Ali, zar mu ne pričinjava zadovoljstvo da uči strane jezike? ❷ Da li je mašina ovo tačno prevela? ❸ U stvarnosti, samo jedan deo stanovništva se može sporazumevati na engleskom. ❹ Nemojte se mučiti da prevedete ceo tekst. ❺ Misli da je njegov maternji jezik najlepši.

1 **Übung 2 – Ergänzen Sie bitte!**

❶ Ne znam da li stanovništvo ove zemlje razume moj jezik.
Ich weiß nicht, . . meine Sprache . . . . dieses Landes verstanden . . . . .

❷ Ne bih voleo da me sagovornici samo razumeju, već da mogu zaista s njima da razgovaram.
Ich möchte mich nicht nur . . . . , sondern mich . . . . wirklich unterhalten können.

❸ Ne isplati se ulagati toliko napora.
Es . . . . , sich so viel . . . .

Ne započinjimo lažne rasprave! Naravno, nećemo dovoditi u pitanje vodeću ulogu engleskog jezika u međunarodnoj komunikaciji. Ipak postoji više, i to dobrih, razloga za učenje i drugih jezika, osim engleskog. Postoji, svakako, i zanimanje za civilizaciju koja se kroz određeni jezik izražava. Postoji i težnja da se sami upoznamo s umetničkim, filozofskim i naučnim delima kojima prilazimo kroz jezik. A tu je i, sasvim jednostavno, uživanje u razgovoru s ljudima.

Istina je da po broju govornika nemački zauzima prilično skromno mesto u svetu u poređenju sa «velikim jezicima» poput kineskog (mandarinskog), engleskog, hindi, arapskog... U Evropi je, ipak, zastupljen sa oko 95 miliona govornika, što predstavlja najveću lingvističku zajednicu – ako odredimo nemački jezik kao jezik koji

❹ Uopšte ne želim da čujem šta će izaći se druge strane mašine za prevođenje. 1
Ich habe .... zu hören, was aus diesen Übersetzungsmaschinen ... ... Seite ....

❺ Jezik koji više niko ne govori je mrtav jezik.
Eine Sprache, die von niemandem ...., ... eine tote Sprache.

Rešenje vežbe 2

❶ – ob – von der Bevölkerung – wird ❷ – verständlich machen – mit meinen Gesprächspartnern – ❸ – lohnt sich nicht – Mühe zu machen ❹ – keine Lust – auf der anderen – herauskommt ❺ – mehr gesprochen wird, ist –

se, uz ipak neke razlike, govori u Nemačkoj, Austriji, jednom delu Švajcarske, Lihtenštajnu i nekoliko drugih zemalja (u kojima postoji germanofona manjina).

Mi pak znamo da je želja za učenjem nekog jezika pre svega stvar volje i da se napaja zadovoljstvom postepenog ovladavanja tim jezikom. Potrudićemo se da vam tokom učenja po našoj metodi volje i zadovoljstva ne ponestane, **damit das Lernen Ihnen Spaß macht!**

2 Zweite Lektion

Übung macht den Meister ①

1 **Mor**gen geht 's ② los! **Mei**ne **er**ste Er**fah**rung in **ei**nem **deutsch**sprachigen Land ③!

2 Ich bin ge**spannt** ④, ob sich das **Ler**nen und **Ü**ben ⑤ ge**lohnt** hat.

Pojašnjenje izgovora
Jedna od teškoća u izgovoru nemačkog jezika je razlika između dva **ch**, onog koji čujemo u reči **machen** *[maH'n]* (grleno) i onog iz reči **ich** *[ih]* (šištavo), i ponekad, između šištavog h i glasa š kao u reči **Maschine** *[maši:ne]*, ako se nađu u istoj rečenici. Vežbajte tako što ćete izgovarati «mešane parove» kako biste bolje utvrdili razliku između glasova: **deutschsprachigen**

Napomene

① **Übung macht den Meister!** doslovno znači "Vežba čini majstora!". Ova nemačka poslovica važi za svako učenje, a pogotovo za učenje jezika. **Regelmäßig üben**, *redovno vežbati*: u tome je tajna vašeg načina učenja.

② **Es geht los!** *Krećemo! Počinje! Idemo!* Kada se iza **es** nalazi glagol, u govornom jeziku tada često dolazi do elizije glasa **e** – **'s** se izgovara "spojeno" s glagolom: **Morgen geht 's los!** Isto tako: **Wie geht 's?**, *Kako je?*; **Macht 's Spaß?** *Je li zabavno?*; **Heute gibt 's Pizza**, *Danas imamo picu.*

③ **deutschsprachig**, *koji govori nemački jezik*, *germanofon*. Nemački jezički prostor je označen terminom **D-A-CH Länder**, koji je nastao od nacionalnih skraćenica najvažnijih zemalja koje su u njegovom sastavu: **D** (**Deutschland**), **A** (**Österreich**) i **CH** (**Schweiz** sa svojim germanofonim delom, i **Liechtenstein**).

Majstor se postaje vežbom

1 Od sutra kreće! Moje prvo iskustvo u zemlji u kojoj se govori nemački!
2 Nestrpljiv sam [da saznam] jesu li učenje i vežba vredeli truda.

[dojč-špraHig'n]; **manchmal habe ich auch** *[manhma:l ha:be ih auH]*; **Das macht die Maschine** *[das maHt di: maši:ne]*. Toplo vam preporučujemo da više puta preslušate snimak dijaloga da biste prirodno usvojili melodiju jezika i stekli dobre reflekse pri izgovoru.

④ **spannen**, *zategnuti*, *zapeti*: **einen Bogen spannen**, *napeti luk*. Mogu biti "napet" jer sam nestrpljiv da saznam neku vest ili ishod nekog događaja: **Ich bin gespannt, was passieren wird**, *Radoznao sam/Nestrpljiv sam da saznam šta će se dogoditi*. Dobar krimi roman bi trebao da kod čitaoca proizvede takav osećaj neizvesnosti: **Dieser Krimi ist spannend!** *Ovaj krimić je napet!*; **Die Spannung steigt**, *Napetost raste*.

⑤ Mogućnosti nemačkog jezika za stvaranje novih reči su neiscrpne. Tako svaki infinitiv može postati imenica (srednjeg roda): **lernen**, *učiti* → **das Lernen** (= učenje, proces učenja); **üben**, *vežbati*, *trenirati* → **das Üben** (= vežbanje, treniranje). Neki infinitivi su postali "prave" zajedničke imenice kao na primer **das Leben**, *život*, ili **das Essen**, *obrok, jelo, hrana*.

2 3 Es war nicht **im**mer ganz **oh**ne **Mü**he, um die **Wahr**heit zu **sa**gen.

4 Und **manch**mal **ha**be ich auch **mei**ne **täg**liche ⑥ **Lek**tion... „ver**ges**sen".

5 Doch das ist nicht oft pas**siert**! Das **müs**sen Sie mir **glau**ben.

6 **Lei**der **ha**be ich nicht **al**le **Wör**ter be**hal**ten,

7 **a**ber ich kann mich schon ganz ⑦ gut ver**ständ**lich **ma**chen.

8 **Letz**te **Wo**che bin ich mit **ei**nem **deut**schen Tou**ris**ten ins Ge**spräch** ge**kom**men.

9 Wir **ha**ben uns ausge**zeich**net unter**hal**ten – und zwar ⑧ auf Deutsch!

10 **Mei**ne **Aus**sprache **wä**re ⑨ sehr gut, hat mein Ge**sprächs**partner ge**sagt**.

11 Na**tür**lich **ha**be ich noch **Feh**ler ge**macht**.

12 **A**ber **Fort**schritte macht man nur, wenn man die **Spra**che auch ver**wen**det.

Napomene

⑥ Mnogi pridevi su nastali od zajedničkih imenica kojima se doda sufiks **-lich**: **der Tag**, *dan* → **täglich**, *dnevni*; **die Woche**, *nedelja* → **wöchentlich**, *nedeljni*; **die Stunde**, *sat* → **stündlich**, *svakog časa (koji se dešava na sat vremena)*. Samoglasnik imenice često, ali ne uvek, dobija dvotačku (umlaut): **der Monat**, *mesec* → **monatlich**, *mesečni*.

⑦ **ganz**, *sav*, *ceo*, *čitav*, *potpun*: **die ganze Welt**, *ceo svet*; **ganz voll**, *sasvim/potpuno pun*. Ali **ganz** može služiti da umanji svojstvo nečega: **Wie war 's? Na ja, ganz nett**, *Kako je bilo? Pa, nije bilo loše*. **Sie versteht schon ganz gut**, *Ona već prilično dobro razume*.

⑧ **... und zwar** služi da najavi da ćemo prethodno rečeno precizirati: *to jest...*, *naime...*, *i to...* **Ich spreche zwei Fremdsprachen, und zwar Englisch und Deutsch**, *Govorim dva strana jezika*, ▸

3 Istinu govoreći, nije baš uvek bilo lako *(bez muke)*.
4 A ponekad bih takođe..."zaboravio" na lekciju za taj dan.
5 Ali to se nije često dešavalo! Morate mi verovati.
6 Nažalost, nisam zapamtio sve reči,
7 ali već mogu vrlo dobro da se sporazumevam.
8 Prethodne sedmice, započeo sam razgovor sa jednim nemačkim turistom.
9 Odlično smo se sporazumeli – i to na nemačkom!
10 Moj izgovor je veoma dobar, rekao mi je sagovornik.
11 Naravno, grešio sam *(još sam pravio greške)*.
12 Ali, može se napredovati jedino ako se jezik koristi.

▸ *odnosno engleski i nemački.* **Bitte wiederholen Sie den Satz, und zwar ohne Fehler!** *Ponovite rečenicu, molim vas, i to bez grešaka!* Ovo ne treba mešati sa **zwar... aber**, *zacelo/zaista... ali*: **Ich verstehe diese Sprache zwar, aber ich spreche sie nicht**, *Zaista, razumem taj jezik ali ga ne govorim.*

⑨ Evo ga jedan lep primer upotrebe **Konjunktiva** u neupravnom govoru. Naš glavni lik prenosi ono što mu je sagovornik rekao. Mogao je takođe – a čak i morao – da upotrebi **Konjunktiv I**, koji se tvori od infinitiva glagola (ovde **sein**): **Meine Aussprache sei sehr gut...** Ali kao što to čine i sami Nemci, radije je upotrebio oblik koji se češće koristi **Konjunktiv II**, odnosno **wäre**.

2

13 Und wenn man die **Spra**che ver**wen**det, macht man **e**ben ⑩ auch **Feh**ler.

14 Na**tür**lich soll man nicht **im**mer die **glei**chen **Feh**ler wieder**ho**len,

15 **son**dern man soll **ler**nen, sie zu ver**bes**sern.

16 Und wenn man das ge**lernt** hat, muss man es **im**mer **wie**der **ü**ben.

17 Denn Sie **wis**sen ja: Nur **Ü**bung macht den **Meis**ter! □

Napomene

⑩ «Mala reč» **eben** može uneti različite nijanse u značenju. Ovde pre ima značenje *nema veze*. **Du hast keine Lust mitzukommen? Dann gehen wir eben ohne dich aus!** *Ne želiš da izađeš sa nama? Nema veze, izaći ćemo bez tebe!*

***

Übung 1 – Übersetzen Sie bitte!

❶ Als es losging, waren wir alle gespannt, was passieren würde. ❷ Leider habe ich noch keine Erfahrung mit deutschsprachigen Gesprächspartnern. ❸ Ohne das tägliche Üben würde ich nicht viel behalten. ❹ Fortschritte macht man nur, wenn man seine Fehler verbessert. ❺ In unserer Sprache wird das gleiche Wort verwendet.

13 A kad se jezik koristi, takođe se greši *(nema veze ako se prave greške)*.
14 Naravno, ne treba uvek ponavljati iste greške,
15 već treba naučiti kako ih ispraviti.
16 A kad smo to naučili, treba stalno vežbati.
17 Jer, vi to dobro znate: majstor se postaje vežbom!

***

Rešenje vežbe 1

❶ Kad je to počelo, svi smo bili nestrpljivi da saznamo šta će se dogoditi. ❷ Nažalost, još nemam iskustvo za sagovornicima koji govore nemački. ❸ Bez svakodnevnih vežbi, ne bih mnogo zapamtio. ❹ Napreduje se samo ako ispravljamo svoje greške. ❺ U našem jeziku se koristi ista reč.

3 **Übung 2 – Ergänzen Sie bitte!**

❶ Želeli su da započnu razgovor sa nama, ali smo teško razumeli njihov izgovor.
Sie wollten ... ... ins ...., aber .... war schwer zu verstehen.

❷ Želim da mi odmah kažeš istinu!
Ich will, dass du ... ... sagst, ... sofort!

❸ U ovom tekstu se koriste reči koje ne mogu da prevedem.
In diesem Text .... Wörter, die ich nicht ....

Treba priznati da je pravi izazov započeti razgovor na jeziku koji tek učimo! U stvarnoj govornoj situaciji, treba istovremeno razumeti sagovornika i razraditi sadržaj i lingvističke oblike odgovora koji dajemo. Istovremeno treba voditi računa o mnogim stvarima! Upravo tu priskaču u pomoć automatizmi koje smo stekli ponavljanjem izraza iz svakodnevne upotrebe.

---

3 Dritte Lektion

Rufen Sie uns einfach an!

1 Sie **ha**ben noch **kei**ne **Plä**ne für **Ih**ren **Ur**laub?
2 **Ru**fen Sie uns **ein**fach an! Wir **küm**mern uns um **al**les.
3 Sie **ha**ben **kei**ne **Ah**nung, wo**hin** Sie **fah**ren **wol**len?

❹ Objasnila mi je da je napredovala i da je prilično zadovoljna.
Sie erklärte mir, dass sie . . . .
gemacht . . . . . und . . . . zufrieden . . . . .

❺ Ako ne govorite nemački, nema veze, sporazumećemo se na engleskom.
Wenn Sie kein Deutsch sprechen, dann
. . . . wir uns . . . .

Rešenje vežbe 2

❶ – mit uns – Gespräch kommen – ihre Aussprache – ❷ – mir die Wahrheit – und zwar – ❸ – verwendet man – übersetzen kann ❹ – Fortschritte – hätte – ganz – wäre ❺ – unterhalten – eben auf Englisch

Nemojte propustiti ni jednu priliku da započnete razgovor! **Springen Sie ins kalte Wasser!** Bacite se u "hladnu" vodu! *I nemojte se obeshrabriti ako odmah ne bude onako kako ste zamislili. Jer, znate već da* **Übung macht den Meister...**

Treća lekcija 3

Samo nas jednostavno pozovite!

1 Još nemate planove za odmor?
2 Samo nas jednostavno pozovite! Mi ćemo se za sve pobrinuti.
3 Nemate predstavu kuda želite da idete?

3 **4** Wir **fin**den das ide**a**le **Rei**seziel ① für Sie.
5 Sie **ha**ben **kei**ne Zeit, **Ih**re **Rei**se zu organi**sie**ren?
6 Wir **bu**chen **Ih**ren Flug, Ihr Ho**tel**zimmer, **Ih**ren **Leih**wagen ②.
7 Sie **wol**len im **Som**mer Ski **fah**ren und im **Win**ter ③ **un**ter **Pal**men an **Sand**stränden **lie**gen ④?
8 Wir **ha**ben für **un**sere **Kun**den die **schön**sten **Or**te der Welt **aus**gewählt.
9 Sie **su**chen **Span**nung, Sie **möch**ten **et**was Be**son**deres ⑤ er**le**ben?

Pojašnjenje izgovora
Redovi 1, 3, 5, 7, 9, 11 i 13 vas podsećaju na važnost intonacije i tona kojim se izgovara neka rečenica da bi se razumeo smisao. Iako gramatički nijedna od ovih rečenica nije upitna, sve su, zahvaljujući uzlaznoj intonaciji, snažno naglašene.
Pažljivo poslušajte snimak i potom oponašajte način na koji

Napomene

① **das Ziel**, *cilj, svrha, meta*; **ein Ziel verfolgen**, *ići za nekim ciljem*; **das Reiseziel**, *destinacija*.

② **der Leihwagen**, *iznajmljeni automobil*. **Leihen**, *pozajmiti / dati na zajam* ili *pozajmiti od nekog/uzeti na zajam*: **Ich leihe dir meinen Regenschirm**, *Pozajmiću ti svoj kišobran*, ili **Ich leihe mir (bei/von dir) deine Sonnenbrille**, *Pozajmiću tvoje naočari za sunce*.

③ Da biste imali sva **die vier Jahreszeiten**, *četiri godišnja doba* «na okupu», ovde ćemo dodati: **der Herbst**, *jesen*; **der Frühling**, *proleće*.

④ U nemačkom jeziku, kad želimo da kažemo gde se neko ili nešto nalazi, najčešće ih smeštamo u prostor pomoću glagola **stehen**, *stajati*, **sitzen**, *sedeti*, **liegen**, *ležati*, ili **hängen**, *visiti* ▸

4 Pronaći ćemo idealnu destinaciju za vas. 3
5 Nemate vremena da organizujete svoje putovanje?
6 Rezervisaćemo vam let, hotelsku sobu i automobil.
7 Želite da se skijate leti, a da zimi pod palmama ležite na peščanim plažama?
8 Za naše klijente smo odabrali najlepša mesta na svetu.
9 Tražite uzbuđenje *(napetost)*, želite da doživite nešto posebno?

se diže glas na kraju tih rečenica kako biste ih razlikovali od «odgovora» koji su dati u rečenicama 4, 6, 8, 10, 12 gde intonacija opada.
7 Skifahren: izgovorite *[ši:fa:r'n]*.

– dok nam je u srpskom uglavnom dovoljno da kažemo: *nalaziti se* (**sich befinden**), *biti* (**sein**). Ali, pod palmama, na plaži i mi na srpskom radije ležimo!

⑤ **besonders**, *posebno, naročito*; **ein besonderer Tag**, *poseban dan*; **etwas Besonderes erleben**, *doživeti nešto posebno.* Sigurno znate još primera u kojima je pridev postao imenica nakon **etwas** ili **nichts**: **etwas Schönes**, *nešto lepo*; **nichts Neues**, *ništa novo.*

3

10 Wir **bie**ten **Ih**nen **al**les, vom **Tief**seetauchen bis zum **Fall**schirmspringen ⑥.

11 Sie **lie**ben die **O**per, das The**a**ter, Kon**zer**te?

12 Wir reser**vie**ren **Ih**re **Kar**te für die be**rühm**testen Inter**pre**ten und die be**kannt**esten ⑦ Ver**an**staltungen ⑧.

13 Sie interes**sie**ren sich für Mu**se**en und für Kunst?

14 Wir **wis**sen, wo Sie das **fin**den, was den Be**such** ⑨ lohnt.

15 Nur eins **müs**sen Sie selbst tun: und zwar sich ent**schei**den, uns **an**zurufen! □

Napomene

⑥ Setite se: uvek idete s desna na levo da otkrijete značenje složenice! Hajde, pokušajte: **Tiefseetauchen** = **tauchen**, *roniti* + **(die) See**, *more* + **tief**, *dubok*. I eto: *ronjenje u dubokim morima*. Isto uradite i sa **Fallschirmspringen**: **springen**, *skočiti* + **der (Regen)schirm**, *kišobran* + **fallen**, *pasti, padati*. Svakako, bolje bi bilo uzeti nekoliko brojeva veći kišobran za skok padobranom!

⑦ **berühmt**, *čuven*; **bekannt**, *poznat*. Nema dobre ponude ako ne koristimo superlativ! Kad se pridev završava na **-t**, **-d**, **-s/-ß**, **-sch** ili **-z**, između se dodaje jedno **-e-** koje olakšava izgovor: ▸

***

Übung 1 – Übersetzen Sie bitte!

❶ Haben Sie sich schon für ein besonderes Reiseziel entschieden? ❷ Ich habe in einem kleinen Hotel an einem schönen Strand ein Zimmer gebucht. ❸ Wir kümmern uns um den Fallschirm, aber springen müssen Sie! ❹ Wir haben eine der bekanntesten Opern für Sie ausgewählt. ❺ Ich kenne einen idealen Ort zum Ski Fahren.

10 Nudimo vam sve, od ronjenja u dubokim morima do skoka padobranom. 3
11 Volite operu, pozorište, koncerte?
12 Rezervisaćemo vam kartu za najčuvenije izvođače i najpoznatije manifestacije.
13 Zanimaju vas muzeji i umetnost?
14 Mi znamo gde ćete pronaći ono što vredi posetiti.
15 Samo jedno morate uraditi sami: odlučiti da nas pozovete!

▸ **berühmteste**, **bekannteste**, **der heißeste Tag des Jahres**, *najtopliji dan u godini*. Setite se da pridev kao deo predikata u superlativu ostaje nepromenljiv, jedino se ispred njega stavlja **am**: **Hier ist es am schönsten!**

⑧ **die Veranstaltung**, *manifestacija, predstava*; **veranstalten**, *organizovati, prirediti (predstavu)*.

⑨ Kad je reč o poseti nekom mestu, u nemačkom se mogu koristiti dva glagola: **besichtigen** i **besuchen** *posetiti, obići*: **ein Museum besichtigen/besuchen**. Nasuprot tome, ako se ide u posetu nekoj osobi, nemamo izbor između ta dva glagola: **Ich besuche meine Tante**, *Idem u posetu tetki*.

***

Rešenje vežbe 1

❶ Da li ste se već odlučili za neku posebnu destinaciju? ❷ Rezervisao sam sobu u malom hotelu blizu jedne lepe plaže. ❸ Mi ćemo se postarati za padobran, ali vi morate da skočite! ❹ Za vas smo odabrali jednu od najpoznatijih opera. ❺ Znam idealno mesto za skijanje.

3 Übung 2 – Ergänzen Sie bitte!

❶ Možete li mi reći da li se još mogu pronaći karte za tu predstavu?

Können Sie mir sagen, ... noch . . . . . . für . . . . findet?

❷ Imate li predstavu gde se ovde može iznajmiti automobil?

Haben Sie . . . . , wo man hier . . . . mieten kann?

❸ Leti se ovde organizuju koncerti s čuvenim izvođačima.

Im . . . . hier Konzerte mit . . . . Interpreten . . . .

❹ Naročito me zanima umetnost i želeo bih da obiđem sve muzeje u gradu. 3

Ich interessiere mich ganz .... und möchte alle Museen der Stadt ....

❺ Kad ćeš se konačno pobrinuti za svoj godišnji odmor?

Wann wirst du .... endlich .. deinen Urlaub .... ?

Rešenje vežbe 2

❶ – ob man – Karten – diese Veranstaltung – ❷ – eine Ahnung – einen Leihwagen – ❸ – Sommer werden – berühmten – organisiert ❹ – besonders für Kunst – besichtigen ❺ – dich – um – kümmern

Značenje reči i izraza u jednom jeziku može da varira, ponekad samo malo, a pokatkad i prilično, u zavisnosti od konteksta. Pa tako i srpski prevod jedne iste reči, jednog izraza u nemačkom jeziku može - ili mora - da se razlikuje u zavisnosti od rečenice, teksta, konteksta u kojima su upotrebljeni. Često ćete primetiti takve nijanse u prevodu, pošto se reči ili izrazi iz jednog dijaloga ponavljaju u vežbama ili narednim dijalozima. Upravo će vam te nijanse pomoći da dobro zapamtite značenjsko polje koje reči pokrivaju. U slučaju da više nije reč o nijansi, već o pravoj razlici u značenju, budite bez brige, na to ćemo vam naravno skrenuti pažnju u posebnoj napomeni.

4 Vierte Lektion

Pläne im Indikativ

1 – Hast du Lust, **mit**zukommen?
2 – Und wo**hin**?
3 – Auf **ei**ne **Rei**se, und zwar quer durch ① ganz **Deutsch**land.
4 – Durch ganz **Deutsch**land?! Das **wä**re **a**ber **wirk**lich **ei**ne **tol**le ② **Idee**!
5 – Ich **ha**be vor, bis **Mün**chen zu **flie**gen und dort **ei**nen **Cam**pingbus zu **mie**ten.
6 Und dann **fah**re ③ ich in **al**ler **Ru**he ④ **über** **Augs**burg, **Hei**delberg nach **Nor**den bis **Ham**burg.

Izgovor
*5 … **mi**^{u}**n**h'n … **kèm**pingbus … 6 … **auks**burk **hajd**'lbèrk … **ham**burk*

Napomene

① **quer**, *poprečno, koso, preko*: **Das Auto stand quer auf der Straße**, *Automobil je stajao poprečno na putu*. **Quer durch**, *kroz, preko, s jednog na drugi kraj*. Glagol **-queren** postoji samo uz sufiks (neodvojivi), npr.: **die Straße überqueren**, *preći ulicu*.

② Pridev ili prilog **toll** ćete veoma često čuti u svakodnevnom govoru za izražavanje nekog jakog utiska: **eine tolle Idee**, *sjajna ideja*; **eine tolle Geschichte**, *neverovatna/luda priča*; **ein tolles Mädchen**, *divna devojka*; **Das ist ja toll!** *Pa to je divno!* Ali, obratite pažnju na imenicu **die Tollwut**, koja označava bolest: *besnilo*!

Planovi u indikativu

1 – Da li želiš da pođeš sa mnom?
2 – A kuda?
3 – Na put, i to kroz celu Nemačku.
4 – Kroz celu Nemačku?! Pa to je zaista divna zamisao!
5 – Nameravam da idem avionom *(da letim)* do Minhena i da tamo iznajmim kamp vozilo.
6 A potom ću na miru voziti ka severu preko Augsburga i Hajdelberga do Hamburga.

▸ ③ Glagol **fahren** označava kretanje mehaničkim prevoznim sredstvom nasuprot kretanju nogama (**gehen**) ili vazdušnim putem (**fliegen**) ili na leđima neke životinje (**reiten**), itd. I naš jezik poseduje takvo bogatstvo reči, te ćemo za ove radnje reći putovati/voziti, ići, leteti, jahati.

④ **in aller Ruhe**, *na miru, lagano, polako, bez žurbe.*

4

7 Von dort geht 's **wei**ter nach Ber**lin** und dann **wie**der **süd**wärts ⑤ über **Dres**den zu**rück** nach **Mün**chen ⑥.

8 – **Al**so da **wür**de ich so**fort mit**kommen!

9 – Na**tür**lich **neh**me ich **haupt**sächlich die **Land**straßen und so **we**nig wie **mög**lich die **Au**tobahn,

10 da**mit** man **et**was von der **Land**schaft sieht und **ü**berall **hal**ten kann, wo es was zu be**sich**tigen gibt.

11 – Ja, ge**nau**, so **wür**de mir das **Rei**sen auch am **bes**ten ge**fal**len.

12 – Aber du kannst **lei**der nicht **mit**kommen, **o**der? ⑦

13 – Wie**so**? ⑧ Na**tür**lich **könn**te ich! Wa**rum sol**lte ich nicht **kön**nen?

14 – Weil du **dau**ernd im **Kon**junktiv ⑨ **re**dest.

*7 ... bèr**li:n** ... **dre:**sd'n ...*

Napomene

⑤ **südwärts**, *ka jugu*; **der Süden**, *jug*. Za ostale strane sveta ćemo reći: **der Norden / nordwärts**, *ka severu*; **der Westen / westwärts**, *ka zapadu*; **der Osten / ostwärts**, *ka istoku*; a kad se izdaleka vraćamo kući, idemo **heimwärts**.

⑥ Da bismo opisali put, potrebno je da naznačimo mesto polaska: **von** (+ dat.) *od*, tačke kroz koje ćemo proći: **(quer) durch** (+ ak.) *kroz*, ili **über** (+ ak.), *(prolazeći) preko / kroz*, i mesta na koja ćemo stići: **bis**, *do* ili **nach** (+ dat.) *prema, ka*. Ispred ličnih imena (gradova, regija, država) ne stoji član što je prednost, jer ih ne moramo menjati po padežima. ▸

7 Odatle ću nastaviti dalje ka Berlinu i onda opet ka jugu preko Drezdena, nazad ka Minhenu.

8 – Onda bih odmah pošla s tobom!

9 – Naravno, uglavnom ću ići regionalnim putevima i što je manje moguće autoputem,

10 da bismo videli i krajolik *(nešto od krajolika)* i da bismo mogli da stanemo svugde gde ima nešto da se poseti.

11 – Da, baš takav način putovanja bi mi se najviše dopao.

12 – Ali, nažalost, nećeš moći da pođeš sa mnom, je li tako?

13 – Kako to? Naravno da bih mogla! Zašto ne bih mogla?

14 – Jer stalno govoriš u "konjunktivu".

▸ (7) Kad se ovako doda nekoj tvrdnji, **oder?** je pitanje koje traži potvrdu ili poništenje prethodno rečenog: **oder (stimmt das nicht)?** *nije li tako? / zar ne?*

(8) **wieso?** (svakodnevni govor) je sinonim za **warum?** *zašto?*

(9) Glagolski način "**Konjunktiv**" u nemačkom jeziku služi da se izrazi nesigurnost, sumnja, želja, mogućnost. Pošto u srpskom jeziku ovaj glagolski način ne postoji, termin nismo preveli.

4 **15** Man weiß nie, ob das nun Ja oder Nein be**deu**tet. ⑩

16 – Den **Kon**junktiv **ha**be ich ge**ra**de ge**lernt**

17 und **möch**te ihn **des**halb jetzt auch mal ver**wen**den.

18 – Und was sind **dei**ne **Plä**ne im **In**dikativ?

19 – Im **In**dikativ **wür**de ich **ant**worten: Ich **kom**me mit.

20 – Toll! Aber wir **ma**chen ⑪ dann **ei**ne **Rei**se durch **Deutsch**land und **kei**ne durch die **deut**sche Gram**ma**tik – **ein**verstanden?! □

Napomene

⑩ Baš tako: zbog upotrebe **Konjunktiva** odgovori u rečenicama 4, 8, 11, 13 i 19 su nejasni. Obratite pažnju da se govornik ponaša baš kao pravi Nemac: koristi pravi **Konjunktiv** samo za glagole koji su najčešće u upotrebi, na primer **wäre** (rečenica 4), **könnte**, **sollte** (rečenica 13), a služi se zamenskim oblikom "**würde** + infinitiv" čim se stvari malo zakomplikuju: **würde... mitkommen** (rečenica 8) (umesto: **käme... mit**), **würde... gefallen** (rečenica 11) (umesto **gefiele**), itd. ▸

***

Übung 1 – Übersetzen Sie bitte!

❶ Ich habe vor, in aller Ruhe die Stadt zu besichtigen. ❷ Wir haben oft gehalten, weil uns die Landschaft so gut gefallen hat. ❸ Die Bevölkerung hier lebt hauptsächlich vom Tourismus. ❹ Wenn es dort kein Hotel gibt, dann müssen wir eben einen Campingplatz suchen. ❺ Wieso hast du mich nicht gefragt, ob ich Lust hätte mitzukommen?

15 Nikad se ne zna da li to zapravo znači da ili ne. 4
16 – Tek sam naučio "konjunktiv",
17 i zato bih želeo sad malo da ga koristim.
18 – A kakvi su ti planovi u indikativu?
19 – U indikativu bih odgovorio: idem *(sa)*.
20 – Divno! Ali onda idemo na put kroz Nemačku,
a ne kroz nemačku gramatiku – dogovoreno?!

▸ ⑪ Kad se zna (bilo iz konteksta, bilo zbog nekog dodatka, priloga za vreme, itd.) da će se radnja desiti u budućnosti, u nemačkom jeziku ćemo radije koristiti prezent umesto futura (**werden** + infinitiv). Primere ćete videti u rečenicama 6, 7, i 12.

***

Rešenje vežbe 1

❶ Nameravam da natenane obiđem grad. ❷ Često smo se zaustavljali, jer nam se krajolik veoma dopao. ❸ Ovde stanovništvo živi uglavnom od turizma. ❹ Ako tamo nema hotela, nema veze, moraćemo onda da tražimo kamp. ❺ Zašto me nisi pitao da li želim da dođem?

4 **Übung 2 – Ergänzen Sie bitte!**

❶ Idite onda sporednim putevima ako ne želite stalno da vozite autoputem.
Nehmen Sie doch die . . . . , wenn Sie nicht . . . . auf . . . . wollen.

❷ Vozili smo kroz grad, i onda smo pronašli odličan hotel.
Wir sind . . . . die Stadt . . . . und haben dann ein . . . . gefunden.

❸ Idite autoputem zapadno od Getingena i onda, idite ka zapadu do Bremena, preko Hanovera.
Nehmen Sie . . . . Göttingen die Autobahn und . . . . dann . . . . , ... Hannover . . . . Bremen.

4 Najbolje bi bilo da iznajmite bicikle da biste od grada mogli videti što više! 4

Am besten wäre es, Fahrräder .. .., damit Sie .. .. von der Stadt sehen können!

5 Objasnite mi, molim vas, šta ta priča zaista znači.

Erklären Sie ... doch bitte, ... diese Geschichte ....

Rešenje vežbe 2

1 – Landstraßen – dauernd – der Autobahn fahren – **2** – quer durch – gefahren – tolles Hotel – **3** – im Westen – fahren Sie – nordwärts, über – bis nach – **4** – zu mieten – so viel wie möglich – **5** – mir – was – wirklich bedeutet

Termin **Landstraße**, drum, veliki put, *uglavnom označava put drugog reda (regionalni put). A zaista vredi truda zadržavati se na njima da bi se otkrila zemlja veoma različitih krajolika i živopisnih gradova, da ne pominjemo draži Austrije i Švajcarske, ako prolazite i kroz njih. Imaćemo još prilike da se vratimo na turističke adute pojedinih regiona.*

Možda smatrate da ima previše ili premalo gramatičkih opaski? Istina je da za sada ne znamo baš pouzdano koliko ste je savladali.

5 Fünfte Lektion

Herzlich willkommen! ①

1 Es **klin**gelt. Frau **Kra**mer **öff**net die **Haus**tür.
2 Vor ihr im **Re**gen steht **ei**ne **jun**ge Frau mit **ih**rer **Rei**setasche.
3 – Na, **wun**derbar! **Herz**lich **will**kommen! **Hat**ten Sie **ei**ne **an**genehme **Rei**se?
4 – Ja... äh... **dan**ke... **a**ber...
5 – Nun **kom**men Sie doch erst mal rein ②, Sie sind ja ganz nass!
6 – Ver**zei**hen Sie...
7 – **Bit**te, **bit**te, **neh**men Sie doch Platz. Wie **wä**re es denn mit **ei**ner **Tas**se Kaf**fee**? ③
8 Ach, und da kommt ja auch mein Mann...

Napomene

① **(Seien Sie) Herzlich willkommen!** *(Budite srdačno) dobro došli!* To je srdačan doček, koji dolazi pravo iz *srca*, **das Herz**; **herzlich**, *srdačan, od srca*. **Herzliche Glückwünsche zum Geburtstag!** *Srdačne čestitke za vaš/tvoj rođendan! Srećan rođendan!* Za tužne događaje: **Herzliches Beileid!** *Iskreno saučešće* (koje dolazi iz srca). **Herzliche Grüße**, *Srdačni pozdravi*, na kraju ličnog pisma ili razglednice.

② Ovaj veoma prisni ton je uglavnom namenjen dočeku osoba koje dobro poznajemo. **Treten Sie doch bitte ein!** *Samo izvolite, molim vas!* bi bio malo zvaničniji oblik. Upotreba glagola **dürfen** pozivu dodaje još jednu nijansu ljubaznosti više: **Darf ich Sie bitten, einzutreten?** *Mogu li vas zamoliti da uđete?* dok ▸

Važne teme ćemo ponovo obraditi u lekcijama za ponavljanje. Ukoliko vam objašnjenja data u napomenama ne koriste, nemojte se na njima zadržavati.

Peta lekcija 5

(Srdačno) dobro došli!

1 Neko zvoni. Gospođa Kramer otvara vrata kuće.
2 Pred njom, na kiši, stoji mlada žena s putnom torbom.
3 – Divno! Dobro došli! Jeste li dobro putovali *(imali prijatno putovanje)*?
4 – Da... ovaj... hvala... ali...
5 – Hajde, pa uđite *(prvo)*, potpuno ste mokri!
6 – Oprostite ...
7 – Molim, molim, sedite. Šta kažete na jednu kafu *(šolju kafe)*?
8 Ah! Evo stiže i moj muž...

će **Konjunktiv** naš poziv učiniti još zvaničnijim: **Dürfte ich Sie bitten...?** *Da li bih vas smeo zamoliti...?* Ipak, sačuvajte "naklone" za zvanične prilike!

③ **Wie wäre es denn mit...?** *Kako bi bilo da/Šta kažete na...?* je veoma čest obrt kad želimo nešto da predložimo. Za malo zvaničnije situacije ćemo reći: **Darf/Dürfte ich Ihnen eine Tasse Kaffee anbieten?** *Mogu li / Smem li vam ponuditi šolju kafe?* **Kaffee** se izgovara različito u zavisnosti od oblasti: s naglašenim akcentom na prvom slogu na severu = **Kaffee** (to je standardni izgovor), s naglašenim akcentom na drugom slogu = **Kaffee** (kao što ga ovde izgovara gđa Kramer) na jugu i u Austriji. Nasuprot tome *kafe(-poslastičarnica)*, **das Café**, se svugde izgovara «po francuski»: **Café**.

5 **9** Klaus, das ist die **jun**ge Frau, die mit **un**serer Micha**e**la den **Zim**mertausch macht und die jetzt hier **woh**nen wird.

10 **Con**ny, nicht wahr? Wir **dür**fen doch **si**cher **Con**ny zu **Ih**nen **sa**gen, **o**der?

11 – Freut mich, Sie **ken**nen zu **ler**nen ④, **Con**ny. Ich bin **al**so Micha**e**las **Va**ter.

12 – Ent**schul**digen Sie... Ich **für**chte ⑤ es gibt ein **Miss**verständnis.

13 – Nein, nein... Sie sind hier ganz **rich**tig, bei Fa**mi**lie **Kra**mer, den **El**tern von Micha**e**la.

14 – Ja, viel**leicht**, **a**ber ich bin nicht die... **Con**ny.

15 – Ach!... Ja, **a**ber... was **ma**chen Sie denn dann hier, in **un**serer **Woh**nung?

16 – Ich **woll**te Sie nur **bit**ten, **ei**ne **Au**towerkstatt **an**zurufen.

17 Mein **Au**to ist **näm**lich **steh**en ge**blie**ben ⑥, ganz in der **Nä**he...

Napomene

④ **(Es) Freut mich, Sie kennen zu lernen!** *Drago mi je! / Drago mi je što sam vas upoznao(la)!* U zvaničnim situacijama osoba koja se predstavlja, mora prvo tražiti dozvolu: **Darf ich mich vorstellen? Klaus Kramer**. Inače, dovoljno je samo se pozdraviti i/ili reći svoje ime: **Guten Tag. Mein Name ist...** ili **Ich bin...**

⑤ **fürchten**, *bojati se, plašiti se*, se često koristi da najavi neko (sitno) neslaganje: **Ich fürchte, Sie sitzen auf meinem Platz**, *Bojim se da sedite na mom mestu.*

9 Klause, ovo je devojka koja je zamenila sobu sa našom Mihaelom i koja će sad ovde stanovati. 5

10 Koni, zar ne? Sigurno ćete nam dozvoliti da vas zovemo *(vam kažemo)* Koni, je li tako?

11 – Drago mi je *(raduje me)* što sam vas upoznao, Koni. Ja sam Mihaelin otac.

12 – Izvinite… Bojim se da je došlo do nesporazuma.

13 – Ne, nije… Na pravom ste mestu, u porodici Kramer, kod Mihaelinih roditelja.

14 – Da, možda, ali ja nisam ta… Koni.

15 – A [tako]! Da, ali… šta onda tražite ovde, u našem stanu?

16 – Samo sam htela da vas zamolim da pozovete automehaničarsku radnju.

17 Zapravo, auto mi je stao ovde u blizini…

▸ ⑥ Kad se za neki motor i mehanizam kaže **stehen bleiben,** to znači da je stao, da više ne radi: **Meine Uhr ist stehen geblieben**, *Sat mi je stao.* Ako se neki auto zaustavi sam od sebe, znači da je u kvaru.

18 – Ja, so was! Und ich **dach**te, Sie **wä**ren die **Con**ny ⑦!

19 Na ja, macht nichts! Jetzt be**kom**men Sie ⑧ **a**ber **trotz**dem erst mal **ei**ne **Tas**se Kaf**fee**!

20 Und du, Klaus, ruf doch mal bei der **Au**towerkstatt **Wag**ner an, ob die nicht **je**manden **schi**cken **kön**nen... □

Napomene

⑦ Kad se govori o nekoj osobi koja nije prisutna, često se u svakodnevnom govoru ispred imena te osobe stavi odgovarajući određeni član: **der Peter**, **die Katrin**, **die Frau Müller**, **der Herr Schwarz**. **Was macht denn die Katrin? Wo wohnt denn jetzt die Frau Schwarz?** Može se čuti i u neformalnom kontekstu, prilikom upoznavanja: **Also, ich bin der Peter und Sie sind sicher die Katrin / die Frau Müller?** Ipak, pazite! Ako ispred prezimena stoji određeni član, a nismo stavili **Herr/Frau**, dobijamo snishodljiv, čak prezriv ton: **Der Schmidt soll mal kommen!** *Recite tom Šmitu da dođe!* ▸

***

Übung 1 – Übersetzen Sie bitte!

❶ Sie sind immer herzlich willkommen bei uns! ❷ Ich fürchte, hier in der Nähe finden Sie keine Autowerkstatt. ❸ Es freut mich, deine Eltern endlich kennen zu lernen. ❹ Sie bekommt zum Geburtstag eine neue Reisetasche. ❺ Ja so was! Hier ist ja alles nass! Wer ist denn hier reingekommen?!

18 – A, tako! A ja sam pomislila da ste vi Koni! **5**
19 Pa dobro, nema veze! *(Sad)* Svakako imate pravo da popijete kafu *(na šolju kafe)*!
20 A ti, Klause, pozovi *(pozovi kod)* automehaničarsku radionicu Vagner, [i pitaj] da li mogu da pošalju nekoga...

▸ ⑧ **bekommen** često ima značenje da će radnja nastaviti da se razvija (**Sie bekommt ein Kind**, *Ona će dobiti dete*; **Ich bekomme Hunger**, *Postajem gladan*) ili da ćemo primiti/dobiti nešto (**Ich bekomme Besuch**, *Dolaze mi u posetu*).

***

Rešenje vežbe 1

❶ Kod nas ćete biti/ste uvek dobro došli! ❷ Bojim se [da] ovde u blizini nećete pronaći automehaničarsku radionicu. ❸ Drago mi je što sam konačno upoznao tvoje roditelje. ❹ Za rođendan će dobiti novu putnu torbu. ❺ Tako dakle! Ovde je sve mokro! Pa ko je ovde ulazio?!

5 Übung 2 – Ergänzen Sie bitte!

❶ Takođe pozdravite srdačno i vašu suprugu *(od nas)*.
Grüßen Sie bitte auch .... ganz .... von uns.

❷ Ne mislim da je baš prijatno posetiti grad po ovoj kiši.
Ich finde es ...., bei .... die Stadt zu besichtigen.

❸ Ta uđite i nemojte stajati pred vratima!
.... doch .... und .... nicht ... der Haustür ......!

❹ Šta mislite o jednoj nedelji odmora na lepoj peščanoj plaži?
... . einer Woche Urlaub an einem schönen ....?

Siezen, persirati, *ili* **duzen**, biti na ti*? Među odraslima, na ti se prelazi samo uz obostranu saglasnost.* **Wollen/Sollen wir uns nicht duzen? Wollen Sie nicht du zu mir sagen? Darf ich Sie duzen?** *U poslovnom okruženju, danas više ne postoji neko opšte pravilo, i možemo čuti kako tradicionalno obraćanje na vi* **Sie + Herr (Wagner) / Frau (Wagner)** *tako i* **Sie** *+ ime ili sasvim slobodno* **du** *+ ime (naročito, ali ne i isključivo, u malim "modernim" preduzećima). Ipak, ne dajte se zavarati da je hijerarhija potpuno nestala! Ovakav razvoj je izazvan internacionalizacijom aktivnosti i čestom upotrebom engleskog kao jezika komunikacije. Kako i dalje na nemačkom oslovljavati kolege, nadređene, klijente sa vi, kad se na međunarodnim sastancima na engleskom stalno obraćamo na ti? Ako želite da izbegnete nesporazume, treba pažljivo da obratite pažnju na običaje i praksu u poslovnom okruženju u kojem se nalazite.*

❺ Da se *(naš)* taksi nije pokvario, još bismo stigli na *(naš)* voz. 5
Wenn unser Taxi nicht ....
wäre, hätten wir den Zug noch ....

Rešenje vežbe 2

❶ – Ihre Frau – herzlich – ❷ – nicht sehr angenehm – diesem Regen – ❸ Kommen Sie – rein – bleiben Sie – vor – stehen ❹ Wie wäre es denn mit – Sandstrand ❺ – stehen geblieben – bekommen

Zajednička imenica **das Fräulein**, gospođica, *kojom se nekad pravila razlika između neudate žene i one koja je to bila (***die Frau***), je zastarela. Radije im se, ukoliko to okolnosti dozvoljavaju, obraćamo imenom +* **Sie** *(***Monika, könnten Sie bitte...***), ili čak, ukoliko je reč o devojci, titulom* **Frau** *+ prezime (***Frau Schmidt, könnten Sie bitte...***).*

6 Sechste Lektion

Wie interessant!

1 – **A**ha... Sie **wo**llen **Deutsch**land ent**de**cken, **sag**ten Sie... und **et**was Be**son**deres soll es sein.
2 Wie **wä**re es denn mit **un**serem **An**gebot „Zu Gast bei ① **Rö**mern und Ger**ma**nen”?
3 **Ei**ne **Füh**rung ② zu den **wich**tigsten **Stät**ten ③ der **frü**hen **deut**schen Ge**schich**te.
4 – Ich **für**chte, das ist nichts für uns. Wir interes**sie**ren uns nicht be**son**ders für Ge**schich**te.
5 – Ja, gut... Dann **hät**te ich hier **ei**ne **Rad**wanderung ④ an der **Do**nau ent**lang** ⑤,
6 inklu**si**ve Trans**port** **Ih**res Ge**päcks**, **Un**terkunft und Ver**pfle**gung ⑥ in Drei-**Ster**ne-Ho**tels**.

Napomene

① **zu Gaste bei jemandem sein**, *biti nečiji gost/zvanica*; **der Gast**, *gost, zvanica*; **die Gastfreundschaft**, *gostoprimstvo*.

② Već poznajete puno imenica (uvek ženskog roda), koje se prave od glagola i sufiksa **-ung**: **besichtigen → die Besichtigung**; **wohnen → die Wohnung**; **entdecken → die Entdeckung** itd. Glagol **führen** znači *voziti*, *voditi*, *upravljati*; **die Führung**, *ponašanje, upravljanje, rukovođenje*, a ovde *poseta/obilazak sa vodičem*.

③ Nemojte mešati **die Stätte (die Stätten)**, *mesto (-a)*, i **die Stadt (die Städte)**, *grad (-ovi)*!

④ Još jedan primer imenice ženskog roda na **-ung**: glagol **wandern**, *šetati, pešačiti*, daje **die Wanderung**, *duga šetnja, pešačenje*, a **eine Radwanderung** je, dakle, *vožnja biciklom (kroz prirodu)*.

Kako [je] zanimljivo!

1 – A, da... rekli ste da želite da otkrijete Nemačku ... i to treba da bude nešto posebno.
2 Šta kažete na našu ponudu «U gostima kod Rimljana i Germana»?
3 Poseta s vodičem najvažnijim mestima stare nemačke istorije.
4 – Plašim se da to nije za nas. Ne zanima nas naročito istorija.
5 – Da, dobro... Imao bih onda vožnju biciklom duž Dunava,
6 prevoz vašeg prtljaga, smeštaj i hrana u hotelima s tri zvezdice su uračunati.

▸ ⑤ **die Donau**, *Dunav*; **an der Donau entlang**, *duž Dunava, sledeći tok Dunav* (**entlang** može da se nađe i ispred dodatka). Možete ići duž Dunava od mesta **Donaueschingen**, koji se nalazi u Švarcvaldu, na ušću dva izvora ove reke, vozeći se čuvenim **Radwanderweg,** *biciklističkim putem.*

⑥ **inklusive Unterkunft und Verpflegung**, *smeštaj i hrana su uračunati u cenu.* Bolje je znati unapred šta je **inklusive**, *uključeno* ili **einbegriffen/inbegriffen**, *uračunato u cenu*, a šta će biti **extra** ili **nicht inbegriffen**, *dodato na cenu odnosno nije uključeno.* **Frühstück inbegriffen, Benutzung des Schwimmbads extra**, *doručak je uračunat, korišćenje bazena [se] dodatno [naplaćuje].*

7 – Ach nein, **Fahr**rad **fah**ren **fin**de ich **wirk**lich zu **an**strengend!
8 – Dann **kä**me viel**leicht ei**ne **Kreuz**fahrt durch das ro**man**tische **Rhein**tal in **Fra**ge ⑦, **wirk**lich sehr zu em**pfeh**len!
9 – **Al**so, **dau**ernd auf **ei**nem Schiff zu **sit**zen ist doch **si**cher **lang**weilig.
10 – Gut... Dann **gä**be es hier noch „Be**kann**te **Meis**terwerke in **deut**schen Mu**se**en", **ei**ne **Rei**se...
11 – Ach **bit**te **kei**ne Mu**se**en! Wir **wol**len Land und **Leu**te ent**de**cken, **kei**ne **Kunst**werke!
12 – Tja... **Al**so, dann **hät**te ich hier noch ein **An**gebot für **Kun**den, die **et**was ganz **Un**gewöhnliches ⑧ **su**chen:
13 **Ei**ne **Wo**che in **Kun**gelsdorf.
14 – A**ha**?! **Kön**nen Sie uns **et**was mehr da**rü**ber **sa**gen?
15 – Es gibt nicht viel mehr da**rü**ber zu **sa**gen.

Napomene

⑦ **in Frage kommen**, doslovno "doći u pitanje", *doći u obzir, odgovarati*. **Käme das / dieses Modell / diese Lösung in Frage?** *Da li bi to / taj model / to rešenje odgovaralo (moglo doći u obzir)?* je učtiv oblik kada nešto nudimo. **Das kommt nicht in Frage!** često otkriva direktniji registar i znači odluku o neprihvatanju: *Ne, to ne dolazi u obzir!* ▸

7 – A, ne! Mislim da je vožnja bicikla zaista previše naporna! 6
8 – Onda bi možda neko krstarenje *(duž)* romantičnom dolinom Rajne došlo u obzir *(pitanje)*, to zaista preporučujem *(zaista veoma za preporučiti)*!
9 – Pa sad, sedeti stalno po čitav dan tokom putovanja brodom, to je sigurno veoma dosadno.
10 – Dobro... Onda, ima još *(ovde)* ovo: "Čuvena remek dela u nemačkim muzejima", putovanje...
11 – Jao, molim vas, nikako muzeji! Želimo da upoznamo *(otkrijemo)* zemlju i ljude, ne umetnička dela!
12 – Pa dobro... U tom slučaju imao bih još jednu ponudu za klijente koji traže nešto zaista izuzetno:
13 Nedelju dana u Kungelsdorfu.
14 – Zaista?! Možete li nam reći nešto više o tome?
15 – Nema bogzna šta više da se o tome kaže.

▸ ⑧ Sigurno već znate ulogu prefiksa **un-** u tvorbi prideva suprotnog značenja, kao npr. **(un)bekannt**, *(ne)poznat*; **(un)möglich**, *(ne) moguć*. Ovde **gewöhnlich**, *običan*, *prost*, *prosečan*, se menja u **ungewöhnlich**, *neobičan*, *izuzetan*; **etwas Ungewöhnliches**, *nešto izuzetno*.

6 **16** Es ist **ein**fach ein ganz ge**wöhn**licher Ort ⑨ **oh**ne **Seh**enswürdigkeiten ⑩,
17 **oh**ne Mu**se**en, **oh**ne interes**san**te Ge**schich**te, **oh**ne **Ba**de- oder **Sport**möglichkeiten ⑪ und **oh**ne be**son**deren Reiz.
18 **Un**terkunft in **ei**ner mö**blier**ten **Woh**nung, **oh**ne **Früh**stück,
19 Ver**pfle**gung in **ei**nem **klei**nen **Su**permarkt **o**der an der **Würst**chenbude.
20 – Ach, wie interes**sant**! **Wä**re da denn noch **et**was frei? □

Izgovor
***19** … vi^{u}**rs**th'nbude*

Napomene

⑨ **der Ort**, *mesto, prostor*, znači takođe i *naseljeno mesto*, *naselje*: **die geschlossene Ortschaft**. ▸

***

Übung 1 – Übersetzen Sie bitte!

❶ Unterkunft in einem Campingbus? Das kommt nicht in Frage! ❷ Bei der Führung erklärt man Ihnen alle Sehenswürdigkeiten. ❸ Können wir hier Karten für diese Kreuzfahrt bekommen? ❹ Im Tal liegt ein kleiner Ort. Da können Sie ein möbliertes Zimmer mieten. ❺ In unserem Angebot gibt es eine Fahrt zu den berühmtesten Sehenswürdigkeiten Deutschlands.

16 To je sasvim obično mesto bez ikakve turističke znamenitosti,

17 bez muzeja, bez istorijskog značaja, bez mogućnosti da se kupate ili bavite sportom, bez posebne draži.

18 Smeštaj je u nameštenom apartmanu, bez doručka,

19 snabdevanje je u malom supermarketu ili na štandu s kobasicama.

20 – Ah, kako je to zanimljivo! Ima li još slobodnih mesta *(još nešto slobodno)*?

▸ ⑩ **sehenswürdig** označava ono što je *dostojno*, **würdig**, da bude viđeno. Sufiks **-keit**, baš kao i **-ung**, menja pojedine prideve u imenice (i to uvek ženskog roda): **sehenswürdig → die Sehenswürdigkeit**, *znamenitost*, *turistička atrakcija*; **möglich → die Möglichkeit**, *mogućnost*; **wirklich → die Wirklichkeit**, *stvarnost*.

⑪ Pri nabrajanju prelazimo s jedne stvari na drugu (treću itd.) tako što ćemo zajednički element pomenuti samo u poslednjoj reči: **Fuß- und Radwanderungen**, *pešačenje i vožnja biciklom*; **Flugzeug-, Auto- und Schiffsreisen**, *putovanja avionom, automobilom i brodom*. Kad pišete, ne zaboravite na crticu.

***

Rešenje vežbe 1

❶ Smeštaj u kamp-kućici? Ne dolazi u obzir! ❷ Prilikom posete sa vodičem, sve znamenitosti će vam biti objašnjene. ❸ Da li ovde možemo dobiti karte za to krstarenje? ❹ U dolini se nalazi seoce. Tamo možete iznajmiti nameštenu sobu. ❺ U našoj ponudi imamo putovanje [obilazak] najčuvenijih znamenitosti Nemačke.

6 Übung 2 – Ergänzen Sie bitte!

❶ Da li sami treba da se pobrinemo za prtljag ili je to uračunato u cenu?

Müssen wir uns ...... um den .... kümmern, oder ... ...?

❷ S kamp-kućicom, smeštaj i hrana ne predstavljaju problem, jer se može zaustaviti na svakom mestu.

Mit einem Campingbus sind .... kein Problem, denn man kann in jedem ... .

❸ Krajolici koje ćete otkriti prilikom te vožnje biciklom su izuzetno ljupki.

Die Landschaften, die Sie auf dieser .... werden, haben einen ....

❹ Ako budete naš gost, sve je uračunato u cenu, čak i ishrana na štandu s kobasicama.

Wenn Sie ... ... zu ...., ist alles ...., ... die .... an der Würstchenbude.

Zaustavimo se nakratko ispred **Würstchenbude**, *tog čuvenog štanda ili kioska (najčešće pokretnog) na kojem se prodaju kobasice – ali i druga jela i napici. Kako se često nalaze na nedopadljivim mestima (prilazima gradilištu, četvrtima oko železničkih stanica), oni su za ljude koji žure ili siromašnije stanovništvo više od mesta na kojima se snabdevaju. To je objekat u kojem se u bilo koje doba dana može nešto pojesti i razmeniti koja reč sa prodavcem ili ostalim mušterijama.*

⑤ Po onome što kažu, reč je o remek-delu nemačke umetnosti. Nažalost, ne znam ništa više o tome. 6

Es soll ein .... germanischen ..... sein. .... nicht mehr ....

Rešenje vežbe 2

❶ – selbst – Transport des Gepäcks – ist das inklusive ❷ – Unterkunft und Verpflegung – Ort halten ❸ – Radwanderung entdecken – ungewöhnlichen Reiz ❹ – bei uns – Gast sind – inklusive, sogar – Verpflegung – ❺ – Meisterwerk der – Kunst – Leider weiß ich – darüber

Ali kobasica, bilo grilovana ili kuvana, je i dalje proizvod koji privlači kupce i svaka oblast će svoju ponudu obogatiti posebnim receptom. Možda ste i čuli za najpoznatije: **die Frankfurter** *naravno (*frankfurtska kobasica*),* **die Wiener** *(*bečka kobasica*),* **die Nürnberger Bratwürstchen** *(*nirnberška pečena kobasica*),* **die bayrische Weißwurst** *(*bavarska bela kobasica*),* **die Curry-Wurst** *(*berlinska kobasica s karijem*). Znajte da u Nemačkoj postoji na stotine vrsta kobasica.*

Šta mislite? Šta ste zaključili nakon prvih šest pređenih lekcija? **Macht es Spaß? Und lohnt es sich?** *Kako bilo,*

7 Siebte Lektion

Zusammenfassung – Ponavljanje

U lekcijama za ponavljanje ćemo se sistematičnije vratiti na pojedine aspekte jezika. To, naravno, obuhvata gramatiku, ali i druge elemente. Ako se pribojavate ovog «racionalnog» dela učenja, budite bez brige: dali smo sve od sebe da ga učinimo pitkim i delotvornim. Podvući ćemo samo da razumevanje gramatičkih pravila koja vladaju u nekom jeziku ne predstavljaju cilj za sebe (osim za lingviste među vama). Ova pravila su korisna samo u onoj meri u kojoj vam pomažu da bolje razumete i bolje ovladate jezikom. Pokušaćemo da vam ih prikažemo kao «dodatnu korist».

Na taj način ćemo se vratiti na nekoliko osobenosti nemačkog jezika koje već poznajete.

1 Mesto glagola u nemačkoj rečenici

Glavnu informaciju o prirodi iskaza daje mesto na kojem se u rečenici nalazi glagol u ličnom glagolskom obliku.

• U glavnoj rečenici
Kad se nalazi na drugom mestu, ukazuje da je reč ili o potvrdnim (izjavna rečenica, npr. **Ich lerne Deutsch**) ili o upitnim rečenicama uvedenim upitnom zamenicom (parcijalna upitna rečenica, npr. **Warum lernen Sie Deutsch?**).
Kad se nalazi na prvom mestu, od rečenice pravi upitnu koja zahteva odgovor «da» ili «ne» (totalna upitna rečenica, npr. **Sprechen Sie auch Englisch?**) ili rečenicu kojom iskazujemo naređenje / zahtev (zapovedna rečenica, **Sagen Sie das auf Deutsch!**) ili želju (**Wäre die Übung doch schon fertig !** *Kad bi se samo vežba već (jednom) završila!*).

vreme je za ponavljanje: **Wie wär 's mit einer kleinen Wiederholung?**

Sedma lekcija 7

• U zavisnoj rečenici

Podsetimo se prvo osnovne karakteristike nemačkog jezika: u zavisnim rečenicama koje (najčešće) uvodi neki zavisni veznik (npr. **Ich lerne Deutsch, weil es mir Spaß macht**), relativna zamenica (**Klaus, das ist die junge Frau, die jetzt hier wohnen wird**) ili upitna zamenica (**Ich verstehe nicht, warum Sie sich diese Mühe machen**), glagol se nalazi na poslednjem mestu.

• Mesto glagola u rečenici predstavlja veoma pouzdan «reper» koji pomaže da se snađete, naročito u složenim rečenicama. Ipak, ne zaboravite da:

– je ovde reč o mestu u rečenici koje zauzim glagol u ličnom glagolskom obliku. Kad se u jednoj rečenici nalaze složeni glagolski oblici (što je veoma čest slučaj), jedino glagol u ličnom glagolskom obliku zauzima taj «strateški» položaj. **Ich möchte** (glagol u ličnom glagolskom obliku) **mich nicht mit Maschinen unterhalten** (infinitiv).

– Glagol na «drugom mestu» ne znači, naravno, da je glagol obavezno i druga reč u rečenici. Element rečenice na prvom mestu koji prethodi glagolu, je najčešće sačinjen od više delova kao npr. : **Auf der anderen Seite kommt die Übersetzung fertig wieder raus**. Može, takođe, da bude reč i o celoj zavisnoj rečenici. npr. **Wenn man Fortschritte machen will, macht man eben auch Fehler!**

U narednim lekcijama ćemo se vratiti na različite elemente rečenice i na mesto koje oni u tim rečenicama zauzimaju.

2 Intonacija i interpunkcija

2.1 Naglasak

Dobar izgovor neke nemačke reči (od više slogova) umnogome zavisi od toga da li ćemo naglasak staviti na pravo mesto. Zato moramo podići i/ili pojačati (malo) glas na određenom slogu – uglavnom (ali ne uvek), jer upravo on nosi osnovno značenje reči – a da, shodno tome, više ili manje «lišimo naglaska» ostale slogove, naročito sufikse čija je uloga čisto «tehnička». U glagolu **wirken** (*raditi*, *činiti*, *delovati*), slog **wirk-** je nosilac značenja, sufiks **-en** služi samo da nam pokaže da je reč o infinitivu. Isto tako i kad je reč o pridevu **wirklich**, koji se tvori od glagola pomoću sufiksa **-lich**, potom o imenici **Wirklichkeit**, koja se tvori dodavanjem sufiksa **-keit**.

Da bismo vam pomogli da steknete naviku da reč pravilno naglašavate, u tekstovima prvih dijaloga smo naglašene slogove pisali masnim slovima (a ovde smo ih podvukli). Izgovarajte reči pomalo prenaglašavajući akcenat u izgovoru: **lernen**, **fahren**, **Mühe**, **Deutschland**.

U složenicama, naglašeni akcenat prvog dela je pojačan dok je akcenat ostalih delova ublažen: **Muttersprache**, *maternji jezik*; **Übersetzungsmaschine**, *mašina za prevođenje*.
Kad je reč o glagolima, upravo naglasak pravi razliku između glagola sa odvojivim prefiksom (naglašen) od glagola kod kojih je prefiks neodvojiv (nenaglašen), npr.: odvojivi naglašeni prefiks: **anrufen**, *pozvati*; **auswählen**, *odabrati*; nenaglašen neodvojivi prefiks: **übersetzen**, *prevoditi*; **wiederholen**, *ponoviti*.

2.2 Naglasak rečenice i intonacija

Ako naglasak ističe ono što je bitno u jednoj reči, naglasak rečenice i intonacija to isto čine za rečenicu u celini. Tako prirodu iskaza, na koju ukazuje mesto glagola u ličnom glagolskom obliku (izjava, pitanje, naređenje ili želja), najčešće potvrđuje i ton, intonacija i akcenat rečenice. **Du machst jetzt keine Fehler mehr** izgovorena s rečeničnim akcentom na **keine** i blago opadajućom intonacijom, ukazuje na izjavnu rečenicu: *Sad više ne grešiš (ne praviš greške).*

Ali intonacija ima moć da protivureči sintaksi. Izgovorena odlučnim tonom, ova ista rečenica postaje zapovedna: **Du machst jetzt keine Fehler mehr!** *Da odsad više nisi grešio!* Ako naglasak rečenice pomerimo na reč **Fehler** i izgovorimo je uzlaznom intonacijom, ona će postati upitna: **Du machst jetzt keine Fehler mehr?** *Sad više ne grešiš?* U pisanju će naravno interpunkcija dati obaveštenja kako iskaz treba protumačiti.

Snimci dijaloga su tu da vam pomognu da uočite naglasak rečenice i da ga pravilno upotrebite prilikom ponavljanja. Savetujemo vam da ih pažljivo preslušavate.

3 «Male reči»

Stručnije ih zovemo «modalizatori». To su reči poput **denn**, **doch**, **wohl**, **mal**, **aber**, **etwa**, **auch**, **schon** itd. koje, iako ne unose određene, prave, informacije u iskaz, pojačavaju, ublažavaju ili nijansiraju značenje datog iskaza dajući mu na taj način određen ton – kao što začini pojačavaju i menjaju ukus jela, a da pri tom ne menjaju njegov sastav. Češće ih srećemo u govornom nego u pisanom jeziku – a u nemačkom se daleko više koriste nego u srpskom. Zato vam savetujemo da ih ne prevodite po svaku cenu: njihovo izostavljanje ne menja sadržinu iskaza, pre je reč o znacima koji upućuju na interpretaciju. Samo, nemojte ih zaboraviti kad ponavljate rečenicu na nemačkom!

Ipak, pazite! Te iste reči mogu imati i druge funkcije, ovaj put bitne, u nekoj rečenici: sastavni veznici ili prilozi (nosioci «pravih» dopunskih informacija). Na primer: **denn** veznik = *jer*: **Ich bin zufrieden, denn ich habe Fortschritte gemacht**, *Zadovoljan(na) sam, jer sam napredovao(la).* / **denn** modalizator = *dakle, onda, pa*: **Hast du denn Forstchritte gemacht?** *Onda, jesi li napredovao(la)?*; **auch** prilog = *takođe*: **Diese Regel kenne ich auch**, *Takođe, znam i ovo pravilo.* / **auch** modalizator (npr. da ukaže na sumnju): **Hast du diese Regeln auch richtig gelernt?** *Jesi li i ova pravila dobro naučio(la)?*

Kako ih razlikovati? Ako imate sluha, modalizatore ćete prepoznati po njihovoj «diskreciji»: oni nisu nikada naglašeni, dok su prilozi i veznici često naglašeni!

7 4 Glagolski način

Za izražavanje stvarne činjenice, koristi se indikativ: **Sie spricht gut deustch**, *Ona dobro govori nemački*. Ova izvesnost se može relativizovati upotrebom određenih reči, kao npr. **Ich glaube, sie spricht gut deutsch**, *Mislim da ona dobro govori nemački* ili **Vielleicht spricht sie gut deutsch**, *Možda ona dobro govori nemački.*

Nasuprot tome, neizvesnost koja se tiče stvarnosti onoga što je rečeno može (ili mora) se iskazati upotrebom drugog glagolskog načina, koji se u nemačkom naziva **konjunktiv**. U nemačkom postoje dva konjunktiva - **Konjunktiv I** i **Konjunktiv II**.

4.1 *Konjunktiv I*

Danas se **Konjunktiv I** uglavnom koristi da ukaže da neki iskaz pripada drugom govorniku (neupravni govor): **Sie sagt, sie spreche gut deutsch, weil sie in Deutschland gewesen sei**, *Ona kaže da dobro govori nemački, jer je išla u Nemačku.* U nemačkom jeziku, onaj koji prenosi tuđe reči, upotrebom **konjunktiva** ukazuje na činjenicu da se od tog govora ograđuje i da odgovornost rečenog prepušta drugom.

Neki retki izrazi još svedoče o nekadašnjoj upotrebi ovog načina koji se koristio da izrazi želju ili naređenje kao npr. **... lebe hoch!** *Živeo... !*; **Gott sei Dank!** *Hvaljen Gospod!*

4.2 *Konjunktiv II*

Njegovom upotrebom ćemo neku radnju, činjenicu, želju, prikazati kao hipotetičke, da sumnjamo u njihovu istinitost, mogućnost ostvarivanja ili da smatramo da se uopšte ne mogu ostvariti. Često odgovara potencijalu (kondicionalu) u srpskom jeziku – ali ne uvek: **Das wäre eine tolle Idee!** *To bi bila sjajna zamisao!* (ali mogućnosti za njeno ostvarenje su male); **Und ich dachte, Sie wären die Conny!** *A ja pomislila da ste vi Koni!* (ali, niste!).

Baš ta mogućnost izražena **konjunktivom II** objašnjava njegovu čestu upotrebu pri učtivom obraćanju: **Dürfte ich Ihnen etwas anbieten?** *Da li bih vas mogao ponuditi nečim?* Na taj način izbegavamo suviše direktno pitanje.

Zapravo, Nemci veoma često umesto **konjunktiva I** (npr. **Er sagt, er komme mit.**) koriste **Konjunktiv II** (**Er sagt, er käme mit.**) čiji su im oblici bliskiji. A u svakodnevnom govoru, ne koriste ni jedan ni drugi (osim za neke česte glagole poput **wäre**, **hätte**, **könnte**, **dürfte**, **müsste** itd.): više vole da ga zamene konstrukcijom **würde** + infinitiv (**Er sagt, er würde mitkommen.**). Nije tako elegantno, ali je jednostavno i tačno.

Ne brinite se, dakle, ako niste sigurni da znate odgovarajući oblik **konjunktiva**! Ponašajte se kao Nemci, koristite **würde** + infinitiv!

4.3 Građenje *konjunktiva*

• ***Konjunktiv I***
Prezenta: od infinitivne osnove (**sprechen** → **sie spreche**).
Prošli: od **konjunktiva I** pomoćnog glagola u prošlom vremenu (**gesprochen haben** → **sie habe gesprochen** ; **gewesen sein** → **sie sei gewesen**).

• ***Konjunktiv II***
Prezenta: od osnove preterita glagola koji se menja (često + dvotačka) (**sprach-** → **sie spräche**).
Prošli: od **konjunktiv II** pomoćnih glagola u prošlom vremenu (**gesprochen hatte** → **sie hätte gesprochen** ; **gefahren war** → **sie wäre gefahren**).
Za dodatne pojedinosti koje se odnose na oblike glagola u **Konjunktivu**, pogledajte gramatički dodatak.
Nemojte se brinuti ako još niste sasvim usvojili glagolske oblike u ovom načinu, vratićemo se na njih u narednim lekcijama.

***

Dialog zur Wiederholung – Dijalog za ponavljanje
(Prevedite)

Da biste napravili presek od dosad naučenog, predlažemo vam da se kroz ovaj dijalog podsetite pojedinih reči i jezičkih obrta koje smo videli u prethodnih šest lekcija. Ponovite svaku rečenicu i prevedite je.

1 Es war einfach toll! Ein ganz ungewöhnlicher Urlaub!
2 Eine Radwanderung, quer durch Österreich, an der Donau entlang, bis nach Wien!
3 Ich hatte gefürchtet, das wäre zu anstrengend, aber es hat allen Spaß gemacht.
4 Wir sind in aller Ruhe gefahren, täglich immer nur ein paar Stunden.
5 Die Landschaften waren wunderbar und es gab viele Sehenswürdigkeiten zu besichtigen.
6 Mit der Unterkunft und Verpflegung waren wir sehr zufrieden.
7 Wir sind auch mit vielen Leuten ins Gespräch gekommen.
8 Natürlich haben wir immer versucht, uns auf Deutsch verständlich zu machen.
9 Diese Fahrt hat sich wirklich gelohnt!
10 Ich bin sicher, dass dir diese Reise auch gefallen hätte!

***

Prevod

1 To je jednostavno bilo sjajno! Zaista neobičan odmor! **2** Vožnja biciklom kroz Austriju, duž Dunava, sve do Beča! **3** Strahovao sam da će biti suviše zamorno, ali se *(to)* svima dopalo. **4** Vozili smo lagano, *(uvek)* tek nekoliko sati dnevno. **5** Krajolici su bili divni i bilo je puno znamenitosti da se vidi *(poseti)*. **6** Bili smo veoma zadovoljni smeštajem i hranom. **7** Započinjali smo razgovor sa mnogim ljudima. **8** Naravno, trudili smo se *(uvek smo pokušavali)* da se sporazumemo na nemačkom. **9** Ovo putovanje je zaista vredelo truda! **10** Siguran sam da bi se i tebi ovo putovanje dopalo!

8 Achte Lektion

Eine freundliche Begegnung

1 – **Hallo** ①! **Gu**ten Tag. Schön Sie zu **tref**fen.
2 – Ja... **Gu**ten Tag. **A**ber... Ver**zeih**en Sie, **ken**nen wir uns **zu**fällig?
3 – Nein, ich **glau**be nicht.
4 – Das **hät**te mich auch ge**wun**dert. Ich bin **näm**lich ② fremd hier.
5 – Ja **si**cher, das **ha**be ich so**fort** be**merkt**, denn ich **ken**ne ja **je**den hier im Dorf.
6 – Und wa**rum freu**en Sie sich dann, mich zu **seh**en?
7 – Ich **ha**be mir für **heu**te **vor**genommen ③, **al**le **frem**den **Men**schen ④, die mir be**geg**nen, **freund**lich zu be**grü**ßen.

Napomene

① Obratiti se nekoj osobi koju ne poznajemo ili smo joj zaboravili ime nije tako lako u nemačkom kao u srpskom, jer uz titule **Herr...** i **Frau...** obavezno stoji prezime. Obraćanje sa **Hallo!** pretpostavlja određenu prisnost, a može poslužiti i za privlačenje pažnje osobe koja se nalazi dalje od nas. Ako je takva prilika, svakako možemo ljude pozdraviti sa **Guten Tag!** ili **Grüß Gott!** (na jugu Nemačke, u Austriji i Švajcarskoj) ili im se direktno obratiti pitanjem: **Bitte! Können Sie mir sagen...?** *Molim vas! Možete li mi reći...?* ili **Verzeihen Sie, können Sie...?**, *Izvinite, da li biste mogli...?*; **Entschuldigen Sie...** , *Oprostite...*

② Prilog **nämlich**, *to jest, naime*, se nalazi uvek iza glagola (ili subjekta, ukoliko ovaj dolazi iza glagola).

③ U dijalogu ćete pronaći više glagola sa povratnom zamenicom koja stoji ili u dativu, kao u primeru: **sich vornehmen**, *obećati sebi, doneti odluku*: **ich nehme mir etwas vor**, ili u akuzativu, kao npr. u 13. rečenici **sich streiten**, *svađati se, prepirati se*: ▸

Osma lekcija 8

Prijateljski susret

1 – Dobar dan! Drago mi je što sam vas upoznao.
2 – Da... Dobar dan. Ali... Izvinite, da li se mi slučajno poznajemo?
3 – Ne, mislim da ne.
4 – Zapravo, to bi me i čudilo. Ja nisam odavde *(ja sam naime ovde stranac)*.
5 – Da, naravno, odmah sam to primetio, jer poznajem sve *(svakog)*, ovde u selu.
6 – A zašto ste se onda obradovali kad ste me videli?
7 – Danas sam odlučio da ću se ljubazno javiti svakom strancu kojeg sretnem *(koji me sretnu)*.

▸ **ich habe mich gestritten**.

④ **der Mensch**, *čovek*, u smislu *ljudsko biće*; **die Menschheit**, *čovečanstvo*; **menschlich**, *ljudski, čovečanski, human*. **Der Mensch** je imenica muškog roda «slabe promene». Ove imenice dodaju na svoj oblik (u nominativu jednine) **-(e)n** u svim padežima (i jednine i množine). Podsetićemo vas samo da su imenice **der Herr** i **der Junge** takođe imenice muškog roda «slabe promene».

8

8 – Gibt es **ir**gendeinen ⑤ be**son**deren Grund da**für**? **Ha**ben Sie **heu**te viel**leicht** Ge**burts**tag **o**der **fei**ern Sie **ei**nen **Lot**togewinn?

9 – Nein, nein. Ich **ha**be **ein**fach nur das Be**dürf**nis, mal **wie**der **je**mandem ⑥ **rich**tig **freund**lich „**Gu**ten Tag" zu **sa**gen.

10 – Ja, **a**ber Sie **sag**ten doch ge**ra**de, dass Sie hier **al**le **Leu**te **ken**nen **wür**den ⑦.

11 – Stimmt! **A**ber wir **grü**ßen uns nicht mehr.

12 – Gibt es dann **da**für viel**leicht ei**nen Grund?

13 – Ja, ich **ha**be mich mit **ih**nen ge**strit**ten.

14 – Mit **al**len?

15 – Ja, **lei**der, mit **al**len **Nach**barn und Be**kann**ten. Sie **wei**gern sich, mit mir zu **spre**chen.

16 – Und Sie **wol**len sich nicht **wie**der mit **ih**nen ver**tra**gen?

17 – Doch, na**tür**lich. Ich be**mü**he mich ja. **A**ber **nie**mand will **ein**gestehen, dass ich im Recht war ⑧.

18 – Tja… das Zu**sam**menleben mit **an**deren ist nicht **im**mer **ein**fach!

19 **Lei**der muss ich mich jetzt ver**ab**schieden. Hat mich ge**freut**, **Ih**re Be**kannt**schaft zu **ma**chen.

Napomene

⑤ **irgend-**, *ikako, bilo, god*, može se dodati na neki neodređeni član: **irgendein Grund**, *bilo koji razlog*; **irgend-eine Frage**, *bilo koje pitanje*, ili na neke zamenice: **irgendwann** (20. rečenica), *bilo kad, u koje bilo vreme*; **irgendetwas**, *ma šta, štagod*; **irgendwer/irgendjemand**, *makoji, koji god*.

⑥ **jemand**, *neko*, i **niemand**, *niko*, su neodređene zamenice čija promena po padežima nije obavezna. Naročito se u govornom jeziku koristi nepromenljiv oblik: **Ich kenne hier niemand**, *Nikog ovde ne poznajem*, umesto **Ich kenne hier niemanden**. ▶

8 – Postoji li neki poseban razlog za to? Je li vam danas možda rođendan ili slavite što ste dobili na lotu? 8

9 – Ne, ne. Jednostavno osećam potrebu da opet nekome ljubazno kažem «Dobar dan».

10 – Ali maločas ste rekli da ovde sve poznajete.

11 – Tačno! Ali se više ne pozdravljamo.

12 – Postoji li *(onda)* možda razlog za to?

13 – Da. Posvađao sam se sa njima.

14 – Sa svima?

15 – Da, nažalost, sa svim komšijama i poznanicima. Odbijaju da razgovaraju sa mnom.

16 – A vi ne želite da se pomirite s njima?

17 – Naravno [da želim]. Trudim se. Ali niko ne želi da prizna da sam ja bio u pravu.

18 – Pa, dobro... Život u zajednici *(sa drugima)* nije uvek lak!

19 Nažalost, moram se sad oprostiti [od vas]. Bilo mi je drago što smo se upoznali.

▸ ⑦ Ovde vas podsećamo na napomenu koja se odnosi na upotrebu **konjunktiva** u neupravnom govoru: teorijski, **konjunktiv I** bi ovde bio prikladan: **Sie sagten..., dass Sie... kennen**. Pošto se ovaj oblik ne razlikuje od indikativa, bilo bi bolje upotrebiti oblik **konjunktiva II**: **Sie sagten, dass Sie... kännten**. Ali, ovaj oblik nije toliko u upotrebi, pa ćemo ga najčešće zameniti konstrukcijom sa **würde**: **Sie sagten..., dass Sie... kennen würden**.

⑧ **im Recht sein**, *biti u pravu*, ne treba mešati sa **Recht haben** *imati pravo.*

8 **20** – Mich auch. Viel**leicht ha**ben wir **ir**gendwann noch mal Ge**le**genheit, uns zu unter**hal**ten. Auf **Wie**dersehen. □

***

Übung 1 – Übersetzen Sie bitte!

❶ Warum haben Sie sich geweigert, diesen Nachbarn zu grüßen? ❷ Sie hat sich vorgenommen, nie mehr im Lotto zu spielen. ❸ Die Nachbarn haben sich lange gestritten, aber niemand wusste genau warum. ❹ Haben Sie nicht zufällig heute Geburtstag? ❺ Irgendwie müsst ihr euch wieder vertragen.

Übung 2 – Ergänzen Sie bitte!

❶ Jeste li se već upoznali sa svim komšijama, ovde u selu?
Haben Sie schon mit . . . . hier im Dorf . . . . ?

❷ Toliko su se dugo svađali, da na kraju niko nije znao ko je bio u pravu.
. . . . so lange . . . . , dass am Ende . . . . mehr wusste, wer . . . .

❸ Upravo sam se pomirio s Mihaelom.
Ich habe . . . . wieder mit Michaela . . . .

Evo, već ste započeli s drugom serijom lekcija. Držite se dobrih odluka i održavajte redovan ritam učenja! Ne dopustite da se zemlja koju ste već obradili zaparloži. Napredujte učvršćujući svoje znanje. Zato će vam svaka nova lekcija doneti nešto novo

20 – I meni. Možda ćemo jednom imati priliku da ponovo razgovaramo. Doviđenja. 8

***

Rešenje vežbe 1

❶ Zašto ste odbili da pozdravite *(ovog)* komšiju? ❷ Donela je odluku da više nikad ne igra loto. ❸ Komšije su se dugo svađale, ali niko ne zna tačno zašto. ❹ Da vam nije možda danas rođendan *(Nemate li)*? ❺ Kako god bilo, morate se pomiriti.

❹ Imao je potrebu da sa mnom razgovara o problemima života u zajednici.
Er hatte das ...., ... mit ... über die Probleme des ....

❺ Zašto ne želiš da priznaš da bi voleo da imaš priliku da je sretneš?
Warum willst du nicht ...., dass du gerne die ...., ihr .. ..?

Rešenje vežbe 2

❶ – allen Nachbarn – Bekanntschaft gemacht ❷ Sie hatten sich – gestritten – niemand – im Recht war ❸ – mich gerade – vertragen ❹ – Bedürfnis, sich – mir – Zusammenlebens zu unterhalten ❺ – eingestehen – Gelegenheit hättest – zu begegnen

podsećajući vas istovremeno na ono što ste ranije naučili. Samo ne započinjite puno stvari odjednom: **Immer eins nach dem anderen!** Sve u svoje vreme!

9 Neunte Lektion

Ein ungewöhnlicher Beruf

1 – **Lie**be **Hö**rerinnen und **Hö**rer, **heu**te **möch**te ich **Ih**nen **ei**nen **et**was **un**gewöhnlichen Be**ruf vor**stellen:
2 **Un**ser Gast, Herr Kroll, ist **Ah**nenforscher ①.
3 Herr Kroll, **könn**ten Sie den **Hö**rern kurz er**klä**ren, wo**nach** Sie da **for**schen?
4 – Tja, **al**so… Ich be**mü**he mich he**raus**zufinden, wer **Ih**re **Vor**fahren **wa**ren, wo**her Ih**re Fa**mi**lie stammt ②, mit wem Sie ver**wandt** sind ③.
5 – Ja, **a**ber, das **wis**sen wir doch **al**le!
6 – Da **täu**schen Sie sich!

Pojašnjenje izgovora
Videli smo da se naglasak (u dijalozima označen masnim slovima) najčešće nalazi na slogu korena reči: taj slog nosi glavno značenje reči. Kad su u pitanju složenice (veoma brojne u nemačkom) javiće se često jedan ili više

Napomene

① **der Ahn(e)/die Ahnin** ili **der Vorfahr/die Vorfahrin** (4. rečenica), *predak*; **der Forscher**, *istraživač, naučnik.*

② Glagoli **stammen aus**, *poticati iz (jedne porodice, mesta, zemlje)*, ili **abstammen von**, *voditi poreklo od (nekog pretka, rođaka)*, su nastali od zajedničke imenice **der Stamm** koja znači *stablo (drveta)*, ali i *pleme, rod, pasmina, loza* ili *koren (gramatički)*: **Die Stammsilbe des Worts trägt den Wortakzent**, *Na slogu korena reči se nalazi naglasak* ▸

Deveta lekcija 9

Jedno neobično zanimanje

1 – Drage slušateljke i slušaoci, danas bih želeo da vam predstavim jedno donekle neobično zanimanje:

2 naš gost, gospodin Krol, je stručnjak za genealogiju.

3 Gospodine Krol, možete li slušaocima ukratko objasniti šta vi to istražujete?

4 – Pa, ovako… nastojim da otkrijem ko su bili vaši preci, odakle potiče vaša porodica, s kim ste u srodstvu.

5 – Ali to svi znamo!

6 – E, tu se varate!

«sekundarnih» naglasaka. Pokušajte, slušajući tekstove, da primetite i ponovite te male «odskoke» akcenata (koje smo ovde ispod podvukli) u složenicama kao što su npr. **4** *[hè**raus**cufi:nd'n]* **7** *[fa:**mi:**lijënštambaum]* **8** *[**ur**gro:sèlta'n]* **13** *[fa:**mi:**lijëngëšihtë]*

▸ **Der Stammbaum** ili **der Familienstammbaum** je *genealoško stablo.*

③ **verwandt sein mit**, *biti u srodstvu sa, biti u rodu sa* (u doslovnom i u figurativnom smislu). Terminima **der/die Verwandte**, *rođak/a*, ili **die Verwandschaft**, *srodstvo, rodbina*, uglavnom se označavaju rodbinske veze van porodičnog jezgra koje čine **die Eltern**, *roditelji (majka i otac)*, **die Kinder** i eventualno **die Großeltern**.

9 7 Die **mei**sten **Leu**te **ken**nen **ih**ren Fa**mi**lienstammbaum nur bis zu **ih**ren **Groß**eltern **o**der **Ur**großeltern ④

8 und **wis**sen **we**nig **ü**ber die **Her**kunft **ih**rer Fa**mi**lie.

9 – **Fin**det man das denn **heu**te nicht **al**les im **In**ternet?

10 – Die **al**ten **Ur**kunden ⑤ **ü**ber Ge**bur**ten, **Hoch**zeiten und **Ster**befälle, die **fin**den Sie nicht im **In**ternet.

11 Und wenn Sie **Mül**ler **hei**ßen **wür**den und he**raus**fänden, dass es noch **fünf**hunderttausend ⑥ **an**dere **Mül**lers in der **gan**zen Welt **gä**be,

12 dann **wüss**ten Sie **des**halb noch nicht, mit wem sie nun **wirk**lich ver**wandt wä**ren. ⑦

13 **Meis**tens sind die **Leu**te über**rascht**, wie **span**nend **ih**re Fa**mi**liengeschichte ist.

Napomene

④ Prefiks **ur-** upućuje na poreklo, označava početak stvari, a često može da znači i *veoma star*: **die Urgroßeltern** su prababa i pradeda, **der Urenkel**, *praunuk*; **die Urzeit**, *prastaro, praistorijsko vreme* – ne treba mešati sa **die Uhrzeit**, *sat, čas* (koji pokazuje časovnik)!

⑤ **die Urkunde**, *dokument, uverenje, izvod.* I ovde ćete pronaći isti prefiks **ur-**: reč je o originalnom dokumentu (administrativnom, npr.) – a ne o nekoj običnoj kopiji.

⑥ U nemačkom se brojevi do milion pišu malim slovom i spojeno! Da je, avaj, obaveštenje bilo preciznije, mogli ste, na primer, pročitati: **fünfhuderteinund-zwanzigtausendvierhundertachtundsechzig** (521 468).
Počev od **eine Million** možemo i da udahnemo, pošto se, na primer, piše: **drei Millionen fünfhunderttausend** ▸

7 Većina ljudi poznaje svoje genealoško stablo samo do babe i dede ili prababe i pradede,

8 a malo zna o poreklu svoje porodice.

9 – Ali zar se sve to danas ne može pronaći na internetu?

10 – Stare izvode iz matičnih knjiga rođenih, venčanih, umrlih, *(njih)* nećete pronaći na internetu.

11 A ako se prezivate *(zovete)* Miler, i kad otkrijete da na *(celom)* svetu ima još petsto hiljada drugih Milera,

12 zbog toga onda ne biste znali s kim ste zaista u rodu.

13 Najčešće se ljudi iznenade koliko je njihova porodična istorija uzbudljiva.

(3 500 000)... Kad brojeve pišemo ciframa, čitanje možemo olakšati praznim mestom ili tačkom ispred svakog bloka od 3 broja. Ali to je samo olakšavajuća okolnost i nije obavezna.

⑦ Pretpostavka na kojoj počiva ova duga pogodbena rečenica je irealna (novinar se ne zove **Müller**), pa ćemo upotrebiti **Konjunktiv II** (ili konstrukciju sa **würde** + infinitiv) u različitim delovima rečenice.

9

14 – **Wir**klich? Was kann man denn da ent**de**cken?

15 – Nun, viel**leicht** sind Sie der **Nach**komme ⑧ **ei**ner **ad**ligen Fa**mi**lie **o**der der **Ur**enkel **ei**ner be**rühm**ten Per**sön**lichkeit, **oh**ne es zu **wis**sen.

16 – **Kön**nten Sie **al**so auch he**raus**finden, dass ich der **ein**zige **Er**be **ei**ner **rei**chen **Ta**nte, **sa**gen wir in Au**stra**lien, bin?

17 – Ja, viel**leicht**, wenn **Ih**re Ver**wandt**schaft noch durch **ir**gendeine **Ur**kunde be**wie**sen wird.

18 – Aber was **wür**de pas**sie**ren, wenn **die**se Ver**wand**te **kei**ne Mil**lio**nen, **son**dern nur **Schul**den hinter**las**sen **hät**te?

19 – **Nie**mand ist ge**zwun**gen, ein **Er**be **an**zunehmen.

20 – Aber Ihr Hono**rar** **müss**te ich **trotz**dem be**zah**len, **o**der?

21 – **Al**lerdings! Ein Hono**rar**, das ver**ein**bart ist, muss **im**mer be**zahlt** **wer**den. ⑨ □

Napomene

⑧ Kao što prefiks **vor-** u **der Vorfahr** ukazuje na pretke, tako prefiks **nach-** u **der Nachkomme** ukazuje na potomke.

⑨ U ovoj rečenici ćemo naći oba tipa pasiva. Pasiv stanja koji opisuje rezultat neke radnje: **Wir haben das Honorar** (= objekat» **vereinbart**, *Dogovorili smo se oko honorara*; pasiv: **Das Honorar** (= subjekat) **ist jetzt vereinbart**, *Honorar je sad*

14 – Zaista? Šta se sve može otkriti?

15 – Pa sad, možda ste potomak neke plemićke porodice ili praunuk neke poznate ličnosti, a da to i ne znate.

16 – Da li biste takođe mogli pronaći da sam jedini naslednik bogate tetke, recimo u Australiji?

17 – Da, možda, ako vaša rodbinska veza može biti dokazana bilo kakvim zvaničnim dokumentom.

18 – A šta bi se dogodilo da ta rođaka nije zaveštala milione već samo dugove?

19 – Niko nije obavezan da prihvati nasledstvo.

20 – Ali vaš honorar ću svakako morati da platim, zar ne?

21 – Svakako! Dogovoreni honorari se uvek moraju naplatiti.

dogovoren. Iza toga sledi primer pasiva radnje: **Sie müssen ein Honorar bezahlen**, *Vi morate platiti honorar*; pasiv: **Ein Honorar muss bezahlt werden**.

Übung 1 – Übersetzen Sie bitte!

❶ Alles, was zwischen uns vereinbart wurde, steht in dieser Urkunde. ❷ Ich möchte die Herkunft meiner Urgroßeltern herausfinden. ❸ Wenn Sie der einzige Nachkomme wären, dann wären Sie auch der einzige Erbe. ❹ Leider bin ich gezwungen, meine Schulden zu bezahlen. ❺ Meistens weiß man gar nicht, mit wie vielen Leuten man verwandt ist.

Übung 2 – Ergänzen Sie bitte!

❶ Neću prihvatiti nasledstvo tih rođaka, a da ne znam šta su mi zaveštali.

Ich werde das . . . . nicht . . . . , ... wissen, was sie . . . . haben.

❷ Ovim dokumentom se dokazuje *(je dokazano)* da su svi dugovi isplaćeni.

Durch . . . . wird bewiesen, dass alle . . . .

❸ Da ste istraživali o svojim precima, otkrili biste da potičete iz jedne poznate plemićke porodice.

Wenn Sie . . . . geforscht hätten, hätten sie . . . . , dass Sie . . . einer bekannten . . . . Familie . . . .

Kao i u mnogim drugim jezicima, mnoga prezimena su nastala od naziva zanimanja. Tako ćete naići na mnoge koji se prezivaju **Müller**, mlinar; **Schneider**, krojač; **Schmidt**, **Schmitz** *(i druge varijante nastale od imenice* **Schmied**, kovač*);* **Fischer**, ribar; **Bauer**, ratar; **Becker** *ili* **Bäcker**, pekar; **Weber**, tkač... *Ubedljivo su najbrojniji oni s prezimenom* **Müller** *(samo u Nemačkoj*

Rešenje vežbe 1

9

❶ Sve što smo se između nas dogovorili, stoji u ovom dokumentu. ❷ Želeo bih da otkrijem poreklo svojih prababe i pradede. ❸ Kad biste bili jedini potomak, bili biste i jedini naslednik. ❹ Nažalost, primoran sam da platim svoje dugove. ❺ Najčešće ne znamo s koliko ljudi smo u srodstvu.

❹ Voleo bih da saznam čime su se bavili moji prababa i pradeda i odakle su bili poreklom.

Ich wüsste gern, welchen ....
.... hatten und woher sie ....

❺ Niko nije dužan da zna svoje genealoško stablo.

...., seinen
.... zu kennen.

Rešenje vežbe 2

❶ – Erbe dieser Verwandten – annehmen, ohne zu – mir hinterlassen – ❷ – diese Urkunde – Schulden bezahlt wurden ❸ – nach ihren Vorfahren – herausgefunden – aus – adligen – stammen ❹ – Beruf meine Urgroßeltern – stammten ❺ Niemand ist gezwungen – Familienstammbaum –

ih ima više od 300 000), uz skoro isti broj svih varijanti prezimena **Schmidt**. *Plemstvo se razlikuje po rečci* **von**, od, *koja se stavlja ispred prezimena koje, najčešće, ukazuje na posed s kojeg dotična porodica vodi poreklo, npr.* **von Biberstein** *(ime poseda).*

10 Zehnte Lektion

Die Hochzeit ① meiner Eltern

1 – Das sieht ja aus wie ein **Hoch**zeitsfoto.
2 – **Rich**tig! Das war am Tag der **Trau**ung von **mei**nen **El**tern.
3 – Der **Jun**ge hier links sieht dir **a**ber **wirk**lich sehr **ähn**lich ②!
4 – Klar. Das bin ich ja auch.
5 – Ja wie? Warst du denn da**bei** ③, als ④ **dei**ne **El**tern ge**hei**ratet **ha**ben?
6 – Es war ja nicht **ih**re **ers**te **Hoch**zeit.
7 **Mei**ne **Mut**ter war **da**mals schon seit zwei **Jah**ren ge**schie**den ⑤, von **ih**rem **ers**ten Mann, **al**so von **mei**nem **rich**tigen **Va**ter.
8 Der steht hier rechts, mit **mei**nen drei **an**deren Ge**schwis**tern ⑥ aus der **ers**ten **Ehe** ⑦.

Napomene

① **die Hochzeit**, *svadba, venčanje*: označava događaj venčanja i svečanost koja je tome posvećena. **Die Trauung** (2. rečenica) znači ceremoniju tokom koje se zaključuje brak (**die Ehe schließen**): **die kirchliche Trauung**, *crkveni brak*; **die standesamtliche Trauung**, *građanski brak*.

② **jemandem ähnlich sehen** ili **jemandem ähneln**, *ličiti na nekoga*: **Sie sieht ihrer Mutter ähnlich**, *Ona liči na majku*. **Die Ähnlichkeit**, *sličnost*.

③ **dabei sein**, *biti tu, biti prisutan, prisustvovati*: **da-** upućuje na neku činjenicu ili događaj pomenute bilo ranije ili kasnije. Ovde: **bei der Hochzeit, bei der Trauung**, *tokom venčanja*. ▸

Deseta lekcija 10

Venčanje mojih roditelja

1 – Ovo liči na fotografiju s venčanja.
2 – Tačno! To je s venčanja *(to je bilo na dan venčanja)* mojih roditelja.
3 – Ovaj dečak levo, veoma liči na tebe!
4 – Očigledno. To sam upravo ja.
5 – Kako to? Bio si prisutan kad su se tvoji roditelji venčavali?
6 – To im nije bilo prvo venčanje.
7 U to doba je moja majka bila već dve godine razvedena od svog prvog muža, odnosno mog pravog oca.
8 On je ovde, desno, s mojih *(ostalih)* troje braće i sestara, iz prvog braka.

④ Veznik **als**, *kada*, *dok*, se koristi da se neki jedinstveni događaj, koji se ne ponavlja, smesti u prošlost (ovde je to venčanje očuha i majke govornika).

⑤ **geschieden sein von jmdm**, *biti razveden(a) od nekoga*; **sich scheiden lassen**, *razvesti se, rastati se*; **die Scheidung**, *razvod*.

⑥ **die Geschwister**, je generički pojam koji označava braću i/ili sestre zajedno (bez obzira na pol); **der Bruder**, *brat*; **die Schwester**, *sestra*. **Ich habe zwei Geschwister** može, dakle, značiti: **Ich habe einen Bruder und eine Schwester / zwei Brüder / zwei Schwestern**.

⑦ **die Ehe**, *brak*; **der Ehemann**, *suprug*; **die Ehefrau**, *supruga*; **das Ehepaar**, *bračni par*; **der Ehevertrag**, *bračni ugovor*.

10

9 Und mein **neu**er **Va**ter – wir **nen**nen ihn Dad – hat **vor**her mit der **Clau**dia, **sei**ner **Le**benspartnerin ⑧ zu**sam**mengelebt… die **ha**ben sich dann aber ge**trennt**.

10 Hier, die **bei**den **klei**nen **Mäd**chen, das sind **ih**re **Töch**ter, die **San**dra und die **Ste**ffi…

11 – Mo**ment**, **al**so das hier ist dein **Stief**vater…

12 – So ein **häss**liches Wort „**Stief**mutter"… „**Stief**vater" ⑨! Der **ei**ne ist mein **Pa**pa und der **an**dere ist mein Dad, das ist doch ganz **ein**fach.

13 – Und, wie **vie**le Ge**schwis**ter seid ihr jetzt insge**samt**? Ich **bli**cke da nicht mehr ganz durch!

14 – Also, wenn ich **al**le **Brü**der und **Schwes**tern und **Halb**geschwister zu**sam**menzähle, dann sind wir sechs **Kin**der,

Napomene

⑧ **der Lebenspartner/die Lebenspartnerin**, *(životni) partner/partnerka*. Kad je vanbračna zajednica prijavljena i/ili potvrđena dokumentom upisanim u matičnu knjigu, govorimo o **eingetragene Lebenspartnerschaft** (**eintragen** = *upisati, zavesti*).

⑨ Dodavanjem reči **Stief-** na reči koje izražavaju srodstvo, ukazuje se na veze stečene novim brakom: **Stiefmutter**, **Stiefvater…**; dodajući reč **Schwieger-** označavamo veze stečene brakom: **Schwiegervater**, *svekar, tast*, i **Schwiegermutter**, *svekrva, tašta*. Sigurno je loš glas koju je **Stiefmutter**, *maćeha*, stekla u bajkama za decu doprineo pežorativnom značenju koje ta reč ima danas. Isto je i sa **Stiefkind** koji je postao sinonim za nevoljeno, odbačeno dete. Deca iz različitih brakova radije vole da govore o svom **Halbbruder**, *polu-bratu*, ili **Halbschwester**, *polu-sestri* – ili se i za njih jednostavno kaže **Bruder**, ▸

9 A moj novi otac – zovemo ga «dad» – je ranije živeo *(zajedno)* sa Klaudijom, svojom partnerkom… ali su se onda rastali.

10 Dve male devojčice ovde su njihove ćerke, Sandra i Štefi...

11 – Čekaj *(momenat)*! Onda je ovo ovde tvoj očuh…

12 – Kakva ružna reč «maćeha»… «očuh»! Ovo je moj tata, a drugi je moj «dad», pa to je prilično jednostavno.

13 – A sad, koliko vas je braće i sestara ukupno? Ne mogu jasno *(kroz to)* da sagledam!

14 – Ovako, ako dodam svu braću i sestre, ima nas šestoro dece,

▸ **Schwester** – umesto **Stiefbruder**, **Stiefschwester**. Uopšteno, nazivi članova "**Patchworkfamilien**", *«pačvork» porodica* (termin kojim se često označavaju spojene porodice), najčešće odgovaraju ulogama koje članovi imaju i vezama sklopljenim prema stvarnim rođačkim vezama.

10

15 das heißt, **sie**ben, seit **mei**ne **El**tern, **al**so der Dad und **mei**ne **Mut**ter, jetzt noch **ei**nen **klei**nen Sohn ⑩ be**kom**men **ha**ben, den **To**by.

16 – Und… seid ihr oft **al**le zu**sam**men?

17 – Oft nicht, das **wä**re über**trie**ben. **A**ber **mei**ne **El**tern und **ih**re Ex-**Part**ner ver**steh**en sich **ziem**lich gut mitein**an**der,

18 und bis**her wa**ren **im**mer **al**le da**bei**, wenn ⑪ wir **ei**nen Ge**burts**tag ge**fei**ert **ha**ben, oft so**gar** auch noch ein paar von den **Groß**eltern…

19 – Ach du **lie**be Zeit! ⑫ Da ist ja dann **si**cher ganz schön was los ⑬! □

Napomene

⑩ Pazite: **ein kleiner Sohn** je *sin (još uvek) mali. Unuci* se kažu **die Enkel**, **die Enkelkinder**; **der Enkel** ili **der Enkelsohn**, *unuk*; **die Enkelin** ili **die Enkeltochter**, *unuka*.

⑪ Da bismo smestili u prošlost događaje koji se ponavljaju, rođendan, na primer, koristićemo veznik **wenn**, *kad*, *uvek kad*. Ako niste sigurni da li treba da koristite veznik **wenn** ili **als**, napravite mali test dodajući "**immer**", "**oft**" ili "**jedes Mal**" ispred **wenn**. Ako to potvrđuje smisao rečenice, kao što je ovde slučaj, (**jedes Mal wenn wir einen Geburtstag gefeiert haben**), **wenn** je, onda, dobar izbor. ▸

15 zapravo, sedmoro otkad su moji roditelji, to jest Dad i moja majka dobili još jednog *(malog)* sina, Tobija. 10

16 – I… da li ste često svi zajedno?

17 – Nismo često, to bi bilo preterano. Ali moji roditelji i njihovi bivši partneri se prilično dobro slažu,

18 i dosad su se svi okupljali za rođendane *(su svi bili tu kad smo slavili neki rođendan)*, a često [je tu bio] i neko od baba i deda…

19 – O, bože! Pa tu se onda sigurno stalno nešto dešava!

▸ ⑫ Izraz **Ach du liebe Zeit!** izražava blago osećanje straha: *O, bože!* odglumljeno ili iskreno, zavisi od slučaja.

⑬ **los sein** znači da se stvari odvijaju, da se nešto dešava: **Was ist los?** *Šta se događa?*; **Hier ist nicht los!** *Ovde se ništa ne dešava!*; **Da ist der Teufel los!** *Tamo se nešto strašno događa!* (doslovno «đavo»), *Ima gužve (svađe)!* **Es geht los!** *Počinje! Idemo!*

10 **Übung 1 – Übersetzen Sie bitte!**

❶ Er ist schon seit drei Jahren geschieden und sucht eine neue Lebenspartnerin. ❷ Die beiden Töchter sehen ihrer Mutter wirklich sehr ähnlich. ❸ Die Geschwister verstehen sich sehr gut und streiten sich nicht oft. ❹ In einer Familie mit insgesamt acht Kindern ist natürlich immer was los! ❺ Ich freue mich, dass ich bei deiner Hochzeit dabei sein kann.

Übung 2 – Ergänzen Sie bitte!

❶ Moji roditelji su se već dugo poznavali kad su se venčali.
Meine Eltern kannten sich schon lange, . . .
sie . . . .

❷ Svaki put kad se ženio, govorio je da je mu je to poslednji brak!
Jedes Mal . . . . er . . . ., hat er gesagt, es wäre seine . . . . !

❸ Kad je ova fotografija nastala, moji roditelji se još nisu bili razveli.
. . . dieses Foto gemacht wurde, waren . . . . .
. . . . . . noch nicht . . . .

Rešenje vežbe 1

❶ Razveden je već tri godine i traži novu partnerku. ❷ Dve devojčice zaista puno liče na majku. ❸ Braća i sestre se veoma dobro slažu i ne svađaju se često. ❹ U porodici s ukupno osmoro dece, očigledno se uvek puno toga dešava! ❺ Radujem se što ću moći da prisustvujem tvom venčanju.

❹ Već su imali dve ćerke i naravno, želeli su *(rado)* da dobiju jednog sina.
Sie hatten schon zwei . . . . und . . . . . . natürlich gerne . . . .

❺ O, bože! Potpuno sam zaboravio da je naredne nedelje bakin rođendan.
. . . . ! Ich habe ganz vergessen, dass . . . . nächste Woche . . . .

Rešenje vežbe 2

❶ – als – geheiratet haben ❷ – wenn – geheiratet hat – letzte Hochzeit ❸ Als – meine Eltern – geschieden ❹ – Töchter – hätten – einen Sohn bekommen ❺ Ach du liebe Zeit – meine Großmutter – Geburtstag hat

Nemačka reč **die Ehe** *dolazi od staronemačke reči:* **ewa**, večnost. *Vidimo da se i u Nemačkoj reči i stvari menjaju, kao i drugde. Do kraja* XIX *veka, venčavalo se samo u crkvi ili u sinagogi. Tek je od Francuske revolucije i Napoleonovog Građanskog zakonika, građanski brak uveden u Nemačku. To objašnjava nemačka reč* **Zivilehe**. *Prvi deo ove reči* **Zivil-** , *kao i u drugim jezicima, označava isključivo ono što ne pripada vojnoj oblasti.*

11 Elfte Lektion

Ein Volkslied ① aus dem sechzehnten Jahrhundert

1 Es **wa**ren zwei **Kö**nigs**kin**der, die **hat**ten
ein**an**der ② so lieb,
2 sie **kon**nten zu**sam**men nicht **fin**den,
/: das **Was**ser war viel zu tief. (Refrain)

3 „Ach, **Lieb**ster, **könn**test du **schwim**men,
so **schwim**me doch her zu mir,
4 drei **Ker**zen will ich **an**zünden,
/: die **sol**len **leuch**ten dir." (Refrain)

5 Das hört' ③ **ei**ne **fal**sche ④ **Non**ne, die tat,
als wenn sie schlief' ⑤,
6 sie tat die **Ker**zen **aus**löschen ⑥,
/: der **Jüng**ling er**trank** so tief. (Refrain)

7 Ein **Fi**scher wohl **fisch**te **lan**ge, bis er den
Toten fand:

Napomene

① **das Volkslied**, *narodna, folklorna, pesma.* Osnova složenice je reč **das Volk**, *narod.* Nemački jezik, baš kao i srpski, bolje ističe suštinu reči **Volkslied**: pesma ponikla u narodu i koju on peva.

② **sie haben sich lieb** = **sie lieben sich**. Da bi se istakla obostrana veza: **er hat sie lieb und sie hat ihn lieb** (a ne: **er liebt sich selbst und sie liebt sich selbst!**), **sich** se zamenjuje nepromenljivom zamenicom **einander**, *jedno drugo*: **sie lieben einander**.

③ Preterit u nemačkom jeziku je vreme u kom se pripoveda: u tom vremenu ćemo pričati kako su se događaji odvijali. Većina glagola koji «pripovedaju» događaje u ovoj pesmi su u preteritu, ▸

Narodna pesma iz šesnaestog veka

1 Beše [jednom] dvoje kraljevske dece koji se mnogo voleše *(jedno drugo)*,
2 [ali] ne mogadoše se sresti,
voda beše suviše duboka. (refren)

3 "Ah, najdraži moj, kad bi [samo] znao da plivaš, doplivaj onda ovamo meni,
4 upaliću tri sveće,
da ti put obasjaju." (refren)

5 Ču to jedna zla kaluđerica što načini se kao da spi,
6 ugasi sveće, i mladić se u dubini utopi. (refren)

7 Jedan ribar *(veoma)* dugo pecaše, dok umrloga ne nađe:

▸ uključujući i glagole **hört'** (= **hörte**); **küsst'** (= **küsste**); **musst'** (= **musste**). Izostavljanje slova **-e** u 1. i/ili 3. licu (prezenta/preterita) je često u stihovima (jer omogućava da se broj slogova podesi). Međutim, primećuje se i u govornom jeziku, pogotovo na jugu Nemačke i u Austriji: **ich hab'** (**ich habe**); **ich wollt'** (**ich wollte**); **ich könnt'** (**ich könnte**); **er käm'** (**er käme**); **Grüß' Gott!** (**Grüße dich Gott!**).

④ **falsch** ovde ima značenje *podmukao*, *lažan*, *zlonameran*. **Er ist irgendwie falsch**, *Ima nečeg pritvornog/lukavog u njemu.*

⑤ **tat** je preterit glagola **tun**, *činiti, raditi*; **tun, als wenn/als ob**, *praviti se kao, pretvarati se*... Glagol ćemo tada obavezno staviti u **Konjunktiv**: **sie schlief'** = **sie schliefe**.

⑥ U svakodnevnom govoru, **tun** se često dodaje nekom drugom glagolu: **sie tat die Kerzen auslöschen** = **sie löschte die Kerzen aus**; **Sie tun oft singen** = **Sie singen oft**, *Često pevaju.*

11 8 „Sieh da, du **lieb**liche **Jung**frau ⑦,
/: hast hier **dei**nen **Kö**nigssohn." (Refrain)

9 Sie nahm ihn in die **Ar**me und küsst' den **blei**chen Mund,
10 es musst' ihr das **Her**ze **bre**chen ⑧,
/: sank ⑨ in den Tod zur Stund'. (Refrain)

11 – Das ist **a**ber ein **trau**riges Lied.
12 – Die **trau**rigen Ge**schich**ten **ü**ber die **gro**ße **Lie**be sind die **schön**sten, **des**halb **ster**ben die be**rühm**ten **Lie**bespaare **lei**der **al**le.
13 – Und wa**rum**?
14 – Weil sie sonst wahr**schein**lich ver**ges**sen **wor**den **wä**ren: **Ro**meo und **Ju**lia, **Tris**tan und I**sol**de…
15 und ein Lied, das vor **über fünf**hundert **Jah**ren ge**sun**gen **wur**de, **wür**de **heu**te **nie**manden mehr interes**sie**ren.
16 – Ich mag ⑩ **lie**ber **Lie**besge**schich**ten die gut **en**den, Ro**ma**ne und **Fil**me mit **Hap**py-End.
17 – Weil du dir nicht **vor**stellst, wie es nach dem **Hap**py-End **wei**tergeht, sonst **wä**rest du viel**leicht an**derer **Mei**nung! □

Napomene

⑦ **die Jungfrau**, zastarela reč koja je označavala mladu ženu, devojku (**eine junge Frau**). Pandan za muški rod je **der Jüngling**, *mladić, momak* (6. rečenica). Danas **die Jungfrau** označava samo *devicu* u najužem značenju te reči.

⑧ **jemandem das Herz brechen**, *slomiti nečije srce (od tuge), ožalostiti koga*; **das Herz bricht ihr**, *srce joj se slama, umire od ljubavi*; **ein Herzensbrecher**, *srcelomac*. ▸

8 "Gle, o, ljupka devo,
ovde je *(imaš)* tvoj kraljević." (refren)

9 Ona ga u naručje uze, i poljubi usne blede,
10 srce joj od bola prepuče *(mora da joj je od bola prepuklo)*,
[i] istog časa mrtva pade. (refren)

11 – Ovo je baš tužna pesma.
12 – Tužne priče o velikim ljubavima su najlepše, zato, nažalost, svi slavni ljubavni parovi umiru.
13 – A zašto?
14 – Jer bi ih inače verovatno zaboravili *(bili bi zaboravljeni)*: Romeo i Julija, Tristan i Izolda…
15 a neka narodna pesma koja se pevala *(koja beše pevana)* pre petstotina godina, danas više nikome ne bi bila zanimljiva.
16 – Više volim ljubavne priče koje se lepo završavaju, romane i filmove sa srećnim krajem.
17 – Zato što ne zamišljaš *(ne predstavljaš sebi)* šta se dešava nakon srećnog kraja, inače bi možda drugačije mislila *(bila bi drugačijeg mišljenja)*!

⑨ **sinken**, *potonuti, padati, spustiti se, klonuti.* **Ein Schiff sinkt**, *Brod tone*; **das Wasser sinkt**, *voda opada*; **die Preise sinken**, *sniženje cena.*

⑩ **mögen**, *poštovati, veoma voleti, dopadati se.* Oblik **Konjunktiv II**, **möchte**, se koristi kao modalni glagol uz infinitiv: **Ich möchte dieses Lied noch einmal hören**, *Voleo bih/Želeo bih da čujem još jednom tu pesmu*, dok se **mögen** u indikativu koristi samostalno, dakle bez infinitiva: **Ich mag dieses Lied**, *Baš volim ovu pesmu/ Baš mi se dopada ova pesma.*

11 **Übung 1 – Übersetzen Sie bitte!**

❶ Sie liebten einander schon, als sie noch Kinder waren. ❷ Ich mag keine Liebesgeschichten, die traurig enden. ❸ Sie tat, als wollte sie dem Jüngling den Weg zu seiner Liebsten zeigen. ❹ Als er sie in die Arme nehmen und küssen wollte, erklärte sie, dass sie ihn nicht mehr liebte. ❺ Dieses Volkslied stammt aus dem fünfzehnten Jahrhundert.

Übung 2 – Ergänzen Sie bitte!

❶ Kad vide da joj je voljeni mrtav, to joj slomi srce i *(ona)* umre.
… … …, dass ihr Liebster … …, brach … … …. und sie … … .

❷ Mislim da je bolje da zaboravimo tu tužnu priču.
Ich … … ……., dass wir diese …….. ………. lieber ……… sollten.

❸ Mislio je da će mu sveće osvetliti put.
Er glaubte, dass … …… ihm den Weg …….. ……. .

❹ Da voda nije bila tako duboka, možda bi se i mogli sresti.
Wenn das Wasser nicht .. …. ……. …., …… sie vielleicht …………… können.

❺ Još i danas se često peva pesma o tom ljubavnom paru.
… …. von diesem ……….. …. auch heute noch oft ……… .

Rešenje vežbe 1

❶ Voleli su se još dok su bili deca. ❷ Ne volim ljubavne priče koje se tužno završavaju. ❸ Pretvarala se da mladiću pokazuje put ka njegovoj ljubljenoj. ❹ Kad je hteo da je uzme u naručje i poljubi, izjavila mu je da ga ne voli. ❺ Ova narodna pesma je iz *(potiče iz)* petnaestog veka.

Rešenje vežbe 2

❶ Als sie sah – tot war – ihr das Herz – starb ❷ – bin der Meinung – traurige Geschichte – vergessen – ❸ – die Kerzen – leuchten würden ❹ – so tief gewesen wäre, hätten – zusammenfinden – ❺ Das Lied – Liebespaar wird – gesungen

Reč **Volkslied** *zapravo označava kako spontan način zajedničkog pevanja, tako i vrstu pesme. Ova praksa je doprinela – a tako je i danas – širenju tekstova i melodija koji nisu svi nepoznatog porekla i/ili «narodni», niti po svaku cenu stari više vekova, već koji odaju utisak da postoje odvajkada, kako po temama koje opevaju tako i prilično jednostavnim rimama i melodijom lakom za pamćenje.*

Običaj zajedničkog pevanja u raznim prilikama (svečanosti, susreti, sedeljke, šetnje...) ili u mnogim horovima je veoma raširen u Nemačkoj. A ako je ovaj običaj danas pomalo zanemaren, muzička industrija delimično pokušava da to nadoknadi. U Nemačkoj ćete svuda pronaći veliki izbor «starinskih» snimaka ili modernije aranžmane **Volkslieder***, koji predstavljaju pravo muzičko nasleđe zemlje.*

12 Zwölfte Lektion

Liebe: Das Horoskop des Monats für SIE

1 **Wid**der (21. ① März - 20. Ap**ril**): **Neu**e, interes**san**te Be**geg**nungen er**war**ten ② Sie. Sie **wer**den sich **we**niger **ein**sam ③ **füh**len.

2 Stier (21. Ap**ril** - 21. Mai): Viel**leicht** sind Sie von **Ih**rem **Par**tner ent**täuscht wor**den, viel**leicht** haben Sie **et**was T**rau**riges er**lebt**.

3 Der **näch**ste **Mo**nat bringt **wie**der mehr **Son**ne und **Wär**me in Ihr **Le**ben.

4 **Zwil**ling ④ (22. Mai - 21. **Ju**ni): **Je**mand in **Ih**rem **na**hen **Freun**deskreis interes**siert** sich sehr für **Ih**ren **Par**tner!

5 **Sol**lten Sie sich nicht **et**was mehr um ihn **küm**mern?

Napomene

① Za datume se, kao i u srpskom jeziku, koriste redni brojevi. Tvore se tako što se na prost broj doda nastavak **-te** do broja 19 (uključujući i njega), i nastavak **-ste** od broja 20 (pazite samo na nepravilne oblike: **erste**, **dritte**, **achte**). U pisanom jeziku razlikujemo ih tako što se iza broja stavlja tačka: **das 21. Jahrhundert (einundzwanzigste)**, *21. vek*; **das 3. Jahrtausend**, *3. milenijum*. Crtica između dva datuma se čita kao **bis**, *do*.

② **etwas erwarten**, *nešto očekivati*, *čekati* (što bi, po našem mišljenju, budućnost trebala da donese): **Ich erwarte einen guten Freund**, *Čekam* ("Spremam se za dolazak") *dobrog prijatelja*; **Sie erwartet ein Kind**, *Ona čeka dete*. **(Auf etwas)**

Ljubav: Mesečni horoskop za NJU

1 Ovan (21. mart - 20. april): Očekuju vas novi zanimljivi susreti. Osećaćete se manje usamljeno.
2 Bik (21. april - 21. maj): Možda vas je partner razočarao, možda ste doživeli nešto tužno.
3 Naredni mesec će u vaš život opet doneti sunce i toplinu.
4 Blizanci (22. maj - 21. jun): Nekoga iz vašeg bliskog kruga prijatelja veoma zanima vaš partner!
5 Zar ne biste trebali malo više da se brinete za njega?

▸ **warten** precizira da trenutno nešto čekamo: **Warten Sie schon lange (auf den Zug)?** *Da li već dugo čekate (voz)?* Jedino se glagol **warten** može upotrebiti samostalno: **Was machen Sie hier? – Ich warte!**

③ Za razliku od **allein**, *sam*, reči koji ukazuje na odsustvo druge osobe (npr. **Er lebt allein in seiner Wohnung**, *Živi sam u stanu*), **einsam**, *sam*, *usamljen*, označava osećanje usamljenosti: **sich einsam fühlen**, *osećati se usamljeno*, ili fizičku odvojenost od drugih: **Er lebt einsam**, *Živi osamljeno od drugih*; **eine einsame Gegend**, *Nenaseljen/zabačen predeo.*

④ **der Zwilling**, *blizanac*; reč postoji samo u muškom rodu, bilo da je reč o dečaku ili devojčici. Ali možemo razlikovati: **der Zwillingsbruder**, *brat blizanac*; **die Zwillingsschwester**, *sestra bliznakinja.*

6 Krebs ⑤ (22. **Ju**ni - 22. **Ju**li): Sie **lie**ben **neu**e **A**benteuer ⑥, **wol**len sich nicht **lang**weilen –

7 und sind ent**täuscht**, dass **Ih**re **Par**tner nicht treu sind! Er**war**ten Sie nicht zu viel von **ih**nen?

8 **Lö**we (23. **Ju**li - 23. Au**gust**): **Span**nungen und **Miss**verständnisse sind **ei**ne Ge**fahr** für **Ih**re Be**zie**hung ⑦.

9 **Re**den Sie mit **Ih**rem **Par**tner da**rü**ber.

10 **Jung**frau (24. Au**gust** - 23. Sep**tem**ber): Sie **wün**schen sich **Zärt**lichkeit, **träu**men vom ver**stän**dnisvollen **Part**ner und Freund.

11 **Ei**ne **neu**e Be**geg**nung wird Ihr **Le**ben ver**än**dern.

12 **Waa**ge (24. Sep**tem**ber - 23. Ok**to**ber): Ver**ges**sen Sie **Ih**re **Sor**gen! Der **näch**ste **Mo**nat steht **un**ter **ei**nem **gün**stigen Stern.

13 Skor**pion** (24. Ok**to**ber - 22. No**vem**ber): Zu viel **Ru**he in **Ih**ren Be**zie**hungen und in **Ih**ren Ge**füh**len **fin**den Sie **lang**weilig.

Napomene

⑤ **der Krebs -** Nemci, kao i mi, imaju istu reč *rak* za životinju, horoskopski znak i bolest: **die Krebsforschung**, *istraživanja u borbi protiv raka.*

⑥ **das Abenteuer**, *pustolovina, doživljaj, avantura*, bio na ljubavnom ili životnom planu: **Diese Reise war ein echtes Abenteuer**, *Ovo putovanje je bilo prava avantura.*

⑦ **die Beziehung**, *veza, odnos*. Ovde je reč o odnosima u nekoj vezi, pa i o **intime Beziehungen**, *intimnim odnosima*; **in verwandtschaftlicher Beziehung stehen (zu jmdm.)**, *imati rođačke veze sa nekim*; **(gute) Beziehungen haben**, *biti* ▸

6 Rak (22. jun - 23. jul): Volite nove avanture, ne želite da se dosađujete –
7 i razočarani ste što vam partneri nisu verni! Da ne očekujete previše od njih?
8 Lav (24. jul - 23. avgust): Napetost i nesporazumi prete vašoj vezi *(su opasnost za vašu vezu)*.
9 Porazgovarajte o tome s partnerom.
10 Devica (24. avgust - 23. septembar): Želite nežnost, sanjate o partneru i prijatelju punom razumevanja.
11 Jedan nov susret će vam promeniti život.
12 Vaga (24. septembar - 23. oktobar): Zaboravite na brige! Naredni mesec se nalazi pod povoljnom zvezdom.
13 Škorpija (24. oktobar - 22. novembar): Mislite da je dosadno zbog suviše mira u vašoj vezi i osećanjima.

povezan (s uticajnim osobama). Nemojte to mešati sa **gute/ schlechte Beziehungen zu jmdm. haben**, *biti u dobrom/ lošem odnosu sa nekim.*

14 Aber „**Lei**denschaft" hat **im**mer auch mit „**Lei**den" ⑧ zu tun ⑨, das **wis**sen Sie, nicht wahr?

15 **Schüt**ze (23. Nov**em**ber - 21. De**zem**ber): Sie **mö**gen ro**man**tische **Lie**besgeschichten.

16 **Ach**tung: **War**ten Sie nicht zu l**an**ge auf den **Märch**enprinzen auf **sei**nem **wei**ßen Pferd!

17 **Stein**bock (22. De**zem**ber - 20. **Ja**nuar): **Ih**re **Ei**fersucht macht Sie krank.

18 **Hö**ren Sie auf, nach Be**wei**sen zu **for**schen! Sie **ma**chen sich nur noch **un**glücklicher.

19 **Was**sermann (21. **Ja**nuar - 19. **Fe**bruar): **Hof**fen Sie nicht **im**mer auf ein **Wun**der. Ver**such**en Sie **ein**mal selbst, den **er**sten Schritt zu tun!

20 **Fi**sche (20. **Fe**bruar - 20. März): Sie **glau**ben nicht an Horos**ko**pe? Sie **hal**ten das **al**les für Quatsch?

21 Nun gut, dann **sa**gen wir **Ih**nen nichts da**rü**ber, was die **Ster**ne **Ih**nen für die **Zu**kunft ver**spre**chen! □

Napomene

⑧ Reč **Leidenschaft** je zapravo izvedena od reči **leiden**, *patiti*; **das Leid(en)**, *patnja*; **leiden-schaftlich**, *strastan*. Sufiks **-schaft** služi za tvorbu zajedničkih imenica (ženskog roda) koje za osnovu imaju neku drugu imenicu, kao npr. **der Freund**, *prijatelj* → **die Freundschaft**, *prijateljstvo*; **der Verwandte**, *rođak, srodnik* → **die Verwandtschaft**, *srodstvo*. ▸

14 Ali «strast» i «patnja» su neodvojivi *(uvek ima posla sa)*, to ste znali, zar ne?
15 Strelac (23. novembar - 21. decembar): Dopadaju vam se romantične ljubavne priče.
16 Pazite: nemojte suviše dugo čekati princa na belom konju!
17 Jarac (22. decembar - 20. januar): Bolesni ste od ljubomore *(ljubomora vas čini bolesnim)*.
18 Prekinite da tražite dokaze! Samo ćete biti još nesrećniji.
19 Vodolija (21. januar - 19. februar): Ne nadajte se uvek čudu. Pokušajte, barem jednom, da vi načinite prvi korak!
20 Ribe (20. februar - 20. mart): Ne verujete u horoskop? Smatrate sve to budalaštinama?
21 Pa, dobro, nećemo vam ni reč reći šta su vam zvezde namenile u budućnosti *(o onome što su vam zvezde u budućnosti obećale)*!

▸ ⑨ **zu tun haben mit**, *imati posla sa*. Glagol **tun** se javlja u nekim veoma čestim izrazima: **Ich habe viel zu tun**, *Imam puno posla*; **Damit habe ich nichts zu tun**, *Nemam ja veze s tim*; **Tun Sie Ihr Bestes!** *Dajte sve od sebe!*

12 **Übung 1 – Übersetzen Sie bitte!**

❶ Mit Männern, die nur neue Abenteuer suchen, will ich nichts zu tun haben! ❷ Eifersucht macht die meisten Menschen unglücklich. ❸ Ich habe nicht erwartet, dass eine so leidenschaftliche Beziehung gut enden könnte! ❹ Oft bringen neue Begegnungen nicht die Antworten, auf die man gehofft hat. ❺ Echte Liebe braucht keine Beweise.

Übung 2 – Ergänzen Sie bitte!

❶ Mnogi ljudi koji se osećaju usamljeno se nadaju da će im neki nov susret promeniti život.
Viele . . . . , ... ,
hoffen, dass eine neue . . . .
. . . .

❷ Ne verujem u budalaštine koje se nalaze u horoskopu.
Ich . . . . . . nicht . . den . . . . , den man
in den . . . . findet.

❸ Ljubavna priča bez strasti bi mi bila dosadna *(smatrao bih je dosadnom).*
Eine . . . .
. . . . . ich langweilig finden.

U našoj metodi nećemo pretpostavljati da uticaj zvezda utiče na vašu ličnost. Nauprot tome, izvesno je da vaša ličnost utiče na način učenja. Možda ste od onih koji dobro uče «uhom» - slušajući dijaloge i spontano ponavljajući zapamćene delove? A možda pak pripadate onima koji se više oslanjaju na pisanje, vole detaljnija gramatička objašnjenja i analitički pristup? Znajte samo da nema dobrog i lošeg pristupa učenju!

Rešenje vežbe 1

❶ Ne želim da imam posla s ljudima koji samo traže nove avanture! ❷ Ljubomora većinu ljudi čini nesrećnim. ❸ Nisam očekivao da bi se jedna tako strastvena veza mogla dobro okončati! ❹ Često, novi susreti ne donose odgovore kojima smo se nadali. ❺ Pravoj ljubavi ne trebaju dokazi.

❹ Ono što nam je budućnost namenila *(obećala)* sigurno nije zapisano u zvezdama!
Was uns ... ., steht sicher nicht .. .. !

❺ Ako u njihovoj vezi ima suviše napetosti, možda bi bolje bilo da se rastanu.
Wenn es .. .. in ihrer .... gibt, sollten sie sich vielleicht ....

Rešenje vežbe 2

❶ – Menschen, die sich einsam fühlen – Begegnung ihr Leben verändert ❷ – glaube – an – Quatsch – Horoskopen – ❸ – Liebesgeschichte ohne Leidenschaft würde – ❹ – die Zukunft verspricht – in den Sternen ❺ – zu viele Spannungen – Beziehung – besser trennen

Učite na svoj način. Koristite sopstvene snage! Ali, trudite se i da poboljšate svoje slabe strane: nemojte suviše zapostavljati ono što vam se baš i ne dopada da radite! Najbolji metod se, kako je to često slučaj, zasniva na ravnoteži!

13 Dreizehnte Lektion

Ein Bestseller des 18. Jahrhunderts: *Die Leiden des jungen Werthers*

1 **Wer**ther, ein **jun**ger Mann aus der Stadt, hat sich **vor**genommen, **Kün**stler zu **wer**den ①.

2 Als er für **ei**nige Zeit in **ei**nem **klei**nen Dorf auf dem **Lan**de wohnt, ent**deckt** er bei **sei**nen **ein**samen **Wan**derungen die **Schön**heit der Na**tur**,

3 und macht die Be**kannt**schaft der **Men**schen, die in der **Ge**gend **le**ben.

4 So lernt er auch **Lot**te **ken**nen.

5 **Lot**te ist die **Toch**ter eines **Wit**wers, sie **küm**mert sich als ② **äl**teste **Schwes**ter um **ih**re acht **jün**geren Ge**schwis**ter.

6 **Wer**ther sucht bei **je**der Gele**gen**heit das Zu**sam**mensein mit **Lot**te und ver**liebt** sich in sie ③.

7 Doch **Lot**te ist mit **Al**bert, **ei**nem **jun**gen, er**folg**reichen ④ Ge**schäfts**mann, ver**lobt**.

Napomene

① Ako nije pomoćni glagol, **werden** znači *postati*: **Forscher werden**, *postati istraživač*; **berühmt werden**, *postati poznat*. Pazite samo: particip prošli glagola **werden** kada znači *postati* je **geworden** (**Er ist Künstler geworden**, *On je postao umetnik*), dok je **worden** particip perfekta pomoćnog glagola **werden**: **Das Lied ist oft gesungen worden**, *Pesma je često (bila) pevana*.

Trinaesta lekcija 13

Jedan best-seler iz 18. veka: *Jadi mladog Vertera*

1 Verter, gradski mladić, je odlučio da postane umetnik.
2 Dok neko vreme boravi u jednoj varošici u provinciji otkriva, tokom svojih usamljenih šetnji, lepotu prirode,
3 i upoznaje se sa ljudima koji žive u okolini.
4 Tako je upoznao i Lotu.
5 Lota je ćerka jednog udovca; kao najstarija, brine se o svojih osmoro mlađe braće i sestara.
6 U svakoj prilici Verter traži da bude *(zajedno)* s njom i zaljubljuje se u nju.
7 Međutim, Lota je verena za Alberta, mladog uspešnog poslovnog čoveka.

② **als** ovde znači *kao, u svojstvu*: **Er hat als Ahnenforscher gearbeitet**, *Radio je kao stručnjak iz genealogije.*

③ **sich verlieben in**, *zaljubiti se u*; **in jmdn. verliebt sein**, *biti zaljubljen(-a) u nekog*; **Liebe auf den ersten Blick**, *ljubav na prvi pogled.*

④ **erfolgreich**, *uspešan*; **der Erfolg**, *uspeh, rezultat.* Pridevi nastali dodavanjem sufiksa **-reich** (doslovno «bogat nečim»), uglavnom imaju značenje «pun, bogat, nečim»: **kinderreiche Familie**, *brojna porodica* («s puno dece»).

13

8 Sie scheint **Zu**neigung für **Wer**ther zu emp**fin**den, **oh**ne **a**ber **sei**ne **lei**denschaftlichen Ge**füh**le zu **tei**len ⑤.

9 **Wer**ther muss sich **ein**gestehen, dass die ge**lieb**te Frau ihm nie ge**hö**ren wird.

10 Er ver**lässt** die **Ge**gend und ver**sucht**, sie zu ver**ges**sen.

11 Doch er er**trägt** die **Tren**nung nicht und **sei**ne **Lie**be zu **Lot**te wird zu **ei**ner **un**heilbaren **Krank**heit ⑥.

12 Als er sie **wie**dersieht, hat sie Albert in**zwi**schen ge**hei**ratet.

13 **Die**ser be**han**delt **Wer**ther als Freund und zeigt **kei**ne **Ei**fersucht.

14 **Lot**te liebt **ih**ren Mann, doch steht **Wer**ther **ih**rem **Her**zen viel**leicht nä**her, als sie es sich **ein**gestehen **möch**te.

15 Als sie sich bei **ei**ner **letz**ten Be**geg**nung von **Wer**ther in die **Ar**me **neh**men und **küs**sen lässt ⑦, sieht **die**ser da**rin** den Be**weis**, dass auch **Lot**te ihn liebt.

16 Doch weiß er, dass es für **die**se **Lie**be **kei**ne **Zu**kunft **ge**ben kann.

17 So sieht er in seiner Ver**zwei**flung als **Aus**weg nur noch den **ei**genen Tod. □

Napomene

⑤ **teilen** ovde ima značenje *deliti*, *nešto imati zajedno*; **brüderlich mit jemandem teilen**, *bratski nešto s nekim deliti.*

⑥ **eine unheilbare Krankheit = eine Krankheit, die man nicht heilen kann** ; **heilen**, *izlečiti*. Ovde ćete opet sresti glagol **werden**, *postati*, predlog **zu** dodaje značenju smisao *pretvoriti* ▶

8 Izgleda da ona oseća naklonost prema Verteru, ali ipak ne deli njegova strasna osećanja.
9 Verter mora priznati da mu žena koju voli nikada neće pripadati.
10 Odlazi odatle *(napušta oblast)* i pokušava da je zaboravi.
11 Ali ne podnosi rastanak, a njegova ljubav prema Loti postaje neizlečiva bolest.
12 Kad su se ponovo sreli *(kad ju je ponovo video)*, ona se u međuvremenu udala za Alberta.
13 Ovaj Vertera smatra prijateljem i nije uopšte ljubomoran *(ne pokazuje ljubomoru)*.
14 Lota voli muža, ali joj je Verter bliži srcu nego što bi možda želela da sebi prizna.
15 Kada dozvoli, prilikom poslednjeg susreta, da je Verter uzme u naručje i poljubi, on u tome vidi dokaz da i Lota voli njega.
16 Ipak, zna da ta ljubav nema budućnosti.
17 U svom očajanju, izlaz vidi samo u smrti.

▸ *se u, prerasti u*: **Die Liebe wird zur Leidenschaft**, *Ljubav je prerasla u strast.*

⑦ Obratite pažnju na **lassen** + infinitiv. Ova sintagma može značiti *dati/reći nekome nešto da uradi* ili *(do)pustiti da se nešto uradi*: **Sie lässt sich von ihm küssen**, *Dopušta da je on poljubi.*

13 **Übung 1 – Übersetzen Sie bitte!**

❶ Er machte ihre Bekanntschaft, als sie noch nicht verlobt war. ❷ Sie wollte sich nicht eingestehen, dass es keinen anderen Ausweg mehr gab. ❸ Mein Bruder wollte Künstler werden, aber er war nicht sehr erfolgreich. ❹ Niemand wusste damals, dass diese Krankheit unheilbar war. ❺ Er hätte sie gern in die Arme genommen, aber er wollte seine Gefühle nicht zeigen.

Übung 2 – Ergänzen Sie bitte!

❶ Kao poslovni čovek je imao uspeha, ali u vezama izgleda da je uglavnom bio nesrećan.
... . war er sehr ...., aber in .... schien er .... zu sein.

❷ Dopadale su mu se prirodne lepote, zato nije želeo da napusti taj kraj.
Er liebte die .... und wollte deshalb .... nicht ....

❸ Čini mi se da imaš više briga nego što želiš sebi da priznaš.
Mir scheint, dass du .... hast, als du ... . möchtest.

Ovaj Geteov roman (1749-1832) je bio objavljen 1774. i odmah je doživeo ogroman uspeh. Mladi pisac Johan Volfgang Gete je odmah postao poznat u Nemačkoj i van nje, a odmah potom i jedan od najvećih pisaca nemačke klasične književnosti. Poznat još za života (1749 – 1832), dobio je plemićku titulu, što objašnjava rečcu **von** *dodatu njegovom imenu: J.V. fon Gete.*

Rešenje vežbe 1

❶ Upoznao ju je dok još nije bila verena. ❷ Nije želela da prizna da nema drugog izlaza. ❸ Moj brat je želeo da postane umetnik, ali nije imao puno uspeha. ❹ U to doba niko nije znao da je ta bolest neizlečiva. ❺ Rado je hteo da je uzme u naručje, ali nije želeo da pokaže osećanja.

❹ Naravno, bio je ljubomoran *(osetio je ljubomoru)* kad je video da je drugi ljubi.
Natürlich . . . . , als er sah, dass sie . . . . von einem andern . . . .

❺ Od prvog susreta, Verter se strasno zaljubio u Lotu.
Schon bei ihrer . . . . Werther . . . . in Lotte.

Rešenje vežbe 2

❶ Als Geschäftsmann – erfolgreich – seinen Beziehungen – meistens unglücklich – ❷ – Schönheit der Natur – diese Gegend – verlassen ❸ – mehr Sorgen – dir eingestehen – ❹ – empfand er Eifersucht – sich – küssen ließ ❺ – ersten Begegnung verliebte – sich leidenschaftlich –

Mnogi obrazovani mladi ljudi tog doba su se prepoznali u Verteru; u njegovoj potrazi za ljubavlju van pravila i društvenih prisila, poistovetili su se sa ljubavnim patnjama i očajanjem mladog junaka. Nastala je prava moda «Verter». Ona se nije ograničila samo na oponašanje načina oblačenja mladića opisanog u romanu, ni na uzdizanje snage osećanja, već je bila i uzrok nekolikim samoubistvima mladih ljudi ophrvanih ljubavnim jadima.

14 Vierzehnte Lektion

Zusammenfassung – Ponavljanje

Ako ste počeli da koristite gramatike nemačkog jezika na srpskom, može se desiti da se neki komentari koje smo dali ili termini koje smo ovde koristili razlikuju od onih na koje ste u tim udžbenicima naišli. Naravno, to ne znači da se i obrađeni lingvistički aspekti razlikuju, već mi smatramo da različit način na koji smo ih opisali ili ih nazvali olakšavaju razumevanje.

1 Preterit - podsećanje

Preterit je vreme pripovedanja; naročito se koristi u pisanom jeziku. Kad usmeno pripovedamo o događajima koji su se desili u prošlosti, radije ćemo koristiti perfekt.

Karakteristika jakih glagola u preteritu se ogleda u promeni korena glagola (npr. **sinken** → **sank-**; **kommen** → **kam-**; **gehen** → **ging-**; **fahren** → **fuhr-**). Potom se, na tako izmenjenu osnovu, dodaju nastavci: Ø, **-st**, Ø, **-en**, **-t**, **-en** (**ich kam**, **du kamst**, **er/sie/es kam**, **wir kamen**, **ihr kamt**, **sie/Sie kamen** itd.).
(Ø je oznaka koja nam govori da nema nastavka.)

Slabi glagoli nemaju tu sposobnost promene glagolske osnove. Oni grade preterit dodavanjem nastavaka **-te**, **-test**, **-te**, **-ten**, **-tet**, **-ten** na osnovu infinitiva.

Neki glagoli mešaju "jaku" i "slabu" promenu, odnosno, menjaju glagolsku osnovu, poput jakih glagola, a dobijaju nastavke za slabe glagole **-te**, **-test**, **-te**, **-ten**, **-tet**, **-ten** (npr. **bringen** → **brachte**; **wissen** → **wusste**; **können** → **konnte**).

Više pojedinosti u vezi sa oblicima preterita naći ćete u gramatičkom dodatku.

2 Zavisna pogodbena rečenica

• **Wenn Sie der Nachkomme sind, (dann) bekommen Sie das Erbe,** *Ako ste potomak, (onda) dobićete nasledstvo.*
Reč je o uslovu čije je ostvarenje moguće: glagoli obe rečenice su u indikativu.

• **Wenn Sie der Nachkomme wären, bekämen Sie das Erbe,** *Kad biste bili potomak, dobili biste nasledstvo.*
Ovde govornik predstavlja uslov kao čistu pretpostavku, kao neku vrstu teorije: glagoli obe rečenice su u **konjunktivu II** prezenta.

• **Wenn Sie der Nachkomme gewesen wären, hätten Sie das Erbe bekommen,** *Da ste bili potomak, dobili biste nasledstvo.*
Ovde, upotrebom **konjunktiva II** prošlog u obe rečenice, govorimo da je uslov nemoguće ostvariti.

3 Pasiv

Pasivom možemo opisati neku radnju iz ugla osobe / stvari koja trpi ili je trpela tu radnju. Da bismo dobili pasivnu rečenicu, pravi objekat (u akuzativu) početne rečenice stavljamo na mesto subjekta, a glagol u pasiv.

3.1 Pasiv stanja

Pasiv stanja stavlja akcenat na ishod neke radnje:
Sie haben den Beweis gefunden. (radnja u prošlosti) → **Der Beweis ist gefunden.** (ishod)
Pronašli su dokaz. → *Dokaz je pronađen.*
Ich habe das Honorar bezahlt. (radnja u prošlosti) → **Das Honorar ist bezahlt.** (ishod)
Platio sam honorar. → *Honorar je plaćen.*

Vreme pasiva stanja se tvori od pomoćnog glagola **sein** + particip prošli:
Prezent: **Das Honorar ist bezahlt.**
Preterit: **Das Honorar war bezahlt.**

14 Perfekat/Pluskvamperfekat: **Das Honorar ist/war bezahlt gewesen.**
Buduće vreme: **Das Honorar wird bezahlt sein.**

3.2 Pasiv radnje

Pasiv radnje stavlja akcenat na činjenicu da se radnja trenutno odvija. Ovaj pasiv u srpskom prevodimo glagolom u aktivnom stanju i rečcom se ili pak pasivom stanja.

Er sucht neue Beweise. → Neue Beweise werden gesucht.
On traži nove dokaze. → Novi dokazi se traže.
Man sang das Lied schon vor 500 Jahren. → Das Lied wurde schon vor 500 Jahren gesungen.
Ljudi su pevali ovu pesmu pre 500 godina. → Ova pesma je bila pevana pre 500 godina ili *Ova pesma se pevala pre 500 godina.*

Vreme pasiva radnje se gradi od pomoćnog glagola **werden** + participa prošlog:
Prezent: **Das Lied wird gesungen.**
Preterit: **Das Lied wurde gesungen.**
Perfekat/Pluskvamperfekat: **Das Lied ist/war gesungen worden*.**
(* Pazite da ga ne pomešate s participom glagola **werden**, *postati* = **geworden**!)
Buduće vreme: **Das Lied wird gesungen werden.**

3.3 Agens - vršilac radnje

Vršioci radnje opisane u pasivu mogu biti označeni pomoću **von**, a predmeti/instrumenti koji su poslužili svrsi, pomoću **durch** ili **mit**:
Vielleicht sind Sie von Ihrem Partner enttäuscht worden?
Možda vas je partner razočarao (Možda ste bili razočarani od partnera?
Ihre Verwandtschaft wird durch eine Urkunde bewiesen, *Vaše srodstvo je dokazano zvaničnim dokumentom (pomoću zvaničnog dokumenta).*

4 Povratni i uzajamno-povratni glagoli

4.1 Povratni glagoli

Povratna zamenica se uvek odnosi na subjekat rečenice:
Ich freue mich, Sie zu sehen. *Radujem se što vas vidim.*
Er bemüht sich, freundlich zu sein. *Trudi se da bude ljubazan*;
Was hast du dir vorgenommen? *Šta si planirao da radiš?*

U nemačkom jeziku, neki glagoli postoje samo kao povratni glagoli: **sich weigern**, *odbaciti, odbijati*; **sich kümmern um**, *brinuti se, zanimati se za*; **sich beeilen**, *požuriti*; dok drugi mogu biti povratni u zavisnosti od slučaja, npr. **fühlen → sich fühlen**, **fragen → sich fragen**, itd.
Svi povratni glagoli tvore složena prošla vremena s pomoćnim glagolom **haben**, npr. **Ich habe mich beeilt**, *Požurio sam*; **Sie haben sich gefreut**, *Oni su se obradovali.*

Povratna zamenica (u govornom jeziku) postoji samo u akuzativu i dativu. Dakle, jedino se razlikuju oblici 1. i 2. lica jednine: **ich → mich** (ak.) / **mir** (dat.); **du → dich** (ak.) / **dir** (dat.), za ostala lica, dativ i akuzativ su isti: **er/sie/es → sich** (ak. + dat.); **wir → uns** (ak. + dat.); **ihr → euch** (ak. + dat.); **sie/Sie → sich/Sich** (ak. + dat.).

Akuzativ ili dativ?

Kod većine povratnih glagola, povratna zamenica ima funkciju pravog objekta, pa je prema tome u akuzativu: **ich frage mich**, **ich bemühe mich**, **ich freue mich**, **ich streite mich (mit ...)**, **ich erinnere mich (an ...)**.
Kod nekoliko glagola koji zahtevaju povratnu zamenicu u dativu (nepravi objekat), na mestu pravog objekta će se obavezno naći neka druga imenica/zamenica (ili zavisna rečenica). Tako možete zaključiti da povratna zamenica mora biti u dativu. Evo primera: **Sie stellt sich** (nepravi objekat = dativ) **ein Happyend** (pravi objekat = akuzativ.) **vor**, *Ona zamišlja srećan kraj.* **Wir nehmen uns** (nepr. obj. = dat.) **etwas** (prav. obj. = ak.) **vor**, *Nameravamo da radimo nešto.*

14 Ukoliko ispred povratne zamenice stoji neki predlog, ona će, naravno biti u padežu koji taj predlog zahteva:
Sprichst du mit (+ dat.) **dir selbst?** *Govoriš sam sa sobom?*

4.2 Uzajamno-povratni glagoli

Neki glagoli u sebi sadrže i značenje uzajamnosti, kao na primer: **wir unterhalten uns**, *zabavljamo se*; **ihr streitet euch**, *svađate se*; **sie lassen sich scheiden**, *razvode se.*

Odnos uzajamnosti se izražava oblicima povratne zamenice (u množini):
Wir kennen uns. = Ich kenne dich und du kennst mich, *Poznajemo se.*

Dialog zur Wiederholung

1 Liebe Eltern, liebe Geschwister,
2 sicher erwartet ihr, mehr über unsere Abenteuer hier zu erfahren.
3 Natürlich war es am Anfang nicht einfach, in dieser fremden Gegend neue Bekannte und Freunde zu finden.
4 Und wenn wir uns nicht so gut verstanden hätten, hätten wir uns sicher manchmal einsam gefühlt.
5 Aber inzwischen haben wir hier im Dorf mit vielen von unseren Nachbarn Bekanntschaft gemacht.
6 Wir werden von den meisten sehr freundlich behandelt,
7 und wir haben das Gefühl, dass sie uns mögen, obwohl wir nicht von hier stammen.
8 Auch im Beruf sind wir schon ziemlich erfolgreich und ich frage mich, ob es nicht Zeit wäre, ein Kind zu bekommen.

Ukoliko niste sigurni ili želite da potvrdite da je reč o uzajamnom odnosu, možete koristiti zamenicu (nepromenljivu) **einander**: **Zwei Kinder, die hatten (sich =) einander so lieb**, *Dvoje dece koji su se uzajamno toliko voleli.*

Kad je reč o glagolu uz koji stoji predlog, obavezno ćemo koristiti odgovarajuću složenu zamenicu (predlog + **einander**), pa tako imamo an**einander**, auf**einander**, für**einander**...). Evo nekoliko primera:
Sie sind (in sich =) ineinander verliebt, *Vole jedno drugo.*
Wir sprechen wieder (mit uns =) miteinander, *Opet razgovaramo jedno s drugim.*

9 Natürlich muss ich eingestehen, dass wir manchmal auch ein bisschen miteinander streiten.
10 Aber was wäre eine Beziehung, in der es nie Spannungen oder Missverständnisse gäbe?!

Prevod

1 Dragi roditelji, draga braćo i sestre, **2** Sigurno čekate da [nešto] više saznate o našim pustolovinama ovde. **3** Naravno, u početku nije bilo lako u ovoj stranoj zemlji *(stranoj oblasti)* steći *(pronaći)* nova poznanstva i prijatelje. **4** Da se nismo tako dobro slagali *(jedno s drugim)*, sigurno bismo se ponekad osećali usamljenim. **5** Ali, u međuvremenu smo se upoznali s mnogim komšijama, ovde u selu. **6** Većina njih se veoma lepo ophodi prema nama **7** i osećamo da nas cene, iako nismo odavde. **8** Čak smo i u poslu već prilično uspešni i pitam se nije li vreme da dobijemo dete. **9** Naravno, moram priznati da se ponekad i pomalo svađamo. **10** Ali, kakva bi to veza bila bez ikakvih napetosti i nesporazuma?!

15 Fünfzehnte Lektion

Lieber den Spatz in der Hand als die Taube auf dem Dach!

1 – Hast du zufällig den Wetterbericht gehört?
2 – Wenn der Hahn kräht ① auf dem Mist, ändert sich das Wetter oder es bleibt wie es ist.
3 – Hier gibt 's aber keinen Hahn und selbst wenn es einen gäbe, wäre ich auch nicht schlauer ②.
4 – Was ich nicht weiß, macht mich nicht heiß.
5 – Stimmt, aber wenn 's morgen Abend regnet, müssen wir unsere Grillparty im Wohnzimmer feiern.
6 – In der Not frisst ③ der Teufel Fliegen.

Napomene

① Treba da znate da u nemačkom jeziku i životinje drugačije «govore»: značenje glagola **krähen**, kojim se oglašava nemački petao, je bliže glagolu *kreštati* nego *pevati*. Uostalom, na nemačkom se petao oglašava sa **Kikeriki!** dok se srpski petao oglašava sa *Kukuriku!*

② **schlau**, *lukav*, *prepreden*, *snalažljiv*, je osobina koja se često pripisuje lisici: **der schlaue Fuchs**. Ali: **sich schlau machen** (u svakodnevnom govoru), znači *obavestiti se*, *biti u toku s nečim*. **Ich kann aus dieser Person nicht schlau werden**, *Ne uspevam da shvatim tu osobu*. **Damit bin ich auch nicht schlauer**, *To mi ne pomaže/Neću zbog toga biti pametniji*.

③ **essen**, *jesti* (za ljude), i **fressen** (menja se po istom modelu), *jesti* (za životinje): **den Tieren zu fressen geben**, *namiriti životinje, dati životinjama da jedu*. Kad zaborave na lepe manire, i za ljude možemo upotrebiti glagol **fressen**: **Er frisst für drei**, *Ždere/Krka za trojicu*. Ipak pazite! Budući da gla-

Bolje vrabac u ruci nego golub na grani!

1 – Da li si slučajno slušao vremensku prognozu?
2 – Kad petao kukuriče na đubrištu, ili će se vreme promeniti, ili će ostati isto.
3 – Ali ovde nema petlova, a i da ima neki, ne bih bio pametniji.
4 – Što ne znam, nije me ni briga.
5 – Tačno, ali ako sutra uveče bude padala kiša, moraćemo da organizujemo roštilj *(proslavimo roštilj-zabavu)* u dnevnoj sobi.
6 – Nužda zakon menja. *(U nuždi, đavo jede muve).*

gol **fressen** u sebi nosi značenje koje se odnosi na životinje, on u govornom jeziku ne može zameniti glagol **essen**, poput našeg «klopati». Dakle, rečenicu *Zajedno smo klopali* ćemo prevesti kao **Wir haben zusammen gegessen**. **Die Fresse** (u svakodnevnom govoru), *njuška*; **Halt die Fresse!** *Začepi!* I opet upozorenje! Ovaj izraz je prilično grub!

7 – Was sollen ④ denn dauernd diese blöden ⑤ Sprüche? Willst du mich auf den Arm nehmen?

8 – Nein, nein, aber ich sammle Sprichwörter.

9 – Im Ernst?

10 – Ja, die einen sammeln Briefmarken, die anderen Bierdeckel oder Schmetterlinge,

11 und ich, ich sammle eben geflügelte Worte ⑥ – die muss man dann auch ab und zu verwenden, sonst vergisst man sie wieder.

12 Du weißt ja: Probieren geht über Studieren und was Hänschen nicht lernt, lernt Hans nimmermehr!

13 – Ach du meine Güte ⑦, jetzt gleich noch zwei Sprüche in einem Satz!

14 – Ja, doppelt genäht hält besser.

Napomene

④ U upitnoj rečenici, modalni glagol **sollen**, *morati*, često izražava zbunjenosti ili prigovor: **Was soll das?** *Šta hoćeš time? Šta to treba da znači?*; **Was soll ich denn machen?** *Šta bi ja sad trebalo da radim?*

⑤ **blöd**, *glup*, *slabouman*, *blesav*, se često koristi u govornom jeziku i prevodi se kao *budala, glupan* ili *kreten* u zavisnosti od konteksta i tona. **Blöd** ipak nije u toj meri ružna reč kao *kreten* u srpskom. **Zu blöd, dass du nicht kommen kannst**, *Baš bezveze (glupo) što ne možeš da dođeš.* **So eine blöde Gans!** (doslovno "Kakva glupa guska!"), *Kakva guska!* (ćurka, glupača); **So ein blöder Hund!** *Kakva budala (pas)!*; **Das ist doch Blödsinn**, *To su budalaštine/koještarije*; **blöde Sprüche**, *prazne reči.*

7 – Šta treba da znače te glupe izreke koje neprestano koristiš? Šališ se sa mnom *(uzimaš me pod ruku)*?
8 – Ne, nikako. Ja sakupljam poslovice.
9 – Ozbiljno?
10 – Da, jedni sakupljaju markice, drugi podmetače za pivo ili leptire,
11 a ja sakupljam krilatice – i *(onda)* ih treba s vremena na vreme koristiti, inače se *(opet)* zaborave.
12 Znaš dobro: ponavljanje je majka znanja *(pokušavati vredi više nego učiti)* i drvo se savija dok je mlado *(što mali Hans nije naučio, Hans nikad neće)*!
13 – Bože moj! Sad još i dve izreke u jednoj rečenici!
14 – Da, od viška glava ne boli *(dvaput prošiveno bolje drži)*.

⑥ Pojmovi **der Spruch** *maksima, izreka*, ali i *sentencija*, **das Sprichwort**, *poslovica*, i **das geflügelte Wort** (doslovno "krilata reč"), *krilatica*, *aforizam*, *mudra izreka,* se često koriste kao sinonimi.

⑦ **die Güte**, *dobrota*. U uzvicima koji se svakodnevno koriste, često se božje ime zamenjuje pojmovima koji su mu pridodati, poput **Güte** ili **Himmel**: **Mein Gott!** ili **Meine Güte!** *Bože moj!*; **Ach du lieber Gott/liebe Güte!** *O, moj bože!*; **Ach du lieber Himmel!** *O, nebesa!*; **Um Gottes Willen!** *Za ljubav božiju!* **Um Himmels Willen!**

15

15 – Das kann einem (8) aber ziemlich auf den Wecker gehen (9)!

16 – Man kann es nicht allen recht machen (10).

17 – Willst du dein Training nicht lieber auf morgen verschieben?

18 – Du kennst ja das Sprichwort: Was du heute kannst besorgen…

19 – Und du, du kennst doch sicher auch das: Reden ist Silber, Schweigen ist Gold!

20 – Natürlich, aber heute reicht mir das Silber!

21 Lieber den Spatz in der Hand als die Taube auf dem Dach. □

Napomene

(8) **einem** je ovde dativ zamenice **man**.

(9) **der Wecker**, *budilnik*; **jmdm. auf den Wecker gehen/fallen** (govorni jezik), *ići kome na živce, nervirati koga*. Isto tako : **jmdm. auf die Nerven gehen/fallen**. ▸

***

Übung 1 – Übersetzen Sie bitte!

❶ Ein Hahn, der dauernd kräht, geht allen auf den Wecker! ❷ Kennen Sie zufällig jemand, der Schmetterlinge sammelt? ❸ Glaubst du das im Ernst oder willst du mich auf den Arm nehmen? ❹ Du, du redest dauernd und ich, ich soll schweigen? ❺ Bei diesem Sport reicht es nicht, wenn man nur ab und zu trainiert.

15 – Ali nekima to može prilično ići na živce!
16 – Ne može se svakom udovoljiti.
17 – Zar ne bi *(nećeš)* radije svoju vežbu ostavio za sutra?
18 – Sigurno znaš ovu poslovicu: Što možeš danas…
19 – A ti sigurno znaš ovu: reči su od srebra, a ćutanje od zlata!
20 – Naravno, ali danas mi je srebro dovoljno!
21 Bolje vrabac u ruci, nego golub na grani *(krovu)*.

⑩ **recht**, *zgodan, podesan, tačan, kakav treba*; **es jmdm. recht machen**, *udovoljiti/ugoditi nekome*: **Man kann es ihm nie recht machen**, *Nikad nije zadovoljan onim što se za njega učini*; **jmdm. recht sein**, *odgovarati nekome*: **Das ist mir recht**, *To mi odgovara/u redu/važi.*

***

Rešenje vežbe 1

❶ Petao koji neprestano kukuriče sve nervira! ❷ Da ne poznajete slučajno nekog ko sakuplja leptire? ❸ Ozbiljno u to veruješ ili se šališ *(sa mnom)*? ❹ Ti neprekidno govoriš, a ja treba da ućutim? ❺ Za bavljenje ovim sportom, nije dovoljno samo trenirati s vremena na vreme.

15

Übung 2 – Ergänzen Sie bitte!

❶ Ono što možeš danas *(uraditi)* ne ostavljaj za sutra.
. . . du heute kannst . . . . , das . . . . nicht . . . morgen.

❷ Đavo je bio lukav, jer je znao da svi ljudi sanjaju o zlatu i srebru.
Der . . . . . . war . . . . . . , denn . . . . , dass alle Menschen von . . . . träumen.

❸ Nadam se da je vremenska prognoza tačna i [da] se vreme neće promeniti.
Ich hoffe, ... und das Wetter . . . .

Izreke našim rečima mogu dati određenu draž, ali pazite da ih ne zloupotrebite! **Nicht zuviel des Guten!** Preterivanje nije dobro!

Ali šta je **Bierdeckel** *i šta to tačno kolekcionari sakupljaju? To je parče vlažnog kartona, koji ima upijajuću moć i sprečava klizanje, i koje vam uz jedno «tras» bace na sto, pre no što vam na njega spuste čašu piva. Ono po svom obliku, bojama, skraćenicama i natpisima, za posluženo pivo predstavlja pravu ličnu kartu. Znajući da više od hiljadu pivnica proizvodi na desetine vrsta različitog piva, a da ne govorimo o «porodičnim» pivnicama, koje pripadaju mnogobrojnim krčmama, brzo ćemo doći do desetak hiljada različitih «ličnih karata», – odakle i «poziv» strastvenih sakupljača. A što,*

④ Jedni jedu druge! Vrabac jede muve, a njega će pojesti mačka. 15

Die .... die ....! Der .... die ...... und .... von der Katze ....

⑤ Iako ti to nazivaš mudrom izrekom, za mene su to i dalje *(to ostaju)* prazne reči.

.... du das ein .... Wort nennst, bleibt es ... . ein ...... Spruch.

Rešenje vežbe 2

❶ Was – besorgen – verschiebe – auf – ❷ – Teufel – schlau – er wusste – Gold und Silber – ❸ – der Wetterbericht stimmt – ändert sich nicht ❹ – einen fressen – anderen – Spatz frisst – Fliege – wird selbst – gefressen ❺ Selbst wenn – geflügeltes – für mich – blöder –

*dođavola (***zum Teufel!***), nazivamo* **Deckel**, poklopac, *ono što stavljamo ispod, a ne na čašu? Nekad su imućni ljudi pili iz krigli s poklopcem od kalaja ili srebra, da bi zaštitili pivo od insekata i ostalih nečistoća. To je bilo korisno, budući da se pivo često pilo na otvorenom, u* **Biergarten**, *dakle na velikim terasama velikih gostionica, gde su se na svežem, u hladu drveta kestena, držale zakopane bačve piva pod slojem šljunka. Oni koji nisu imali mogućnosti da sebi priušte takvu otmenu kriglu, imali su običaj da podmetačem pokrivaju (i štite) svoje pivo. Eto, otkrili smo tajnu odakle naziv "***Bierdeckel***"!*

16 Sechzehnte Lektion

Unheimlich ① praktisch!

1 – Guck mal! Den habe ich seit ein paar Tagen – ist wirklich unheimlich praktisch.
2 – Aber wozu brauchst du denn ’nen ② Navi ③?
3 – Na, also, wir fahren doch jetzt zum Klaus, nicht wahr? Da gebe ich einfach seine Adresse hier ein…
4 – Und wofür ④? Den Weg kennen wir doch auswendig!
5 – Ich möchte dir ja auch nur zeigen, dass der alles findet – und auch manchen Schleichweg, wo weniger Verkehr ist, wenn es irgendwo einen Stau gibt.
6 Pass auf! Jetzt muss ich hier im Menü nur noch auf „Suchen” tippen… nein, Moment, äh, auf „Meine Ziele” … äh, nein, natürlich hier … so jetzt… jetzt geht ’s los!

Izgovor
***2** … na:vi*

Napomene

① **unheimlich**, *jeziv, strašan, mračan*: **ein unheimlicher Ort**, *jezivo mesto*. Ali **unheimlich** takođe služi, u svakodnevnom govoru, da produbi smisao druge reči, npr. **unheimlich kalt**, *strašno hladno*; **unheimlich schön**, *užasno lepo*. **Ich habe einen unheimlichen Hunger**, *Strašno sam gladan.* ▸

Šesnaesta lekcija 16

Strašno praktično!

1 – Pogledaj! Imam je već nekoliko dana – i zaista je veoma praktična.
2 – Ali šta će ti navigacija?
3 – Dakle, idemo kod Klausa, je li tako? Evo, jednostavno ću ovde uneti njegovu adresu…
4 – A zašto? Pa taj put znamo napamet!
5 – Samo bih želeo da ti pokažem da sve može da pronađe – čak i da nađe prečicu, tamo gde ima manje saobraćaja kad je negde zastoj.
6 Videćeš! Sad još moram ovde u meniju da odaberem *(pritisnem na)* «Traži»… ne, samo malo… ovaj… «Moja odredišta»… ne, očigledno ovde… evo, sada će… sad sam uspeo!

② U ovom dijalogu ćete na više mesta pronaći obeležja govornog jezika: u ovoj rečenici vidimo neobavezan način izgovaranja neodređenog člana **einen** → **’nen** (**ein** → **’n**; **eine** → **’ne**); izostavljanje **e-** iz **es** (**geht ’s** u 6. rečenici ili **gibt ’s** u 14.); elipsa pokazne zamenice koja je došla na mesto subjekta u 1. rečenici: **(Der/Das) Ist wirklich unheimlich praktisch**.

③ **der Navi**, pojam koji je češće u upotrebi od **der GPS** *[ge-pe-ès]*, a skraćeno je od **der Navigator**, *navigator*, ili de **die Navigationshilfe**, *pomoć pri navigaciji*.

④ Mnogi predlozi stvaraju upitnu zamenicu u kombinaciji sa **wo**, npr. **Wofür brauchen wir das?** (= **für was?**) *Šta ćemo s tim/ Za šta će nam to služiti?*; **Wozu verwendet man das?** (= **zu was?**), *Čemu to služi?*

16

7 – Fahren Sie hundertzwanzig Meter geradeaus! … Dann links einordnen! … Nach zwanzig Metern links abbiegen! … Links abbiegen: Ursulastraße!

8 Rechts halten ⑤! … Im Kreisverkehr die erste Ausfahrt nehmen! … Rechts abbiegen: Reinhardtstraße!

9 Nach achtzig Metern, an der Kreuzung, die 2. Straße rechts: Theodorstraße!

10 – Theodorstraße? Komisch! Wenn wir in diese Richtung fahren, müssten wir doch über den Königsplatz, aber der ist am Mittwochmorgen wegen ⑥ dem Markt für Autos gesperrt.

11 – Na ja, ob an irgendeinem Tag Markt ist, weiß der natürlich vielleicht nicht. Aber das macht nichts.

12 Ich nehme jetzt an der Ampel die nächste links und dann findet der uns eine neue Strecke.

13 – … Überprüfen Sie bitte Ihre Richtung! … Das ist eine Einbahnstraße! … Falls möglich bitte wenden!

Napomene

⑤ **sich rechts halten**, *držati se desne strane*. Ovde navigacija sebi dozvoljava da izda zapovest na osnovnom nemačkom: **Rechts halten!** *Držite desno!* umesto **Halten Sie sich rechts!** *Držite se desne strane!* U nekom drugom kontekstu, **rechts halten** bi značilo *zaustaviti se na desnoj strani*.

⑥ Predlog **wegen**, *zbog, radi*, prati genitiv ili dativ. U načelu, genitiv treba da se koristi kad je njegovo obeležje padeža jasno (**-s**), ali u govornom jeziku ga sve češće zamenjuje dativ.

7 – Produžite pravo sto dvadeset metara! … Prestrojte se u levo! … Za dvadeset metara, skrenite levo!… Skrenite levo u Ulicu Ursula!

8 Ostanite na desnoj strani! … Na kružnom toku, skrenite na prvom izlazu! … Skrenite desno u Ulicu Rajnhart!

9 Nakon osamdeset metara, na raskrsnici, skrenite u drugu ulicu desno, u Ulicu Teodor!

10 – Ulica Teodor? Čudno! Ako idemo tim pravcem, morali bismo preći Trg Kenih, ali je on sredom ujutru zbog pijace blokiran za automobile.

11 – Da, dobro, da li je u nekoj ulici pijaca, to naravno, možda i ne zna. Ali, nema veze.

12 Na semaforu ću sad skrenuti u sledeću levo, i onda će nam pronaći nov pravac.

13 – … Proverite pravac kretanja! … Ovo je jednosmerna ulica! … Napravite polukružno ako možete!

16 **14** – Verflixt! Aber du siehst: Der weiß Bescheid ⑦. Hoffentlich gibt 's hier keine Streife ⑧. Ich bieg' jetzt einfach rechts ab.

15 – … Nehmen Sie die nächste links: Lindenallee! … Bleiben Sie in der Mittelspur! … Fahren Sie im Kreisverkehr geradeaus: Luisenstraße! …

16 – Was? Das soll 'ne Abkürzung sein? Wir fahren doch jetzt genau in die entgegengesetzte Richtung!

17 – Bleiben Sie in der linken Spur! … Fahren Sie zweihundert Meter geradeaus! …

18 – Wenn wir diesem Ding da weiter folgen, dann sind wir doch gleich bei dir, am Bismarckplatz!

19 – … Biegen Sie rechts ab! … Noch zwanzig Meter: Sie haben Ihr Ziel auf der rechten Seite erreicht: Bismarckplatz 17. … Sie haben Ihr Ziel erreicht.

20 – Na so was! Da muss ich auf was Falsches getippt haben – manche ⑨ Funktionen kenn' ich noch nicht so gut.

Napomene

⑦ **(über etw.) Bescheid wissen**, *razumeti se u nešto, biti u toku*; **jmdm. Bescheid sagen**, *uputiti koga, obavestiti, javiti kome.*

⑧ **die Streife**, *policijska patrola.* Nemački jezik ne raspolaže pojmom poput *pandur* kad je reč o policajcu: **der Bulle** (doslovno «bik») je mnogo pežorativnija, čak i pogrdna, i pre bi odgovarala reči *murkan*. Ako ne želimo da koristimo reč **die Polizei**, *policija*, ili **der Polizist**, *policajac*, onda ćemo reći **Streife**: **Pass auf, da ist 'ne Streife**, *Pazite, eno pandura!*

14 – Dođavola! Vidiš da zna. Nadajmo se da ovde nema pandura. Jednostavno ću odmah skrenuti desno.

15 – … Skrenite u sledeću ulicu levo: Aleja Linden! … Ostanite u srednjoj traci! … Na kružnom toku, nastavite prvo u Ulicu Luizen! …

16 – Šta? To bi trebalo da bude prečica? Ali sad idemo tačno u suprotnom pravcu!

17 – Ostanite u levoj traci! … Produžite pravo dve stotine metara! …

18 – Ako i dalje nastavimo da pratimo ovo čudo, uskoro ćemo biti kod tebe, na Bizmarkovom trgu!

19 – … Skrenite desno! … Za dvadeset metara, na desnoj strani stižete na odredište: Trg Bizmark, br. 17. … Stigli ste na cilj.

20 – Tako znači! Mora da sam nešto pogrešno ukucao – neke funkcije još dobro ne poznajem.

▸ ⑨ **mancher/manche/manches**, *neki/a, poneki/a* ili *više od jednog/e* (vidi 5. rečenicu: **manchen Schleichweg finden**, *pronaći više od jedne zaobilaznice*) se menja kao određeni član. U množini **manche** se najčešće prevodi sa *neki(e)* ili *brojni, puno.*

21 Aber dass der immer den Weg nach Hause findet, wenn man sich mal verfahren hat ⑩, das ist doch toll, oder?! □

Napomene

⑩ **sich verfahren**, *pogrešiti put (prilikom vožnje), izgubiti se, zalutati*. Ista stvar se, naravno, može desiti i kada idemo pešice, samo što ćemo onda reći: **sich verirren**, *zalutati, izgubiti se*. Možda ste već primetili: uz prefiks **ver-**, se često nešto gubi: ▶

***

Übung 1 – Übersetzen Sie bitte!

❶ Nehmen Sie die zweite Ausfahrt im Kreisverkehr, dann kommen Sie zum Markt. ❷ Tippen Sie im Menü auf „Ziel Suchen" oder geben Sie eine neue Adresse ein! ❸ Hier darf man in manchen Straßen weder halten noch wenden. ❹ Er kennt alle Namen, Adressen und sogar die Telefonnummern auswendig. ❺ Am Morgen gibt es hier wegen dieser vielen Ampeln immer unheimlich viel Verkehr.

21 Ali on uvek pronađe put kući kad se izgubimo, i to je super, slažeš se?! 16

verlieren, *izgubiti*; **vergessen**, *zaboraviti*; **verkaufen**, *prodati* – ali pazite! Može se takođe i nešto dobiti: **sich verheiraten**, *venčati se*; **sich verstehen**, *razumeti se*.

***

Rešenje vežbe 1

❶ Idite do drugog izlaza na kružnom toku i tako ćete stići do pijace. ❷ Pritisnite na «traži odredište» u meniju ili unesite novu adresu! ❸ Ovde, u nekim ulicama ne sme da se zaustavlja niti pravi polukružno. ❹ Zna napamet sva imena, adrese, čak i brojeve. ❺ Ujutru, zbog brojnih semafora, uvek ima mnogo saobraćaja.

16 **Übung 2 – Ergänzen Sie bitte!**

❶ Nadajmo se da nismo zalutali *(vozeći)*!

. . . . haben . . . . . . jetzt nicht . . . . !

❷ Pitajte onog tamo kolegu, on se u to razume.

. . . . den Kollegen dort, ...

❸ Idite desnom trakom, potom na semaforu skrenite levo i pređite raskrsnicu.

. . . . . . Sie die . . . ., ... dann . . . . . an . . . . und fahren Sie . . . .

❹ Još nikad nisam išao ovim putem i ne znam da li negde postoji prečica.

Ich bin diese Strecke . . . . und weiß nicht, . . es . . . . eine . . . . gibt.

*Već smo vam u par navrata skrenuli pažnju na razliku između govornog jezika, (***Umgangssprache*** dosl. «jezik uobičajenih odnosa s drugima»), i standardnog jezika,* **Hochdeutsch***, bilo kad je reč o upotrebi pojedinih reči, jezičkih obrta ili načina govora. Ako je ovaj način izražavanja i dozvoljen među osobama koje se dobro poz-*

❺ Policijska patrola je blokirala levu traku i mogli smo da nastavimo da vozimo samo desnom *(trakom)*. 16

Eine .... hatte die .... und man konnte nur ... ... weiterfahren.

Rešenje vežbe 2

❶ Hoffentlich – wir uns – verfahren ❷ Fragen Sie – der weiß Bescheid ❸ Nehmen – rechte Spur, biegen Sie – links – der Ampel ab – über die Kreuzung ❹ – noch nie gefahren – ob – irgendwo – Abkürzung – ❺ – Streife – linke Spur gesperrt – auf der rechten Spur –

naju, njegova upotreba u formalnijem kontekstu, stavlja govornika u podređeni društveni položaj (kao da nije dovoljno obrazovan). To nije slučaj sa regionalnim dijalektima, o kojima ćemo tek imati prilike da vam govorimo.

17 Siebzehnte Lektion

Eine gelungene Überraschung

1 – Na sonderbar… So viele Anrufe seit heute Morgen…
2 – … Freitag, 16 Uhr 24
3 – „Hallo ①, Katharina, hier ist Angela. Herzlichen Glückwunsch zum Geburtstag!
4 Katharina, es tut mir schrecklich ② Leid, aber mir ist etwas dazwischengekommen ③ und ich kann deshalb heute Abend nicht dabei sein.
5 Wirklich schade! Ich ruf' dich morgen noch mal an. Tschüs!" …
6 – … Freitag, 16 Uhr 43
7 – „Hier spricht Thomas. Katharina, ich wünsche dir alles Gute zum Geburtstag!
8 Als ich für heute zugesagt hatte, habe ich leider völlig vergessen, dass ausgerechnet an diesem Freitag meine Eltern zu Besuch kommen.

Napomene

① **Hallo!** je izraz za pozdravljanje (prijateljski) i ne odgovara našem upitnom «Halo?» kad se javljamo na telefon. U načelu, onaj koji poziva se predstavlja svojim imenom. Kad je veza loša, možemo proveriti da li je sagovornik tu sa: **Hallo? Sind Sie noch da?**

② **schrecklich**, *užasan, zastrašujući, strašan*; **eine schreckliche Katastrophe**, *strašna nesreća.* Kao i **unheimlich**, *jezivo, strašno*, i **schrecklich** služi da pojača značenje reči ispred koje stoji: **schrecklich müde**, *strašno umoran.* **Ich** ▶

Uspelo iznenađenje

1 – Baš čudno… Toliko poziva od jutros…
2 – … Petak, 16 sati i 24 [minuta]
3 – "Zdravo Katarina, Angela je *(ovde)*. Srećan rođendan *(srdačne čestitke za rođendan)*!
4 Katarina, veoma *(strašno)* mi je žao, ali nešto mi se isprečilo i zato ne mogu doći večeras na zabavu.
5 Zaista šteta! Zvaću te sutra. Ćao!" …
6 – … Petak, 16 sati 43 [minuta]
7 – "Ovde Tomas *(koji govori)*. Katarina, želim ti sve najbolje za rođendan!
8 Kad sam prihvatio [tvoj poziv] za danas, potpuno sam zaboravio da mi roditelji baš u ovaj petak dolaze u posetu.

▸ **habe schrecklich viel zu tun**, *Strašno koliko imam posla.* **Ich wäre schrecklich gern gekommen**, *Veoma bih volela da dođem.*

③ **dazwischenkommen**, doslovno "umešati se, postaviti se između (nekog plana i njegovog ostvarenja)", odakle značenje *posredovati, uplesti se, dogoditi se, iskrsnuti*: **Wenn nichts dazwischenkommt**, *Ako nešto ne iskrsne.* Nemojte mešati prefiks **dazwischen** sa **inzwischen**, *u međuvremenu.*

17 9 Du hast sicher Verständnis dafür, dass ich den Abend mit ihnen verbringen muss, nicht wahr? Ich melde mich ④ bald wieder." …
10 – … Freitag, 16 Uhr 52
11 – „Ja, hallo, Martin am Apparat. Liebe Katharina, Lea und ich, wir wünschen dir alles, alles Gute fürs nächste Lebensjahr!
12 Wir hatten uns riesig auf den Abend gefreut ⑤ – aber jetzt hat uns gerade unser Babysitter sitzen lassen ⑥ und wir haben niemanden mehr gefunden, der auf den kleinen Moritz aufpasst. " …
13 – … Freitag, 17 Uhr 08
14 – „Ja, hallo! Gaby am Apparat. Katharina, du bist uns jetzt hoffentlich nicht böse ⑦, aber Eric musste heute ganz dringend für seinen Chef nach Berlin.
15 Leider muss ich deshalb nun auch absagen: Du weißt ja, dass ich nie nachts alleine mit der U-Bahn fahre.

Napomene

④ **sich bei jmdm. melden**, *javiti se nekome (u smislu dati neke vesti o sebi)*; ali: **sich am Telefon melden**, *javiti se na telefon*; **sich melden**, *javiti se, prijaviti se*, ili *upisati se*: **sich zu einem Examen melden**.

⑤ Obratite pažnju na tananu razliku glagola **sich freuen**, *radovati se, obradovati se*, čestog u nemačkom jeziku: **sich über etwas freuen**, *obradovati se nečemu* (npr. poklonu koji smo primili), **sich auf etwas freuen**, *radovati se čemu* (npr. pri pomisli na poklon koji ćemo primiti): **Ich freue mich schon darauf, dich wiederzusehen**, *Jedva čekam da te opet vidim.* ▸

9 Sigurno razumeš *(ćeš imati razumevanja)* da moram s njima da provedem veče, je li tako? Javiću ti se opet uskoro." …

10 – … Petak, 16 sati 52 [minuta]

11 – "Zdravo! Martin je na telefonu. Draga Katarina, Lea i ja ti želimo sve, sve najbolje u narednim godinama *(života)*!

12 Veoma smo se radovali večerašnjoj zabavi, ali nas je bebisiterka ostavila na cedilu i nismo pronašli nikog drugog da čuva malog Morica."…

13 – … Petak, 17 sati 08 [minuta]

14 – "Da, zdravo! Gabi je na telefonu. Katarina, nadam se da se nećeš ljutiti na nas, ali je danas Erik morao hitno da ode u Berlin umesto svog šefa.

15 Nažalost, i ja moram da otkažem [dolazak]: znaš da noću nikad ne idem sama metroom.

⑥ **sitzen lassen**, *napustiti koga, zakazati sastanak i ne doći*, u smislu «ispaliti nekog» ili «dati korpu nekome». Obratite pažnju da infinitiv zamenjuje particip prošli kad je **lassen** dopuna drugom glagolu: **Er hat uns sitzen lassen**.

⑦ **böse**, *zao, pakostan*; **der böse Wolf**, *zli vuk*; **eine böse Überraschung**, *loše iznenađenje*; **das Gute und das Böse**, *dobro i zlo*; **böse werden**, *naljutiti se*; **jmdm. böse sein**, *(na) ljutiti se na koga*.

17 **16** Aber jetzt gratuliere ich dir erst mal ganz herzlich zu deinem Fünfundzwanzigsten! Viel Spaß heute Abend! Und grüß auch die anderen von uns!" …

17 – Die anderen, die anderen… Sie hätte ja dann auch mit jemand von denen ⑧ zurückfahren können! Na, mal sehen, ob die wirklich zu Hause ist.

18 – … Gaby und Eric Breuer-Johnen. Wir sind zurzeit nicht zu erreichen. Sie können uns aber nach dem Piepton eine Nachricht hinterlassen. Wir rufen Sie baldmöglichst zurück."

19 – Komisch…

20 *Man klingelt stürmisch an der Wohnungstür.*

21 – Herzlichen Glückwunsch zum Geburtstag! Sie lebe hoch ⑨, sie lebe hoch, sie lebe fünfundzwanzig Mal hoch!

22 – Da seid ihr ja alle! Was für eine Überraschung!

23 Es hatte mich schon gewundert, wieso ihr alle auf diesen blöden Anrufbeantworter gesprochen habt.

24 Sonst ruft ihr mich doch immer auf meinem Handy im Büro an. □

Napomene

⑧ **von denen**, *od tih (pomenutih)* : **denen** je dativ množine pokazne zamenice **der, die, das**: **von den anderen (Freunden) → von denen**.

⑨ Glagol **hochleben** se koristi samo kad se nazdravlja u nečiju čast: **Martin/Er lebe hoch! Lea/Sie lebe hoch!** ili **Hoch** ►

16 A sad ti *(prvo)* od sveg srca čestitam dvadeset i peti *(rođendan)*! Zabavite se lepo večeras! I pozdravi takođe ostale u naše ime *(od nas)*! …

17 – Ostale, ostale … Mogla je da se vrati kući s nekim od njih! Da vidimo da li je zaista kod kuće.

18 – … "Gabi i Erik Brojer-Jonen. Trenutno nismo dostupni. Možete nam ostaviti poruku nakon zvučnog signala. Zvaćemo vas čim budemo mogli."

19 – Čudno…

20 *Čuje se glasno zvono na vratima.*

21 – Srećan rođendan! Živela, živela, živela dvadeset i pet puta!

22 – Pa, svi ste tu! Kakvo iznenađenje!

23 Čudilo me je što ste svi ostavili *(govorili)* poruku na ovoj glupoj sekretarici.

24 Obično me uvek zovete na mobilni u kancelariji.

soll er/sie leben! *Živeo/la Martin/Lea!* Glagol (**lebe**) je u **konjunktivu I** kojim se ovde izražava želja (zastarela upotreba). **Jmdn. hochleben lassen**, *nazdraviti nekome.* Isti ovaj oblik **konjunktiva I** se koristi da se neko/nešto pohvali, npr. **Es lebe die Freundschaft!** *Živelo prijateljstvo!*

17 **Übung 1 – Übersetzen Sie bitte!**

❶ Bist du mir wirklich böse wegen dieser blöden Geschichte? ❷ Es hatte mich schon gewundert, dass niemand sich gemeldet hatte. ❸ Ihre Eltern hatten sich riesig auf ihren Besuch gefreut. ❹ Ich kenne niemanden, der einen so alten Freund einfach sitzen lassen würde. ❺ Da sich bei denen niemand am Telefon gemeldet hat, habe ich eine Nachricht hinterlassen.

Übung 2 – Ergänzen Sie bitte!

❶ Sigurno im se nešto isprečilo, inače ne bi otkazali u poslednjem trenutku.
Es muss ..... etwas .... sein, ... hätten sie nicht in letzter Minute ....

❷ Nadam se da će jedan od njih moći da me vrati autom.
.... kann mich einer ... . zurückfahren.

❸ Ako morate da otkažete, ostavite mi poruku na sekretarici, molim vas!
Wenn Sie ...., ... Sie mir bitte .... Ihre .... auf dem .... !

❹ Sigurno razumete da moram hitno da odem u Minhen.
Sie haben ...., dass ich .... München .....

Rešenje vežbe 1

❶ Da li se stvarno ljutiš na mene zbog te glupe priče? ❷ I mene je začudilo što se niko ne javlja. ❸ Roditelji su se veoma radovali zbog njihove posete. ❹ Ne znam nikoga ko bi ostavio na cedilu tako starog prijatelja. ❺ Pošto se kod njih niko nije javio na telefon, ostavio sam poruku.

❺ Baš se danas, na moj rođendan, dešavaju loša iznenađenja!
. . . . heute, . . meinem Geburtstag, gibt es . . . . !

Rešenje vežbe 2

❶ – ihnen – dazwischen gekommen – sonst – abgesagt ❷ Hoffentlich – von denen – ❸ – absagen müssen, hinterlassen – baldmöglichst – Nachricht – Anrufbeantworter ❹ – sicher Verständnis dafür – dringend nach – muss ❺ Ausgerechnet – an – nur böse Überraschungen

18 Achtzehnte Lektion

Die Hotline

1 – Patrick, ATT-Games Hotline, Guten Tag.
2 – Guten Tag. Wissen Sie, dass es fast unmöglich ist, irgendjemanden bei Ihnen zu erreichen? Diese Nummer war jetzt genau 38 Minuten lang besetzt!
3 – Ja, tut mir Leid, zurzeit dauert das ein bisschen länger. Unsere Computerspiele ① sind sehr erfolgreich, da gibt es eben auch viele Anrufe.
4 – Na ja, vielleicht gibt es auch einfach nur eine Menge ② Probleme damit! Ich jedenfalls habe welche ③.

Pojašnjenje izgovora
Većinu reči engleskog porekla izgovarate oponašajući engleski akcenat: **Games** *[gèmz]*; **Hotline** *[**hot**lajn]*; **E-Mail** *[**i**-mèil]*.
Ali za pojedine izraze je ustanovljen "mešovit" izgovor. U sledećim primerima, prvi slog se izgovara s nemačkim akcentom, a ostatak s engleskim: **Website** *[**vèp**sait]*; **Computer** *[kom**pju**ter]*; **CD-ROM** *[cede-**rom**]*

Napomene

① **das Computerspiel** je *kompjuterska igrica* koja se instalira i igra na računaru, dok **das Videospiel**, *video igrica*, označava, uopšteno, bilo koju video igricu, uključujući i one koje se instaliraju na konzolu. Upućeni takođe često koriste engleski termin (**das**) **Game** ili **E-Game** (***Electronic Game***).

Tehnička podrška

1 – Patrik, ATT-Games, tehnička podrška. Dobar dan.
2 – Dobar dan. Znate li da je skoro nemoguće dobiti nekog *(bilo koga)* kod vas? Ovaj broj je bio zauzet tačno 38 minuta!
3 – Da, žao mi je, trenutno se čeka nešto duže. Naše kompjuterske igrice su veoma popularne *(uspešne)*, stoga imamo puno poziva.
4 – A možda jednostavno ima i puno problema *(s tim)*! U svakom slučaju, ja ih imam.

② **die Menge**, *količina*: **Welche Menge wollen Sie bestellen?** *Koliko (koju količinu) želite da poručite?*; **die Menge** ili **die Menschenmenge auf dem Platz**, *gomila/masa ljudi na trgu*; **eine Menge...**, *mnoštvo, gomila, hrpa..., puno...*, **eine Menge Probleme haben**, *imati puno/gomilu problema*; **eine Menge Leute**, *masa ljudi*. Za matematičare **die Menge** znači *skup*: **die Mengenlehre**, *teorija skupova*.

③ Zamenica **welche** (u množini) u govornom jeziku označava neodređenu količinu. Prevodimo je, u zavisnosti od konteksta sa *ih*, nekad sa *neki, neke*: **Ich kenne welche, die immer noch kein Handy haben**, *Poznajem neke koji još uvek nemaju mobilni.*

18 **5** Ich wollte nämlich jetzt gerade Ihr „Viking AX3000", das wir unserem Sohn zum 12. Geburtstag schenken, installieren

6 und auch mal ein bisschen ausprobieren.

7 – Da wird sich Ihr Sohn aber freuen!

8 – Ja, aber da ist doch überhaupt keine Gebrauchsanweisung dabei ④! Woher soll ⑤ man denn da wissen, wie das alles funktioniert?

9 – Das Benutzerhandbuch gibt es als Datei. Die können Sie dann selbst ausdrucken – ist aber 'ne Menge Papier!

10 – Und wo finde ich diese Datei?

11 – Entweder Sie laden sie von unserer Website runter, wenn sie 'nen Internetzugang haben, oder Sie suchen die deutschsprachige Fassung auf der CD-ROM.

12 Auf der gibt 's dann auch das Installationsprogramm.

Napomene

④ Podsetimo se da je izraz **dabei sein**, koji smo već videli, imao značenje *biti prisutan(a), učestvovati* (10. lekcija, 3. napomena i 17. lekcija, 4. rečenica). Ovde, on znači *biti tu, biti deo nečega, neke celine*: **Ich habe alle Adressen kontrolliert, aber deine war nicht dabei**, *Proverio sam sve adrese, ali tvoja nije bila tu*. **Dabeihaben**, *imati uz/kod sebe*: **ich habe kein Geld dabei**, *nemam novca kod sebe*. Obratite pažnju na različit pravopis: **dabei sein** se piše odvojeno, a **dabeihaben** spojeno, kao jedna reč.

⑤ Poput ostalih pomoćnih modalnih glagola, tako i **sollen**, *morati*, dobija mnoga različita značenja. U upitnoj rečenici

5 Naime, želeo sam da instaliram “Viking AX3000” koji ćemo pokloniti sinu za 12. rođendan

6 i tom prilikom da je i malo probam.

7 – Vaš sin će se sigurno obradovati!

8 – Da, ali tu nema nikakvog uputstva za upotrebu! Otkud možemo znati kako sve to radi?

9 – Uputstvo za korisnika postoji u obliku fajla. Možete ga sami odštampati – ali to je hrpa papira!

10 – A gde da nađem taj fajl?

11 – Ili ga preuzmite sa našeg veb-sajta, ako imate pristup internetu, ili potražite verziju na nemačkom na CD-ROMu.

12 Tu ćete još pronaći *(Iznad toga se takođe nalazi)* program za instalaciju.

▸ ovog tipa **sollen** podvlači zbunjenost (**Was soll ich nur machen?** *Šta bih onda mogao uraditi?*) ili, kao ovde, izražava negodovanje, ljutnju: **Woher soll man das denn wissen?** *Otkud bi to mogli znati? / Kako mislite da to znamo?* (pogledajte takođe 15. lekciju, 4. napomenu).

18 **13** Das brauchen Sie nur ⑥ zu öffnen und den Anweisungen im Download-Menü zu folgen. Da klicken Sie dann eigentlich immer nur auf „Weiter".

14 Und wenn Sie mal aus Versehen ⑦ irgendwas falsch gemacht haben, dann klicken Sie einfach auf „Abbrechen" oder „Zurück" und fangen wieder von vorne an.

15 Am Ende müssen Sie sich dann nur noch anmelden, da geben Sie ihren Benutzernamen, Ihre E-Mail-Adresse und ein Passwort ein, das ist alles.

16 Am besten deaktivieren Sie aber vorher den Virenschutz, damit das Programm beim Installieren dann nicht irgendwo hängen bleibt ⑧.

17 – Deaktivieren? Da weiß ich jetzt ehrlich gesagt nicht mehr so ganz genau…

18 – Wer benutzt denn normalerweise den Computer bei Ihnen?

19 – Na, eigentlich nur unser Sohn – der braucht ihn für die Schule, und außerdem hat er ja auch schon 'ne Menge von diesen Spielen.

Napomene

⑥ **brauchen**, *trebati, biti potreban*, se koristi uz imenicu ili zamenicu (=pravi objekat): **Ich brauche Geld**, *Treba mi novac*. Jedino ako je upotpunjen sa **nicht**, **kein** ili **nur**, glagolu **brauchen** možemo pridodati infinitiv (sa ili bez **zu**): **Sie brauchen nicht (zu) kommen. Sie brauchen uns nur an(zu) rufen**, *Ne treba da dođete. Samo treba da nas pozovete.* ▸

13 Dovoljno je da ga otvorite i pratite uputstva u meniju koji će se pojaviti. Zapravo, samo treba da kliknete na "Nastavi".

14 A ako ste nehotice pogrešili *(uradili nešto pogrešno)*, jednostavno kliknite na "Otkaži" ili "Nazad" i počnite iz početka.

15 Na kraju, treba samo da se registrujete, odnosno da unesete svoje korisničko ime, imejl adresu i lozinku i to je sve.

16 *(Ali)* Najbolje bi bilo da deaktivirate antivirus da se program ne bi negde blokirao prilikom instalacije.

17 – Deaktiviram? Da vam iskreno kažem, ne razumem se baš *(ne znam baš tačno)*…

18 – Pa ko obično koristi računar *(kod vas)*?

19 – Zapravo samo naš sin – treba mu za školu, a ionako već ima puno tih igrica.

⑦ **das Versehen**, *greška, pogreška, zabuna*, ili pak *nepažnja*; **aus Versehen**, *nehotice, greškom/iz nepažnje.*

⑧ **hängen bleiben**, *zakačiti se, ne moći više napredovati*, u informatici: *zakočiti se, blokirati se*. To nije tako ozbiljno kao **abstürzen**, *pasti, survati se*, u informatici: *zakucati se*. Iako većina izraza vezanih za nove tehnologije dolazi iz engleskog, neki su 100 % nemački: **runterladen**, *preuzeti*; **abbrechen**, *otkazati, prekinuti, prestati.*

18 **20** – Darf ich Ihnen einen Rat geben?
21 – Deshalb rufe ich Sie ja an und bezahle fast einen Euro pro Minute für diese Hotline – übrigens finde ich das verdammt ⑨ teuer!
22 – Deshalb auch mein Rat: Lassen Sie Ihren Sohn das Spiel installieren, denn der weiß da bestimmt Bescheid – sonst wird es noch teurer für Sie! □

Napomena

⑨ **verdammt**, *proklet, vraški, đavolski*. Ono što je nekad bio uzvik proklinjanja, danas je psovka: **Verdammt noch mal!** *Dođavola!* **Verdammt** isto tako služi da pojača reč kojoj ▸

***

Übung 1 – Übersetzen Sie bitte!

❶ Bevor Sie unser Programm installieren können, müssen Sie sich anmelden. ❷ Ihren Namen sollten Sie lieber nicht als Passwort benutzen! ❸ Leider ist das Programm beim Runterladen schon wieder hängen geblieben. ❹ Wie soll ich das denn ausdrucken, wenn kein Papier mehr da ist? ❺ In der Gebrauchsanweisung steht nichts davon, dass man einen Internetzugang braucht.

20 – Da li bih vam mogao dati jedan savet?
21 – Baš zato vas i zovem i plaćam skoro jedan evro minut za ovu tehničku podršku – uostalom, mislim da je to preskupo *(prokleto skupo)*!
22 – Zato ću vas posavetovati *(otud i moj savet)*: neka igricu instalira vaš sin, on se sigurno u to razume – inače će vas to koštati još više!

prethodi (videti i: **schrecklich**, **unheimlich**): **ein verdammtes Glück haben**, *imati vrašku sreću*; **Hier gibt es verdammt viele Leute!** *Ovde zaista ima mnogo ljudi!*

***

Rešenje vežbe 1

❶ Pre no što budete mogli da instalirate naš program, morate se registrovati. ❷ Bolje bi bilo da ne koristite svoje ime kao lozinku! ❸ Nažalost, program se opet blokirao prilikom preuzimanja. ❹ Ma kako misliš da štampam, kad nema više papira? ❺ U uputstvu za upotrebu nigde nije navedeno da je potreban pristup internetu.

18 **Übung 2 – Ergänzen Sie bitte!**

1. Otvorite program. Potom samo treba da pratite uputstva.
   . . . . das Programm. Danach . . . .
   Sie . . . noch den . . . .
2. Kad se program zablokira, kliknite na “otkaži” ili na “nazad”.
   . . . . das Programm . . . . , ...
   Sie auf „. . . . . ” oder auf „. . . . . . ”.
3. Pozvali su mnogo komšija. Bilo je nekih koje nismo poznavali.
   Sie hatten . . . . Nachbarn . . . .
   Es waren . . . . , die wir noch nicht kannten.

U zvaničnoj profesionalnoj komunikaciji telefonom, pozvana osoba se predstavlja nazivom kompanije (i ukoliko je potrebno, precizira o kojoj službi je reč) i, najčešće, svojim imenom i prezimenom. Tek onda pozdravlja sagovornika. Po pravilu, podaci se daju redom kojim smo ih ovde naveli, ali to nije obavezno: **„Auto-Wagner GmbH, Verkauf, Christa Schmidt. Guten Tag.”** *ili:* **„Christa Schmidt, Auto-Wagner GmbH, Verkauf, guten Tag.”**,

❹ Skoro nikad se ne koriste mnoge funkcije koje su objašnjene u uputstvu za korisnika.

...... Funktionen, die im .... erklärt ......, ... man ....

❺ Nehotice sam kliknuo na pogrešno uputstvo i sad moram početi sve iz početka.

...... habe ich ... . die falsche .... und muss nun bestimmt alles noch mal ... .

Rešenje vežbe 2

❶ Öffnen Sie – brauchen – nur – Anweisungen zu folgen ❷ Wenn – hängen bleibt, klicken – Abbrechen – Zurück – ❸ – eine Menge – eingeladen – welche dabei – ❹ Manche – Benutzerhandbuch – werden, benutzt – fast nie ❺ Gerade – aus Versehen auf – Anweisung geklickt – von vorne anfangen

Auto-Vagner d.o.o, služba prodaje, Krista Šmit. Dobar dan. *kada se sagovornici poznaju, osoba koja se javlja odmah pozdravlja drugu osobu imenom (koje se vidi na displeju):* **„Guten Tag, Frau Schmidt”** *ili (još prisnije)* **„Ja, Hallo, Herr Müller”**.

19 Neunzehnte Lektion

Kann man es allen recht machen?

1 Beschwerde
2 Sehr geehrte Damen und Herren der Stadtverwaltung ①,
ich wohne in der Friedrichstraße, gleich neben dem Stadtpark und seinem Ententeich.
3 Schon seit mehreren Jahren gibt es dort keine Enten mehr, weil irgendwelche Nachbarn sich beschwert hatten, sie würden am Morgen durch deren ② Schnattern geweckt.
4 Dafür ③ gibt es nun aber immer mehr Frösche, die nachts so laut quaken, dass man gar nicht erst zum Schlafen kommt, besonders im Mai und Juni.
5 Als langjährige Bürgerin und Steuerzahlerin ④ dieser Stadt habe ich sicher dasselbe Recht wie alle Nachbarn auf eine ungestörte Nachtruhe.
6 Bitte informieren Sie mich baldmöglichst, welche Maßnahmen Sie ergreifen werden.

Izgovor
***2** … ènt'n-taih*

Napomene

① **die Verwaltung**, *administracija, uprava*; **die Stadtverwaltung**, *gradska uprava, opština,* među svojim različitim *službama* (**Abteilungen**) ima takođe i **die Verwaltungsabteilung**, *administrativnu službu.* ▸

Devetnaesta lekcija 19

Može li se svima udovoljiti?

1 Žalba
2 *(Veoma)* Poštovane dame i gospodo iz gradske uprave! Stanujem u ulici Fridrih, odmah pored gradskog parka i jezera sa patkama.
3 Sad već nekoliko godina u njemu više nema pataka, jer su se neke komšije žalile na njihovo kvakanje koje ih je budilo ujutru.
4 Umesto toga, sad ima sve više žaba koje noću tako glasno krekeću da se ne može zaspati, pogotovo u maju i junu.
5 Kao dugogodišnji stanovnik i poreski obveznik ovog grada, sigurno imam prava kao i ostale komšije da na miru spavam *(na neometan noćni san)*.
6 Čim bude moguće, molim vas da me obavestite koje ćete mere preduzeti.

② **deren**, *njihovi,-e,-a*, je genitiv množine pokazne zamenice **der, die, das**: **das Schnattern der Enten** (genitiv množine), *gakanje pataka* → **deren Schnattern**, *njihovo gakanje*.

③ Već smo se sreli sa **dafür** (= **für das**), *zbog toga*, u 1. lekciji (10. napomena) i u 8. lekciji (8. rečenica). Ali **dafür** takođe znači *nasuprot tome, naprotiv*.

④ Mnoge imenice ženskog roda se tvore dodavanjem sufiksa **-in**: **der Bürger / die Bürgerin**, *građanin / građanka*; **der Steuerzahler** (doslovno "platilac poreza") / **die Steuerzahlerin**, *poreski obveznik*.

19 7 Hochachtungsvoll
Elfriede Brinkmann-Lohe

*****

8 Lieber Herr Krause,
die beiliegende E-Mail wurde wohl ⑤ aus Versehen an die Verwaltungsabteilung adressiert.
9 Dafür sind Sie doch sicher zuständig ⑥.
10 Bitte veranlassen Sie das Nötige, damit diese Dame eine zufrieden stellende Antwort bekommt.
11 Mit freundlichen Grüßen
Dr. Dietrich Pohl
Leiter Verwaltungsabteilung

*****

12 Liebe Sabine,
das bekam ich jetzt gerade von Herrn Pohl.
13 Als ob ⑦ die Abteilung Umweltschutz irgendwas gegen das Quaken der Frösche tun könnte!
14 Ist das nicht eher ein Fall für dich? In der Öffentlichkeitsarbeit habt ihr doch bestimmt jemanden, der Erfahrung mit solchen ⑧ Beschwerden hat.

Napomene

⑤ **wohl** spada u «male» reči s više značenja: ovde dodaje smisao *verovatno, izvesno*, dok uz **sicher**, *sigurno*, u narednoj rečenici, potvrđuje izvesnost.

⑥ **zuständig sein für etwas**, *biti odgovoran(a)/nadležan(a) za nešto*: **Dafür bin ich zuständig**, *Za to sam ja nadležan, To spada u moju nadležnost*. **Die Zuständigkeit**, *nadležnost*, ▸

7 S dubokim poštovanjem, Elfride Brinkman-Lohe

*****

8 Dragi gospodine Krause,
Priloženi imejl je verovatno greškom upućen administrativnoj službi.
9 Ovo sigurno potpada pod vašu nadležnost. *(Vi ste sigurno nadležni za to)*
10 Molim vas da preduzmete sve što je potrebno kako bi ova gospođa dobila zadovoljavajući odgovor.
11 S prijateljskim pozdravom,
dr Ditrih Pol
Rukovodilac administrativne službe

*****

12 Draga Sabine,
Upravo sam ovo primio od g. Pola.
13 Kao da služba za zaštitu okoline može nešto uraditi protiv kreketanja žaba!
14 Nije li ovo pre slučaj za tebe? U odnosima s javnošću sigurno imate nekog ko ima iskustva sa žalbama ovog tipa.

odgovornost; **der Zuständigkeitsbereich**, *područje, delokrug odgovornosti.*

⑦ Već ste u 11. lekciji videli izraz **tun als wenn/ob**, *praviti se kao.* Veznik **als wenn/ob**, *kao da*, uvek nameće upotrebu **konjunktiva** u glagolu zavisne rečenice.

⑧ Razne su mogućnosti prevoda pokaznog prideva **solche** (ovde u množini): *takvi, slični, ovakvi, tog tipa*: **Solche Fälle kenne ich gut**, *Znam dosta sličnih slučajeva.* **Mit solchen Leuten spreche ich nicht**, *Ne razgovaram s takvim ljudima.*

19 15 MfG (= Mit freundlichen Grüßen)
Hans-Peter Krause
Abteilung Umweltschutz

*****

16 Sehr geehrte Frau Brinkmann-Lohe,
vielen Dank für Ihr Schreiben, das wir mit Interesse gelesen haben.
17 Selbstverständlich haben wir Verständnis für Ihre Beschwerde.
18 Die Stadtverwaltung wird sich bemühen, Enten zu finden, die Frösche fressen aber nicht schnattern.
19 Außerdem werden zwei Verbotsschilder am Ufer ⑨ des Teichs aufgestellt, die das Quaken nach 22 Uhr untersagen.
20 Ich hoffe, Ihnen damit gedient zu haben ⑩
und verbleibe mit freundlichen Grüßen
Sabine Baumann
Stadtverwaltung
Abteilung Öffentlichkeitsarbeit □

Napomene

⑨ **das Ufer**, *obala,* kao i u srpskom označava kopno koje se nalazi duž neke vode: **das Ufer eines Flusses**, *obala reke*; **das Ufer des Meeres**, *morska obala*; **am Ufer des Sees**, *na obali jezera.*

⑩ **jmdm. dienen**, *biti od koristi kome*, kao u dijalogu, ili *služiti kome (biti u nečijoj službi)*: **seinem Herren dienen**, *služiti gospodara, gazdu*; **dem Staat dienen**, *služiti državi.* Upotreba s predlogom **zu** je češća: **dienen zu**, *služiti nečemu, biti pogodan za nešto*; **Wozu dient das?** *Čemu ovo služi?* – **Das dient mir zum Schreiben**, *To služi za pisanje.* U nekim obrtima naći ćemo **jmdm. dienen mit**, *biti kome koristan, služiti nekome za* ▸

15 S prijateljskim pozdravom,
Hans-Peter Krause
Služba zaštite životne okoline

*****

16 Poštovana gospođo Brinkman-Lohe,
Hvala puno na pismu koje smo sa zanimanjem pročitali.
17 Svakako razumemo razloge vaše žalbe.
18 Opština će se potruditi da nađe patke koje jedu žabe, a [pri tom] ne kvaču.
19 Osim toga, uz jezero će biti postavljena *(podignuta)* dva panoa sa zabranom kreketanja posle 22 časa.
20 Nadam se da sam vam *(s tim)* bila od pomoći *(i ostajem)* s prijateljskim pozdravom,
Sabine Bauman
Služba za odnose s javnošću

nešto: **Womit kann ich Ihnen dienen?** *Kako* ("s čim") *vam mogu pomoći?* **Mit diesem Rat ist mir nicht gedient**, *Ovaj savet mi ničemu ne služi.*

19 **Übung 1 – Übersetzen Sie bitte!**

❶ Herr Bauer ist der langjährige Leiter der Abteilung Umweltschutz. ❷ Bitte veranlassen Sie, dass an allen Kreuzungen solche Verbotsschilder aufgestellt werden. ❸ Die Wartezeiten in dieser Verwaltungsabteilung sind aber verdammt lang. ❹ Ich bin gegen solche Maßnahmen, denn sie sind nicht nötig und dienen niemandem. ❺ Es ist das Recht aller Bürger, sich zu beschweren, wenn sie nicht zufrieden sind.

Übung 2 – Ergänzen Sie bitte!

❶ U priloženom pismu, građanka se žali što gradski park nije više otvoren noću.
In dem . . . . sich eine . . . . darüber, dass der Stadtpark . . . . . . nicht mehr geöffnet . . . .

❷ Zašto i žabe ne bi tokom dana imale pravo na miran san?
Warum . . . . auch die Frösche . . . . . das . . . . ungestörte . . . . haben?

❸ Mere koje je opština preduzela su od interesa za sve građane i poreske obveznike.
. . . . , . . . die . . . . hat, sind im Interesse . . . . und . . . .

Rešenje vežbe 1

❶ Gospodin Bauer je dugogodišnji šef službe za zaštitu životne sredine. ❷ Molim da preduzmete sve što treba da se ovi panoi o zabrani postave na svim raskrsnicama. ❸ Vreme čekanja u ovoj administrativnoj službi je beskonačno *(prokleto dugo)*. ❹ Protivim se takvim merama, jer su nepotrebne i ne služe nikome. ❺ Svaki građanin ima pravo *(Pravo je svakog građanina)* da se žali kad nije zadovoljan.

❹ Nije u mojoj nadležnosti da odgovaram na svakakve *(ma kakve)* imejlove.
Ich bin doch ...., auf .... E-mails zu antworten.

❺ Jezero sa patkama nažalost više ne postoji, ali se sad može na miru spavati.
Den .... gibt es ...., aber ..... kann man jetzt ....

Rešenje vežbe 2

❶ – beiliegenden Schreiben beschwert – Bürgerin – nachts – ist ❷ – sollten nicht – am Tag – Recht auf – Nachtruhe – ❸ Die Maßnahmen, die – Stadtverwaltung ergriffen – aller Bürger – Steuerzahler ❹ – nicht dafür zuständig – irgendwelche – ❺ – Ententeich – leider nicht mehr – dafür – ungestört schlafen

20 *U prepisci se osobama koje ne poznajemo lično i/ili im ukazujemo poštovanje obraćamo sa* **Sehr geehrter Herr…** *(+ prezime) ili* **Sehr geehrte Frau…** *(+ prezime). Kad ne znamo ime osobe kojoj pišemo, koristićemo množinu:* **Sehr geehrte Damen, sehr geehrte Herren***; a ako osobu (dobro) lično poznajemo, a sa njom nismo na ti, napisaćemo:* **Lieber Herr…** *(+ prezime) /* **Liebe Frau…** *(+ prezime). Ukoliko vaš sagovornik ima neku akademsku titulu, ona mora biti dodata imenu, npr.:* **Liebe Frau Dr. Müller**. *S* **Liebe(r)** *+ ime, prelazimo na kolegijalni ili privatni ton.*

*Obratite pažnju da iza uvodnog pozdrava tekst ne počinje velikim slovom, osim ako to prva reč ne zahteva. Nasuprot tome, zamenice koje se odnose na primaoca pisma (***Sie***,* **Ihr***…) se sve pišu velikim slovom dok se pri obraćanju na ti pišu malim slovom.*

Što se tiče pozdrava, izbor nije velik. **Hochachtungsvoll** *(doslovno "puno visokog poštovanja") je pomalo zastareo oblik i koristi se samo u službenoj prepisci.* **Mit freundlichen Grüßen** *je uopšten*

20 Zwanzigste Lektion

Vom Regen in die Traufe kommen

1 – Also, für drei Tage Ostsee ① brauchen wir doch nur ein paar Sachen… Die gehen bestimmt alle in die kleine Reisetasche, oder?

2 – Ich guck' lieber mal schnell ins Internet, wie da die Wettervorhersage ist. Man kann nie wissen.

Napomene

① **die See** = **das Meer**, *more*. Prva reč približava nemački engleskom (***sea***), dok ga druga približava latinskom (***mare***). Logično je, dakle, da se na severu mora nazivaju **See**: **die Ostsee**, *Baltičko more*; **die Nordsee**, *Severno more*, dok su južna mora **Meer**: **das**

pozdrav koji odgovara svakoj prilici i svakom sagovorniku. Možemo ga videti uz poneke izmene: **Mit freundllichen Grüßen aus…** *(+ grad odakle šaljemo pismo) ili* **nach…** *(+ grad primaoca);* **Mit besten Grüßen**. *Pismo takođe možete završiti sa:*
In Erwartung Ihrer Antwort verbleibe ich mit freundlichen Grüßen,
U očekivanju vašeg odgovora, srdačno vas pozdravljam.

U poslovnim imejlovima sve češće se koristi **Guten Tag / Hallo,** *(***Herr/Frau Schmidt***), a skraćenice polako prevladavaju:* **MfG = mit freundlichen Grüßen**. *Videćemo čak i* **SgDuH = Sehr geehrte Damen und Herren***, što se uopšte ne preporučuje u poslovnoj prepisci!*

Dvadeseta lekcija 20

Sve gore od goreg
(Pobeći od kiše pod oluk)

1 – Onda, za tri dana na Baltičkom moru trebaće nam samo nekoliko stvari... Sve će stati u malu putnu torbu, zar ne?
2 – Radije bih bacio pogled na internet [da saznam] kakva je vremenska prognoza. Nikad se ne zna *(Nikad se ne može znati)*.

▸ **Mittelmeer**, *Sredozemno more*. Pazite samo: **der See**, *jezero*, npr.: **der Bodensee**, *Bodensko jezero*.

3 Aha… Am Freitag scheint die Sonne, schnell ansteigende ② Temperaturen, mittags zwischen 28 und 30 Grad, Wassertemperaturen bei 22 Grad.

4 – Na, siehst du: Das ist ja fast schon eine Hitzewelle! Badezeug ③, T-Shirt, Sonnenbrille und Handtuch – das reicht!

5 – Nachmittags schwül… Gegen Abend zunehmend bewölkt und örtliche Gewitter, nachts starke Abkühlung.

6 – Verflixt! Das heißt dann: Doch noch Pullover und warme Socken einpacken!

7 – Samstag: Ein Tiefdruckgebiet ④ über Skandinavien verlagert sich nach Süden und bestimmt das Wetter über der Ostsee, weiterhin sinkende ⑤ Temperaturen.

Napomene

② **ansteigen**, *penjati se, rasti (u visinu)*: **die Preise sind angestiegen**, *cene su se povećale*. Ovde, particip prezent **ansteigend** ima ulogu prideva: **ansteigende Temperaturen**, *temperature u porastu*; **eine ansteigende Straße**, *ulica koja se penje*. U 5. rečenici, particip prezenta glagola **zunehmen** *rasti, uvećati se, povećati se (u broju)*, ima funkciju priloga: **zunehmend bewölkt**, *sve oblačnije*. Ali, može imati i funkciju prideva: **zunehmende Schwierigkeiten**, *rastuće (u porastu) teškoće*.

③ **das Badezeug** ili **die Badesachen**, *oprema, stvari za bazen/plažu*, se često koristi kao uopšten pojam za **die Badehose**, *kupaći kostim (muški)*, i **der Badeanzug**, *kupaći kostim (ženski)*. **Das Zeug** (samo u jednini) = **die Sachen**, *stvari*. **Zeug** danas ima više pejorativno značenje, npr. **Ist das dein Zeug?** *Jesu li ovo tvoje prnje?*; **dummes Zeug erzählen**, *pričati koješta, gluposti*. U složenicama dobija značenje: *stvari za...*: **das Werkzeug**, *alat* (mn. **die Werkzeuge**); **das Schreibzeug** ("stvari za pisanje"), *pribor za pisanje*. ▸

3 Evo…U petak će biti sunca *(sunce sija)*; nagli porast temperatura, u podne između 28 i 30 stepeni, temperatura vode oko 22 stepena.
4 – Eto, vidiš: skoro žega *(to je skoro žega)*! Kupaći, majice, naočari za sunce i peškir – biće dovoljno!
5 – Poslepodne sparno... Predveče povećanje oblačnosti uz povremene oluje s grmljavinom; [tokom] noći osetno zahlađenje.
6 – Dođavola! To *(onda)* znači [da treba] ipak spakovati džemper i tople sokne!
7 – Subota: zona niskog pritiska iznad Skandinavije se pomera ka jugu i određuje vreme iznad Baltičkog mora, temperature i dalje u padu.

④ U meteorologiji, **das Tiefdruckgebiet** (ili kraće: **das Tief**) označava *[zonu] niskog pritiska / depresiju*, dok **das Hochdruckgebiet** (ili **das Hoch**) označava *[zonu] visokog pritiska / anticiklon*. U nemačkom jeziku pridevi **tief**, *dubok, nizak*, i **hoch**, *visok*, stavljaju nešto ili ispod ili iznad neke odrednice: da se podsetimo reči **Tiefseetauchen**, *ronjenje u dubokim vodama* (3. lekcija, 10. rečenica) ali isto tako: **tiefe/hohe Temperaturen**, *niske/visoke temperature*; **eine tiefe/hohe Stimme**, *dubok/visok glas*. Ako želimo da kažemo da je nešto *nisko/malo visinom* koristićemo pridev **niedrig**: **Die Mauer ist niedrig**, *Zid je nizak*.

⑤ Već smo se sreli s glagolom **sinken** u 11. lekciji. **Die Temperaturen sinken**, *opadaju* / **fallen**, *padaju* / **stürzen**, *obaraju se, naglo padaju*. Suprotno značenje ima glagol **steigen**, *penjati se*.

20 **8** Morgens Nebel, nachmittags kühl mit Wolken und Regen, Wind aus Nord-West.

9 – Gut, dann auch noch Gummistiefel und was zum Lesen, falls wir nicht raus können ⑥.

10 Tja, da müssen wir dann wohl doch noch den großen Koffer schleppen.

11 – Sonntagmorgen: Die Temperaturen bleiben unter den jahreszeitlichen Durchschnittswerten, noch vereinzelt Regenschauer. Am Nachmittag: Himmel heiter ⑦ bis wolkig.

12 – Also: morgens Spaziergang, dafür den Regenschirm und den Regenmantel nicht vergessen!

13 Nachmittags Joggen am Strand – da brauchen wir dann noch ’nen Jogginganzug.

Napomene

⑥ **raus(gehen)/rein(gehen) können**, *moći izaći/ući*: sažimanje priloga **heraus** u **raus** (baš kao i **herein** u **rein**) i izostavljanje glavnog glagola **gehen** su odlika govornog jezika. Pogledajte takođe u 17. lekciji, 14. rečenicu: **Er musste dringend nach Berlin (fahren)**, *Morao je hitno (otići) u Berlin.*

⑦ **heiter**, *veseo, raspoložen, zabavan*: **Die Stimmung war heiter**, *Atmosfera je bila vesela*; **eine heitere Geschichte**, *zabavna priča*; **heiteres Wetter** je, dakle, *lepo, vedro vreme.*

8 Ujutru magla, posle podne sveže, s oblacima i kišom, [duvaće] severozapadni vetar.
9 – Dobro, onda još gumene čizme i nešto za čitanje ako ne budemo mogli *(možemo)* da izađemo.
10 Onda ćemo još morati da teglimo veliki kofer.
11 – Nedelja ujutru: temperature će ostati ispod proseka [za ovo doba godine], mestimično s pljuskovima *(s pojedinačnim pljuskovima)*. Posle podne, *(nebo)* vedro do oblačno.
12 – Dakle: jutarnje šetnje, *(za njih)* ne zaboraviti kišobran i kišni mantil!
13 Posle podne, džoging na plaži – trebaće nam onda i trenerka.

14 – Ab ⑧ Montag: Ein Hoch über Osteuropa bringt sonniges Wetter, zunehmend wärmer, Temperaturen steigen auf 25 bis 28 Grad.
15 – Tja, das ideale Wetter, für alle unsere nassen Sachen.
16 Aber da sind wir wieder zu Hause – die müssen dann hier trocknen, über der Badewanne.
17 Und wie wird das Wetter nächste Woche bei uns?
18 – Moment… Mhm… Willst du das wirklich wissen?
19 – Nein, nicht nötig, ich kann 's mir denken: Zur Abwechslung regnet es mal, oder? □

Napomene

⑧ **ab**, *(počev) od*, ovaj predlog koji zahteva dativ, može imati vremensko: **ab dem 1. (ersten) Januar**, *od 1. januara*, ili prostorno značenje: **Ab Hamburg gab es viel Verkehr**, *Od* ▸

***

Übung 1 – Übersetzen Sie bitte!

❶ Wir müssen ja wohl doch ein paar warme Sachen mitnehmen, falls es wieder kühler wird. ❷ Wenn der Wind aus dieser Richtung kommt, bedeutet das, dass sich das Wetter ändert. ❸ Ein Tiefdruckgebiet verlagert sich nach Westen und die Temperaturen sinken weiter. ❹ Zur Abwechslung könnten wir ja entweder einen Spaziergang machen oder uns einen Film ansehen. ❺ Ab September kann man hier nur noch mit Gummistiefeln und Regenmantel raus.

14 – Od ponedeljka: anticiklon nad istočnom Evropom donosi sunčano vreme, [biće] sve toplije, temperature će se popeti između 25 i 28 stepeni.

15 – Pa, savršeno vreme za sve naše mokre stvari.

16 Ali, vratićemo se kući – moramo ih onda ovde sušiti, iznad kade.

17 A kakvo će vreme biti ovde iduće nedelje?

18 – Samo malo… Hm… Želiš li zaista da znaš?

19 – Ne, nema potrebe, mogu zamisliti: za promenu, padaće kiša, je li tako?

Hamburga je bilo puno saobraćaja. Obratite pažnju da **ab**, kad ima prostorno značenje, može biti zamenjeno sa **von… ab**, (**von Hamburg ab**), dok se vremensko **ab** zamenjuje izrazom **von… an** (**vom 1. Januar an**).

***

Rešenje vežbe 1

❶ Moraćemo uzeti nekoliko toplih stvari ako opet zahladi. ❷ Kad vetar dolazi iz tog pravca znači da će se vreme promeniti. ❸ Zona niskog pritiska se pomera ka zapadu i temperature će i dalje opadati. ❹ Za promenu, moći ćemo ili da se šetamo ili da gledamo neki film. ❺ Od septembra se ovde može izaći samo u gumenim čizmama i kišnom mantilu.

20 **Übung 2 – Ergänzen Sie bitte!**

❶ Ovde kod nas, žabe znaju pre vremenske prognoze da li stiže anticiklon ili zona niskog pritiska.
Hier ... ... wissen die Frösche schon vor ... ., .. ein .... ein .... kommt.

❷ Obično, kad je ovako sparno poslepodne, uveče bude oluja.
.... gibt es .... ein ...., wenn es .... so ...... war wie heute.

❸ Ovo je baš glupo: baš danas smo ostavili kupaće kostime kod kuće.
Das ist aber ....: .... heute haben wir .... zu Hause ....

❹ Trenutno je ovde velika vrućina i već nedeljama nismo videli nijedan oblak na nebu. 20

.... gibt es hier ....
und wir haben schon .... Wochen keine
....
.. .. gesehen.

❺ Uvek ima ljudi koji se žale na vreme.

Es gibt immer ......, die .... das
....

Rešenje vežbe 2

❶ – bei uns – der Wettervorhersage, ob – Hoch oder – Tief – ❷ Normalerweise – abends immer – Gewitter – nachmittags – schwül – ❸ – blöd – Ausgerechnet – unser Badezeug – gelassen ❹ Zurzeit – eine Hitzewelle – seit – Wolke mehr am Himmel – ❺ – welche – sich über – Wetter beschweren

21 Einundzwanzigste Lektion

Zusammenfassung – Ponavljanje

1 Reč-dve o pravopisu

1.1 Imenice i poimeničavanje

Veliko slovo, koje odlikuje sve vlastite i zajedničke imenice, kao i (skoro) sve reči upotrebljene kao takve, je osobenost nemačkog pravopisa (što je zgodno pri čitanju!).
Tako se svi poimeničeni glagoli pišu velikim slovom, kao npr. glagoli **reden**, *govoriti*, i **schweigen**, *ćutati*, u izreci **(Das) Reden ist Silber, (das) Schweigen ist Gold!** ili glagol **lesen** u **etwas zum Lesen mitnehmen**, *poneti nešto za čitanje.*
Isti je slučaj kad su u pitanju poimeničeni pridevi:
sich auf Deutsch unterhalten, *govoriti nemački (na nemačkom)*
etwas Besonderes erleben, *doživeti nešto posebno*
Ich wünsche dir alles Gute! *Želim ti sve najbolje (dobro)!*

Sledeći istu logiku, imenički deo nekog glagolskog izraza zadržava veliko slovo, kao u primerima: **Rad fahren**, *voziti bicikl*; **Recht haben/geben**, *imati pravo/dati nekome za pravo* (ali: **es jemandem recht machen**, *ugoditi kome*, jer je ovde reč o prilogu **recht**, *dobro, tačno, pravilno*); **Leid tun**, *žaliti*; **Bescheid wissen**, *razumeti se u nešto.* A pošto su **Morgen**, *jutro*, **Mittag**, *podne*, **Abend**, *veče*, **Nacht**, *noć*, **Vormittag**, *pre podne*, i **Nachmittag**, *posle podne*, imenice, one zadržavaju veliko slovo kad stoje iza priloga **heute**, **morgen**, i **gestern**. Dakle, napisaćemo: **heute Abend**, *večeras*; **gestern Nacht**, *sinoć*; **morgen Vormittag**, *sutradan ujutru.*

Napomena: dva poslednja navedena pravila su pojednostavljena 1990. kada je urađena reforma pravopisa nemačkog jezika. Neka vas ne začudi ako u ranije napisanim tekstovima naiđete na ove reči napisane malim slovom.

1.2 Kratki i dugi samoglasnici

Često se kaže da se u nemačkom izgovaraju sva slova. Daleko od toga da je baš tako, ali slova koja se ne izgovaraju najčešće određuju izgovor slova koja stoje ispred njih.

Tako se glas **h** iza samoglasnika ne izgovara, već ukazuje da taj samoglasnik treba izgovoriti duže, kao u primerima: **Hahn**, *petao*; **Verkehr**, *saobraćaj*; **Sohn**, *sin*; **Ruhe**, *mir, tišina*; **nähen**, *šiti*, itd.

Samoglasnik **e** koji dolazi iza **i** ima istu ulogu: ne izgovara se, već produžava glas **i**. Evo nekoliko primera: **die**, **viele**, **probieren**, **Papier**, *papir*, **Fliege**, *muva*.

Isto tako, udvajanje vokala ne ukazuje na to da ga treba dva puta pročitati, već da je njegov izgovor dug kao u sledećim primerima: **Allee**, *aleja*; **See**, *more, jezero*; **Meer**, *more* ; **Saal**, *dvorana, sala*. Uopšte, svi dvostruki samoglasnici (**au**, **äu**, **ei**, **eu**) su dugi.

Tako ni udvajanje suglasnika ne znači da ih treba dvaput izgovoriti, već da samoglasnik koji im prethodi treba izgovoriti kratko: **alles**, **Herren**, **stimmt**, **Sonne**, **gucken** (**ck** = **kk**), **können**, itd. Obratite pažnju da u mnogim rečima osobina samoglasnika nije naznačena, pa je tako samoglasnik **e** u reči **Regen** dug, a u reči **Ente** kratak.

Udvajanje slova **ss** (poput gore navedenog) ukazuje da će samoglasnik koji prethodi biti kratak, kao na primer u rečima **nass**, *mokar*; **essen**; **wissen**. Nasuprot tome, **ß** nam govori da je samoglasnik koji stoji ispred njega dug, npr. **große**, **weiß**, **Straße**, **außerdem**, **Grüße**, itd.

21 Pažnja: ova pravila se ne odnose na udvajanja koja se mogu pojaviti prilikom tvorbe složenica ili dodavanja prefiksa/sufiksa, kao u sledećim primerima: **aussehen** = **aus** + **sehen**, *izgledati*; **geehrt** = particip prošli (**ge-**) de **ehren**. U ovom slučaju, dupla slova se izgovaraju svako za sebe.

Da privedemo kraju izgovor slova **s**: ukoliko iza njega dolazi vokal, tada će ono postati zvučno ili ublaženo (podseća na naše z). Taj glas čujete kad izgovarate na primer sledeće reči **sagen**, **Sonne**, **Besuch**, **diese**, **lesen**, **böse**. Neke od ovih reči mogu imati oblike u kojima vokal iza zvučnog **s** nestaje, a tad to **s** postaje muklo, i izgovara se poput **ß** ili **ss**, kao na primer: **lesen**, *čitati* → **las** (preterit). Neke druge reči mogu pak dobiti vokal prilikom tvorbe, tako da to **s** postaje zvučno: **Glas**, *čaša* → **Gläser** (mn.).
Dakle, isto slovo **s**, u zavisnosti od slučaja, može biti zvučno ili muklo.

2 Sažimanje predloga i člana

Mnogi predlozi (koji zahtevaju akuzativ ili dativ) se sažimaju sa određenim članom:
– **an das** = **ans**; i po istom principu **aufs**, **fürs**, **ins**, **ums** (u govornom jeziku i: **durchs**, **gegens**, **hinters**, **übers**, **unters** i **vors**);
– **an dem** = **am**; i isto tako **beim**, **im**, **vom**, **zum** (u govornom jeziku i: **hinterm**, **überm**, **unterm**, **vorm**);
– **zu der** = **zur**.

Sažeti oblici se koriste:
– kad je član lišen pokaznog značenja, odnosno kad ne označava neku određenu stvar:
ins Kino gehen, *ići u bioskop*, ali: **in das Kino in der Kantstraße gehen**, *ići u bioskop koji se nalazi u Kantovoj ulici.*
Am Abend ist es hier immer kühl, *Ovde je uveče uvek sveže*, ali: **An dem** (= **diesem**) **Abend war es kühl**, *Te večeri je bilo sveže.*
– kad se član nalazi ispred vlastite imenice ili imenice koja se smatra takvom (u datom kontekstu):

Wir gehen vom Bahnhof zum Markt, *Idemo od železničke stanice do pijace*, ali: **Wir gehen zu dem neuen Markt in der Luisenstraße**, *Idemo na novu pijacu u ulici Luizen.*
– u izrazima: **Alles Gute fürs nächste Lebensjahr**, *Sve najbolje u idućoj godini*; **Im Ernst?** *Zaista? / Ozbiljno?*

3 Neodređene zamenice

Neke neodređene zamenice su nepromenljive: **etwas**, *nešto*; **nichts**, *ništa*.
Druge se menjaju po padežima, kao na primer: **man**, *neko, čovek* (mada su oblici u padežu prilično retko sreću!), **alle**, **welche**, itd.
Jemand, *neko*, i **niemand**, *niko*, mogu biti nepromenljivi ili se menjaju po padežima. U govornom jeziku se najčešće koristi nepromenjeni oblik.

Nominativ	**man**	**jemand**	**niemand**
Akuzativ	**einen**	**jemand/en**	**niemand/en**
Dativ	**einem**	**jemand/em**	**niemand/em**
Genitiv	**eines**	**jemand/ jemand(e)s**	**niemand/ niemand(e)s**

Man kann es nicht allen recht machen, *Ne može se svakom ugoditi.*
Das kann einem aber ziemlich auf den Wecker gehen! *To nekom može ići na živce.*
Sie kann mit jemand(em) von denen zurückfahren, *Može se vratiti s nekim od njih.*
Es ist unmöglich, jemand(en) bei Ihnen zu erreichen, *Kod vas je nemoguće dobiti nekog.*

Neodređenost može biti naglašena dodavanjem **irgend-** (ono ne utiče na deklinaciju): **irgendjemand**, *ma ko, bilo ko*; **irgendetwas**, *ma šta, bilo šta.*

1 Sehr geehrte Damen und Herren,
2 man hat mir zu meinem 75. Geburtstag Ihren GPS-TTX-3000 geschenkt.
3 Alle meinen, dass der sehr praktisch wäre, besonders für Abkürzungen oder um immer die Richtung wiederzufinden, wenn man mal falsch abgebogen ist.
4 Leider ist nur eine Gebrauchsanweisung auf Englisch und Japanisch dabei und es gibt eine Menge Sachen, die ich nicht verstehe.
5 Und als ich mal probieren wollte, ob ich damit irgendein Ziel erreiche, habe ich mich völlig verfahren.
6 Jemand hat mir gesagt, dass solche Apparate nur richtig funktionieren, wenn die Sonne scheint und nicht bei bewölktem Himmel, bei Gewitter oder bei Nebel: Stimmt das?
7 Ihre Hotline-Nummer war dauernd besetzt und obwohl ich Ihnen eine Nachricht auf dem Anrufbeantworter hinterlassen hatte, hat sich niemand bei mir gemeldet.
8 Ich bin nicht jemand, der sich über alles beschwert, und ich weiß auch, dass man es nicht immer allen recht machen kann.
9 Aber Sie haben sicher Verständnis dafür, dass ein Navigationsgerät, das nicht die richtigen Anweisungen gibt, nicht sehr praktisch ist.
10 Bitte veranlassen Sie das Nötige, damit ich baldmöglichst ein Benutzerhandbuch auf Deutsch bekomme.
Mit freundlichen Grüßen
Elfriede Töpfer

Prevod

1 Poštovane dame i gospodo, **2** Za moj 75. rođendan na poklon sam dobila vaš GPS-TTX-3000. **3** Svi su mislili da će biti veoma praktičan za pronalaženje prečica ili pravog puta kad se skrene na pogrešnom mestu. **4** Nažalost, uputstvo za upotrebu je samo na engleskom i japanskom, i ima dosta stvari koje ne razumem. **5** Kad sam želela da isprobam da li mogu dostići bilo kakvo odredište, potpuno sam se izgubila. **6** Neko mi je rekao da takav aparat pravilno radi samo ako ima sunca, a ne i po oblačnom i olujnom vremenu, niti kad ima magle: je li to tačno? **7** Vaš broj tehničke podrške je bez prekida bio zauzet, a iako sam ostavila poruku na automatskoj sekretarici, niko mi se nije javio. **8** Nisam neko ko se žali na sve i znam da se ne može svima udovoljiti. **9** Ali, sigurno ćete razumeti da navigacija koja ne daje dobra uputstva nije baš praktična. **10** Molim vas da preduzmete neophodno da čim bude moguće dobijem korisničko uputstvo na nemačkom. S prijateljskim pozdravima, Elfride Tepfer

22 Zweiundzwanzigste Lektion

Ein hoffnungsloser Fall?

1 – Aha… Deprimiert fühlen Sie sich… und Alpträume haben Sie.

2 Dann legen Sie sich am besten mal dort auf den Diwan… Entspannen Sie sich und erzählen Sie mir einfach, wie das alles begonnen hat.

3 – Tja, also… in der Schule, da war ich immer der Beste und alle betrachteten mich als Musterschüler ①.

4 Mein Abitur bestand ich ② mit der Durchschnittsnote Eins, das heißt „sehr gut" – eine bessere Note gibt es in Deutschland leider nicht ③.

5 Ich studierte Jura und schloss mit dem Staatsexamen ab, Note „sehr gut", versteht sich.

6 Natürlich promovierte ich anschließend und bekam den Doktortitel.

Napomene

① **das Muster**, *obrazac, uzorak, mustra, kroj, šablon (za kroj)*; **das Warenmuster**, *uzorak (robe).*

② **das Abitur/ein Examen bestehen**, *položiti uspešno maturu/ položiti ispit* ili, suprotno, **im (beim) Abitur durch-fallen** (15. rečenica), "pasti preko", odnosno *pasti/ne položiti maturu.* Budući da je Nemačka savezna država, obrazovanje spada u nadležnost **Bundesländer**, čime se objašnjavaju neke razlike ▸

Dvadeset druga lekcija 22

Beznadežan slučaj?

1 – Aha... Osećate se potišteno... i imate košmare.
2 Onda [bi bilo] najbolje da se ispružite, tamo, na kauču... Opustite se i jednostavno mi ispričajte kako je sve to počelo.
3 – Pa, dobro... u školi sam uvek bio najbolji i svi su me smatrali uzornim đakom.
4 Maturu sam položio sa prosečnom ocenom jedan, odnosno [sa] "odličan" – nažalost, u Nemačkoj ne postoji bolja ocena.
5 Studirao sam pravo i završio sa državnim ispitom, ocena "odličan", to se podrazumeva.
6 Naravno, neposredno posle toga sam odbranio tezu i dobio titulu doktora.

▸ koje se odnose na uslove polaganja ispita. Neke **Bundesländer** se ponose činjenicom da im je maturski ispit zahtevniji nego u drugim oblastima.

③ Uobičajeni sistem ocenjivanja u nemačkim školama ide od 1 do 6: **Eins (sehr gut)**, **Zwei (gut)**, **Drei (befriedigend**, *zadovoljavajući*), **Vier (ausreichend**, *dovoljan*), **Fünf (mangelhaft**, *nezadovoljavajući*) i **Sechs (ungenügend**, *nedovoljan*). Sa dve poslednje ocene se ispit ne prolazi. U pojedinim slučajevima se koriste drugačiji sistemi ocenjivanja (ocene od 1 do 20 ili bodovanje), ali se i te ocene, najčešće, kasnije svode na ocene od 1 do 6.

7 „*summa cum laude*” stand auf der Urkunde, „mit höchstem Lob”! Das war endlich mal etwas anderes als das ewige „sehr gut”!

8 Ich wurde dann sofort von einem der größten Unternehmen in verantwortungsvoller Position eingestellt und am Ende der Probezeit gleich zum Topmanager befördert.

9 Mein Gehalt ④ hat sich inzwischen verdreifacht ⑤.

10 Seit zwei Jahren stehe ich an der Spitze unseres Konzerns ⑥, und vor einigen Monaten wurde ich zum „Manager des Jahres” gewählt.

11 Ich bin glücklich verheiratet und verkehre in den besten Kreisen ⑦.

12 – Nun, da haben Sie doch alles erreicht und allen Grund zufrieden zu sein.

Napomene

④ **das Gehalt**, *plata, zarada*, odnosno prihod službenika i zaposlenih, za razliku od **der Lohn**, *plata,* koja se daje radnicima. U početku je imenica **der Lohn** značila *nagradu*, u smislu koji pronalazimo u glagolu **sich lohnen**, *vredeti truda, biti isplativ*. Kakav god bio način isplate, za relativno visoke prihode ćemo pre upotrebiti **das Gehalt**. Neke dnevne novine će na primer staviti ovakav naslov: **Die Gehälter der Unternehmer**, *Plate preduzetnika*. Nemojte mešati ovu reč sa **der Gehalt**, *sadržaj, sadržina, nosivost*: **der Alkoholgehalt**, *sadržaj alkohola*.

⑤ **verdreifachen**, *utrostručiti*; **verdoppeln**, *udvostručiti*. Nastavite ako želite više: **vervierfachen**, *učetvorostručiti*; **verzehnfachen**, *udesetostručiti*; **vervielfachen**, *umnožiti*.

⑥ **der Konzern**, *koncern, grupa, grupacija*. Najrasprostranjeniji pravni oblici preduzeća su **die GmbH (Gesellschaft mit beschränkter Haftung)**, *D.O.O.* (*društvo sa* ▶

7 Na diplomi stoji *"summa cum laude"*, "s najvišim pohvalama"! To je konačno bilo nešto drugačije od večitog "odličan"!
8 Ubrzo potom sam dobio odgovorno mesto u jednom od najvećih preduzeća, da bih odmah po isteku probnog rada bio unapređen u upravljački kadar.
9 Moja plata se u međuvremenu utrostručila.
10 Od pre dve godine sam na čelu *(vrhu)* naše grupe, a pre nekoliko meseci sam izabran za "menadžera godine".
11 Srećno sam oženjen i krećem se u najvišim *(najboljim)* krugovima.
12 – Dakle, dostigli ste onda sve i imate sve razloge da budete zadovoljni.

▸ *ograničenom odgovornošću*) i, za velika preduzeća, **die AG** (**Aktiengesellschaft**), *A.D.* (*deoničarsko/akcionarsko društvo*). Izraz u modi **Ich-AG** (doslovno "ja-A.D."), kojim se označava svaki tip malog privatnog preduzeća (**Einzelunternehmen**) nije poseban pravni oblik preduzeća. U početku se radilo o "konceptu" smišljenom da bi potaklo ljude bez posla da se upuste u stvaranje preduzeća, po uprošćenoj proceduri i uz finansijsku pomoć.

⑦ **in den besten Kreisen verkehren**, *kretati se u najvišim (najboljim) krugovima*, odnosno *u visokom društvu*. Naravno, može se desiti i suprotno: **in schlechten Kreisen verkehren**, *kretati se u lošem društvu*; **mit jmdm verkehren**, *posećivati koga*; **Der Verkehr**, *saobraćaj*; **Der Bus verkehrt stündlich**, *Autobus prolazi na svakih sat vremena.*

13 – Ja, aber irgendwie langweile ich mich: Immer, überall und bei allem erfolgreich zu sein, das reizt mich nicht mehr.

14 Ich will endlich mal zu den „Schlechten" gehören, verstehen Sie?

15 Ich möchte mal derjenige sein, der in der Klasse immer ganz hinten auf der letzten Bank sitzt und der bei allen Examen durchfällt,

16 jemand, der weniger verdient als alle Kollegen und der überall entlassen wird; ein Versager, mit dem niemand etwas zu tun haben will.

17 Ja, genau: der Schlechteste von allen!

18 Denn ich sage immer und bei allem: „Wennschon, dennschon"! ⑧

19 Das war immer meine Parole ⑨.

20 – Ja, und…?

21 – Ich schaffe es nicht. Es findet sich immer noch jemand, der schlechter ist, als ich – und jetzt träume ich jede Nacht…

22 – Gut, Ihre Träume erzählen Sie mir dann bei der nächsten Sitzung, diese ist jetzt beendet. □

Napomene

⑧ Jezički obrt **Wennschon, dennschon!** je sažeta rečenica tipa: **Wenn ich schon etwas mache, dann will ich es auch (schon) gut machen**. *Ako već nešto radim, onda želim to dobro i da uradim.*

⑨ **die Parole**, reč francuskog porekla (ali izgovorena sa nemačkim akcentom: *[paro:le]*) znači *deviza, moto, geslo*; u vojnom žargonu: *lozinka.*

13 – Da, ali na izvestan način se dosađujem: uvek imati uspeha, svugde i u svemu, me više ne privlači.
14 Najzad bih voleo da budem jedan od "loših", shvatate?
15 Želeo bih da budem onaj ko sedi u poslednjoj klupi, u dnu učionice i pada na svim ispitima,
16 neko ko zarađuje manje od svih kolega i kojeg svuda otpuštaju; promašen slučaj s kim niko ne želi da ima posla.
17 Da, tako je: najgori od svih!
18 Svuda i u svakoj prilici govorim: "Nikad stvari ne treba raditi polovično!"
19 To je oduvek bio moj moto.
20 – Da, i…?
21 – Ne uspeva mi. Uvek se nađe neko ko je gori od mene – i sad svake noći sanjam…
22 – Dobro, snove ćete mi ispričati na sledećoj seansi, ova je sad završena.

Übung 1 – Übersetzen Sie bitte!

❶ Hier kann man auch ohne Doktortitel eine verantwortungsvolle Position erreichen. ❷ Ich bin schon drei Mal befördert worden und verdiene mehr als alle meine Kollegen! ❸ Erwarten Sie nicht, dass sich Ihr Gehalt gleich verdoppelt! ❹ Das Unternehmen, das mich eingestellt hat, gehört zu einem der bekanntesten Konzerne. ❺ Man betrachtet ihn als Versager.

Übung 2 – Ergänzen Sie bitte!

❶ Preduzeće nije više moglo da daje platu ovom uspešnom menadžeru i moralo je zbog toga da ga otpusti.
. . . . konnte . . . . dieses erfolgreichen . . . . nicht mehr bezahlen und musste . . . .

❷ Oduvek je pripadao najgorim učenicima, ali je danas na čelu jednog velikog koncerna.
Er hat immer . . . . Schülern . . . ., aber heute . . . . eines großen Konzerns.

❸ Prvi put sam pao [ispit], ali sam ga drugi put položio.
Beim ersten Mal . . . . ,
aber beim . . . . Mal . . . . das Examen . . . .

Rešenje vežbe 1

❶ Ovde se može i bez doktorata stići do odgovornog položaja. ❷ Već sam tri puta bio unapređen i zarađujem više od svih svojih kolega! ❸ Ne očekujte da vam se plata odmah udvostruči! ❹ Preduzeće koje me je zaposlilo je deo jedne od najpoznatijih grupacija. ❺ Smatraju ga gubitnikom.

❹ Ne privlači me da se družim sa ljudima koji pričaju samo o poslu.
Es .... nicht, mit Leuten, ..., ... immer ... ... sprechen.

❺ Srećna je u braku, ali želi da uspe i na profesionalnom planu.
Sie ist ...., aber sie will auch .. ..

Rešenje vežbe 2

❶ Das Unternehmen – das Gehalt – Managers – ihn deshalb entlassen ❷ – zu den schlechtesten – gehört – steht er an der Spitze – ❸ – bin ich durchgefallen – zweiten – habe ich – bestanden ❹ – reizt mich – zu verkehren, die – nur von ihrem Beruf – ❺ – glücklich verheiratet – in Ihrem Beruf erfolgreich werden

Abitur *utvrđuje kraj "dugog" školovanja – 4 godine* **Grundschule**, osnovne škole, *plus 9 godina* **Gymnasium**, gimnazije, *ili* **Gesamtschule** opšte srednje škole *(koja objedinjuje različite obrazovne smerove) – i omogućava pristup studijama. Pristup studijama je ipak delimično ograničen jer se uzimaju u obzir ocene dobijene na* **Abitur**.

Neki univerzitetski smerovi koji vode ka zanimanjima na nivou države (npr. pravo, medicina, nastavni kadar) se po pravilu završavaju državnim ispitom, **Staatsexamen**. *Čest je slučaj*

23 Dreiundzwanzigste Lektion

Alles ist relativ

1 Dass Albert Einstein in der ganzen Welt so populär ist, hat besonders zwei Gründe.
2 Der erste ist seine Entdeckung der berühmten Energieformel: Energie gleich Masse mal Lichtgeschwindigkeit im Quadrat ($E = mc^2$) ①.
3 Der zweite hat mit seiner Ausbildung ② zu tun.

Napomene

① Hajde malo da računamo: **gleich**, *jednako* (u govornom jeziku: **macht/machen** ili **ist/sind**, *je, čini*); **mal**, *puta*; **geteilt durch**, *podeljeno sa*; **plus**, *plus*; **minus**, *minus*; **3 mal 2 plus 4 gleich (macht/machen, ist/sind) 10**, *3 puta 2 plus 4 jednako* ("čini") *10*; **hoch** …, *na (stepen)* …; **hoch 2 / im Quadrat**, *na drugi / na kvadrat*. Ajnštajnova formula se, dakle, čita: "**E gleich m(mal)c Quadrat**" ili "**E gleich m(mal)c hoch zwei**".

② **die Ausbildung**, *izgrađivanje, usavršavanje* (u smislu sticanja posebnih znanja, specijalizacije), treba razlikovati od **die Bildung**, *obrazovanje*, *vaspitanje*, *formiranje* (stečeno kroz školovanje i životno iskustvo), i **die Allgemeinbildung**, *opšta kultura*.

produženja studija i posle **Staatsexamen** *ili* **Diplom**, *u cilju* **promovieren**, polaganja doktorata, *što omogućava da se titula* **Doktor** *doda svom akademskom zvanju… i imenu (!). Pa ako neko ima doktorat iz prava, zvaće se npr.* **Herr/Frau Dr. jur. Müller**. *To potvrđuje ozbiljnost pohađanih studija i daje preimućstvo u profesionalnom životu. Dakle, nek vas ne iznenadi ako u Nemačkoj sretnete puno "doktora" koji nisu lekari! I nikako nemojte zaboraviti da navedete i titulu kad se tim osobama obraćate!*

Dvadeset treća lekcija 23

Sve je relativno

1 To što je Albert Ajnštajn tako popularan u celom svetu, potiče pogotovo *(ima)* od dva razloga.
2 Prvi je njegovo otkriće čuvene formule za energiju: energija je jednako masa puta brzina svetlosti na kvadrat ($E = mc^2$).
3 Druga je u vezi sa njegovim obrazovanjem.

▸ Nemački sistem *stručnog obrazovanja*, **Berufsausbildung**, se odlikuje važnim mestom koje ima "dvojno" obrazovanje: **die Lehre**, *učenje, obuka*, naizmenično obrazovanje (škola-preduzeće) koje vodi ka solidnom stručnom osposobljavanju, koje poslodavci veoma traže. Ono može kasnije biti dopunjeno **die (berufliche) Weiterbildung**, *dodatnim (stručnim) obrazovanjem*. Obratite pažnju na činjenicu da pojmove **die Lehre** i **der Lehrling**, *učenik u privredi, šegrt*, u većini škola u Nemačkoj zamenjuje reč **Berufsausbildung** i skraćeno **der/die Azubi** = **Auszubildende** = doslovno "(osoba) za izgraditi".

23 **4** Einstein wird gerne als Beweis dafür genannt, dass auch aus faulen oder unbegabten Schülern noch Genies werden ③ können.
5 Der Mann, den man als den Vater der Relativitätstheorie betrachtet, erklärte auch die Natur des Lichts und bekam dafür 1921 den Nobelpreis für Physik.
6 Aber in der Schule soll er angeblich ④ „keine große Leuchte" ⑤ gewesen sein!
7 Das Sprechen habe er erst mit 3 Jahren gelernt, heißt es.
8 Und als Schüler sei er hauptsächlich durch seine schlechten Noten aufgefallen, bevor er die Schule schließlich ganz abgebrochen habe.
9 Daran ist einiges richtig, aber das meiste ist falsch.
10 In Wirklichkeit handelt es sich um ein Missverständnis, dessen ⑥ Erklärung sicher manchen schlechten Schüler enttäuschen wird:
11 Albert Einstein, 1879 in Ulm geboren, verließ in der Tat mit 15 Jahren, noch vor dem Abitur, sein Gymnasium – und Deutschland,

Pojašnjenje izgovora
4 Genies *[žéni:s]* se izgovara s francuskim naglaskom.

Napomene

③ **werden aus**, *postati* (nešto od nečeg): **Aus dem kleinen Mädchen ist eine junge Frau geworden**, *Devojčica je postala mlada žena*; **Daraus wird nichts**, *Ništa od toga neće biti*; **Aus** ▸

4 Ajnštajn se rado navodi kao dokaz da čak i lenji ili manje nadareni učenici mogu *(još)* postati geniji.
5 Čovek kojeg smatraju ocem teorije relativiteta je takođe objasnio prirodu svetlosti i za to dobio Nobelovu nagradu iz fizike 1921. godine.
6 Ali u školi, izgleda, nije bio "baš blistav *(veliko svetlo)*"!
7 Priča se da je progovorio tek sa tri godine.
8 A kao đak, uglavnom se isticao lošim ocenama, pre no što je potpuno *(na kraju)* napustio školu.
9 U svemu tome ima ponešto istine, ali je veći deo *(većina)* pogrešna.
10 Zapravo, reč je o nesporazumu čije će objašnjenje sigurno razočarati ponekog lošeg đaka:
11 Albert Ajnštajn, rođen 1879. u Ulmu, zaista je s 15 godina napustio gimnaziju pre polaganja mature – i Nemačku,

ihm ist nichts geworden, *Ništa od njega nije postalo.*

④ Budući da je ovde reč o pravom primeru rekla-kazala, misao smo izrazili kako upotrebom **Konjunktiva I** (neupravni govor), tako i modalnim glagolom **sollen** i prilogom **angeblich**, *izgleda, navodno, tobože.*

⑤ **das Licht**, *svetlost*; **die Leuchte** ili **die Lampe**, *lampa*; **leuchten**, *svetleti, sijati*; **keine große Leuchte sein**, *ne biti baš bistar/sjajan.*

⑥ **dessen** je ovde genitiv jednine muškog roda pokazne zamenice (**der, die, das**).

23 **12** nicht weil er ein schlechter, sondern weil er ein rebellischer Schüler war, der keine Disziplin ertrug.

13 Er beendete jedoch seine Schulausbildung in der Schweiz, wo er 1896 die „Matura” bestand und anschließend Physik studierte.

14 Die ersten Biographen Albert Einsteins waren ziemlich überrascht, auf seinem Matura-Zeugnis ⑦ mehrere „Sechsen” in verschiedenen Fächern zu entdecken.

15 Die „Sechs” ist in Deutschland die schlechteste Note – in der Schweiz jedoch die beste!

16 Doch dieser kleine Unterschied war niemandem aufgefallen…

17 Und so entstand ⑧ die Legende vom schlechten Schüler, aus dem ein Genie wurde.

18 Man hatte eine andere Entdeckung Einsteins vergessen: Nämlich ⑨ die, dass alles relativ ist. Das stimmt dann natürlich auch für die Schulnoten! □

Napomene

⑦ **die Matura** je ispit zrelosti, koji se u Austriji i Švajcarskoj zove baš kao i kod nas - *matura*. **Das Zeugnis**, *svedočanstvo (školsko)*, je uopštenija reč za *certifikat*, *uverenje* (**das Arbeitszeugnis**, *uverenje o zaposlenju*), ili *svedočenje* (*pravno*); **der Zeuge**, *svedok*.

⑧ **entstehen**, *rađati se, postati, nastati, stvarati se*; ovo je, da tako kažemo, jedan prilično “filozofski” glagol, često težak za prevod. Označava proces kojim nešto počinje da postoji.

12 ne zato što je bio loš [đak] već zato što je bio buntovnik *(buntovni đak)* koji nije podnosio disciplinu.
13 Ipak je završio školovanje u Švajcarskoj, gde je 1896. s uspehom položio "Maturu" i gde je potom studirao fiziku.
14 Prvi biografi Alberta Ajnštajna su bili prilično iznenađeni kad su u njegovom maturskom svedočanstvu otkrili šestice iz različitih predmeta.
15 Šestica je u Nemačkoj najgora ocena – dok je u Švajcarskoj najbolja!
16 Ali ta tanana razlika nikome nije upala u oči…
17 I tako je rođena legenda o lošem učeniku koji je postao genije.
18 Zaboravili smo na još jedno Ajnštanovo otkriće: naime, sve je relativno. A to takođe važi i za školske ocene!

Wie ist die Welt entstanden? *Kako je svet postao / nastao / se stvorio?*; **die Entstehung des Lebens**, *začetak / postanak života.*

⑨ **nämlich** ovde najavljuje da ćemo nešto pojasniti, a prevodi se sa *naime, to jest, tačnije, odnosno* ili čak sa dve tačke. **Er hat den Preis bekommen, von dem alle Forscher träumen, nämlich den Nobelpreis**, *Dobio je nagradu o kojoj svi istraživači sanjaju: Nobelovu nagradu.* Nemojte brkati ovaj prilog sa veznikom **nämlich** koji, iza glagola, upućuje na uzročnu vezu: **Er ist sehr populär. Er hat nämlich die Energieformel gefunden**, *On je veoma popularan. (Zato što / Jer) je pronašao formulu za energiju.*

23 **Übung 1 – Übersetzen Sie bitte!**

❶ Niemand weiß genau, wie diese Theorie entstanden ist. ❷ Angeblich ist er bei allen Examen durchgefallen. ❸ Meine Tochter ist sehr begabt und auf ihren Zeugnissen stehen immer nur gute Noten! ❹ Warum hat er denn seine Schulausbildung vor dem Abitur abgebrochen? ❺ Aus dem kleinen Jungen ist ein berühmter Mann geworden.

Übung 2 – Ergänzen Sie bitte!

❶ Tri puta šest plus devet jednako dvadeset sedam podeljeno sa devet je tri: slažeš se?
Drei . . . sechs . . . . neun . . . . . . siebenundzwanzig, ... neun, ... drei: . . . . ?

❷ Rođena je u Ulmu, ali je napustila Nemačku kad je imala 15 godina.
Sie . . . . . Ulm . . . . , aber sie . . . . . Deutschland . . . . , . . . sie 15 . . . .

❸ Pre nego što je dobio Nobelovu nagradu, dugi niz godina je proučavao prirodu svetlosti.
. . . . den Nobelpreis . . . . . , hatte er . . . . die Natur . . . . studiert.

❹ Ova formula dokazuje da iz mase može nastati energija i iz energije masa.
. . . . , dass aus . . . . . Energie – und dass . . . Energie . . . . . – . . . . . . kann.

Rešenje vežbe 1

❶ Niko ne zna tačno kako je ta teorija nastala. ❷ Po onome što se priča, pao je na svim ispitima. ❸ Moja kći je veoma nadarena, i u njenim svedočanstvima su samo dobre ocene! ❹ Zašto je prekinuo školovanje pre mature? ❺ Mali dečak je postao slavan čovek.

❺ Po onome što se priča, u formuli postoji greška koju niko nije primetio.
. . . . einen Fehler . . . .
. . . . . . , . . . niemandem . . . .

Rešenje vežbe 2

❶ – mal – plus – gleich – geteilt durch – das macht – einverstanden ❷ – war in – geboren – hatte – verlassen, als – Jahre alt war ❸ Bevor er – bekam – viele Jahre lang – des Lichts – ❹ Diese Formel beweist – Masse – aus – Masse – werden – ❺ Angeblich gibt es – in seiner Formel, der – aufgefallen ist

24 *Iako Albert Ajnštajn nije bio ni loš đak ni propali student, ipak nije postizao baš sjajne rezultate. Ali to se objašnjava pre svega nezavisnošću duha čoveka koji je više voleo da saznaje i uči sam, na svoj način.*

Ova nezavisnost se ogledala ne samo u njegovom neuobičajenom pristupu pitanjima koja su postavljali fizičari u njegovo vreme, već i u njegovom životu: poreklom iz jevrejske porodice, napustio je veru; rođen u Nemačkoj, živeo je neko vreme u Švajcarskoj, potom u Austriji, da bi se opet vratio u Nemačku i prikupio pri tom tri državljanstva. Svakako treba pomenuti i brak sa Milevom Marić, retko učenom ženom tog doba, s kojom se upoznao u Švajcarskoj.

24 Vierundzwanzigste Lektion

Tipps für Bewerber

1 Sie haben auf ein Stellenangebot geantwortet, Ihren Bewerbungsbrief und Lebenslauf ① geschickt und sind zum Vorstellungsgespräch eingeladen worden.
2 Hier geben Ihnen Profis ihre Tipps ②, was Sie als Bewerber auf die üblichen Fragen des Personalchefs antworten sollten.
3 – Frage: „Warum wollen Sie Ihre jetzige ③ Stelle verlassen?"

Napomene

① **der Lebenslauf**, *biografija* (doslovno "životni put"), ima prilično standardizovan oblik; danas je najčešće usvojena obrnuta hronologija kojom se opisuje *profesionalni put*, **beruflicher Werdegang**, i *školovanje*, **Ausbildung**.

② **der Tipp**, *korisno uputstvo, savet*; **einen Tipp geben**, *dati savet*; **ein heißer Tipp**, *pouzdan savet*. **Der Profi**, *profi* = **der Professionnelle**, *profesionalac*.

Angažujući se za mir tokom Prvog svetskog rata, bio je predsednik Lige za prava čoveka, kada su nacisti došli na vlast u Nemačkoj, definitivno je otišao u izgnanstvo u Sjedinjene Države, učestvovao u projektu Menhetn (koji je doveo do stvaranja atomske bombe), ali se ponovo, nakon rata, angažovao na razoružanju i za mir.

Što se tiče učenja, Ajnštajn nije dokaz da loši đaci mogu postati geniji, već nešto drugo. Naime, postoji puno načina učenja, kako u školi, tako i van nje. Važna je želja da se uči i pridržavanje onoga što smo sebi obećali da ćemo uraditi! **Wenn-schon, dennschon!**

Dvadeset četvrta lekcija 24

Saveti za kandidate za posao

1 Odgovorili ste na ponudu za posao, poslali ste motivaciono pismo i biografiju, i pozvali su vas na razgovor za posao.
2 Ovde će vam profesionalci dati savete, kako biste, kao kandidat za posao, šefu kadrovskog trebali da odgovorite na uobičajena pitanja.
3 – Pitanje: “Zašto želite da napustite trenutno mesto?”

• Baš kao i reči stranog porekla, tako i skraćenice, množinu najčešće tvore dodavanjem **-s**: **die Profis**; **die Uni** (**Universität**) → **die Unis**; **die CDs**; **die PCs**.

③ Mnogi prilozi postaju pridevi dodavanjem sufiksa **-ig**: **jetzt**, *sada* → **jetzig**, *sadašnji*; **heute**, *danas* → **das heutige Gespräch**, *današnji razgovor*; **sofort**, *odmah, hitno* → **eine sofortige Antwort**, *hitni odgovor*; **bald**, *uskoro, brzo* → **unsere baldige Antwort**, *naš skori / brzi odgovor*.

24 **4** – Vorsicht! Äußern Sie keine Kritik ④ an Ihrer Firma oder an Ihren Vorgesetzten ⑤.
5 Geben Sie positive Gründe, zeigen Sie Ihre Motivation:
6 „Mir scheint, hier bei Ihnen könnte ich meine Fähigkeiten besser nutzen ⑥."
7 – Frage: „Betrachten Sie sich eher als Einzelkämpfer ⑦ oder bevorzugen Sie Teamarbeit?"
8 – Antworten Sie weder das eine noch das andere, sondern beides:
9 – „Manches ⑧ schafft man besser im Team, anderes, wenn man alleine arbeitet."
10 – Frage: „Worauf sind Sie in Ihrer beruflichen Tätigkeit besonders stolz?"

Napomene

④ **Kritik** – i njen čin **kritisieren**, *kritikovati* – u nemačkom često nemaju negativan smisao (smisao se pre približava značenju kad govorimo o, na primer, "kritici neke knjige"). Ove reči istovremeno označavaju ljubazan, pronicljiv i konstruktivan način skretanja pažnje na nešto: **kritisch betrachten**, *kritički nešto posmatrati (za i protiv)*; **etwas kritisch durchdenken**, *posmatrati nešto iz svakog ugla, sa svih strana*. Ne biti **kritisch** će pre biti mana: **Er ist ziemlich unkritisch**, *Nedostaje mu kritički duh: Suviše je lakoveran, nije objektivan*; **Seien Sie etwas kritischer!** *Budite oštriji u kritici!*

⑤ **der/die Vorgesetzte**, *nadređeni/a u hijerarhiji*, *šef*, je nastalo od participa **vorgesetzt**, *(koji) sedi ispred* dakle *na višem mestu*. Imenice nastale na taj način se često menjaju kao pridevi: **ein Vorgesetzter/eine Vorgesetzte**. Postoji i reč **der Chef/die Chefin**, ali ona pre pripada govornom jeziku: **Weißt du, wo der Chef ist?** *Znaš li gde je šef?*

4 – Oprezno! Ne kritikujte *(ne izražavajte kritiku)* vaše preduzeće ni hijerahijski nadređene. 24

5 Dajte pozitivne razloge, pokažite šta vas motiviše *(vašu motivaciju)*:

6 "Čini mi se da bih kod vas mogao bolje iskoristiti svoje sposobnosti."

7 – Pitanje: "Da li smatrate da ste više samostalni *(usamljeni borac)* ili radije radite u timu?"

8 – Ne odgovarajte ni na jedno ni na drugo, već na oba odjednom:

9 – "Nešto se bolje postiže u timu, nešto drugo kad čovek radi sam."

10 – Pitanje: "Na šta ste posebno ponosni u svojoj karijeri *(profesionalnoj delatnosti)*?"

⑥ **nutzen** ili **nützen**, *koristiti, služiti za, iskoristiti, biti koristan*: **eine Gelegenheit nutzen/nützen**, *iskoristiti priliku*; **benutzen/benützen**, *iskoristiti, upotrebiti*: **Benutzen/Benützen Sie ein anderes Wort**, *Koristite drugu reč*. Oblik sa **ü** se smatra manje uglađenim i pripada govornom jeziku.

⑦ **der Einzelkämpfer** označava osobu koja više voli da stigne do cilja svojim snagama, ne oslanjajući se na **das Team**. Nemački je pozajmio iz engleskog ovu reč koja označava *radnu grupu, ekipu, tim*. Izraz **die Mannschaft**, se danas koristi u značenju *ekipa,* kad je reč o sportu (oni koje zanima fudbal su sigurno čuli za čuvenu **Mannschaft** prilikom svetskih prvenstava) ili *posada* (nekog broda).

⑧ Zamenicu **manches** prevodimo kao: *neki, poneki, nešto...*

24 11 – Bleiben Sie bescheiden: „Ich konnte in der letzten Zeit einige wichtige Kunden gewinnen, aber ich habe erst mal lernen müssen, besser zu sein als meine Konkurrenten.”

12 Aus Erfahrung lernen können, das klingt immer gut.

13 – Frage: „Und wo liegen Ihre Schwächen?”

14 – „Manche Kollegen finden, dass ich in meiner Arbeit zu ehrgeizig bin.”

15 Mit diesem Trick, eine Stärke als Schwäche zu verkaufen, werden Sie niemanden überzeugen, jedenfalls keinen erfahrenen Personalleiter!

16 Sprechen Sie lieber von Schwächen, die keine mehr sind:

17 „Ich bin von Natur aus etwas schüchtern und habe Zeit gebraucht, um mich durchzusetzen.”

18 – Frage: „Wie viele Bratpfannen kann man pro Jahr in Deutschland verkaufen?”

19 – „Keine Ahnung!” ist hier nicht die richtige Antwort! Beweisen Sie, dass Sie fähig sind, schnell zu denken:

20 „Also, es gibt etwa vierzig Millionen Haushalte ⑨ in Deutschland und wahrscheinlich im Durchschnitt drei Bratpfannen pro Haushalt.

21 Bei einer Lebensdauer von ungefähr fünf Jahren macht das… usw., usw.”

11 – Ostanite skromni: “u poslednje vreme sam mogao da pridobijem važne kupce, ali sam najpre morao naučiti da budem bolji od konkurencije.”

12 Umeti naučiti iz svog iskustva uvek dobro zvuči.

13 – Pitanje: “Koje su vam *(gde se nalaze)* slabe tačke?”

14 – “Pojedine kolege misle da sam suviše ambiciozan u svom poslu.”

15 S ovim trikom, da vrlinu prikažete kao manu *(da prodate snagu za slabost)*, nećete nikoga ubediti, u svakom slučaju ne iskusnu osobu iz kadrovskog!

16 Radije pričajte o slabostima koje to više nisu:

17 “Po prirodi sam stidljiv i trebalo mi je vremena da se nametnem.”

18 – Pitanje: “Koliko se tiganja može prodati u Nemačkoj godišnje?”

19 – “Nemam pojma!” nije dobar odgovor! Dokažite da ste kadri da brzo razmišljate:

20 “Pa, dobro. Ima oko 40 miliona domaćinstava u Nemačkoj i za svako domaćinstvo verovatno u proseku 3 tiganja.

21 S rokom trajanja od otprilike 5 godina, to čini… itd., itd.”

Napomene

⑨ **der Haushalt**, *domaćinstvo*, označava i sve što je vezano za kuću: **den Haushalt führen**, *baviti se domaćinstvom*; **eine Haushaltshilfe**, *kućna pomoćnica*. U širem značenju je takođe *budžet (državni)*: **der Staatshaushalt**.

24

22 Kein Mensch wird prüfen, ob solche ⑩ Rechnungen dann auch stimmen!
23 Leider sagen einem die Profis nie, wie man dann am Ende des Gesprächs die ewig gleiche Antwort vermeidet:
24 – „Vielen Dank. Sie hören dann von uns…" □

Napomene

⑩ **solche**, *takav, sličan, ovakav*, se menja po padežima kao određeni član u množini.

***

Übung 1 – Übersetzen Sie bitte!

❶ Wir erwarten von den Bewerbern für diese Stelle, dass sie fähig sind, sich durchzusetzen. ❷ Die meisten Leute bevorzugen eine Stelle in einem Unternehmen, auf das sie stolz sein können. ❸ Bei manchen Fragen hatte ich keine Ahnung, was ich darauf antworten sollte. ❹ Schicken Sie uns bitte einen Bewerbungsbrief und Ihren Lebenslauf. ❺ Es gibt heute in jedem Haushalt mehr als einen Fernsehapparat.

22 Niko neće proveravati da li je takav račun tačan!
23 Nažalost, profesionalci nam nikad ne kažu kako da na kraju razgovora izbegnemo onaj uvek isti odgovor:
24 – “Hvala puno. Javićemo vam se…”

***

Rešenje vežbe 1

❶ Na ovom mestu očekujemo kandidate koji su sposobni da se nametnu. ❷ Većina ljudi više voli mesto u nekom preduzeću na koje mogu biti ponosni. ❸ Za neka pitanja nisam imao pojma šta je trebalo da odgovorim. ❹ Pošaljite nam, molim vas, motivaciono pismo i vašu biografiju. ❺ Danas svako domaćinstvo ima više od jednog televizora.

24 **Übung 2 – Ergänzen Sie bitte!**

1. Neke kolege su tako ambiciozne da sve druge posmatraju kao konkurenciju.

   . . . . sind . . . ., dass sie alle anderen . . . .

2. Niko nije verovao da je sposoban za taj posao.

   . . . . hätte geglaubt, dass er die . . . . besaß.

3. Šta je kritikovao *(Na šta je uputio kritiku)*? – Loše plate koje daje to preduzeće *(Na loše plate koje se u tom preduzeću isplaćuju).*

   Woran hat er . . . . ?

   – . . . . . schlechten . . . ., . . . in diesem Unternehmen . . . .

4. Da bi se uspelo na profesionalnom planu, ne treba biti ni suviše stidljiv, ni suviše skroman.

   Um . . . . zu werden, soll man . . . . . zu . . . . zu . . . . sein.

Može li se uputiti kritika na neki rezultat, predlog, projekat, a da se to ne smatra nepoverenjem ili napadom na osobu koja iza toga stoji? Da li prihvatanje kritike znači izgubiti čast? Da li se "kritički" duh koji uvek i u svakoj prilici vidi i ispituje za i protiv smatra vrlinom ili manom? U zavisnosti od kultura, odgovor može biti veoma različit.

Germanofone kulture uglavnom pripadaju onima u kojima su stvari i ljudi jasno odvojeni pojmovi, gde se nešto može kritikovati, a da se pri tom ipak ne povredi osoba. Objektivna i odmerena kritika, koja ističe jake i slabe strane, biće, dakle, smatrana kao konstruktivni doprinos, dok bi "učtiva" aluzija na tačke koje eventualno predstavljaju problem imala licemeran prizvuk. Često se dešava da

❺ Iskoristite razgovor za posao da biste ispitali jake strane i slabosti kandidata. 24

...... Sie das ...., .. die .... und .... Kandidaten .. prüfen.

Rešenje vežbe 2

❶ Manche Kollegen – so ehrgeizig – als Konkurrenten betrachten ❷ Kein Mensch – Fähigkeiten für diese Tätigkeit – ❸ – Kritik geäußert – An den – Löhnen, die – bezahlt werden ❹ – beruflich erfolgreich – weder – schüchtern noch – bescheiden – ❺ Nutzen – Vorstellungsgespräch, um – Stärken – Schwächen der – zu –

neki profesor namerno prozove đake ili studente da daju **"Kritik"** *na neko izlaganje, to jest da izraze reakciju ili lični stav bilo da se slažu ili ne slažu sa rečenim. I nijedan seminar se ne završava bez čuvenog* **Seminarkritik***, gde su svi učesnici pozvani da veoma jasno kažu s čim su se nisu složili – ali i sa čim jesu.*

U kulturama gde je "odnos prema drugima" naglašeniji, gde su ljudi i "njihove stvari" intimnije povezani, ovako nešto je gotovo nemoguće. Često se smatra neučtivim, čak i agresivnim, iskrenost Nemaca, koji sasvim izričito, bez uvijanja, izražavaju kritiku.

25 Fünfundzwanzigste Lektion

Die eierlegende Wollmilchsau

1 Die Anforderungen an Kandidaten und Kandidatinnen ①, die sich um eine Stelle bewerben, sind nicht immer leicht unter einen Hut zu bringen ②.

2 Natürlich sollen alle Bewerber oder Bewerberinnen kompetent sein und schon Berufserfahrung besitzen – möglichst eine langjährige.

3 Diese Bedingung erfüllen eigentlich nur die älteren Mitarbeiter.

4 Aber er oder sie soll natürlich auch dynamisch sein und den Aufbau einer langfristigen ③ Karriere zum Ziel haben.

5 Solche Eigenschaften findet man eher bei den jüngeren Bewerbern. Die haben außerdem den Vorteil, in ihren Gehaltsforderungen bescheidener zu sein.

Napomene

① U oglasima za posao i administrativnim upitnicima, koriste se i muški i ženski oblik imenice: **der Kandidat/die Kandidatin**. Zbog osobenosti nemačke gramatike, poštovanje ovog pravila učtivosti ponekad ide na uštrb razumljivosti rečenice: **Der/Die Kandidat/in, der/die sich um die Stelle bewirbt, schickt seinen/ihren Lebenslauf**, *Kandidat/kinja koji konkuriše za ovo mesto će poslati svoju biografiju.*

Dvadeset peta lekcija 25

Univerzalni kandidat

(Krmača [koja daje] vunu [i] mleko [i] nosi jaja)

1 Zahteve u pogledu kandidata i kandidatkinja koji se prijavljuju na neki posao nije uvek lako objediniti *(staviti pod jedan šešir)*.

2 Naravno, svi koji konkurišu moraju biti stručni i već imati profesionalno iskustvo – po mogućnosti višegodišnje.

3 Ovaj uslov zapravo ispunjavaju samo stariji radnici *(saradnici)*.

4 *(Ali)* naravno, on ili ona moraju takođe biti dinamični i imati za cilj stvaranje *(izgradnju)* dugogodišnje karijere.

5 Ove vrline pre imaju *(se pre nalaze)* mlađi kandidati. Osim toga, oni imaju još jednu prednost, skromniji su u zahtevima za platu.

② **unter einen Hut bringen**, *staviti (različite stvari) pod isti šešir*, odnosno *pomiriti, sjediniti različite stvari.* **Er hat alle unter einen Hut gebracht**, *Uspeo je sve da zadovolji. / Pomirio je sva mišljenja.*

③ **die Frist**, *rok*; **langfristig**, *dugoročno*; **kurzfristig**, *kratkoročno*; **mittelfristig**, *srednjeročno.* Ponekad, rok uopšte ne postoji: **Er wurde fristlos entlassen**, *Otpušten je bez prethodnog upozorenja.*

25 6 Selbstverständlich soll er oder sie an den renommiertesten Hochschulen studiert haben, damit seine oder ihre Fachkenntnisse ④ auf dem neuesten Stand ⑤ sind.

7 Aber man erwartet auch, dass sie bereit sind, „ganz unten" anzufangen, um sich dann geduldig nach oben zu arbeiten ⑥.

8 Unabhängig und mobil wünscht man sie sich, besonders die Bewerberinnen:

9 Meistens bevorzugt man sie ledig, ohne Kind und ohne Pläne, eins zu bekommen – aber das steht natürlich nicht in der Stellenanzeige!

10 Und von allen erwartet man natürlich, dass sie sich voll mit ihrer Firma identifizieren:

11 Nichts soll ihnen zu viel ⑦, keine Anstrengung soll ihnen zu groß sein, wenn es darum geht, die Unternehmensziele zu erreichen.

Napomene

④ **das Fach**, *predmet* (u školi ili na fakultetu): **das Schulfach, das Studienfach**. Znanja iz neke određene oblasti su, dakle, **die Fachkenntnisse**, onaj ko ta znanja ima je **ein Fachmann** (u množini: **die Fachleute**), *stručnjak, specijalista*. Pošto ova imenica nema oblik za ženski rod, koristiće se **die Expertin** kad je reč o ženi: **Sie ist Expertin für nachhaltige Entwicklung**, *Ona je stručnjak za održivi razvoj*.

⑤ **der Stand**, *položaj, nivo*; **auf dem letzten Stand sein**, *biti na najvišem nivou/biti na vrhu*. **Nach dem heutigen Stand der Wissenschaft ist ein weiterer Anstieg der Temperaturen nicht zu vermeiden**. *Prema sadašnjim naučnim saznanjima, novo povećanje temperature je neizbežno.*

6 Podrazumeva se da su on ili ona studirali u renomiranim visokim školama kako bi stekli najstručnija profesionalna znanja.

7 Ali isto tako se [od njih] očekuje spremnost da počnu od dole da bi strpljivim trudom napredovali *(popeli gore)*.

8 Želi se da budu nezavisni i mobilni, naročito kandidatkinje:

9 najčešće prednost imaju *(se više vole)* neudate, bez dece i bez planova da ih imaju – ali to, naravno, nije navedeno u oglasu!

10 A od svih se naravno očekuje da se u potpunosti poistovete s preduzećem:

11 ništa im ne sme biti suvišno, nikakav napor prevelik kad je reč o dostizanju ciljeva firme.

⑥ **ganz unten anfangen und sich nach oben arbeiten**, *početi od dole i kroz rad napredovati*: to prilično tačno odgovara tradicionalnoj slici o profesionalnom uspehu kako ga ljudi u Nemačkoj vide (a tako je često i danas). **Von der Pike auf lernen**, "Učiti počev od rukovanja lopatom", odnosno *učenje kroz praksu.* U nemačkom sistemu profesionalnih vrednosti, znanje i iskustvo su često najvažniji aduti koje neka sjajna ličnost ili vlasnik diplome renomirane visoke škole treba da ima.

⑦ **Das ist mir zu viel**, *Suviše mi je to.* U ovakvoj vrsti izraza **zu** obuhvata ideju da će osoba s nečim (o čemu je reč) konačno završiti: **Diese Arbeit ist mir zu langweilig**, *Ovaj posao mi je suviše dosadan (i napustiću ga).* **Diese Anstrengung ist mir zu groß**, *Ovaj napor je prevelik za mene (i neću to više pokušavati).*

25 **12** Bei ihren Untergebenen ⑧ sollen sie sich durchsetzen können, und dafür brauchen sie Führungsqualitäten.

13 Dass sie sich dann gleich für die Stelle ihrer Vorgesetzten interessieren, sehen diese Vorgesetzten aber weniger gern!

14 Sie fordern Respekt und bevorzugen Mitarbeiterinnen und Mitarbeiter, die das Motto kennen:

15 „Alle für Einen! Für unseren Chef!" □

Napomene

⑧ Poput imenice **der Vorgesetzte**, **der Untergebene**, *podređeni*, se menja po padežima: **der/die Untergebene**, **ein Untergebener/eine Untergebene** itd. Osim ako želimo jasno da izrazimo hijerarhijski odnos, izbegavaćemo da upotrebimo reč **Untergebene** jer **unter**, *(is)pod,* u sebi nosi pojam zapovedanja. U feudalnom i apsolutističkom sistemu podanici vladara su bili **Untertanen** (**der Untertan**: "onaj koji je potčinjen"). Nadređeni u hijerarhiji će radije govoriti o svojim *saradnicima*, **Mitarbeiter**.

***

Übung 1 – Übersetzen Sie bitte!

❶ Ein Vorgesetzter muss fähig sein, seine Ideen durchzusetzen. ❷ Als langjähriger Mitarbeiter sollten Sie sich etwas mehr mit Ihrem Unternehmen identifizieren! ❸ Ihre Gehaltsforderungen können wir leider nicht erfüllen. ❹ Keiner der Bewerber besitzt die Führungsqualitäten, die man für diese Tätigkeit braucht. ❺ Fordern Sie nicht zu viel von Ihren Untergebenen!

12 Moraju znati kako da se nametnu *(treba da umeju)* svojim podređenima, a za to treba [da imaju] osobine vođe *(za upravljanje)*.
13 Ali ako odmah pokažu zanimanje za mesto svojih nadređenih, ti nadređeni neće na to blagonaklono gledati *(manje rado)*!
14 Oni zahtevaju poštovanje i više vole saradnice i saradnike koji poznaju moto:
15 "Svi za jednog! Za našeg šefa!"

***

Rešenje vežbe 1

❶ Nadređeni treba da bude kadar da nametne svoje ideje. ❷ Kao dugogodišnji saradnik, trebali ste se malo više poistovetiti sa svojim preduzećem! ❸ Nažalost, ne možemo ispuniti vaše zahteve za platu. ❹ Nijedan od kandidata nema osobine vođe koje su neophodne za ovaj posao. ❺ Ne zahtevajte suviše od svojih podređenih!

25 **Übung 2 – Ergänzen Sie bitte!**

❶ Kandidat kojeg budemo angažovali mora biti spreman da se poistoveti s našim preduzećem.

Der Kandidat, ... werden, muss ...., sich ... . zu ....

❷ Dugoročni cilj ovog usavršavanja je da se ujednače znanja svih saradnika.

Das .... dieser .... ist, die .... Mitarbeiter ... ... zu bringen.

❸ Ne treba očekivati da najmlađi kandidati imaju dugo profesionalno iskustvo.

Man kann ... ... Kandidaten nicht ...., dass sie schon .... haben.

Borba za ravnopravnost između muškaraca i žena se vodi i na jezičkom terenu. U Nemačkoj, ali i van nje, žene su se borile da se prekine "monopol muškog roda" koji je vladao naročito na polju imenovanja: najčešće je bilo dovoljno upotrebiti samo muški oblik reči, iako je pojam obuhvatao oba roda. Žene su čak zahtevale i uvođenje nove zamenice – **"frau"** *– koja bi se suprotstavila neodređenoj zamenici* **man** *koja obuhvata oba roda. To se nije zadržalo, barem ne više od pokušaja stvaranja posebnog pravopisa koji bi kombinovao izraze za muški i ženski rod (***der/die BewerberIn, die BewerberInnen***), koji danas nije više – ili je veoma retko – u upotrebi.*

❹ Nijedan kandidat ne ispunjava sve zahteve koji su nabrojani u ponudi za posao. 25

...... der .... alle ...., die .. .. stehen.

❺ Po vašem mišljenju, koje osobine treba da ima stručan rukovodilac?

.... sollte ein .... Ihrer Meinung nach ....?

Rešenje vežbe 2

❶ – den wir einstellen – bereit sein – mit unserem Unternehmen – identifizieren ❷ – langfristige Ziel – Ausbildung – Fachkenntnisse aller – auf den letzten Stand – ❸ – von den jüngeren – erwarten – eine lange Berufserfahrung – ❹ Keiner – Bewerber erfüllt – Anforderungen – in der Stellenanzeige – ❺ Welche Eigenschaften – kompetenter Vorgesetzter – besitzen

Upotreba oba oblika se najčešće nameće kad se poštuju pravila učtivosti koja daju prvenstvo ženskom rodu: **Berwerberinnen und Bewerber, Mitarbeiterinnen und Mitarbeiter**... *Kada se u istom tekstu ovakvi nazivi ponavljaju na mnogo mesta, ponekad se na dnu strane može pronaći "izvinjenje":* **Um die Lesbarkeit des Textes zu erleichtern, verwenden wir bei der Bezeichnung von Personen die männliche Form. Wir hoffen auf das Verständnis der Leserinnen**, Da bismo olakšali čitljivost, za imenovanje osoba ćemo koristi samo oblike za muški rod. Računamo na razumevanje čitateljki.

26 Sechsundzwanzigste Lektion

Sind sie wirklich so fleißig, die Deutschen?

1 In der guten alten Zeit, so heißt es, waren sie genauso faul wie alle anderen.
2 Wenn sie müde waren und keine Lust mehr hatten, dann ließen sie die Arbeit eben liegen ① und gingen schlafen,
3 denn jeder wusste: „Die Nacht bringt Rat." und „Morgen ist auch noch ein Tag!"
4 So war es auch in Köln.
5 Dort konnten die Handwerker, die Bäcker, die Fleischer, die Schneider noch ruhiger schlafen als anderswo.
6 Es ② kamen nämlich in der Nacht kleine, fleißige Zwerge, die „Kölner Heinzelmännchen" ③, und vollendeten alles, was man am Tag nicht geschafft hatte.

Napomene

① **liegen lassen**, *ostaviti, zaboraviti nešto na nekom mestu; napustiti, nedovršiti.*

② Stavljajući prividni subjekat **Es** na prvo mesto u rečenici, ispred glagola, odlažemo najavu pravog subjekta: **die Zwerge**. To će povećati "napetost". Pazite samo! Ako neki drugi rečenični element zauzima prvo mesto, **Es** nestaje: **In der Nacht kamen nämlich kleine Zwerge**. ▸

Jesu li Nemci zaista tako vredni?

1 U dobra stara vremena, priča se, bili su jednako lenji kao i svi ostali.
2 Kad su bili umorni i nisu više imali volje [da rade], jednostavno bi ostavljali posao i išli da spavaju,
3 jer [kao] što je [to] svako znao: "Jutro je pametnije od večeri" i "Sutra je *(još)* jedan dan!"
4 I u Kelnu je bilo tako.
5 Tamo su zanatlije, pekari, mesari, krojači mogli spavati još spokojnije nego drugde.
6 Naime, tokom noći bi dolazili mali vredni patuljci, "Hajncelmenhen iz Kelna", i završavali sve što se nije uradilo preko dana.

③ Polazeći od imena gradova dodavanjem nastavka **-er** tvorimo nepromenljive prideve (koji zadržavaju veliko slovo vlastite imenice): **der Kölner Dom**, *kelnska katedrala*; **die Berliner Tageszeitung**, *berlinske dnevne novine*. Deminutivi se grade dodavanjem sufiksa **-chen** ili **-lein**, samoglasnik dobija dvotačku (kad je to moguće), a te imenice su uvek srednjeg roda: **der Mann → das Männchen/das Männlein** (8. rečenica), *čovečuljak*; **die Stadt → das Städtchen**, *gradić*; **die Frau → das Fräulein**, *gospođica*.

26

7 Und wenn die Leute am nächsten Morgen aufwachten, war das Brot fertig gebacken, das Fleisch fertig zubereitet, der Anzug fertig genäht…

8 Nur eines durfte man nicht: Nämlich die kleinen Männlein bei ihrer Arbeit beobachten oder stören.

9 Das aber war mehr, als die neugierige Frau des Schneiders ertragen konnte.

10 Sie streute also abends ④ heimlich Erbsen auf die Treppe.

11 Und als die Zwerge nachts zu ihrer Arbeit schlichen, fielen sie, holterdiepolter ⑤, die Treppe hinunter ⑥… und verschwanden.

12 Doch dieses Mal für immer!

13 Seitdem erledigte ⑦ niemand anderes mehr in der Nacht, was man tagsüber nicht geschafft hatte.

Napomene

④ Mnoge priloške odredbe za vreme mogu dobiti oblik imeničke grupe ili priloga: **am Abend** ili **abends**, *uveče*; **am Morgen** ili **morgens**, *ujutru*; **in der Nacht** ili **nachts** (11. rečenica), *noću*; **am Tag**, **tagsüber** (13. rečenica) ili **tags**, *danju*. Obratite pažnju da se prilog, za razliku od imenice, piše malim slovom.

⑤ Prilog **holterdiepolter** opisuje buku i kretanje nekog predmeta dok pada i odskače; **poltern** označava buku koja se čuje kad nešto teško padne uz prasak ili se otkotrlja. Uoči venčanja, prilikom **Polterabend**, doslovno "bučne večeri", prijatelji i komšije organizuju slavlje ispred mladine kuće, lupajući, što je glasnije moguće, u sve vrste starog posuđa, saksija, pločica… To je trebalo da otera loše duhove i donese sreću mladencima, ubeđenje koje potkrepljuje i izreka: **Scherben bringen Glück!** *Krhotine stakla donose sreću!*

7 A kad bi se ljudi sutradan probudili, hleb je bio ispečen, meso zgotovljeno, odelo ušiveno… **26**
8 Samo jednu stvar nije trebalo raditi: *(naime)*, posmatrati ili ometati čovečuljke dok rade.
9 Ali radoznala krojačeva žena to više nije mogla da podnese.
10 Kad je pala noć, kriomice je posula grašak po stepenicama.
11 I kad su se patuljci u toku noći ušunjali da urade svoj posao, pali su, bum-tras, uz veliku buku s vrha stepenica… i nestali.
12 Ali ovaj put zauvek!
13 Otad, više niko nije noću završavao ono što se preko dana nije moglo završiti.

▸ Tradicionalni **Polterabend** je danas postao bučna i vesela zabava, uz zadatke i iznenađenja koja uoči venčanja organizuju prijatelji para.

⑥ Prefiksi **hin-** i **her-** određuju tačku gledišta govornika u odnosu na neko kretanje: s **hin**, on se stavlja u tačku polaska predmeta, s **her**, na njegovu tačku dolaska. Gledano s vrha stepenica, reći će se **sie fallen hinunter**, a ako gledamo od dole **sie fallen herunter**. Kad neko kuca na vrata, osoba koja se nalazi u toj prostoriji odgovara (**Kommen Sie**) **Herein!** *Uđite!*, dok nekog ko se nalazi napolju možemo ohrabriti sledećim rečima da uđe: **Gehen Sie ruhig hinein!** *Slobodno uđite!* Odmah da vas umirimo! I Nemci često smetnu s uma da treba napraviti razliku između **hin-** i **her-**.

⑦ **erledigen**, *završiti, okončati, obaviti.* **Ich habe noch was zu erledigen**, *Imam još posla.* **Das ist erledigt**, *To je gotovo/urađeno.* **Können Sie diese Aufgabe erledigen?** *Možete li vi završiti ovaj zadatak?* **Ich bin völlig erledigt!** *Gotov sam/Mrtav sam umoran!* (govorni jezik).

14 Und alle mussten sich daran gewöhnen, nun selbst so fleißig zu arbeiten, wie die kleinen Heinzelmännchen.
15 Sie sehen, das „Fleißig-Sein" gehört vielleicht nicht wirklich zu den angeborenen Tugenden der Deutschen:
16 Sie mussten es lernen!
17 Und daran erinnert sie bis heute der Heinzelmännchen-Brunnen in der Altstadt von Köln.
18 Doch vielleicht träumen die Deutschen immer noch von diesem verlorenen Paradies
19 und hoffen heimlich, dass die kleinen Männchen eines Tages zurückkehren.
20 Warum sonst stehen bei ihnen überall diese Gartenzwerge herum ⑧? □

Napomene

⑧ **herumstehen**, *stajati, ležati svuda naokolo*). Odvojivi prefiks **herum-** često daje smisao neke neorganizovane radnje, bez ▸

***

Übung 1 – Übersetzen Sie bitte!

❶ In diesem Viertel gab es früher viele Handwerker, aber die sind heute alle verschwunden. ❷ Der Heinzelmännchen-Brunnen gehört zu den Kölner Sehenswürdigkeiten. ❸ Eins weiß ich: diese Arbeit werde ich nicht bis heute Abend schaffen! ❹ Sie wollte die Zwerge nämlich heimlich bei Ihrer Arbeit beobachten. ❺ Seitdem träumen Sie davon, das verlorene Paradies wiederzufinden.

14 I otada su svi morali da se naviknu da sami rade tako prilježno kao i mali "Hajncelmenhen".
15 Vidite, "biti marljiv" možda i nije urođena vrlina Nemaca:
16 to su morali da nauče!
17 Na to ih do danas podseća fontana "Hajncelmenhen", u Kelnskom starom gradu.
18 Ali možda Nemci još uvek sanjaju o tom izgubljenom raju
19 i potajno se nadaju da će se čovečuljci jednog dana vratiti.
20 Zašto inače kod njih svuda stoje baštenski patuljci?

▸ određenog cilja: **herumlaufen**, *tumarati/hodati (bez pravog cilja), šetati se, lutati, švrljati.* **In der Nacht schleicht sie immer im Haus herum**, *Noću, uvek tumara kućom.*

***

Rešenje vežbe 1

❶ U ovoj četvrti je ranije bilo mnogo zanatlija, ali su svi danas nestali. ❷ Fontana "Hajzelmenhen" je jedna od znamenitosti Kelna. ❸ Jedno znam: neću završiti ovaj posao do uveče! ❹ Naime, htela je krišom da posmatra patuljke dok rade. ❺ Otad sanjaju da opet pronađu izgubljeni raj.

Übung 2 – Ergänzen Sie bitte!

1. Smatraju je marljivom, ali pomalo znatiželjnom saradnicom.
Man betrachtet sie . . . . , aber ein wenig . . . .

2. Toga se veoma dobro sećam, *(da)* si pao niz te stepenice.
Ich . . . . sehr gut . . . . . , dass du diese Treppe . . . .

3. Uostalom, ta osobina se ne smatra neizbežno i vrlinom!
. . . . man . . . . nicht unbedingt . . . . !

4. Noću bi se krišom iskradali ka staroj fontani gde niko nije mogao da ih vidi *(posmatra).*
. . . . . . schlichen . . . . zu dem . . . . , wo . . . . konnte.

*Keln svoju slavu ne duguje samo katedrali, karnevalu i čuvenoj marki kolonjske vode "4711" (***"siebenundvierzig elf"***), već i ovoj poznatoj legendi:* **Die Kölner Heinzelmännchen***. Ako su svi Nemci i čuli za vrline ovih čovečuljaka, o poreklu njihovog imena* **"Heinzelmännchen"** *se ne zna puno. Reč* **Heinzel-** *bi mogla imati veze s nekim tehnikama koje su korišćene prilikom vađenja ruda, odnosno reč bi bila pripisana ljudima koji su radili u unutrašnjosti zemlje.*
Fontana **Heinzelmännchen** *se nalazi u centru starog dela Kelna, nedaleko od katedrale. Podignuta je 1899. i prikazuje scenu pada niz stepenice čestitih patuljaka. Tu su takođe upisane reči pesme iz XVIII veka koje pripovedaju legendu. Svi žitelji Kelna, kao i mnogi sa strane, znaju barem prve stihove:*

❺ Kad je neko zanatlija, ne može kad padne veče da jednostavno ostavi svoj posao i ode da spava. 26

Wenn man .... ist, kann man ...... seine Arbeit .... und ....

Rešenje vežbe 2

❶ – als fleißige – zu neugierige Mitarbeiterin ❷ – erinnere mich – daran – hinuntergefallen bist ❸ Anderswo betrachtet – diese Eigenschaft – als eine Tugend ❹ Nachts – sie heimlich – alten Brunnen – niemand sie beobachten – ❺ – Handwerker – abends – nicht liegen lassen – schlafen gehen

Wie war zu Köln es doch vordem
mit Heinzelmännchen so bequem!
Denn war man faul, man legte sich
hin auf die Bank und pflegte sich:
Da kamen bei Nacht
ehe man's gedacht,
die Männlein…

Kako je život u Kelnu nekad
uz "Hajncelmenhene" lagodan bio!
Kad nam je bilo mrsko raditi,
na klupu bi legali i uživali (*"za sebe se postarali"*):
A tokom noći bi dolazili
pre no što i pomisliš
čovečuljci…

27 Siebenundzwanzigste Lektion

Zwischen den Zeilen lesen können

1 Arbeitnehmer ①, die ein Unternehmen verlassen oder die von ihrem Arbeitgeber entlassen wurden, sollen natürlich eine neue Stelle finden können.
2 Das Arbeitszeugnis darf deshalb keine negativen Beurteilungen enthalten.
3 Aber manches, was nicht im Text steht, ist auch zwischen den Zeilen zu lesen!
4 „Frau A. hat sich stets um ganz besonders pünktliche Einhaltung der Arbeitszeiten bemüht."
5 Die ② hat immer schon Punkt fünf vor vier ihren Computer ausgemacht und wartete dann, fertig angezogen, an der Tür ihres Büros.
6 „Herr B. hat mit seinem Humor oft für gute Stimmung in seiner Abteilung gesorgt ③."

Napomene

① **der Arbeitgeber**, doslovno "onaj koji daje posao", odnosno, *poslodavac*; **der Arbeitnehmer**, "onaj koji uzima posao", *zaposleni, radnik, službenik*. Možda mislite da je ovakvo shvatanje podele posla čudno? Ipak, ovo je prihvaćena terminologija.

② Podsetite se da kad se govori o osobama koje nisu prisutne koristimo član **der/die/das** i on tad ima ulogu zamenice i daje određenu "familijarnost" iskazu. Kad je reč o ljudima s kojima nismo bliski i prema kojima ne osećamo naklonost, ovakav jezički obrt može biti neljubazan, čak prezriv. ▸

Dvadeset sedma lekcija 27

Znati čitati između redova

1 Službenici koji napuštaju neko preduzeće ili ih je poslodavac otpustio, treba da mogu, naravno, da pronađu nov posao.
2 Zato uverenje o zaposlenju ne sme sadržati negativne ocene.
3 Ali mnogo toga što nije napisano u tekstu se može pročitati *(se čita)* između redova!
4 "Gospođa A. je uvek s naročitom tačnošću gledala *(radno vreme posmatrala s posebnom tačnošću)* na radno vreme."
5 Tačno u pet do četiri je već isključivala svoj računar i sasvim obučena čekala na vratima kancelarije.
6 "Svojim smislom za humor, gospodin B. je često pravio dobru atmosferu u svom odeljenju."

③ **sorgen für**, *brinuti se za, preuzeti odgovornost za, postarati se za*: **Sie sorgt für ihre Familie**, *Ona se stara za porodicu.* **Ein guter Chef sorgt für ein angenehmes Arbeitsklima**, *Dobar šef nastoji da radna atmosfera bude prijatna.* **Er sorgt dafür, dass alle wissen, was sie zu tun haben**, *Pobrinuo se da svako zna šta treba da radi.* Mais **Er sorgt sich um seine Karriere**, *Zabrinut je za svoju karijeru.*

27 **7** Der hat dauernd Witze erzählt und damit die anderen Angestellten ④ bei der Arbeit gestört!

8 „Frau C. ist uns als außergewöhnlich kontaktfreudig aufgefallen."

9 Die hat stundenlang mit ihrem Handy ⑤ herumtelefoniert oder mit irgendwelchen Leuten im Internet gechattet.

10 „Herr D. hat jede Gelegenheit genutzt, um seine ganz besondere Begabung für Teamarbeit zu beweisen."

11 Der hat es meistens irgendwie geschafft, seine Arbeit von den anderen erledigen zu lassen.

12 „Bei Diskussionen, in denen es um die Arbeitsbedingungen oder um Probleme im Betrieb ⑥ ging, hat sich Frau E. stets sehr engagiert gezeigt."

Pojašnjenje izgovora

12 engagiert *[əngaži:rt]*: izgovorite *[en]* malo kroz nos, da dobijete nazalni vokal, a drugo **g** kao *[ž]*.

Napomene

④ **der/die Angestellte**, *službenik/ca* pripada onim imenicama koje se po padežima menjaju kao pridevi; **der/die Arbeiter/in**, *radnik/-ca*; **der/die leitende Angestellte**, *rukovodeći kadar*; **die Führungskraft**, *upravljački kadar*.

⑤ Mnogi germanofoni misle da je reč **Handy**, *mobilni telefon*, engleskog porekla, a ne znaju da ga jedino oni tako zovu. Ipak, istina je da se nemački jezik uopšteno pokazao prilično prijemčiv kada su u pitanju anglo-američki izrazi, do te mere da je stvoren «varvarski» jezik nazvan **"Denglisch"**. Taj žargonski jezik je osvojio poslovni svet (gde se samo mogu čuti reči poput **Team**, **Meeting**, **Boss**, **Top-Manager** ili **Reporting**...), svet medija (**der Computer**, **der Scanner**, **der Chat**, **on-line**, **off-line**, **chatten**...), ali i onaj koji se tiče

7 Neprestano je pričao viceve, smetajući tako *(s tim)* ostalim kolegama u poslu!

8 "Gospođa C. nas je zadivila svojim izvanrednim darom za uspostavljanje kontakta."

9 Satima je mobilnim telefonom okolo razgovarala *(okolo telefonirala)* ili je ko zna s kim četovala preko interneta.

10 "Gospodin D. je koristio svaku priliku da dokaže svoj poseban dar da radi u timu."

11 Većinu vremena bi uspevao, na ovaj ili onaj način, da svoj posao da drugima da mu ga urade.

12 "U razgovorima *(prilikom razgovora)* koji su se odnosili na *(u kojima je bilo reči o)* uslove rada ili probleme u preduzeću, gospođa E. je uvek bila veoma aktivna *(angažovana)*."

svakodnevnog života, posebno posredstvom reklama od kojih neke za određene proizvode sasvim otvoreno izbegavaju nemački jezik.

⑥ Ako govorimo o "preduzeću" u celini, najčešće se, bez neke velike razlike, koriste sledeći izrazi: **Unternehmen**, **Firma**, **Gesellschaft** ili **Betrieb**. Za ekonomiste, svaka od ovih reči upućuje na poseban aspekt preduzeća, npr. na aktivnosti kojim se to preduzeće bavi: **das Unternehmen**, *preduzeće, organizacija*; na ime: **die Firma**, *firma, kompanija*; na pravni oblik: **die Gesellschaft**, *udruženje*; na proizvodnu aktivnost: **der Betrieb**, *preduzeće*. Ovaj poslednji izraz se najradije koristi kad ljudi govore o svom radnom mestu: **Heute hatte ich Probleme im Betrieb**, *Danas sam na poslu/u firmi imao problema*. Ako želimo da govorimo o svojoj firmi sa dozom prezrivosti, koristićemo reč **der Laden**, doslovno "dućan, prodavnica": **In diesem Laden werde ich nicht länger bleiben!** *U ovoj firmi neću još dugo ostati!*

27 **13** Jedes Mal wenn es etwas zu meckern ⑦ gab, war sie gleich mit dabei.

14 „Herr G. hat uns durch seine Informatik-Kenntnisse erlaubt, die Schwächen in unseren Kontroll- und Sicherheitssystemen zu entdecken."

15 Er hat die Geheimkodes und die Kennwörter geknackt ⑧, die wir installiert hatten, damit unsere Angestellten nicht die ganze Zeit im Internet herumsurfen.

16 „Wir bedauern, in Zukunft auf die Mitarbeit von Herrn X verzichten zu müssen."

17 Das heißt im Klartext: Wir sind froh, ihn loszuwerden! □

15 U govoru nećemo izgovoriti -s u reči **Geheimkodes**; reč **herumsurfen** *[hèrumsurf'n]*, **surfen** izgovorite «po engleski».

Napomene

⑦ **meckern**, je glas kojim se oglašava koza, drugim rečima *meketati* (u srpskom koze «kažu» *"meeee"*, a slično je i u nemačkom

***

Übung 1 – Übersetzen Sie bitte!

❶ Der Chef meckert, wenn nicht alle um Punkt sieben mit der Arbeit beginnen. ❷ Leider habe ich den PIN meines Handys verloren und kann es nicht mehr benutzen. ❸ Sie wollte diesen Kollegen, der dauernd Witze erzählte, loswerden. ❹ Keines der Sicherheitssysteme, mit denen man in meinem Betrieb arbeitet, funktioniert richtig. ❺ Ich bedaure, aber Ihr Arbeitszeugnis enthält keine besonders positiven Beurteilungen!

13 Kad god je bilo povoda da se na nešto žali, odmah bi uzela učešće.
14 "Zahvaljujući *(Kroz)* svom poznavanju informatike, gospodin G. nam je omogućio da otkrijemo slabosti našeg sistema kontrole i bezbednosti."
15 Provalio je tajne kodove i lozinke koje smo instalirali kako naši službenici ne bi provodili vreme surfujući *(i gde treba i gde ne treba)* po internetu.
16 "Žalimo što ćemo u budućnosti morati da se odreknemo saradnje s gospodinom X."
17 Da budemo jasni to znači *(to znači jasno)*: drago nam je što ćemo ga se otarasiti!

„Mäh-mäh-mäh"). U govornom jeziku glagol **meckern** znači *gunđati, žaliti se, besneti.*

⑧ **knacken**, *krckati, slomiti*; **eine Nuss knacken**, *krckati orah*; **einen Geldschrank knacken**, *obiti sef*; **einen Kode knacken**, *provaliti šifru.*

***

Rešenje vežbe 1

❶ Šef gunđa ako svi ne počnu da rade tačno u sedam sati. ❷ Nažalost, izgubio sam PIN svog mobilnog i ne mogu više da ga koristim. ❸ Želela je da se otarasi tog kolege koji je neprestano pričao viceve. ❹ Nijedan bezbednosni sistem s kojim se radi u mojoj firmi ne radi kako treba. ❺ Žao mi je, ali vaše uverenje o zaposlenju ne sadrži naročito pozitivne ocene!

27

Übung 2 – Ergänzen Sie bitte!

❶ Imala je dara da uvek napravi dobru atmosferu u svom timu.
Sie hatte . . . . , in . . . . stets . . . . zu . . . .

❷ Od svih naših zaposlenih očekujemo tačno poštovanje radnog vremena.
Wir . . . . von allen . . . . eine . . . . der Arbeitszeiten.

❸ Rasprave koje traju satima u vezi uslova rada u ovom preduzeću ne služe nikome.
Die . . . . Diskussionen . . . . die . . . . in diesem . . . . niemand.

❹ Kad poslodavac otpusti zaposlenog, mora mu dati uverenje o zaposlenju.
Wenn ein . . . . einen . . . . , muss er . . . . geben.

❺ Tražimo saradnicu sa smislom za humor [i] kadru da podnese šefa koji često gunđa i nije nikad zadovoljan.
Wir suchen eine . . . . mit Humor, die . . . . . ist, einen . . . . ertragen, der . . . . und der . . . . ist.

Rešenje vežbe 2

❶ – die Begabung – ihrem Team – für gute Stimmung – sorgen
❷ – erwarten – unseren Angestellten – pünktliche Einhaltung –
❸ – stundenlangen – über – Arbeitsbedingungen – Betrieb nutzen –
❹ – Arbeitgeber – Arbeitnehmer entlässt – ihm ein Arbeitszeugnis –
❺ – Mitarbeiterin – fähig – Vorgesetzten zu – oft meckert – nie zufrieden –

Možda imate poteškoća da zapamtite sve novine koje vidite u svakoj lekciji? Nemojte se suviše oslanjati na spisak reči koji ćete napamet naučiti; mnogo je lakše zapamtiti reči kad su smeštene u neki kontekst. Zato je toliko važno da slušate – ili ponovo pročitate – pa i više puta i potom da ponovite rečenice dijaloga: one će reči smestiti u "priču", dati im smisao koji će ih vezati za smisao drugih reči – i kad zapamtite jednu reč, druge će se same nadovezati, kao karike u lancu. Ne dopustite da vas ogorčenje savlada. Zapravo, ponekad je jutro pametnije od večeri, **Die Nacht bringt Rat**. *A ono što nismo uspeli uveče da zapamtimo, sutradan ćemo se setiti bez napora.*

28 Achtundzwanzigste Lektion

Zusammenfassung – Ponavljanje

1 Deklinacija prideva

1.1 Oznaka padeža (i roda)

Pridev kao atribut dobija oblike (nastavke) karakteristične za rod, broj i padež imenice ispred koje stoji – u zavisnosti da li se ispred njega nalazi ili ne nalazi član koji nosi "oznaku padeža".
Ovim izrazom označavamo nastavke karakteristične za određeni član u različitim padežima:
Nominativ: (jednina) **der**, **die**, **das**; (množina) **die**;
Akuzativ: (jednina) **den**, **die**, **das**; (množina) **die**;
Dativ: (jednina) **dem**, **der**, **dem**; (množina) **den**;
Genitiv: (jednina) **des**, **der**, **des**; (množina) **der**.
Ostali članovi, npr. **dieser**, **jener**, **welcher**, imaju iste oblike.

Neodređeni član **ein** karakteriše odsustvo "oznake padeža" u nom. muškog i srednjeg roda i u ak. srednjeg roda. Svi ostali oblici (nastavci) su isti kao nastavci za određeni član. Odsustvo "oznake padeža" je u tekstu dole obeleženo znakom Ø.
Ostali članovi imaju iste oblike kao i **ein**, npr. **kein**, **mein**, **dein**, **sein**, **ihr**, **unser**, …

N.B. Možda imate naviku da **mein**, **dein**, **sein**… nazivate "zamenicama (prisvojnim)". Mi bismo više voleli da koristite termin "član (prisvojni)" pošto se te reči ponašaju baš kao i neodređeni član **ein**. Imajući ovu činjenicu na umu, lakše ćete razumeti njihovu promenu po padežima kao i promenu prideva kao atributa ispred kojeg stoje!

Što se tiče prideva kao atributa, moguća su tri slučaja:
– Ispred njega se ne nalazi nikakav član: tad pridev nosi "oznaku padeža", npr. **Ø kleiner Zwerg** (nom. muškog roda); **Ø schönes Wetter** (nom./ak. srednjeg roda); **in Ø kurzer Zeit** (dat. ženskog roda).
– Član koji mu prethodi nema "oznaku padeža": u tom slučaju oznaku padeža uvek nosi pridev, npr. **einØ kleiner Zwerg** (nom.

muškog roda); **kein∅ schönes Wetter** (nom./ak. srednjeg roda).
– Član koji mu prethodi, nosi "oznaku padeža": pridev se tada menja po takozvanoj "slaboj" deklinaciji: dodaje se **-e** u nom. muškog/ženskog/srednjeg roda i u ak. ženskog/srednjeg roda, i **-en** u svim ostalim padežima. Evo primera: **der kleine Zwerg** (nom. muškog roda); **das schöne Wetter** (nom./ak. srednjeg roda); **in dieser kurzen Zeit** (dat. ženskog roda); **die guten Noten** (nom./ ak. množine).

Postoji još jedan slučaj, ali je on prilično redak: u gen. muškog ili srednjeg roda, sama imenica nosi "oznaku padeža", odnosno ima nastavak -(e)s. Pridev kao atribut se onda, logično, menja po slaboj deklinaciji. Na primer: **wegen ∅ schlechten Wetters** (gen. srednjeg roda), *zbog lošeg vremena*.

Kad se više prideva nalazi u nizu, svi se menjaju po istom modelu: **der gute**, **kleine**, **fleißige Zwerg**; **ein∅ guter**, **kleiner**, **fleißiger Zwerg**.

1.2 Poimeničeni pridevi

Tako nazivamo zajedničke imenice koje su nastale od prideva: **„schlecht"** → **Er gehört zu den Schlechten**; **„traurig"** → **Sie hat etwas Trauriges erlebt**.
Neki od ovih poimeničenih prideva su postali prave zajedničke imenice:
„vorgesetzt" (*koji je hirerarhijski viši*) → **der/die Vorgesetzte**; **„untergeben"** (*koji je hijerarhijski podređen*) → **der/die Untergebene**; **„angestellt"** (*namešten*) → **der/die Angestellte**.
Isti je slučaj i sa imenicom Nemci koja je nastala od prideva: **deutsch** → **der/die Deutsche**, **die Deutschen**.
Zajedničke imenice nastale po ovom modelu se ponašaju kao pridev koji prethodi imenici, pa se u skladu s tim i menjaju po padežima na isti način:
– Ukoliko ispred njih stoji član koji nosi "oznaku padeža", dodaju **-e** ili **-en**: **der Vorgesetzte**; **dem/ einem Vorgesetzen**; **das Beste**; (mn.) **die Deutschen**.
– Ukoliko nema člana ili član ne nosi "oznaku padeža", pridev će ga poneti.

28 Npr.: **ein Vorgesetzter**; **mein Bestes**; (mn.) **Deutsche**.
Kad se ispred tih poimeničenih prideva nalazi pridev kao atribut, onda obe reči dobijaju iste nastavke:
der neue Vorgesetzte; **ein neuer Vorgesetzter**; **junge Deutsche**.

2 Red reči u rečenici u nemačkom jeziku

2.1 *"Satzklammer"*

Die Klammer ujedno znači *zagrada* i *klešta*. Ova slika prilično dobro opisuje glavnu karakteristiku nemačke rečenice (i delova unutar nje): poput klešta, s jedne strane kraka se nalazi glagol u ličnom glagolskom obliku, a s druge element koji je u najtešnjoj vezi s glagolom, i koji se uglavnom nalazi na kraju rečenice.

Za upitnu totalnu i zapovednu rečenicu, «klešta» su kao stvorena: ona među svojim kracima drže sve druge delove rečenice.
Betrachten Sie sich eher als Einzelkämpfer? *Da li više vidite sebe kao slobodnog strelca?*
Sprechen Sie lieber nicht von Ihren Schwächen! *Bolje nemojte govoriti o svojim slabim stranama!*
U parcijalnoj upitnoj rečenici i izjavnoj rečenici, (samo!) se jedan element nalazi ispred levog kraka klešta, smeštajući tako glagol u ličnom glagolskom obliku na 2. mesto:
Warum wollen Sie Ihre jetzige Stelle verlassen? *Zašto želite da napustite sadašnji posao?*
Ich wurde dann am Ende meiner Probezeit sofort befördert. *Po isteku probnog perioda, odmah sam dobio unapređenje.*

O kakvoj god vrsti (glavne) rečenice bilo reči, dodavanje drugih elemenata u rečenicu može da se "izvede" samo dodatnim "otvaranjem" klešta:
Betrachten Sie sich wirklich eher als Einzelkämpfer?
Ich wurde dann am Ende meiner Probezeit sofort von meinem Chef befördert.

Umeti odrediti ova dva kraka klešta je od suštinske važnosti za «orijentaciju» unutar rečenice i prvi su korak ka razumevanju. Sve dok ne saznamo šta se nalazi s desne strane klešta, nećemo biti sigurni u kom pravcu će nas rečenica odvesti:
Ich wurde am Ende meiner Probezeit sofort von meinem Chef... entlassen (*otpušten*). Ovo sve menja, zar ne?

2.2 Element na prvom mestu (izjavna rečenica)

Što se tiče uvodnih reči u rečenici, tu imamo veliku slobodu izbora. Na prvo mesto, ispred glagola u ličnom glagolskom obliku, govornik može da stavi element kojim će usmeriti sagovornikovu pažnju kao u sledećim primerima:

• Jednostavno objavljuje o čemu će se raditi u rečenici, (odnosno) subjekat, npr. **Er soll keine guten Noten gehabt haben**. Samo pazite! Subjekat može biti proširena imenička grupa:
Der Mann, der die Natur des Lichts erklärte, soll ein schlechter Schüler gewesen sein, *Čovek, koji je objasnio prirodu svetlosti, bio je, kažu, loš đak.*
… ili cela zavisna rečenica:
Dass Albert Einstein so populär ist, hat besonders zwei Gründe, *Tolika Ajnštajnova popularnost ima dva posebna razloga.*

• Privlači pažnju na jedan posebni deo rečenice, npr. na pravi (ili nepravi) objekat:
Mein Abitur bestand ich mit der Durchschnittsnote Eins, *Maturu sam položio sa prosečnom ocenom jedan.*

• Smešta iskaz u kontekst koristeći prilog ili priloški odredbu (za mesto, vreme…):
Damals/In der Schule war ich immer der beste Schüler, *U to doba/U školi, uvek sam bio najbolji đak.*
... ili zavisnu rečenicu:
Wenn die Leute am nächsten Morgen aufwachten, war das Brot fertig gebacken, *Kad bi se ljudi sutradan ujutru probudili, hleb bi bio ispečen.*

• Uspostavlja vezu s onim što se nalazi ispred, najčešće pomoću priloga:
Daran ist einiges richtig, *U svemu tome ima istine.*

• Stavlja prividni subjekt **Es** na 1. mesto – čime "povećava napetost" (najavljuje pravi subjekt o kojem će možda kasnije govoriti):
Es kamen nämlich in der Nacht kleine, fleißige Zwerge, *Naime, dolazili su noću, vredni patuljci.*

28 Primetićete da se subjekat, kada ne zauzima prvo mesto u rečenici, najčešće nalazi odmah iza glagola u ličnom glagolskom obliku (osim u poslednjem primeru).
Za svaku od gore navedenih rečenica možemo odabrati drugačiju «strategiju» i drugi element koji bi došao na prvo mesto – pod uslovom da ne diramo glagol u ličnom glagolskom obliku i ne kršimo pravilo: ispred glagola u ličnom glagolskom obliku može doći samo jedan element!

Dialog zur Wiederholung

1 – Gut, Sie möchten sich also um diese Stelle bewerben.
2 Ihr Lebenslauf sieht ja ganz interessant aus.
3 Was betrachten Sie denn als Ihre wichtigste berufliche Erfahrung?
4 – Sicher werde ich später auf diese Frage immer antworten: Meine Tätigkeit hier in Ihrem Unternehmen.
5 – Worin sehen Sie Ihre beste und worin Ihre schlechteste Eigenschaft?
6 – Ich glaube, ich habe eine Eigenschaft die beides ist: Meine Bescheidenheit.
7 – Welche der Anforderungen, die in der Stellenanzeige genannt werden, erfüllen Sie nicht ganz?
8 – Meine Gehaltsforderungen sind sicher nicht hoch genug für diese verantwortungsvolle Aufgabe.
9 – Wobei waren Sie in Ihrem Leben besonders erfolgreich?
10 – Bei Bewerbungsgesprächen habe ich immer auch auf die schwierigsten Fragen eine Antwort gefunden.
11 – Besitzen Sie irgendeine Fähigkeit oder Begabung, auf die Sie besonders stolz sind?

Obratite pažnju da prividni subjekt **Es** nestaje kad se na prvom mestu nalazi neki drugi element: In der Nacht **kamen nämlich kleine, fleißige Zwerge**.

12 – Ja, ich erkenne sofort, ob Vorgesetzte auch die notwendigen Führungsqualitäten haben.
13 – Und welche Ziele haben Sie noch nicht erreicht?
14 – Ich würde gerne mal in Ihrem Sessel sitzen und Ihnen diese Fragen stellen.
15 – Gut… Sie hören dann von uns.

Prevod

1 Dobro, želeli biste, dakle, da se prijavite za taj posao. **2** Vaša biografija je prilično zanimljiva. **3** Onda, šta mislite koje je vaše najvažnije poslovno iskustvo? **4** Kasnije ću sigurno odgovoriti na pitanje: moj posao ovde, u vašem preduzeću. **5** Po vašem mišljenju, koja vam je najveća vrlina, a koja najveća mana *(u čemu vidite vašu najbolju, a u čemu najgoru osobinu)*? **6** Mislim da imam jednu osobinu koja je oba istovremeno: skromnost. **7** Koji od zahteva navedenih u oglasu za posao ne ispunjavate u potpunosti? **8** Plata koju tražim *(Moj zahtev za platu)* sigurno nije dovoljno visoka za ovo odgovorno mesto. **9** U čemu ste u životu posebno uspeli? **10** Prilikom razgovora za posao, uvek sam pronalazio odgovor i na najteža pitanja. **11** Imate li neke veštine ili talenat na koji ste posebno ponosni? **12** Da, odmah prepoznam da li nadređeni ima neophodne osobine da rukovodi. **13** A koje ciljeve još niste dostigli? **14** Veoma bih voleo da makar jednom sedim na vašem mestu i ja vama postavljam pitanja. **15** Dobro… Javićemo vam se.

29 Neunundzwanzigste Lektion

Beim Arzt: Der Nächste bitte!

1 – So… der Nächste bitte… Sie sind also Herr Schneider… Was fehlt Ihnen denn? ①
2 – Tja, ehrlich gesagt, Herr Doktor ②, das weiß ich auch nicht. Ich wollte mich einfach mal untersuchen lassen.
3 – Aha! Und haben Sie irgendwelche Beschwerden? Fieber? Tut Ihnen etwas weh?
4 – Also, Fieber habe ich nicht gemessen, und Schmerzen habe ich auch keine – außer mal Muskelkater ③, nach dem Sport.

Napomene

① **fehlen**, *nedostajati, faliti*. Često je prvo pitanje lekara: **Was fehlt Ihnen denn?** *Na šta se žalite?* (doslovno "Šta vam nedostaje/fali?" da budete zdravi). U odgovoru na to pitanje, opisuju se tegobe: **Mir geht es nicht gut, mir tut der Bauch weh**, *Nije mi dobro, boli me stomak.*

② Za obraćanje nadležnim licima ili državnim službenicima, ljudima s vojnim činom kao i pripadnicima pojedinih zanimanja (koja uživaju izvestan društveni prestiž), dovoljno je reći **Herr/Frau** + funkcija, čin, titula… (bez dodavanja prezimena): **Herr Minister**; **Frau Bundeskanzlerin**; **Herr General**; **Herr/Frau Direktor**; **Herr/Frau Professor**, i **Herr/Frau Doktor**. Ovde, **Doktor** ne odgovara akademskoj tituli (**Dr.**) već zanimanju lekara. Na tabli lekara opšte prakse, najčešće ćete videti sledeći natpis: **Dr. med. K. Kiefer - Praktischer** ▸

Dvadeset deveta lekcija 29

Kod lekara: Sledeći, molim!

1 – Dobro… Sledeći, molim… Vi ste gospodin Šnajder… Onda, na šta se žalite *(šta vam fali)*?
2 – Pa, doktore, iskreno rečeno, ni ja ne znam. Samo sam želeo da me pregledate.
3 – Dobro! Imate li kakvih tegoba? Temperaturu? Da li vas nešto boli?
4 – Pa, nisam merio temperaturu, a i ništa me ne boli *(nemam nikakvih bolova)* – osim što ponekad imam upalu mišića *(osim ponekad upale mišića)* posle sporta.

Arzt / Praktische Ärztin, *lekar opšte prakse* (**Dr. med.** = **Doktor der Medizin**). U prošlosti je običaj obraćanja ljudima njihovim zvanjem ili zanimanjem bio mnogo rašireniji. Obično se govorilo **Herr Ingenieur**, *gospodine inženjeru*; **Herr Wachtmeister**, *gospodine policajče*. U Austriji je ovaj običaj i danas raširen.

③ **der Kater**, *mačor, mačak*, nije odgovoran za **der Muskelkater**, *upalu mišića*, ni za **der Kater** na koji se žalimo sutradan nakon pijanke: **Ich habe einen Kater!** *Mamuran sam!* Reč je zapravo o germanizaciji medicinskog izraza "katar", koja označava bolest respiratornih puteva.

29

5 – Nun, dann wollen wir ④ mal den Blutdruck messen… wenn Sie bitte Ihren Arm frei machen… mhm… zwölf-acht, völlig normal.

6 Gut… Dann atmen Sie jetzt mal tief ein ⑤… Ja, noch mal… Also Lunge und Herz scheinen auch ganz in Ordnung.

7 Hatten Sie irgendwann schon mal einen Unfall oder eine schwere Operation?

8 – Nein, das heißt… nur 'ne Blinddarmentzündung, als ich sechs Jahre alt war.

9 – Appetit, Verdauung und Schlaf… kein Problem?

10 – Nein, da kann ich nicht klagen.

11 – Leiden Sie unter Migräne? ⑥ Ist Ihnen manchmal schlecht? Sind Sie häufig erkältet? ⑦

12 – Na ja, ab und zu mal ein kleiner Schnupfen oder Husten, aber das ist eigentlich alles.

13 – Und im Beruf und privat? Läuft da alles, wie es soll?

Napomene

④ Kao i u srpskom, **wir** ima pomalo pokroviteljski, popustljiv ton kojim se često lekari ili osoblje obraćaju bolesnicima koje leče i neguju: **Wie geht es uns denn heute?** *Kako smo danas?* **Haben wir denn schon unsere Medikamente genommen?** *Jesmo li već popili lekove?*

⑤ **atmen**, *disati*; **einatmen**, *udahnuti*; **ausatmen**, *izdahnuti*; **der Atem**, *dah*.

⑥ **leiden**, *patiti, trpeti, bolovati, izdržati, stradati*: **Er hat Schmerzen, er leidet sehr**, *U bolovima je, mnogo pati*; **Sie leiden Hunger**, *Mori ih glad*. **Leiden unter** (+ dat.), *trpeti, patiti zbog nekog bola, imati bolove...*: **Er leidet unter**

5 – Sad ćemo vam izmeriti *(krvni)* pritisak… molim vas zavrnite rukav *(oslobodite vašu ruku)…* mhm… dvanaest - osam, sasvim normalan.
6 Dobro… Sad udahnite duboko… Još jednom… Sve je u redu s plućima i srcem *(Pluća i srce takođe izgledaju u redu).*
7 Jeste li nekad u prošlosti doživeli neku nesreću ili [imali] tešku operaciju?
8 – Ne, to jest… samo upalu slepog creva, kad sam imao šest godina.
9 – Apetit, varenje, *(i)* san… nemate [s tim] problema?
10 – Ne, ne mogu se požaliti.
11 – Patite li od migrena? Imate li katkad mučnine? Jeste li često prehlađeni?
12 – Pa, ponekad neka kijavica ili kašalj, ali to je u suštini sve.
13 – A na profesionalnom i privatnom planu? Sve ide kako treba?

Bauchschmerzen, *Oseća bolove u stomaku / Boli ga stomak.* **Leiden an** (+ dat.), *bolovati, biti napadnut nekom bolešću*: **Sie leidet an einer schlimmen Krankheit**, *Boluje od ozbiljne bolesti.* Pazite samo: treba razlikovati **das Leid** (osećanje), *bol, nesreća, tuga*, od **das Leiden** (fizički osećaj), *bol, patnja, bolest.*

⑦ **Sich erkälten**, *prehladiti se, nazebsti*, **erkältet sein**, *biti prehlađen* i/ili *osećati bol u grlu.* Ako osećate mučninu, reći ćete: **Mir ist schlecht**, *Muka mi je / Loše mi je.*

29

14 – Ja, alles in Ordnung.

15 – Also, Herr Schneider! Sie sind kerngesund ⑧! Aber das scheint Sie nicht zu beruhigen?

16 – Die meisten Leute, mit denen ich zu tun habe, klagen über irgendwelche Leiden: Rheuma, Heuschnupfen, Rückenschmerzen…

17 – Ja, und?

18 – Von denen höre ich dauernd: Pass auf! Keine Beschwerden sind vielleicht das Symptom einer besonders schlimmen Krankheit.

19 – Mhm… Herr Schneider, ich verschreibe Ihnen hier ein altes Hausmittel ⑨: zwei Löffel frisches Wasser, drei Mal pro Tag.

20 – Aha! Und wogegen soll das gut sein?

21 – Gegen die Krankheiten ohne Beschwerden. Aber bei manchen Patienten hilft es leider nicht. □

Napomene

⑧ **der Kern**, *jezgro, koštica*; **kerngesund sein**, bi dakle značilo *biti zdrav "do koštice"*, odnosno: *biti savršeno zdrav, biti zdrav kao dren*. U fizici nas zanima **Atomkern**, *atomsko jezgro*, čija fisija stvara **die Kernenergie**, *nuklearnu energiju*.

⑨ **das Hausmittel**, *tradicionalni lek* (koji se pravi/koristi kod kuće), *bapski, narodni lek*, lek u koji suviše ne verujemo; **das Heilmittel** (doslovno "sredstvo za ozdravljenje"), *lek*. Mnogi Nemci su pristalice **das Naturheilmittel**, *prirodnog leka*. Zvanična medicina smatra da je najpouzdaniji **das Medikament**, *lek*, koji je lekar prepisao na **das Rezept**, *recept*. Ista reč **das (Koch)Rezept** označava (*kuhinjski) recept*. Samo nemojte očekivati da ćete pronaći posebno dijetalna jela! U nemačkoj kuhinji se ceni meso u sosovima i šlag na kolačima!

14 – Da, sve je u redu.
15 – Pa, gospodine Šnajder, zdravi ste k'o dren! Ali izgleda da vas to nije umirilo?
16 – Većina ljudi s kojima imam dodira *(posla)*, se žali na svakojake boljke *(muke)*: reumatizam, alergiju, bol u leđima…
17 – Da, i?
18 – Stalno mi ponavljaju *(Od njih neprestano slušam)*: Vodi računa! Nemati nikakvih tegoba je možda simptom neke posebno ozbiljne bolesti.
19 – Mhm… Gospodine Šnajder, prepisaću vam stari domaći recept: dve kašike sveže vode triput dnevno.
20 – A protiv čega je to *(za šta bi to bilo dobro)*?
21 – Protiv bolesti bez tegoba. Ali nekim pacijenatima to nažalost ne pomaže.

29 **Übung 1 – Übersetzen Sie bitte!**

❶ Mit diesem Hausmittel werden Sie keine Beschwerden mehr haben. ❷ Wenn Sie erkältet sind, sollten Sie am besten gleich mal Ihr Fieber messen! ❸ Wogegen hat man dir dieses Mittel verschrieben? – Es soll gut gegen Husten sein. ❹ Viele Patienten, die zu mir kommen, leiden an Migräne. ❺ Seit diesem Unfall habe ich hier dauernd Schmerzen.

Übung 2 – Ergänzen Sie bitte!

❶ Nekome ko se neprestano žali na svakojake tegobe, sigurno nije ništa *(sigurno nije ništa ozbiljno)* .

Jemand, ... über . . . . , hat sicher . . . .

❷ Ako vam je često muka, morali biste otići na pregled *(morali biste se pregledati)*!

Wenn . . . . . oft . . . . , sollten . . . . mal . . . . !

❸ Protiv takvih bolesti ništa nije delotvorno, nažalost čak ni dobri stari bapski lekovi.

. . . . hilft . . . . , auch nicht die . . . .

Rešenje vežbe 1

❶ S ovim domaćim lekom više nećete osećati tegobe. ❷ Ako ste se prehladili, prvo biste morali izmeriti temperaturu! ❸ Protiv čega su ti prepisali taj lek? – Prema onome što kažu, dobar je protiv kašlja. ❹ Mnogi pacijenti koji kod mene dolaze pate od migrena. ❺ Od te nesreće, stalno me ovde boli.

❹ Pacijent kojem je lekar prepisao dve kašike sveže vode dnevno je ponovo zdrav k'o dren.
Der . . . . , . . . der . . . . zwei Löffel Wasser . . . . hatte, ist . . . .

❺ Mogu vas umiriti: srce i pluća su vam sasvim u redu.
Ich kann . . . . : . . . . und . . . . . sind auch . . . .

Rešenje vežbe 2

❶ – der dauernd – irgendwelche Beschwerden klagt – nichts Schlimmes ❷ – Ihnen – schlecht ist – Sie sich – untersuchen lassen ❸ Gegen solche Krankheiten – leider nichts – guten alten Hausmittel ❹ – Patient, dem – Arzt – pro Tag verschrieben – wieder kerngesund ❺ – Sie beruhigen – Herz – Lunge – völlig in Ordnung

30 Dreißigste Lektion

Zwei seltsame Krankheiten

1 Zwei seltsame Krankheiten scheinen in deutschen Landen ① besonders verbreitet zu sein.
2 Hier leidet man nicht nur unter Bauchweh, Kopfweh, Halsweh oder Zahnweh ②, sondern auch an Heimweh und an Fernweh ③.
3 Beide Leiden sind miteinander wie siamesische Zwillinge verbunden:
4 Verbessert sich das eine, so verschlimmert sich das andere. Will man das eine heilen, muss man das andere ertragen. ④
5 Welches der beiden weh tut, hängt davon ab, wo man sich gerade befindet.

Napomene

① **deutsche Lande**, *nemačke zemlje (nemačkog govornog područja)*: ovaj izraz je pomalo zastareo, ali dobro odgovara nemačkoj stvarnosti. Ne zaboravite da je Nemačka sastavljena od različitih **Länder**, od kojih neke odgovaraju istorijskim oblastima-državama s veoma jakim identitetom – da ne govorimo o Austriji i germanofonom delu Švajcarske… Dakle, prilično je umesno govoriti u množini.

② **das Weh**, *bol, bolest*; reč pripada govornom jeziku kad se odnosi na fizički bol poput **Bauchweh** ili **Kopfweh**; **weh tun**, *boleti*. Zamenićemo je rečju **der Schmerz(en)**, *bol*, kada je razgovor formalniji: **Bauchschmerzen**, **Kopfschmerzen**…, ili sa **das Leiden**, kad se uopšteno govori o patnji ili bolesti. ▸

Trideseta lekcija 30

Dve čudne boljke

1 Izgleda da su dve čudne boljke posebno rasprostranjene u nemačkim zemljama.
2 U njima se ne boluje samo od stomaka, glave, grla ili zuba, već i od nostalgije i čežnje za udaljenim krajevima.
3 Obe bolesti su jedna s drugom povezane kao sijamski blizanci:
4 kad jedna krene na bolje, druga se pogorša. Ako želimo da se izlečimo od jedne, moramo podnostiti drugu.
5 Koja nas od te dve tišti, zavisi od toga gde se nalazimo.

▸ ③ **das Heimweh**, *nostalgija, tuga za zavičajem*; **das Fernweh**, *čežnja za daljinama, zov (neodoljiv) ka dalekim obzorjima*. Iako je smisao obe reči prilično lako shvatiti, odjek koji one imaju u nemačkom jeziku je nešto teže odgonetnuti. Zato smo zadržali nemačke reči u našem prevodu.

④ Kondicionalna zavisna rečenica na početku iskaza, može biti uvedena glagolom u ličnom glagolskom obliku koji tad zamenjuje veznik **wenn**: **Wenn sich das eine verbessert**, **verschlimmert sich das andere** → **Verbessert sich das eine**, **verschlimmert sich das andere**.

30

6 Und was dabei weh tut, versteht nur jemand, der weiß, was das Wort „Heimat” ⑤ bedeutet.

7 „Heimat” ist ein Ort mit unbestimmten Grenzen: das Dorf, die Stadt, die Gegend, die Landschaft, das Land, wo Menschen sich zu Hause fühlen, ihre Wurzeln haben.

8 Eine Welt, deren Horizont für jeden woanders beginnt und endet.

9 Für Astronauten im Weltall ⑥ erscheint die Erde als Heimat.

10 Für Kinder endet sie meistens schon dort, wo sie das Haus ihrer Eltern nicht mehr sehen.

11 Manchem wird diese Heimat zu eng,

12 und er fühlt immer schmerzhafter in sich jene ⑦ Sehnsucht nach einem „anderswo”, nach der Ferne, in der die Freiheit, die Abenteuer, vielleicht das große Glück ⑧ auf ihn warten.

Napomene

⑤ **die Heimat**: mnogi prevodi ove reči koje nam nude različiti rečnici svedoče o težini pronalaska one reči koja bi bila prava: *otadžbina, zavičaj*, *rodna gruda*, itd. Baš kao što i u reči **Heimweh**, pronalazimo deo složenice **das Heim**, *dom, kuća*. I ovde smo zadržali nemačku reč u prevodu.

⑥ **das All**, *svemir, vasiona* (vidi: **alles**, *svi*); **das Weltall/der Weltraum**, *svemir, univerzum, kosmos, vaseljena*. Imenica **der Raum**, *prostor* (ali isto tako *zapremina, prostorija* nekog staništa) služi za tvorbu većine reči koje se odnose na svemir: **die Raumfahrt**, *put u svemir*; **der Raumflug**, *svemirski let*; **das Raumschiff**, *svemirski brod*. ▸

6 A kakva je to muka *(šta čini tu muku)*, razume samo onaj koji zna šta reč "Heimat" znači.
7 "Heimat" je mesto nejasnih granica: selo, grad, region, krajolik, zemlja gde se ljudi osećaju kao kod kuće, gde su im koreni *(gde imaju korene)*.
8 Jedan svet čije obzorje za svakog počinje i završava se negde na drugom mestu.
9 Astronautima u svemiru, zemlja izgleda kao "Heimat".
10 Deci se, najčešće, on završava na mestu kad više ne vide roditeljsku kuću.
11 Mnogima *(Za više njih)* ovaj "Heimat" postaje suviše skučen
12 i u sebi osećaju sve bolniju čežnju za nekim drugim mestom, ka daljinama, u kojima ih očekuju sloboda, avanture [i] možda velika sreća.

⑦ Pokaznim članom (i zamenicom) **jener/jene/jenes** ukazujemo na nešto udaljeno, što se nalazi nasuprot **dieser/diese/dieses**, onome što nam je bliže (u pravom ili prenesenom značenju): **dieses Land und jenes Land**, *ova zemlja i ona zemlja*; **dieser und jener**, *ovaj i onaj*.

⑧ **das Glück**, *sreća, bogatstvo*; **jmdm. Glück wünschen**, *poželeti nekome sreću*; **Glück haben**, *imati sreće*; **sein Glück suchen**, *tražiti sreću*. Ne zna se baš zasigurno šta nam obećava **das große Glück**: *bogatstvo*, *moć* ili *sreću*. U nemačkom postoji i reč **die Chance** koje ima isto značenje kao i u srpskom: **(k)eine Chance haben**, *(nemati)/ imati šanse* (da se u nečemu uspe).

30 **13** Doch je weiter ihn dieses Fernweh von zu Hause weg in die Fremde führt, desto mächtiger wird die Sehnsucht nach der Heimat: das Heimweh.
14 Glauben Sie nicht, dass die Deutschen ein unfehlbares Mittel gefunden haben, um überall auf der Welt unglücklich zu sein.
15 Sie sind nun mal so! Immer etwas gespalten, mit Gefühlen, die sich widersprechen.
16 Immer wollen sie dieses und jenes zugleich.
17 Nicht umsonst ⑨ lässt Goethe seinen Faust erklären: „Zwei Seelen wohnen, ach, in meiner Brust". □

Napomene

⑨ **umsonst**, *besplatno, uzalud, badava, džabe*; **nicht umsonst**, *nije uzalud/badava*. Istinu govoreći, ne razdire Fausta, ličnost iz jednog od najvećih Geteovih dela, nepomirljivost između **Heimweh** i **Fernweh**, već su u njemu sukobljene težnja ka svetu znanja, duhovnosti i uzvišene ljubavi sa zemaljskim željama za priznanjem, bogatstvom i telesnom ljubavi.

***

Übung 1 – Übersetzen Sie bitte!

❶ Das Kind scheint unglücklich zu sein und an Heimweh zu leiden. ❷ Je mehr Grenzen es in der Welt gibt, desto weniger Freiheit gibt es für die Menschen. ❸ Wo das Weltall beginnt und wo es endet, das weiß niemand. ❹ Die Sehnsucht ist eine Krankheit der Seele, die man nicht heilen kann. ❺ Kehrt man in die Heimat zurück, findet man dort manchmal das, was man in der Fremde umsonst gesucht hat.

13 Ali što ga više "Fernweh" vodi od kuće, ka stranoj zemlji, to će "Heimweh", čežnja za "Heimat", biti jača.

14 Ne verujte da su Nemci nepogrešivo pronašli način da svugde u svetu budu nesrećni.

15 Jednostavno su takvi! Uvek pomalo podeljeni između protivurečnih osećanja *(koja se protivureče)*.

16 Uvek istovremeno žele i ovo i ono.

17 Nije Gete uzalud kroz Fausta rekao: "Dve duše, avaj, u mojim grudima žive."

***

Rešenje vežbe 1

❶ Dete izgleda nesrećno i pati za domom. ❷ Što je više granica u svetu, ljudi su manje slobodni *(ima manje slobode za ljude)*. ❸ Niko ne zna gde svemir počinje, a gde se završava. ❹ Nostalgija je duševna bol koja se ne može izlečiti. ❺ Po povratku u zemlju, ponekad se u njoj nađe ono što smo u inostranstvu uzalud tražili.

30 Übung 2 – Ergänzen Sie bitte!

❶ Što se duže živi u ovoj oblasti, to se čovek više oseća kao kod kuće.

.. .. man in dieser Gegend ...., ... mehr .... zu Hause.

❷ Kad ih ne bole zubi, onda ih boli glava: ti ljudi uvek boluju od nečeg!

.... sie kein ...., dann haben sie ....: diese Leute .... etwas!

❸ Pojedini smatraju celu planetu svojom “domovinom”.

...... betrachten die .... ihre ....

Danas kad se smirilo pitanje oko granica i sudbine Nemačke, emotivni naboj skriven u izrazu **Heimat** *nije tako snažan kao u prošlosti. Međutim, tragove ove reči čuvaju mnogi drugi izrazi:* **Heimatvertriebene**, razmešteno, raseljeno lice *(iz svoje domovine);* **heimatlos**, apatrid; **Heimaterde**, domovina... *Čitav , veoma popularan, kinematografski žanr –* **Heimatfilme** *– unedogled je menjao ljubavne priče i priče o izdaji u seoskoj sredini, najčešće u idiličnim predelima Bavarske ili Alpa, sinonima za, još uvek očuvan,* **Heimat**. *Jedan od najvećih nemačkih televizijskih uspeha iz 1980-1990, je serija pod nazivom* **“Heimat”**: *vrsta porodične sage o više naraštaja, obeležene privrženošću jednih za* **Heimat** *dok druge* **Fernweh** *odvodi daleko od kuće.*

Da bismo razumeli duboku vezanost za domovinu prilično skučenih dimenzija, treba se podsetiti da do kraja XIX *veka nije postojala jedna Nemačka, već bezbroj malih, srednjih i velikih nemačkih država – više stotina (!) 1800. godine – okupljene, ali nipošto uje-*

④ Dosad su ljudi uzalud u vaseljeni tražili neku novu zemlju gde bi *(na kojoj bi)* mogli živeti.

Bis jetzt hat man .... eine andere .... gesucht, ... leben ....

⑤ Koji je najbolji lek protiv bolova u stomaku?
– Zavisi od toga šta ste pojeli!

.... ist das ..... Mittel ....?
– Das ...., was Sie gegessen haben!

Rešenje vežbe 2

❶ Je länger – lebt, desto – fühlt man sich hier – ❷ Wenn – Zahnweh haben – Kopfweh – leiden immer an – ❸ Manche – ganze Erde als – Heimat ④ – umsonst im Weltall – Erde – auf der Menschen – könnten ⑤ Welches – beste – gegen Bauchweh – hängt davon ab –

dinjene, u slabe okvire Svetog rimskog carstva nemačkog naroda **Das Heilige Römische Reich Deutscher Nation**. *Prostor iz kojeg se crpeo identitet i kojem su ljudi osećali da pripadaju, bio je više lokalnog (u najvećoj meri, regionalnog) tipa za razliku od velikih država nastalih odavno poput Španije, Engleske i Francuske. Termin* **das Vaterland**, otadžbina, *se u Nemačkoj pojavio mnogo kasnije da bi ubrzo potom u njega gledali s podozrenjem zbog nemačkog nacionalizma i dva svetska rata. Poslednji je, uostalom, imao za posledicu raseljavanje više miliona ljudi iz "zemlje svojih očeva" i stvaranje, uz podelu Nemačke, dve* **"Vaterländer"**. *Reč* **Heimat** *je, dakle, bila – i ostala – način da se lično i politički nenapadno govori o svojoj "zemlji" porekla.*

31 Einunddreißigste Lektion

Der Pechvogel ①

1 – Tag, ihr beiden… Ein Glück, dass ich euch treffe!
2 – Hallo Lukas, was ist denn los?
3 – Könnte mir einer von euch mal eben sein Handy leihen? Meins ist heute Morgen kaputt gegangen.
4 – Da hast du leider Pech! Ich habe keinen Kredit mehr auf meinem und Marion hat vergessen, ihrs aufzuladen.
5 – Aber was hast du denn? Du bist ja ganz blass!

Pojašnjenje izgovora

1 Tag! se često izgovara kao *[taH]*.

Napomene

① **der Pechvogel**, doslovno "ptica zlosutnica", *koji nema sreće, baksuz*. **So ein Pech!** *Kakav baksuz!* Izraz **Pech haben** se često koristi kad hoćemo da kažemo da nismo imali sreće: **Da hast du Pech!** = **Da hast du kein Glück!** *Nemaš sreće!* Suprotna reč od **Pechvogel** je **der Glückspilz**, doslovno "šampinjon sreće", *srećković, koji ima sreće u životu*.

Trideset i prva lekcija 31

Baksuz

1 – Zdravo, vas dvoje... Sreća što sam vas sreo!
2 – Zdravo, Lukase, šta se dešava?
3 – Da li bi neko *(jedno od vas)* mogao da mi pozajmi mobilni na čas? Moj se jutros pokvario.
4 – Nemaš sreće, nažalost! Ja na mom nemam više kredita, a Marion je zaboravila svoj da napuni.
5 – Ali, šta ti je? Skroz si bled!

31 **6** – Ich habe meine Tasche ② in der U-Bahn liegen lassen ③, mit allem drin: Portemonnaie, EC-Karte, Ausweis ④ und meiner Masterarbeit, die ich heute abgeben sollte!

7 – Ach du liebe Zeit! Hast du denn wenigstens noch 'ne ⑤ Kopie davon zu Hause?

8 – Ja, aber der Wohnungsschlüssel war auch in der Tasche.

9 – Das ist aber ärgerlich! Einen Schlosser kommen lassen, das ist sauteuer ⑥! Aber deine Freundin hat doch bestimmt auch einen – oder?

10 – Die hat mich letzte Woche sitzen lassen… Keine Ahnung, was aus ihrem Schlüssel geworden ist.

Napomene

② **die Tasche**, *tašna, torba, torbica*, ali i *džep (na odelu)*: **die Hosentasche**, *džep pantalona*. **Tasche** je deo mnogih složenica poput: **die Handtasche**, *ručna torba*; **die Aktentasche**, *akten tašna*; ili **die Tragetasche**, *ceger, kesa,* nekad od plastike, a danas, naravno, od održivih i reciklažnih materijala. Ljudi koji vole duge šetnje i mladi će se pre opredeliti za: **der Rucksack**, *ruksak, ranac.*

③ Kombinacija glagola **lassen** sa glagolima **liegen/stehen** (18. rečenica)/**sitzen** (10. rečenica) može značiti *ostaviti nešto/nekog na mestu* (u položaju na koji nam drugi glagol ukazuje): **Lassen Sie das bitte liegen!** *Ostavite to (da leži)!* Ali ovi dupli glagoli imaju i figurativni smisao: **liegen lassen** = *zaboraviti nešto*; **stehen lassen** = *ostaviti grubo nekog, otići bez pozdrava*; **sitzen lassen** = *napustiti koga*. Nemojte zaboraviti da kad glagol **lassen** dopunjujemo nekim drugim glagolom, ▸

6 – Zaboravio sam *(ostavio sam)* u metrou torbu sa svim stvarima *(unutra)*: novčanikom, karticom, ličnom kartom i master radom koji danas treba da predam!

7 – Zaboga! Da li barem još imaš kopiju kod kuće?

8 – Da, ali ključ od stana mi je u torbi.

9 – Da poludiš! A da zoveš *(dovedeš)* bravara, to košta đavo ipo! Tvoja devojka sigurno ima ključ *(jedan)*, zar ne?

10 – Ostavila me je prošle nedelje… Nemam pojma šta je s njenim ključem.

njegov se infinitiv nalazi na mestu participa prošlog. Tad govorimo o "duplom infinitivu", osobenosti koju ćemo sresti i kod modalnih glagola.

④ Umesto reči **Ausweis**, mladi radije govore **Perso (der)**, što je skraćenica od **Personalausweis**, *lična karta*. Reč **EC-Karte** – takođe skraćenica od ***"electronic cash"*** – uglavnom označava *debitnu karticu*, za razliku od **die Kreditkarte**, *kreditne kartice*.

⑤ Sažimanje pojedinih članova, zamenica ili oznaka konjugacije (glagola) je često u govornom jeziku i u velikoj meri je prihvaćeno. Ali to nije slučaj kad je reč o "nemarnom" izgovaranju pojedinih reči, što se često primećuje: **haben → ha'n** ili **ha'm** ; **Sie → Se** *[ze]*: **Ha'm Se mal 'nen Moment Zeit?** *Imate l' malo vremena?* Ovakav način govora ukazuje na nizak nivo obrazovanja.

⑥ **das Schwein**, *svinja*, i **die Sau**, *krmača*, donose nam prijatne i neprijatne stvari: **Schwein haben**, *imati sreće*; **sich sauwohl fühlen**, *osećati se "vraški" dobro*. Ali svaka medalja ima i naličje: **sauteuer sein**, *koštati đavo ipo/kao oči u glavi*; **So ein Sauwetter!** *Pasje vreme!*

31 **11** – Oh, entschuldige – davon wusste ich gar nichts, tut mir leid.

12 Aber du kennst ja das Sprichwort: „Pech in der Liebe, Glück im Spiel!”. Warum versuchst du es nicht mal mit dem Lotto?

13 – Habe ich auch – vier Richtige hatte ich und hätte beinahe ⑦ vierhundertdreiundfünfzig Euro gewonnen.

14 – Wieso denn „beinahe”?

15 – Weil ich den Lotto-Schein in meiner Jeans gelassen hatte und die dann in die Waschmaschine gesteckt habe.

16 – Na so was! Mhm… also dann, äh, tschüss, wir haben ’s ein bisschen eilig… Wir stehen nämlich im Parkverbot.

17 – Ja, äh… tschüs!

18 – Warum hast du denn den Ärmsten da einfach so stehen lassen?

19 – Ehrlich gesagt, ich hatte Angst, der könnte uns mit seinem Pech irgendwie anstecken ⑧…

20 Siehst du! Was hab’ ich dir gesagt! Zwei Strafzettel… und… Verflixt ⑨! Wo sind denn jetzt meine Autoschlüssel? □

Pojašnjenje izgovora

16, 17 tschüss *[či^{u}s]* / **tschüs** *[či^u:s]* se piše **ss** ili **s** u zavisnosti da li glas **ü** izgovaramo dugo ili kratko.

Napomene

⑦ **beinahe** ima isto značenje kao **fast**: *skoro, otprilike, oko*. **Für 4 Richtige gab es beinahe/fast 450 Euro**, *Za 4 pogotka se dobijalo skoro 450 evra*. Uz glagol u **Konjunktiv II**, **beinahe**

11 – Izvini – nisam znao *(od toga nisam ništa znao),* žao mi je. **31**

12 Znaš izreku: "Ko nema sreće u ljubavi, ima u kocki!" Što ne probaš [da igraš] loto?

13 – I to sam [probao] *(uradio)* – imao sam četiri [pogotka] *(tačna)* i zamalo sam osvojio četiri stotine pedeset tri evra.

14 – Zašto "zamalo"?

15 – Zato što sam ostavio listić u farmerkama koje sam potom stavio u veš mašinu.

16 – Pa, šta da se radi! Mhm... pa dobro, ovaj, zdravo, malo žurimo... Parkirali smo se na zabranjenom mestu *(na zabrani za parkiranje).*

17 – Dobro, onda... zdravo!

18 – Zašto si siromaška ostavio tek tako?

19 – Iskreno, bojao sam se da bi njegov baksuz nekako mogao preći na nas *(da nas ne zarazi svojim baksuzom)...*

20 Vidiš? Šta sam ti rekao! Dve kazne ... i... Dođavola! Gde su mi sad ključevi od auta?

i **fast** daju glagolu značenje *zamalo što, umalo što*: **Er hätte beinahe/fast gewonnen**, *Zamalo je dobio.*

⑧ **jmdn. mit einer Krankheit anstecken**, *zaraziti koga nekom bolešću, preneti kome neku bolest*; **sich bei jmdm. mit einer Krankheit anste-cken**, *navući, dobiti od nekog neku bolest*; **eine ansteckende Krankheit**, *zarazna bolest.*

⑨ **Verflixt!** *Dođavola!* je «fin» način da opsujemo. Naravno, ima i gorih: **Verdammt!** *Prokletstvo!*; **(Verdammte) Scheiße!** *Sranje!* Pazite samo, ova *psovka*, **das Schimpfwort**, je u nemačkom jeziku prilično prosta. Bolje bi bilo, ako baš morate, da koristite «blaži» oblik: **So ein Mist!** (doslovno "Kakvo đubrivo!"), *Ah, pobogu!*

31 **Übung 1 – Übersetzen Sie bitte!**

❶ Verflixt! Die Waschmaschine ist schon wieder kaputt gegangen. ❷ Hast du Pech im Spiel, hast du bestimmt Glück in der Liebe! ❸ Tut mir leid, aber ich habe es eilig. ❹ Weiß einer von euch, wo ich hier mein Handy aufladen kann? ❺ So ein Pech! Jetzt hat ihn sogar noch seine Freundin sitzen lassen!

Übung 2 – Ergänzen Sie bitte!

❶ Parkirali smo se na zabranjenom mestu i mogli smo dobiti kaznu.
Wir . . . . im . . . . und . . . . . .
. . . . einen . . . . bekommen.

❷ Sigurna sam da sam stavila karticu i ličnu kartu u džep.
Ich bin sicher, dass ich . . . . und . . .
. . . . in . . . . habe.

❸ Zaboravio sam ključ kod kuće. Imaš li svoj kod sebe?
Ich habe . . . . zu Hause liegen
. . . . Hast du . . . . . . dabei?

Kao što smo već na drugom mestu ukazali, sažeti ili skraćeni oblici reči su najčešće oznaka govornog jezika: **Tag!** *za* **Guten Tag! Wiederseh'n!** *umesto* **Auf Wiedersehen!** *Pozdravi* **Hallo!** *(za pozdravljanje) i* **Tschüs(s)!** *(pri odlasku), koje su u početku isključivo koristile osobe koje se dobro poznaju, sve više postaju opšti. Obratite pažnju na to da se pozdravne reči razlikuju u zavisnosti od regije: na jugu Nemačke i u Austriji, ljudi se pozdravljaju sa* **Grüß Gott!** *u Švajcarskoj (germanskom delu), pozdrav će biti*

Rešenje vežbe 1

❶ Dođavola! Veš mašina se opet pokvarila. ❷ Ako nemaš sreće u kocki, sigurno ćeš imati sreće u ljubavi! ❸ Izvinite, ali žurim. ❹ Da li neko od vas zna gde ovde mogu napuniti mobilni? ❺ Kakav baksuz! Sad ga je čak i devojka ostavila!

❹ Sto dvadeset pet evra za te farmerke!? Iskreno, mislim da su preskupe.

. . . . für diese Jeans!?
. . . ., das finde ich . . . .

❺ Pošto su naša ulazna vrata bila pokvarena morali smo da pozovemo bravara; to je zaista bilo neprijatno.

Da . . . . war, mussten wir . . . . . Schlosser . . . ., das war . . . . sehr . . . .

Rešenje vežbe 2

❶ – standen – Parkverbot – hätten beinahe – Strafzettel – ❷ – die EC-Karte – den Ausweis – meine Tasche gesteckt – ❸ – meinen Schlüssel – lassen – deinen – ❹ Hundertfünfundzwanzig Euro – Ehrlich gesagt – sauteuer ❺ – unsere Haustür kaputt – einen – kommen lassen – wirklich – ärgerlich

Grüezi! *[griuéci]. U Bavarskoj i Austriji ćemo prilikom opraštanja čuti* **Auf Wiederschauen!** *ili* **Wiederschau'n!** *koje se u Austriji često zamenjuje sa* **Tschau!** *(što je ekvivalent reči* **Tschüs(s)!** *u Nemačkoj). Kad nekog lično poznajemo, često ćemo se i pri dolasku i pri odlasku pozdraviti sa* **Servus!** *[sèrvus], pozdravom iz govornog jezika koji je izgubio svoje ponizno značenje koje je imalo u latinskom:* (Vaš sam ponizni) sluga.

32 Zweiunddreißigste Lektion

Wir Müllers:
Porträt einer deutschen Durchschnittsfamilie

1 – Ja, also, ich heiße Sabine Müller ① und bin 41 Jahre alt und das ist mein Mann Thomas, er ist 44.
2 – Diesen kleinen Altersunterschied zwischen uns wird meine Frau aber dann irgendwann eingeholt haben ②:
3 Die Lebenserwartung der Männer beträgt nämlich statistisch nur 77 Jahre, während die Frauen dann noch 5 Jahre länger leben und 82 werden.
4 – Wir wohnen mit unseren 1,37 Kindern in einer 89,3 Quadratmeter Mietwohnung in Nordrhein-Westfalen:

Izgovor

*4 … **ajn**s-ko**ma:-zi:**benuntdrajsik … **nojn**untaHcik-koma:-draj …*

Pojašnjenje izgovora

Ako morate da uzmete dah dok izgovarate brojeve ili duge složenice (a njih i te kako ima u nemačkom!), izdvojte reči od kojih su sastavljene poštujući logičke podskupove. Što se tiče brojeva, to ćete, naravno, uraditi tako što ćete odvojiti desetice, stotine, hiljade, itd, pre čemu će svaki od podskupova imati svoj naglašeni akcenat. Kad je reč o složenicama, odvajanje će takođe poštovati sastavne elemente i podskupove. Evo nekoliko primera: **Kinder**…**zimmer**; **Feuerwehr**…**mann** "čovek koji se bori protiv vatre". Mnoge složenice umeću jedno **-e-** ili **-s-** između dva sastavna dela. Kad izgovaramo te reči, ove glasove ćemo pridodati prethodnoj reči, npr. **Schwein-e**…**schnitzel**; **Durchschnitt-s**…**familie**; **beruf-s**…**tätig**.

Trideset druga lekcija 32

Mi, Milerovi: Portret jedne prosečne nemačke porodice

1 – Pa dobro, zovem se Zabine Miler i imam 41 godinu, a ovo je moj muž, Tomas, on ima 44.
2 – Ovu malu razliku u godinama *(između nas)* će moja žena u jednom trenutku ipak nadoknaditi:
3 zapravo, prema statistikama *(statistički)*, dužina života muškaraca iznosi 77 godina, dok žene *(onda)* još žive 5 godina duže i dostižu *(i postaju)* 82.
4 – Živimo s naših 1,37 dece u iznajmljenom stanu od 89,3 kvadratna metra, u [oblasti] Severna Rajna-Vestfalija:

Napomene

① **Müller** je najčešće prezime u Nemačkoj. Tik za njim dolaze **Schmidt** i **Schneider** (v. belešku iz kulture u 9. lekciji). Isti je slučaj i u Švajcarskoj, gde ćemo sresti prezimena **Müller** i **Schmid** (bez **-t**!), dok je prezime **Meier** na 3. mestu. U Austriji rekord drže prezimena **Gruber**, **Huber** i **Bauer**. **Sabine** i **Thomas** spadaju među najpopularnija imena generacije o kojoj je reč u našoj lekciji.

② Ovde imamo primer futura II, vremena koje se retko upotrebljava. Građenje tog vremena je lako: pomoćni glagol kojim se gradi perfekt se jednostavno stavlja u futur: **Sie hat mich eingeholt**. → **Irgendwann wird sie mich eingeholt haben**, *Danas ili sutra, ona će me dostići.*

5 Wohnzimmer, Elternschlafzimmer, zwei Kinderzimmer, Küche, Bad und Toilette, wie üblich, außerdem noch ein kleiner Balkon.

6 – Sie fragen sich vielleicht, wie es unseren 1,37 Kindern geht?

7 Keine Sorge! Unsere beiden Kinder sind völlig normal und gesund – aber dafür haben dann unsere Nachbarn vielleicht keine oder nur eins.

8 Und obgleich wir einige von unseren Nachbarn gar nicht mögen, müssen wir für die Statistik mit denen unsere Kinder teilen: Das erklärt die 1,37 Kinder pro Haushalt!

9 – Unsere Ehe ist eine sogenannte Mischehe, denn ich komme aus einer katholischen ③ und Thomas aus einer evangelischen Familie.

10 So was gab es früher nur selten, aber heute nimmt man das nicht mehr so wichtig.

11 Außerdem gibt es in Deutschland ungefähr gleich viele Katholiken und Protestanten. Da passt es ja gut, wenn beide großen Konfessionen in einer Durchschnittsfamilie vertreten sind.

Napomene

③ **katholisch**, *katolik*, i **evangelisch** (u istoj rečenici), *protestant*, označavaju dve najveće veroispovesti u Nemačkoj (oko 60% stanovništva se izjašnjava da pripada jednoj ili drugoj veroispovesti). Izraz **protestantisch**, koji se često koristi kao sinonim za **evangelisch**, označava zajednicu crkava koje su se odvojile od katoličke crkve, naročito osporavajući ▸

5 [Imamo] dnevnu sobu, spavaću sobu za roditelje, dve dečje sobe, kuhinju, kupatilo i vece, kao i obično, i uz to mali balkon. 32

6 – Možda se pitate kako su naših 1,37 dece?

7 Bez brige! Naša dva deteta su savršeno normalna i dobrog zdravlja, ali naše komšije ih možda nemaju ili imaju samo jedno [dete].

8 Pa iako neke od komšija baš i ne volimo, moramo s njima da delimo našu decu zbog statistika: to objašnjava 1,37 dece po domaćinstvu!

9 – Naš par je ono što se naziva mešovitim brakom, jer sam ja poreklom iz katoličke, a Tomas iz protestantske porodice.

10 Ranije je to bilo prilično retko, ali danas se takve stvari više ne uzimaju suviše ozbiljno.

11 Uostalom, u Nemačkoj ima otprilike podjednak broj katolika i protestanata. Dakle, baš je zgodno što su dve velike veroispovesti prisutne *(predstavljene)* u jednoj tipičnoj porodici.

papsku vlast. Za iskazivanje pripadnosti, reći će se: **Ich bin Protestant/Protestantin**, *Ja sam protestant/kinja*, ali **Ich bin evangelisch**, *Protestantske sam veroispovesti*; **Ich bin Katholik/Katholikin** ou **katholisch**, *Ja sam katolik.*

32

12 – Wir sind beide berufstätig und leben mit einem Einkommen von etwa 2500 Euro pro Monat, netto, das heißt nach Abzug von Steuern, Krankenkasse und Sozialbeiträgen ④.

13 Aber sicher wollen Sie auch wissen, wie viel Bier wir trinken: 9119 Liter Bier trinkt der Deutsche in seinem Leben, laut Statistik.

14 – Das ist kaum mehr als ein Glas pro Tag! Da ich kein Bier mag, kann dann mein Mann auch mal ein Glas ⑤ mehr trinken.

15 Doch das ist alles! Betrunken ⑥ habe ich ihn noch nie gesehen!

16 – Was wir beruflich machen? Nun, ich bin Feuerwehrmann und meine Frau ist Krankenschwester.

17 Das sind zwar nicht die häufigsten Berufe in Deutschland, es sind aber diejenigen ⑦, die bei den Deutschen das höchste Ansehen genießen ⑧.

Napomene

④ U Nemačkoj, poslodavac odmah odbija porez na dohodak. **Die Einkommenssteuererklärung** (izgovorite: **Einkommen-s…steuer…erklärung** ili **Einkommen-s-steuer…erklärung**), *poreska prijava za utvrđivanje poreza na prihod građana*, koja se ustanovljava početkom naredne godine, služi da bi se proverilo da li već primljen porez odgovara dospelom porezu.

⑤ **das Glas**, množina: **die Gläser**, *čaša* (= predmet); ali **2 Glas Bier**, *dve čaše piva*: **Glas**, *čaša* (= mera) ostaje u jednini. Isto je i s drugim jedinicama mere: **das Kilo/die Kilos** ali: **5 Kilo**; **der Euro/die Euros**, ali: **100 Euro**; **das Pfund/die Pfunde**, *funta*, ali: **3 Pfund**.

⑥ **sich betrinken**, *napiti se*; **betrunken**, *pijan*; u govornom jeziku će se reći: **blau**, *nacugan* (doslovno "plav"). Ako ne želite da ▸

12 – Oboje smo zaposleni i živimo sa prihodom od oko 2.500 evra mesečno, neto, odnosno kad se odbije porez i doprinosi za zdravstveno i socijalno.

13 Sigurno želite da znate i koliko piva pijemo: 9.119 litara piva Nemac popije u svom životu, prema statistikama.

14 – To je tek nešto više od jedne čaše dnevno! Pošto ja ne volim pivo, moj muž *(dakle)* može ponekad da popije i jednu čašu više.

15 Ali to je sve! Još ga nikad nisam videla pijanog!

16 – Kojim se poslom bavimo? Pa, ja sam vatrogasac, a moja žena medicinska sestra.

17 To nisu najčešća zanimanja u Nemačkoj, ali uživaju najveće poštovanje Nemaca.

vam se to desi, nemojte poručivati *"pola"* piva, pogotovo u Bavarskoj: **eine Halbe** označava polovinu od **die Mass** = 1 litar (koje se služi u karakterističnim kriglama)! Poslužiće vam, dakle, čašu s 0,5 l (ili 0,4 l) piva! Radije poručite **ein Kleines** i dobićete 0,3 l. Pri tom imajte na umu da postoje piva i piva: svaki region vari svoje pivo i pored redovnih vrsta ima i svoje *jako pivo*, **das Starkbier**, sa više od 16 % alkohola!

⑦ Zamenica **derjenige/diejenige/dasjenige**, *onaj, ona, ono*, se menja po padežima kao član (**der**) + pridev (**jenige**). Koristi se samo ako iza dolazi relativna rečenica.

⑧ **das Ansehen**, *obzir, poštovanje, ugled*; **genießen**, *uživati, iskoristiti*; **das Leben genießen**, *uživati u životu.*

32 **18** – Sie sehen, wir sind das ideale Paar!
Und beide haben wir auch das gleiche Lieblingsessen ⑨:
19 Sonntags gibt ’s bei uns Schweineschnitzel mit Pilzsoße und Pommes.
20 Und wenn ich keine Lust habe zu kochen, dann gehen wir auch mal zum Italiener ⑩, ein Mal pro Monat. □

Napomene

⑨ Uzimajući za osnovu reč **der Liebling**, *miljenik, ljubimac, najmiliji*, složenica **Lieblings-** označava sve ono što nam je omiljeno: **der Lieblingsberuf**, *omiljeno zanimanje*; **mein Lieblingsgetränk**, *moje omiljeno piće*.

⑩ **der Italiener**, *Italijan*; tako se često naziva italijanski restoran ili picerija u koju imamo običaj da idemo, ali i male italijanske piljarnice koje su na glasu zbog ponude svežeg voća i povrća.

***

Übung 1 – Übersetzen Sie bitte!

❶ Bestimmt wird sie wie üblich mein Lieblingsessen gekocht haben! ❷ Irgendwann wird das Einkommen der Frauen hoffentlich das der Männer einholen. ❸ Manche sind schon nach zwei Glas Bier betrunken. ❹ Berücksichtigen Sie, dass ich berufstätig bin und Steuern bezahle. ❺ Der Altersunterschied zwischen den beiden beträgt fast zehn Jahre.

18 – Vidite, mi smo idealan par! I oboje imamo isto omiljeno jelo:
19 nedeljom, kod kuće pravimo *(ima kod nas)* svinjsku šniclu u sosu od pečuraka i pomfrit.
20 A kad nemam volje da kuvam, onda idemo u obližnju piceriju *(kod Italijana)* jedanput mesečno.

***

Rešenje vežbe 1

❶ Izvesno je da će, kao i obično, pripremiti moje omiljeno jelo! ❷ Nadam se da će jednom prihodi žena dostići prihode *(one)* muškaraca. ❸ Neki su već pijani posle dve čaše piva. ❹ Uzmite u obzir da sam zaposlen i da plaćam porez. ❺ Razlika u godinama između njih dvoje iznosi skoro deset godina.

Übung 2 – Ergänzen Sie bitte!

1. Nažalost, zanimanja koja uživaju najveće poštovanje nisu ona sa najvišim prihodima.
   Die ......, ... das höchste ...., sind leider nicht die mit den ....

2. Svi koji su zaposleni moraju da plaćaju porez i doprinose za zdravstveno i socijalno.
   ...., die ...., müssen ...., ... bezahlen.

3. Mešoviti brakovi između osoba različitih veroispovesti ovde nisu retki.
   .... zwischen Personen .... sind ....

4. Moje omiljeno jelo je pica, dok moj muž više voli šniclu s pomfritom.
   .... ist Pizza, ... mein Mann .... mit ....

Nordrhein-Westfalen *(skraćeno* **NRW***),* Severna Rajna-Vestfalija, *je sa svojih 18 miliona stanovnika* **Bundesland**, *federalna republika sa najvećim brojem stanovnika. Obuhvata* oblast Rur, **das Ruhrgebiet**, *koja je oduvek bila industrijski centar Nemačke. Uprkos propadanju industrije uglja i čelika od 1960,* **NRW** *je i dalje među ekonomski najjačim nemačkim oblastima.*

U Nemačkoj postoje mnogi restorani - italijanski, grčki, turski... Dolazak **Gastarbeiter**, radnika *"gostiju"* imigranata, *često iz zemalja u koje su Nemci išli na odmore i čiju su kuhinju upoznali i cene (Italija, Grčka, (tadašnja) Jugoslavija, Turska), je oboga-*

5 Prema statistikama, naš iznajmljeni stan bi takođe morao imati mali balkon - ali ga nema.

.... müsste ....
auch einen .... haben – aber ...
... .

Rešenje vežbe 2

1 – Berufe, die – Ansehen genießen – höchsten Einkommen 2 Alle – berufstätig sind – Steuern, Krankenkasse und Sozialbeiträge – 3 Mischehen – verschiedener Konfessionen – hier nicht selten 4 Mein Lieblingsessen – während – lieber Schnitzel – Pommes isst 5 Laut Statistik – unsere Mietwohnung – kleinen Balkon – sie hat keinen

tio domaću, tradicionalnu, kuhinju. Sve to je takođe promenilo celokupan ugostiteljski sektor s povoljnim cenama: upravo su se u toj oblasti – i u malim piljarnicama iz kraja – razvila prva (često porodična) preduzeća **Gastarbeiter**-*a koji su odlučili da ostanu u Nemačkoj. Italijani, koji su prvi stigli pedesetih godina prošlog veka, imaju prednost nad ostalima, a njihove piljarnice, restorani i* **Eiscafés** *(=sladoledarska radnja) svuda čine sastavni deo okoline.*

33 Dreiunddreißigste Lektion

So ein Quatsch! ①

1 – Sag mal, hast du das schon gewusst, was hier in der *Süddeutschen* von heute steht?

2 „Bundesregierung wird Ende des Monats zurücktreten. ②

3 Diese Entscheidung wurde getroffen ③, um der Opposition Gelegenheit zu geben, auch mal das Land zu regieren und ihre Reformen zu testen, erklärte der Regierungssprecher vor der Presse."

4 – So ein Quatsch! Was hast du denn da mal wieder im Internet gefunden!?

5 – Nein, nein, das sind die Schlagzeilen ④ von allen großen Tageszeitungen, das ist 'ne ganz offizielle Website!

6 – Tatsächlich!... Hast du auch gesehen, was die *BILD-Zeitung* ⑤ hier meldet?

Napomene

① **der Quatsch**, *glupost*, čak *budalaština, koještarija,* pripada govornom jeziku; u istančanijem govornom registru ćemo reći **der Unsinn**, *besmislica, nonsens*: **Das ist Unsinn!**

② Glavne vesti u novinama moraju biti udarne. Dakle, obrisaće se sve što je suvišno, naročito članovi, ponekad čak i glagol. Naravno, ova formula se koristi i zloupotrebljava mnogo više u *žutoj štampi*, **Sensationspresse**, nego u *ozbiljnim novinama*, **seriöse Zeitungen**.

③ **eine Entscheidung treffen**, *doneti odluku*, ima isto značenje kao i **(über) etwas entscheiden**, *odlučiti (o) nečemu*; **jmdn. treffen**, *sresti, videti se s nekim*; **jmdn./etwas treffen**, *dostići nešto (neki cilj).*

Trideset treća lekcija 33

Koješta!

1 – Reci, jesi li već video *(znao)* šta piše u današnjem *Süddeutsche Zeitung*?
2 "Savezna vlada će krajem meseca podneti ostavku.
3 Ova odluka je doneta da bi se opoziciji pružila prilika da vlada zemljom i isproba svoje reforme, izjavio je za štampu portparol vlade."
4 – Koješta! Šta si to opet iskopao na internetu!?
5 – Ne, ne! To su glavne vesti u svim velikim dnevnim listovima, ovo je zvanična stranica!
6 – Stvarno!... Jesi li takođe video o čemu *Bild (novine)* ovde izveštava?

④ **die Zeile**, *red* (teksta); **die Schlagzeile**, "red koji udara", odnosno *glavna, udarna vest, na naslovnoj strani*; **Schlagzeilen machen**, *biti na naslovnoj strani.*

⑤ U ovom dijalogu ćete pronaći imena nekih velikih nemačkih dnevnih listova: **Bild-Zeitung** (popularne novine visokog tiraža), **FAZ** (za **Frankfurter Allgemeine Zeitung**) i **Die Welt**, **Süddeutsche Zeitung**, **Frankfurter Rundschau** i **TAZ** (**Tageszeitung**) – tri prva lista su "više ili manje desničarski" orijentisana, ostali su "više ili manje levičarski". Nemci su i dalje veliki čitaoci pisane štampe uprkos krizi tradicionalnih medija.

33

7 „Linke Spur der Autobahnen ab ersten Mai für Autos gesperrt! Umbau zum Fahrradweg beschlossen."

8 Das kann doch nicht wahr sein!... Und hier, sieh mal, was die *FAZ* ⑥ schreibt:

9 „Nach Angaben des Bundesfinanzministers wird die Einkommenssteuer im nächsten Jahr um 50% (Prozent) gesenkt ⑦: Die Kassen des Staats seien voll."

10 – Nicht zu glauben... Und hier: sogar *Die Welt* ist verrückt geworden:

11 „Dom wurde verkauft! Das teilte gestern der Bürgermeister von Köln vor Journalisten auf einer Pressekonferenz mit.

12 Der Käufer, dessen Name nicht genannt werden soll, hat die Absicht, auf dem Domplatz ein Einkaufszentrum zu errichten."

13 – Also... irgendwas stimmt nicht mit der Website! So was würd' doch der Papst nie erlauben!

Pojašnjenje izgovora
8, 16, 18 FAZ se izgovara *[fac]* ili *[èf-a:-cèt]* ali se kaže **TAZ** *[tac]* i **dpa** *[dé-pé-a:]*.

Napomene

⑥ Kod većine skraćenica, izgovara se svako slovo posebno: **die PLZ** *[pé-èl-cèt]* (**die Postleitzahl**, *poštanski broj*); **die EU** *[é:-u:]* (**die europäische Union**, *Evropska unija*); **die EDV** *[é:-dé:-fau]* (**die elektronische Datenverarbeitung**, *elektronska obrada podataka*). Neke skraćenice formiraju skupove koji se mogu pročitati kao imenica: **die DIN** *[di:n]* (**die Deutsche Industrie-Norm**, *nemački industrijski standard*); **die**

7 “Levi kolovoz autoputeva zatvoren za automobile od 1. maja! Odlučeno [je da će se] prepraviti u biciklističku stazu.”
8 Ne verujem *(To ne može biti istina)*! … A ovde, pogledaj *(samo)* šta piše *FAZ*:
9 “Prema navodima ministra ekonomije, porezi na dohodak će iduće godine opasti za 50 %: državna blagajna će biti puna.”
10 – Neverovatno *(za neverovatni)*… A ovde: čak je i *Die Welt* poludeo:
11 “Katedrala je prodata! To je juče novinarima na pres konferenciji saopštio gradonačelnik Kelna.
12 Kupac, čije ime ne sme javno da se objavi, namerava da podigne trgovački centar u porti katedrale.”
13 – Dakle… nešto nije u redu s ovim sajtom! Tako nešto papa nikad ne bi odobrio!

UNO *[u:no:]* (**United Nations Organization**, *Organizacija Ujedinjenih nacija*). Neke se skraćenice mogu čitati na oba načina, kao što je slučaj sa skraćenicom **die FAZ**. Poput svake složenice, skraćenica dobija rod poslednjeg elementa u složenici: **die FAZ** (**die Zeitung**). Kad je moguće obrazovati množinu, to će uvek biti dodavanjem slova **-s** (kao kod većine imenica stranog porekla).

⑦ **Die Steuern um 50% senken/erhöhen**, *spustiti, sniziti/ povećati poreze za 50 %*; **um** (+ ak.) izražava razliku: **Der Benzinpreis ist um einen Cent gestiegen, von 1,10 Euro auf 1,11 Euro**, *Cena benzina je povećana za jedan cent, sa 1,10 evra na 1,11 evra.*

33 **14** – Und die Regeln, die nun laut der *Rundschau* im Lotto gelten sollen, das ist doch Unsinn!
15 „Um Irrtümer zu vermeiden, stehen ab jetzt auf allen Lottoscheinen nur noch die sechs richtigen Zahlen."
16 – Und das hier, in der *TAZ*: „Schiedsrichter schoss selbst einziges Tor ⑧ bei Endspiel der deutschen Fußballmeisterschaft!"
17 Das Spiel hab' ich doch selbst gestern Abend im Fernsehen gesehen!
18 – Warte mal, hier gibt 's noch 'ne Meldung von der dpa ⑨:
19 „Laut Bundesverfassungsgericht sind ab heute, dem 1. April, alle Aprilscherze ⑩ streng verboten."
20 – Ach sooo...! Na klar! Das hatte ich völlig vergessen! □

Napomene

⑧ **schießen**, *pucati, gađati* (oružjem); u fudbalu, puca se na gol: **aufs Tor schießen**; **ein Tor schießen**, *dati gol*; **einen Elfmeter schießen**, *pucati penal.*

⑨ **die dpa** = **die Deutsche Presse-Agentur**, *Nemačka pres agencija*, glavna novinarska agencija na nemačkom jeziku.

⑩ **der Scherz**, *šala*: 1. april je i u Nemačkoj dan za zbijanje šala. Ni novine ni radijske emisije ne mogu tome da odole. Kad se neko «upeca», odgovara mu se sa: **April! April!** *Aprililili!*

14 – A pravila, prema *Rundschau*, koja sad važe za loto su prava besmislica!

15 “Da bi se izbegle greške, odsad će samo šest pogodaka biti naznačeno na listićima.”

16 – A ovo ovde u *TAZ*-u: “Sudija je lično dao jedini gol u finalu nemačkog šampionata u fudbalu!”

17 Tu utakmicu sam sinoć gledao *(lično sam video)* na televiziji!

18 – Čekaj, ovde ima saopštenje od dpa:

19 “Prema Ustavnom sudu, prvoaprilske šale će od danas, 1. aprila, biti stogo zabranjene.”

20 – A, tako…! Sve je jasno! Na to sam potpuno zaboravio!

33 Übung 1 – Übersetzen Sie bitte!

❶ Dass die Kassen des Staates voll sind, ist sicher ein Irrtum… oder ein Scherz! ❷ Auch die rechte Spur der Autobahn ist für Fahrräder strikt verboten. ❸ Nach der Reform des Bundesverfassungsgerichts werden andere Regeln gelten. ❹ Haben Sie schon die Schlagzeilen in der Presse von heute gelesen? ❺ Laut *Bild-Zeitung* muss der Bundesfinanzminister zurücktreten.

Übung 2 – Ergänzen Sie bitte!

❶ Kako neki vladar vlada zemljom, tako gradonačelnik vlada gradom.
Genauso . . . . das Land . . . . , ... seine Stadt.

❷ Prilikom radova na rekonstrukciji trgovačkog centra, ceo put će biti zatvoren za saobraćaj.
Beim . . . . die ganze Straße für . . . .

❸ Ko je doneo tu ludu odluku da snizi poreze?
Wer hat denn diese . . . . , die . . . . ?

❹ Trebalo je više od osamsto godina da bi se podigla katedrala u Kelnu.
Man hat . . . . gebraucht, um . . . . zu . . . .

Rešenje vežbe 1

❶ Da su državne kase pune, to je sigurno neka greška... ili šala! ❷ Čak je i desni kolovoz autoputa biciklistima strogo zabranjen. ❸ Nakon reforme Ustavnog suda, primenjivaće se druga pravila. ❹ Jeste li već pročitali naslove u današnjoj štampi? ❺ Prema listu *Bild*, ministar ekonomije mora dati ostavku.

❺ Jedini gol koji je postignut u finalu ne bi trebalo da se računa *(da se važi)* pošto je, prema onome što su rekli, sudija bio pijan.
Das ...., das .... Endspiel geschossen ....., sollte nicht ...., weil der Schiedsrichter .... war.

Rešenje vežbe 2

❶ – wie eine Regierung – regiert, regiert der Bürgermeister – ❷ – Umbau des Einkaufszentrums wurde – den Verkehr gesperrt ❸ – verrückte Entscheidung getroffen – Steuern zu senken ❹ – über achthundert Jahre – den Kölner Dom – errichten ❺ – einzige Tor – beim – wurde – gelten – angeblich betrunken –

Zacelo, nema mnogo smisla učiti napamet čitave rečenice: razgovori često krenu u nepredviđenom pravcu. To, pak, nije slučaj sa nekim čestim izrazima, koje bi dobro bilo držati "u džepu", kao automatizme, spremne da se odmah upotrebe. **So ein Quatsch!** Koješta! *možda i nije najbolji primer, ali ima i drugih:* **Da kann ich nicht klagen**, Ne mogu se požaliti; **Davon wusste ich gar nichts**, Nisam to znao; **Das kann doch nicht wahr sein!** Nije istina!/Ne verujem!; **Nicht zu glauben!** Nemoguće!;

34 Vierunddreißigste Lektion

Worte ①, die Geschichte machen

1 „Niemand hat die Absicht eine Mauer zu errichten!" erklärte 1961 ② der Staatschef der DDR ③, Walter Ulbricht, in Ostberlin während ④ einer Pressekonferenz.
2 Das war am 15. Juni.
3 Wie üblich stellten die Journalisten Fragen über die Spannungen zwischen den beiden deutschen Staaten,

Napomene

① **das Wort** (množina: **die Wörter**), *reč*, ali **das Wort** (množina: **die Worte**), *reči (izgovorene)*. U mnogobrojnim jezičkim obrtima, **Wort** ima sledeća značenja: **Sein Wort geben**, *dati reč* **Sein Wort halten**, *održati reč*; **mit anderen Worten**, *drugim rečima*; **Gottes Wort**, *božja reč*.

② **das Datum**, *datum*; u nemačkom ispred godine ne stoji nikakav predlog: **1961** (**neunzehnhunderteinundsechzig**), *1961.* Godinu takođe možemo uvesti izrazom **im Jahr(e)...**, *godine...* (kao u 8. rečenici) ili početi tačnim datumom: **am 15. Juni 1961** (2. rečenica). Meseci se pišu svim slovima, ili u pojedinim slučajevima skraćeno: **Januar (Jan.)**, **Februar (Febr.)**, **März**, **April**, **Mai**, **Juni**, **Juli**, **August (Aug.)**, **September (Sept.)**, **Oktober (Okt.)**, **November (Nov.)**, **Dezember (Dez.)** U službenoj prepisci, koristi se redosled dan-mesec- ▸

Alles in Ordnung! Sve je u redu!; **Keine Sorge!** Bez brige!; **Da haben Sie leider Pech!** Nemate sreće!; **Wieso denn?** Ali zašto?; **Da stimmt doch irgendetwas nicht!** Nešto tu nije u redu! *Ponovite ovakve izraze i naviknite se da ih koristite kad se za njih ukaže prilika.* 34

Trideset četvrta lekcija 34

Reči koje pišu *(prave)* istoriju

1 "Niko ne namerava da podigne zid!" izjavio je 1961. šef NDR-a, Valter Ulbriht, u Istočnom Berlinu tokom jedne konferencije za štampu.
2 To je bilo 15. juna.
3 Kao i obično, novinari su postavljali pitanja o tenzijama između dve nemačke države,

godina (**15.06.1961**), za dan i mesec se koriste redni brojevi (označićemo ih tačkom kao i kod nas), ili međunarodno pravilo, godina-mesec-dan, koje odvajamo crticom: **1961-06-15**.

③ **die DDR**, *NDR* = **die Deutsche Demokratische Republik**, *Nemačka Demokratska Republika*; **die BRD**, *SRN* = **die Bundesrepublik Deutschland**, *Savezna Republika Nemačka*. U vreme hladnog rata, SRN nije priznavala NDR (kao nemačku državu), pa se u političkim govorima i medijima moglo čuti i videti stavljanjem naziva države među navodnike **„DDR"** ili dodavanjem **„die sogenannte DDR"**, *takozvana Demokratska Republika*.

④ Predlog **während**, *tokom*, se koristi uz genitiv; **während** je takođe i veznik, koji uvodi zavisnu rečenicu: *dok, u to vreme*.

34

4 und besonders über den freien Zugang von Ostberlin nach Westberlin, der Tausenden ⑤ von DDR-Bürgern erlaubte, nach Westdeutschland ⑥ zu fliehen.

5 Doch wenig später, am 13. August 1961, wurde genau diese Mauer errichtet:

6 quer durch Berlin, quer durch Straßen und Gebäude, quer durch Familien und Freundschaften, quer durch Liebesbeziehungen.

7 Fast 30 Jahre war sie das Symbol des kalten Krieges und Westberlin, als westliche Insel mitten im Ostblock, das Symbol der sogenannten „freien Welt".

8 Kein Wunder, dass die Menschen vor dem Schöneberger Rathaus, in Westberlin, begeistert waren, als John F. Kennedy bei seinem Besuch im Jahre 1963 dort rief:

9 „Ich bin ein Berliner!"

10 1989, am 7. Oktober, feierte die DDR den vierzigsten Jahrestag ihrer Gründung.

Napomene

⑤ **tausend**, *hiljadu*; **das Tausend**, *hiljada*; **Tausende von Bürgern**, *hiljade građana*; **zu Tausenden**, *na hiljade*; **Hunderte**, *stotine*. Za desetice se u nemačkom još broji «po starinski», na dvanaest: **das Dutzend**, *tuce, dvanaestak*; **Dutzende von Journalisten**, *desetine novinara*.

⑥ Izrazi **Westdeutschland** i **Ostdeutschland**, u ono doba sinonimi za **Bundesrepublik** (*SRN*) i **DDR** (*NDR*), u današnjoj Nemačkoj označavaju jednostavno geografske zone, baš kao i **Mitteldeutschland**, *centralna Nemačka*, **Norddeutschland** i **Süddeutschland**...

4 a naročito o slobodnom prolasku iz Istočnog u Zapadni Berlin, koji je omogućavao hiljadama stanovnika NDR-a da pobegnu u Zapadnu Nemačku.
5 Ali nešto kasnije, 13. avgusta 1961, podignut je zid:
6 kroz Berlin, preko ulica i građevina, preko porodica i prijateljstava, preko ljubavnih priča...
7 Tokom skoro 30 godina, bio je simbol hladnog rata, a Zapadni Berlin, poput zapadnog ostrva u srcu Istočnog bloka, bio je simbol onoga što se zvalo "slobodnim svetom".
8 Ne čudi što su ljudi, ispred gradske kuće Šenberg u Zapadnom Berlinu bili oduševljeni kad je Džon F. Kenedi, prilikom svoje posete 1963, uzviknuo:
9 "Ja sam Berlinac!"
10 Godine 1989, 7. oktobra, NDR je proslavljala četrdesetu godišnjicu svog osnivanja.

▸ Teritorije obe države pre ujedinjenja se označavaju kao **die alten Bundesländer**, *nekadašnje države* (SRN), i **die neuen Bundesländer**, *nove države* (bivša NDR + Berlin). Ali promena zvaničnih naziva još nije izbrisala iz glava ljudi 40 godina razdvojenosti između dve Nemačke i njenih stanovnika, između **"Ossis"** (onih iz Istočne Nemačke) i **"Wessis"** (onih iz Zapadne Nemačke)!

34

11 Doch seit Wochen forderten Hundertausende von Bürgern auf Demonstrationen in Leipzig, in Dresden und in anderen Städten Reformen, mehr Demokratie und auch die Freiheit, ins Ausland zu reisen.

12 Viele andere nahmen sich diese Freiheit einfach und flohen – meistens über ⑦ Ungarn, das seine Grenzen geöffnet hatte – in den Westen.

13 Die Regierung versprach Reformen und auch eine neue Regelung für Reisen ins westliche Ausland, versuchte aber, Zeit zu gewinnen.

14 Doch als am 9. November 1989 bei einer Pressekonferenz im Fernsehen jemand die Frage stellte: „Und ab wann soll diese neue Regelung in Kraft treten?"

15 antwortete ein führender Vertreter des DDR-Regimes: „Nach meiner Kenntnis ist das… sofort, unverzüglich."

16 Das war wohl ein Irrtum, denn in Wirklichkeit hatte niemand eine solche Entscheidung getroffen. Doch die Nachricht verbreitete sich wie ein Lauffeuer.

Napomene

⑦ **über**, *iznad,* ali: **über Ungarn fliehen**, *pobeći preko Mađarske.* ▸

11 Tako su nedeljama, stotine hiljada građana na protestima u Lajpcigu, Drezdenu i drugim gradovima zahtevali reforme, veću demokratiju i slobodu da putuju u inostranstvo.

12 Mnogi drugi su se jednostavno dočepali slobode i pobegli na zapad – najčešće preko Mađarske, koja je otvorila svoje granice.

13 Vlada je obećala reforme kao i nov propis koji se odnosi na putovanja u zapadne zemlje *(inostranstvo)*, ali je pokušavala da dobije na vremenu.

14 Međutim, kada je 9. novembra 1989, tokom jedne televizijske konferencije za štampu neko postavio pitanje: “A kada *(od kada)* bi taj novi propis trebao da stupi na snagu?”,

15 jedan predstavnik režimske uprave NDR je odgovorio: “Prema mojim saznanjima biće *(to je)*… odmah, neodložno je.”

16 To je verovatno bila greška, jer, zapravo, niko nije doneo takvu odluku. Ali vest se proširila kao požar *(koji trči)*.

◆ Da bi napustili NDR, ljudi su prelazili preko “bratskih” zemalja do kojih je bilo lakše stići: Poljske, Čehoslovačke i Mađarske, a potom preko Austrije u SRN.

34 **17** Wenig später warteten Tausende von Ost-Berlinern an den Grenzübergängen und forderten den freien Zugang nach Westberlin.

18 Die Volkspolizisten, die die Mauer bewachten, wussten auch nichts Genaues und ließen die Menschen schließlich passieren.

19 Das war der Anfang vom Ende der Mauer: Kaum ein Jahr später, am 3. Oktober 1990, feierte Deutschland seine Vereinigung ⑧.

20 Die Mauer ist heute fast völlig verschwunden. Nur wenige Reste sind noch zu besichtigen, zum Beispiel in der Bernauer Straße.

21 Unzählige Souvenir-Stücke wurden an die Touristen der ganzen Welt verkauft. Schwer zu sagen, welche echt und welche falsch waren. □

Napomene

⑧ Od nastanka dve nemačke države, mnogi su pominjali, nadali se pa čak se i bojali njihovog *ponovnog ujedinjenja*: **die Wiedervereinigung**. Ovaj izraz bi, međutim, mogao navesti da se radi o nekoj vrsti povratka "nekadašnjoj" Nemačkoj. Termin **die Vereinigung**, *ujedinjenje*, se postepeno nametnuo, kada je i postao stvarnost. Pravno gledano, ovo ujedinjenje je nastalo kada je šest "novih **Länder**" (stvorenih u NDR), pripojeno deset "starih **Länder**" u **Bundesrepublik**.

17 Malo kasnije, na hiljade istočnih Berlinaca je čekalo na graničnim prelazima i tražilo slobodan prolaz ka Zapadnom Berlinu.

18 Narodna policija koja je nadzirala zid nije ništa pouzdano znala i konačno je dopustila ljudima da prođu.

19 To je bio početak kraja zida: nije prošlo ni godinu dana *(jedva godinu dana kasnije)*, 3. oktobra 1990, Nemačka je slavila ujedinjenje.

20 Danas je zid skoro sasvim nestao. Može se videti tek nekoliko ostataka, na primer u ulici Bernauer.

21 Bezbroj delova-suvenira je prodato turistima iz čitavog sveta. Teško je reći koji su bili pravi, a koji lažni.

34 **Übung 1 – Übersetzen Sie bitte!**

❶ Mitten im sogenannten „Kalten Krieg" wurden solche Demonstration unverzüglich verboten. ❷ 1989, als die Mauer fiel, wusste noch niemand, dass dies das Ende des DDR-Regimes bedeutete. ❸ Die Demonstrationsfreiheit gibt es in allen Demokratien. ❹ Die Polizisten, die die Grenzübergänge bewachten, ließen die Leute passieren. ❺ Die Freundschaft zwischen den Staatschefs half, Spannungen zwischen den beiden Staaten zu vermeiden.

Übung 2 – Ergänzen Sie bitte!

❶ Po mom saznanju, došao je u Istočni Berlin 1961. sa namerom da prebegne u SRN.

.... Kenntnis ... .. 1961 mit ... . nach Ostberlin gekommen, ... die Bundesrepublik .. ..

❷ Dok su jedni zahtevali promene, drugi su sanjali da mogu da putuju u inostranstvo.

.... Reformen ...., träumten die anderen davon, ... zu ....

❸ Novost da se zid podiže kroz grad se raširila poput požara.

... ., dass man ...., ... durch die Stadt .... verbreitete sich ... ...

Rešenje vežbe 1

❶ Usred takozvanog "hladnog rata", takvi protesti su bili odmah zabranjivani. ❷ 1989, kad je zid pao, još niko nije znao da je to značilo i kraj vladavine NDR. ❸ Sloboda protesta postoji u svim demokratijama. ❹ Policajci koji su čuvali granične prelaze su dopustili ljudima da prođu. ❺ Prijateljstvo šefova država je pomoglo da se izbegnu tenzije između dve države.

❹ Ponovno ujedinjenje dve Nemačke države je stupilo na snagu 3. oktobra 1990.
Die ....
Staaten .... .. 3. Oktober 1990 .. ..

❺ Tokom konferencije za štampu nijedan novinar nije postavio pitanje ko je tu odluku doneo.
.... Pressekonferenz ....
Journalist die Frage, ... diese Entscheidung
....

Rešenje vežbe 2

❶ Nach meiner – war er – der Absicht – von dort in – zu fliehen ❷ Während die einen – forderten – ins Ausland reisen – können ❸ Die Nachricht – dabei war, quer – eine Mauer zu errichten – wie ein Lauffeuer ❹ – Vereinigung der beiden deutschen – trat am – in Kraft ❺ Während der – stellte kein – von wem – getroffen worden war

35 *Odmah po završetku drugog svetskog rata, Nemačku su saveznici - Sovjetski Savez, SAD, Velika Britanija i Francuska - podelili na četiri okupacione zone. Isto je bilo i s nekadašnjim glavnim gradom, Berlinom, koji se nalazio u srcu zone pod sovjetskom kontrolom. Ali planu zemalja saveznica da stvore zajedničku vladu Nemačke ubrzo su se isprečili njihovi različiti interesi. Ove tenzije su 1949. dovele do stvaranja dve Nemačke, koje su za granicu imale demarkacionu liniju između okupacionih zona Zapada i Istoka. Potom se postavilo pitanje Berlina. Zapadni saveznici su izričito tvrdili da imaju pravo prisustva koje uključuje slobodu pristupa i prolaza kroz ceo grad. Kao rezultat toga je nastala paradoksalna situacija: između dve Države je granicu bilo nemoguće preći, dok se između Istočnog*

35 Fünfunddreißigste Lektion

Zusammenfassung – Ponavljanje

1 Deklinacija zamenica

Da se podsetimo: zamenica zamenjuje imenicu. Dakle, od imenice koju zamenjuje uzima rod i padež. Osim ličnih i neodređenih zamenica (v. 21. lekciju, § 3), mnoge druge reči služe kao zamenice.

1.1 Određene i relativne zamenice

Oblici određene i relativne zamenice (v. § 2) su većinom identični oblicima odgovarajućeg člana. Pet oblika koji se razlikuju, zadržavaju "oznaku padeža" karakterističnu za određeni član.

	Jednina			Množina
Nominativ	**der**	**die**	**das**	**die**
Akuzativ	**den**	**die**	**das**	**die**
Dativ	**dem**	**der**	**dem**	**denen**
Genitiv	**dessen**	**deren**	**dessen**	**deren**

Primeri:

(der) Lukas → Der könnte uns mit seinem Pech anstecken, *(Taj) bi mogao da nam prenese baksuz.*

die Jeans → Die habe ich in die Waschmaschine gesteckt, *(Njih) sam stavio u veš mašinu.*

i Zapadnog Berlina prolazilo skoro nesmetano. Stotine hiljada građana NDR su iskoristile tu "pukotinu" da bi pobegle: kad bi se jednom obreli u Istočnom Berlinu, bilo je dovoljno preći u Zapadni, i tu ili ostati, ili avionom otići dalje u **Bundesrepublik**, *na zapad. Sve u svemu, između 1945. i 1961, oko 3,5 miliona ljudi je prebeglo iz Istočne Nemačke! NDR i njenom savezniku SSSR, ta situacija je postala nepodnošljiva kako na političkom tako i na ekonomskom planu. Berlinski zid je, grubo i bez odlaganja, zatvorio tu pukotinu u gvozdenoj zavesi 13. avgusta 1961.*

mit dem Kollegen → Niemand will mit dem etwas zu tun haben, *Niko s njim ne želi da ima posla.*
von den Bekannten → Von denen habe ich gehört, dass... *Od njih sam doznao da...*

1.2 Neodređene i prisvojne zamenice

Oblici neodređene i prisvojne zamenice su identični oblicima odgovarajućeg neodređenog člana, osim u nominativu muškog i u nominativu i akuzativu srednjeg roda, gde zamenice dobijaju oznaku padeža.

	Jednina			Množina
N	**einer**	**eine**	**ein(e)s**	-
	keiner	**keine**	**kein(e)s**	**keine**
A	**einen**	**eine**	**ein(e)s**	-
	keinen	**keine**	**kein(e)s**	**keine**
D	**einem**	**einer**	**einem**	-
	keinem	**keiner**	**keinem**	**keinen**
G	ne koristi se			

35 Prisvojne zamenice **meiner/deiner/seiner/...** se menjaju po navedenom modelu.

Primeri:
ein → **Könnte mir einer von euch sein Handy leihen?** *Da li bi jedan od vas mogao da mi pozajmi svoj mobilni?*
mein **Handy** → **Meins ist nicht aufgeladen**, *Moj nije napunjen.*
einen **Schlüssel** → **Deine Freundin hat doch sicher einen**, *Tvoja devojka sigurno ima jedan.*
keine **Schmerzen** → **Ich habe keine**, *Nemam ih.*

1.3 Ostale zamenice

Što se tiče ostalih zamenica, svi oblici su identični oblicima odgovarajućeg člana. Tako će npr. pokazne zamenice glasiti **dieser/diese/dieses**; **jener/jene/jenes**, upitne zamenice **welcher/welche/welches**; zamenice **jeder/jede/jedes**, *svaki/a/o*; **mancher/manche/manches**, *neki/a/o, poneki/a/o*; **alle**, *svi/e/a*; **beide**, *oboje*; **einige**, *neki, pojedini/e/a, nekolicina, nekoliko …*

Primeri:
das Leiden → **Welches der beiden weh tut, hängt davon ab, wo man sich befindet**, *Od koje dve će patiti, zavisi [od mesta] gde se nalazi.*
von allen Schülern → **Er war der Beste von allen**, *Bio je najbolji od svih.*
manchem Menschen → **Manchem wird diese Heimat zu eng**, *Mnogi se osećaju skučeno u tom "Heimat".*
einige Nachbarn → **Wir mögen einige gar nicht**, *Neki nam se ne dopadaju.*
jeder Einwohner → **Jeder wusste: Die Nacht bringt Rat**, *Svako je znao da je jutro pametnije od večeri.*

Genitiv se veoma retko upotrebljava, najčešće za zamenice u množini koje prethode relativnoj rečenici: **Ich spreche im Namen jener/aller/mancher/einiger, die nicht kommen konnten**, *Govorim u ime onih/svih onih/pojedinaca/nekih koji nisu mogli da prisustvuju.*

Imajte na umu da za neke zamenice srednjeg roda u jednini, koje označavaju nešto nejasno ili neodređeno, u srpskom treba dodati reč *stvar*:
Beides ist richtig, *Obe* ("i jedna i druga stvar") *su tačne.*

Manches **schafft man besser im Team**, *Neke stvari mogu bolje uspeti u timu.*
Daran ist einiges **richtig**, *Ima istine u svemu tome.*
Er weiß vieles, *Zna toliko toga.*
Nur eines (ili: eins) **durfte man nicht**, *Jedina stvar koju ne treba raditi.*

2 Relativna rečenica

• U relativnoj rečenici relativna zamenica uzima rod i broj reči koja joj prethodi (ta reč se naziva antecedens).

• Oblici relativne zamenice su istovetni oblicima određene zamenice **der/die/das** (v. § 2.1), npr.
die **Regeln**, die **jetzt gelten**, *pravila koja se odsad primenjuju*
jemand, der **weiß, was „Heimat" bedeutet**, *neko ko zna šta "Heimat" znači*
Die Leute, mit denen **ich zu tun habe**, *Ljudi s kojima imam posla.*

Oblici genitiva **deren** i **dessen** se najčešće prevode kao *čiji, čija, čije.*
der Käufer, dessen **Name nicht genannt werden soll**, *kupac čije ime ne treba da se navede*
eine Welt, deren **Horizont für jeden woanders beginnt**, *svet čije obzorje za svakog počinje na drugom mestu.*

• Kada relativna zamenica zamenjuje imenicu ili zamenicu ispred koje stoji predlog, isti predlog će stajati i ispred relativne zamenice:
in der Ferne wartet das große Glück → die Ferne, in der **das große Glück wartet**, *daleki predeli u kojima čeka velika sreća*
aus dem Schüler wurde ein Genie → der Schüler, aus dem **ein Genie wurde**, *đak koji je postao genije.*

• Uglavnom, relativna rečenica stoji odmah iza antecedensa. Ali, ako on stoji ispred glagola, radije ćemo relativnu rečenicu staviti iza glagola o kojem je reč. Pogledajte sledeće primere:
Wir wissen, wo Sie das **finden** (glagol), was **den Besuch lohnt**, *Znamo gde ćete pronaći ono što vredi posetiti.*
umesto: **Wir wissen, wo Sie** das, was **den Besuch lohnt, finden**.
Tako ćemo izbeći zbunjujuću upotrebu dva glagola u ličnom glagolskom obliku koji idu jedan iza drugog!

2.1 Posebne relativne zamenice

Kada relativna rečenica dopunjava neodređenu zamenicu (**das, nichts, etwas, alles**...), relativna zamenica je **was** (nepromenljiva): **Sie vollendeten alles, was man am Tag nicht geschafft hatte**, *Završavali su sve ono što tokom dana nije uspelo da se uradi.*
Manches, was nicht im Text steht, kann man zwischen den Zeilen lesen, *Između redova se mogu pročitati neke stvari koje u tekstu nisu naznačene.*

Kada relativna rečenica dopunjava prilog ili vlastitu imenicu za mesto, relativna zamenica je **wo** (nepromenljiva):
Für Kinder endet sie dort, wo sie das Haus ihrer Eltern nicht mehr sehen, *Deci se ona završava na mestu gde iz vida gube roditeljski dom.*
In Deutschland, wo ich lange gelebt habe, habe ich viele Bekannte.

Kada relativna rečenica dopunjava zajedničku imenicu za mesto, može se obrazovati sa **wo**, ili sa odgovarajućim predlogom (**in/auf/an**...) + zamenica: **das Land, wo / in dem sich Menschen zu Hause fühlen**, *zemlja gde se ljudi osećaju kao kod kuće.*

3 Najvažnija informacija u iskazu

Danas ćemo pažnju obratiti na raspored elemenata smeštenih <u>unutar</u> **Satzklammer**. Ovaj raspored zavisi od informativne vrednosti svakog elementa: da li nas podseća na neku informaciju koju već znamo ili neku manje važnu, ili pak iznosi neki nov podatak?

Polazeći od glagola u ličnom glagolskom obliku (= "leva zagrada"), smeštaju se najpre elementi slabe informativne vrednosti. Za njima dolaze elementi sve jače i jače informativne vrednosti. Zato se element sa najjačom informativnom vrednošću nalazi na kraju, tik ispred "desne zagrade" koji zatvara rečenicu.
Primeri (podvučene reči odgovaraju zagradama **Satzklammer**):
Ich <u>habe</u> im letzten Monat einen wichtigen Kunden <u>gewonnen</u>, *Prošlog meseca sam dobio važnog klijenta.*
Glavna informacija: **einen wichtigen Kunden**; **im letzten Monat** je dodatna informacija, nije ključna.
Govornik ipak može dati prednost nečem drugom i želeti da istakne npr. činjenicu kada je tog klijenta dobio: u tom slučaju će

tu informaciju smestiti desno:
Ich habe diesen wichtigen Kunden erst im letzten Monat gewinnen können ili **Ich habe ihn erst im letzten Monat gewinnen können**.
Prošlo je samo mesec dana od kada sam mogao dobiti tog važnog klijenta.

Prethodni primeri pokazuju da na informativnu vrednost rečeničnih elemenata ne ukazuje samo njihovo mesto unutar **Satzklammer**, već i izbor člana ili upotreba zamenice:
– Neodređeni član najavljuje element o kojem još nije bilo reči, dakle "snažne" informativne vrednosti;
– Određeni ili pokazni član navodi na neki element za koji se pretpostavlja da je već poznat, dakle imaće slabiju informativnu vrednost;
– Zamenica upućuje na element koji je pomenut i ne donosi nikakvu novu informaciju.

Polazeći od ovih napomena, bez muke ćete u sledećim rečenicama prepoznati različite informativne vrednosti pripisane akuzativu (pravom objektu) – **Hausmittel** – i dativu (nepravom objektu) – **Patienten**:
Er hat dem Patienten ein altes Hausmittel verschrieben, *Tom pacijentu je prepisao jedan stari lek.*
Er hat dieses alte Hausmittel schon vielen Patienten verschrieben, *Taj stari lek je već prepisao mnogim pacijentima.*
Er hat ihm dieses alte Hausmittel verschrieben, *Prepisao mu je taj stari lek.*
Er hat es dem Patienten schon oft verschrieben, *Već ga je često prepisivao tom pacijentu.*
Er hat es ihm schon oft verschrieben, *Prepisivao mu ga je često.*

U nemačkom ne postoji pravilo da "nepravi objekat stoji ispred pravog" ili obrnuto. Ipak, red reči "nepravi, pa pravi objekat" je prilično čest, jer pravi objekat najčešće nosi najvažniju informaciju. Ipak zapamtite da pravi objekat uvek stoji ispred nepravog kad su oba iskazana zamenicama (poslednji primer)!
Kada "desna zagrada" nije deo glagola, onda element koji se nalazi na tom mestu nosi glavnu informaciju. To samo potvrđuje logiku opisanu iznad:
Er verschreibt diesem Patienten immer ein altes Hausmittel.

35 **Er verschreibt dieses Hausmittel nie einem neuen Patienten.**

Red elemenata u upitnoj rečenici prati istu logiku:
Haben Sie im letzten Monat wirklich nur einen wichtigen Kunden gewonnen?
Warum konnten Sie diesen wichtigen Kunden erst im letzten Monat gewinnen?

Dialog zur Wiederholung

1 Ja… ich gehöre zu der Generation, die noch während des Kalten Kriegs geboren wurde, 1949, um es genau zu sagen.
2 1961 lebten wir in einer kleinen Zwei-Zimmer-Mietwohnung, mitten in Berlin.
3 Meine Eltern waren beide berufstätig: Meine Mutter war Krankenschwester und mein Vater war Journalist bei einer kleinen Zeitung.
4 An dem Tag, an dem die Mauer errichtet wurde, war ich krank: Ich hatte eine Halsentzündung und Fieber.
5 Aber der Arzt, der mich untersuchen sollte, wohnte auf der anderen Seite der Straße – und die Straße war dann plötzlich für alle gesperrt!
6 Beinahe hätte ich also in Westberlin gewohnt, aber unsere Straßenseite lag leider im östlichen Teil der Stadt – das war Pech!
7 Natürlich litten viele unter der Trennung und hatten Sehnsucht nach ihrer Familie, nach ihren Freunden im anderen Teil Deutschlands.
8 Anderen erschien der Westen als Luxus-Einkaufszentrum, in dem sie gerne alles das gekauft hätten, was damals dem Durchschnittsbürger in der DDR fehlte.
9 Natürlich hat sich vieles seitdem verbessert.

Zar vas sve ovo ne podseća na nešto? Setite se "odgonetanja" nemačkih složenica: na kraju se nalazi ključna informacija!

10 Aber Sie wissen ja, wie das ist: Je älter wir werden, desto schöner wird die Vergangenheit in unserer Erinnerung.

11 Für mich bleibt das Ostberlin vor dem Umbau mit seinen alten Gebäuden und mit den Straßen, auf denen es kaum Autos gab, „Heimat".

Prevod

1 Da... pripadam generaciji koja je rođena još tokom hladnog rata, 1949, da budem tačan *(da to tačno kažem).* **2** 1961. smo živeli u malom dvosobnom iznajmljenom stanu u centru Berlina. **3** Oba moja roditelja su radila: majka je bila medicinska sestra, a otac novinar u jednim malim novinama. **4** [Tog] dana kad je zid podignut, bio sam bolestan: imao sam upalu grla i temperaturu. **5** Ali lekar koji je trebao da me pregleda je stanovao na drugoj strani ulice – a ta ulica je iznenada bila za sve zabranjena! **6** Dakle, zamalo da sam mogao stanovati u Zapadnom Berlinu, ali je naša ulica, nažalost, bila smeštena u istočnom delu grada – to je bila nesreća! **7** Naravno, mnogi su patili zbog razdvajanja i žudeli da opet vide svoju porodicu, prijatelje u drugom delu Nemačke. **8** Drugima je Zapad izgledao kao luksuzni trgovački centar u kojem bi rado voleli da kupuju sve što je u ono doba prosečnom građaninu NDR nedostajalo. **9** Naravno, otad su se mnoge stvari popravile. **10** Ali, znate kako je: što je [čovek] stariji, to više u svom sećanju ulepšava prošlost. **11** Za mene je nekadašnji Istočni Berlin sa svojim starim zgradama i ulicama u kojima skoro nije bilo automobila ostao "Heimat".

36 Sechsunddreißigste Lektion

Deutsch in Schwaben

1 – Da habe ich nun viele Monate lang Deutsch gelernt, komme hierher und verstehe fast kein einziges Wort.

2 – Tja, bei uns Schwaben klingt das freilich ① schon mal ein wenig anders als in Ihrer Methode.

3 – „Ein wenig anders" nennen Sie das?! Entweder das, was man hier spricht oder das, was ich gelernt habe, ist kein richtiges Deutsch!

4 Ich habe mir wohl einen Ladenhüter andrehen lassen ②, ein Deutsch ohne Gebrauchswert, gewissermaßen!

5 Da hätte ich mich lieber mit einer anderen Sache beschäftigen sollen, anstatt jeden Tag meine Lektionen zu pauken ③ – ganz zu schweigen von den Übungen und Wiederholungen!

Napomene

① **freilich** je sinonim za **allerdings**, *istinu govoreći, naravno, međutim, razumljivo*. Ali u južnim nemačkim dijalektima (među koje spada švapski), **freilich** često znači *sigurno, naravno*, ili se koristi u uzviku **(Ja) freilich!** *Pa da!*

② **der Ladenhüter** je roba koja nije uspela da se proda, dakle *neprodata roba, stvar na rasprodaji*; **andrehen**, *pokrenuti/staviti u pogon* (okrećući dugme);

Nemački u Švabiji

1 – Eto! Proveo sam *(mnoge)* mesece učeći nemački, došao sam ovde i ne razumem skoro ni jednu jedinu reč.
2 – Pa, da. Kod nas, Švaba, [jezik] zapravo ponekad malko drugačije zvuči nego u vašoj metodi.
3 – Vi to zovete "malko drugačije"?! Ili ono što se ovde govori, ili ono što sam ja učio, nije pravi nemački!
4 Možda sam dopustio da mi utrape nešto što niko neće, u neku ruku, nemački bez upotrebne vrednosti!
5 Bolje da sam se bavio drugim stvarima, umesto da bubam lekcije svaki dan – da ne govorim o vežbama i ponavljanju gradiva!

• **jmdm. etwas andrehen** u govornom jeziku znači *utrapiti nešto nekome.*

③ **die Pauke**, *bubanj, talambas.* Izvesno je da je ponavljano naprezanje u ritmu kojim se iz ovog instrumenta mami zvuk, dao glagolu **pauken** značenje *bubati, gruvati* (da bi se nešto naučilo); **der Pauker** je pomalo pogrdni naziv za *profesora.*

6 – Nein, nein, da tun Sie Ihrer Methode unrecht. Ihr Deutsch ist ja völlig in Ordnung – aber das ist eben die Hochsprache, das Hochdeutsch.

7 Tatsache ist aber, dass viele Leute lieber in ihrer Mundart sprechen, sobald sie unter sich sind ④.

8 Ein bisschen so, als würden sie sich nach Feierabend ⑤ was Bequemeres anziehen, um sich zu entspannen.

9 Da hört man dann hier bei uns Schwäbisch, und woanders Rheinisch, Sächsisch, Bayrisch usw. Das ist einfach so Tradition.

10 – Ja, aber verstehen die sich denn untereinander, beispielsweise die Bayern und die Sachsen, wenn die jeweils ⑥ in ihrer Mundart sprechen?

11 – Nein, eben ⑦ deswegen brauchen sie ja eine gemeinsame Sprache.

12 Sooft Personen, die aus verschiedenen Regionen kommen, miteinander sprechen wollen oder wenn es darum geht, von allen verstanden zu werden –

Napomene

④ **unter sich sein**, *biti među sobom*: ovde predlog **unter** *(ispod, pod)* ima značenje *među, između*: **Das bleibt unter uns**, *To ostaje među nama*. Kad je reč o recipročnom odnosu, onda se koristi zamenica **einander** (+ predlog): **sich untereinander verstehen** (10. rečenica); **miteinander sprechen** (12. rečenica).

⑤ **der Feierabend** nije večernja sedeljka ili proslava, već označava trenutak kad se završava radni dan i za njim dolazi ▸

6 – Ne, ne, nepravedni ste prema svojoj metodi. Vaš nemački je sasvim u redu – ali to je standarni nemački, *hohdojč*.
7 Činjenica je da mnogi ljudi, čim se nađu među sobom, radije govore na dijalektu.
8 Kao da se oblače u nešto komotnije, nakon radnog dana, da bi se opustili.
9 Tako se ovde, kod nas, čuje švapski, a na drugom mestu će to biti rajnski, saksonski, bavarski, itd. Jednostavno, takva je tradicija.
10 – U redu, ali kad svako govori svojim dijalektom, da li se međusobno razumeju Bavarci i Saksonci, na primer?
11 – Ne, i upravo zato im i treba jedan zajednički jezik.
12 Kadgod ljudi dođu iz različitih krajeva, žele da međusobno razgovaraju *(jedni s drugima)* ili kad neko želi da ga svi razumeju,

vreme za zabavu i odmor: **Feierabend!** *Gotovo za danas!* **Was machst du am Feierabend?** *Šta radiš uveče, posle posla?*

⑥ Obratite pažnju da je **jeweils**, reč koju smo ovde preveli sa *svaki/a*, u nemačkom prilog: **Beide haben jeweils einen anderen Familiennamen**, *Svako od njih ima drugačije prezime*; *Svako/svi oni imaju drugačije prezime.*

⑦ Već smo sreli reč **eben** u značenju *tako je to, eto,* kao što ćete videti u 6. rečenici gde ima izvestan sudbonosni prizvuk. Ali ovde, **eben** ima drugačije značenje: *baš, taman, upravo.*

36 **13** wie zum Beispiel in der Schule, in der Uni, im Radio, im Fernsehen – benutzt man Hochdeutsch, jedenfalls mehr oder weniger.

14 – Heißt das, dass ich mit meinem Deutsch überall verstanden werde?

15 – Ja, vorausgesetzt ⑧, Sie drücken sich so korrekt aus, wie Sie das jetzt tun.

16 – Bedeutet das dann, dass diejenigen, die ich hier nicht gut verstehe, kein korrektes Deutsch sprechen?

17 – Ja, sagen wir mal, vielleicht kein korrektes Hochdeutsch – das kann gut sein.

18 – Folglich spreche ich also besser Deutsch, als die Mehrheit der Einwohner hier, oder?

19 – Ja, also, in gewisser Weise kann man das so sagen…

20 – Wirklich, welch ⑨ eine tolle Methode! Kaum hat man ein paar Monate damit gelernt, und schon spricht man die Sprache besser als die meisten Einheimischen. □

Napomene

⑧ **vorausgesetzt**, *pod uslovom*, i **vorausgesetzt dass**, *pod uslovom da, pod pretpostavkom da*, dolaze od glagola **voraussetzen**, *pretpostavljati, imati za uslov*: **Wir setzen voraus, dass hier alle hochdeutsch sprechen**, *Pretpostavljamo da svi ovde govore standarni nemački.*

⑨ Sinonim za **was für ein(e)…!**, izraz **welch ein(e)…!** *kakav(a/o)….!* služi da izrazimo čuđenje, za uzvičnu rečenicu. Pazite, **welch** ostaje nepromenljiv.

13 kao na primer u školi, na fakultetu, na radiju, na televiziji, u svim slučajevima se više manje koristi standardni nemački.

14 – Znači li to da će me s mojim nemačkim svugde razumeti?

15 – Da, pod uslovom da se izražavate pravilno kao što to sad činite.

16 – Da li to znači da oni koje ovde ne razumem dobro, ne govore pravilno nemački?

17 – Pa, recimo ipak, možda ne baš pravilan *hohdojč* – to je vrlo moguće.

18 – Dakle, ja govorim nemački bolje od većine ovdašnjih stanovnika, tako mislite?

19 – Da, na neki način može se tako reći…

20 – Zaista, kakva sjajna metoda! Jedva da čovek uči nekoliko meseci, a već govori bolje od većine domaćeg stanovništva.

36 **Übung 1 – Übersetzen Sie bitte!**

❶ Welch schnelle Fortschritte Sie gemacht haben! Und das ohne viel zu pauken! ❷ Wie konntest du dir nur so einen Ladenhüter andrehen lassen? ❸ Außer dem Deutschen gibt es in der Schweiz noch 3 andere Landessprachen, ganz zu schweigen von den jeweils verschiedenen Mundarten jeder dieser Sprachen. ❹ Es ist hier Tradition, dass man nach Feierabend noch gemeinsam ein Bier trinken geht. ❺ Die große Mehrheit der Einheimischen drückt sich in einem völlig korrekten Hochdeutsch aus.

Übung 2 – Ergänzen Sie bitte!

❶ Umesto što se i dalje svađate zbog toga, bolje bi bilo da se smirite i ponovo razgovarate jedno s drugim.
. . . . euch . . . . zu streiten, solltet ihr . . . . lieber . . . . und wieder . . . .

❷ Ne želim da budem nepravedan ni prema kome.
Ich möchte natürlich . . . .

❸ Pod uslovom da ne govorite suviše brzo, možete govoriti na svom dijalektu, ako vam je tako ugodnije.
. . . . Sie nicht zu schnell sprechen, können Sie . . . . Mundart . . . . , wenn das für Sie . . . . ist.

Rešenje vežbe 1

❶ Kako ste brzo napredovali *(napravili brz napredak)*! I to bez mnogo bubanja! ❷ Kako si mogao da dopustiš da ti utrape nešto što niko neće? ❸ Osim nemačkog, u Švajcarskoj postoje još tri nacionalna jezika, da ne govorimo o različitim dijalektima svakog od tih jezika. ❹ Ovde je tradicija da svi zajedno idu na jedno pivo posle posla. ❺ Velika većina domaćeg stanovništva govori savršeno pravilno standardni nemački.

❹ Nakon posla, voli da proučava *(da se bavi)* tradicije tog regiona.
Am .... sie ....
mit den Traditionen ....

❺ Možda je prednost što stranci ne razumeju o čemu razgovaramo kada smo među nama.
Es ist wohl ... ., dass ...... nicht verstehen, ... wir ... ., wenn wir ....

Rešenje vežbe 2

❶ Anstatt – deswegen weiter – euch – beruhigen – miteinander sprechen ❷ – niemandem unrecht tun ❸ Vorausgesetzt dass – sich in Ihrer – ausdrücken – bequemer – ❹ – Feierabend beschäftigt – sich gerne – dieser Gegend ❺ – ein Vorteil – Fremde – was – uns erzählen – unter uns sind

37 *U početku je izraz* **Hochdeutsch** *bio zajednički naziv za nemačke dijalekte koji su se govorili na jugu germanofonog područja (u regionima smeštenim "gore"), za razliku od* **Niederdeutsch** *ili* **Plattdeutsch**, niskog nemačkog, *koji se govori na severu (u "ravnim" zemljama). Demarkaciona linija između ove dve varijante nemačkog jezika prolazila je od zapada na istok, otprilike u visini Getingen-Kasela. Danas je izraz* **Hochdeutsch** *dobio*

37 Siebenunddreißigste Lektion

Einige Tatsachen über Deutschland

(Auszüge aus Tatsachen über Deutschland, *herausgegeben vom Presse- und Informationsamt der Bundesregierung, Societäts-Verlag, © Societäts-Verlag.)*

1 Die Landesnatur:
Die Bunderepublik Deutschland liegt im Herzen Europas.

2 Sie ist umgeben von neun Nachbarstaaten, Dänemark im Norden, den Niederlanden, Belgien, Luxemburg und Frankreich im Westen,

3 der Schweiz ① und Österreich im Süden und von der Tschechischen Republik und Polen im Osten.

4 Diese Mittellage ist noch ausgeprägter seit der Wiedererlangung der deutschen Einheit am 3. Oktober 1990.

Napomene

① Ispred nekih naziva država se koristi određeni član, kao npr. **die Schweiz**; **die Türkei**, *Turska*, kao i ispred svih zemalja čiji je naziv u množini, poput **die Niederlande** i **die USA**.

značenje standardnog jezika, a **Plattdeutsch** *(ili* **Platt***) dijalekta, narečja. Možda ste čuli da se oko Hanovera, u Donjoj Saksoniji govori najčistiji nemački jezik (koji najviše podseća na* **Hochdeutsch** *standard). Znajte samo da lingvisti smatraju da je reč o mitu bez naučne osnove. Šteta za Hanover!*

Trideset sedma lekcija 37

Neke činjenice o Nemačkoj

(Odlomci iz Tatsachen über Deutschland, *Kancelarije za štampu i informisanje Savezne vlade.)*

1 Opis zemlje *(Priroda zemlje)*:
Savezna Republika Nemačka leži u srcu Evrope.
2 Okružuje je devet susednih država: Danska, na severu, Holandija, Belgija, Luksemburg i Francuska na zapadu,
3 Švajcarska i Austrija na jugu i na istoku Češka Republika i Poljska.
4 Ovaj središnji položaj je još izraženiji nakon ponovnog nemačkog ujedinjenja 3. oktobra 1990.

Kad naziv države sadrži i pravni oblik države, uvek ćemo koristiti određeni član: **die Bundesrepublik Deutschland**, *Savezna Republika Nemačka*; **die Tschechische Republik**, *Češka Republika*; **das Vereinigte Königreich**, *Ujedinjeno Kraljevstvo.*

37 **5** Mehr denn je ist die Bundesrepublik Drehscheibe zwischen Ost und West, aber auch für Skandinavien und den Mittelmeerraum.

6 Eingebunden in die Europäische Union und die NATO, bildet Deutschland eine Brücke zu den mittel- und osteuropäischen Staaten. […]

7 Die Landschaften:
Die deutschen Landschaften sind außerordentlich vielfältig und reizvoll.

8 Niedrige und hohe Gebirgszüge wechseln mit Hochflächen, Stufenländern ②, Hügel-, Berg- und Seenlandschaften sowie weiten, offenen Ebenen.

9 Von Norden nach Süden unterteilt sich Deutschland in fünf große Landschaftsräume:

10 das Norddeutsche Tiefland, die Mittelgebirgsschwelle, das Südwestdeutsche Mittelgebirgsstufenland, das Süddeutsche Alpenvorland und die Bayrischen Alpen.[…]

Napomene

② Nekoliko geoloških pojmova za opisivanje pejzaža: **der Gebirgszug** ili **die Gebirgskette**, *planinski lanac* (**das Gebirge**, *planina*, u smislu *planinskog lanca*); **das Stufenland**, *stepenasta zaravan* (**die Stufe**, *stepenica*); **die Mittelgebirgsschwelle** (10. rečenica), *planinski ogranak*, *ogranak srednjih planina* (**die Schwelle**, *prag*). U geologiji, **die Landschaft** može označavati kraj koji ima specifične geološke crte i tada se prevodi kao *oblast*.

5 Savezna Republika je više no ikad raskrsnica između istoka i zapada, ali i između Skandinavije i Sredozemlja.
6 Deo Evropske unije i NATO-a, Nemačka je *(čini)* most ka zemljama centralne i istočne Evrope. [...]

7 Predeli:
Nemački predeli su krajnje različiti i puni draži.
8 Srednji i visoki planinski venci se smenjuju sa visoravnima, stepenastim zaravnima, s brežuljkastim, planinskim i jezerskim krajolicima kao i prostranim otvorenim dolinama.
9 Od severa ka jugu, Nemačka se dalje deli na pet velikih pejzažnih tipova *(površina)*:
10 nizija severne Nemačke, planinski ogranak srednje visine, stepenaste zaravni srednje nadmorske visine u jugozapadnoj Nemačkoj, Predalpi u južnoj Nemačkoj i Bavarski Alpi. [...]

37 **11** Die Menschen:
[…] Das deutsche Volk ist im Wesentlichen ③ aus verschiedenen deutschen Stämmen wie den Franken, Sachsen, Schwaben und Bayern zusammengewachsen ④.
12 Heute sind diese alten Stämme in ihrer ursprünglichen Gestalt längst nicht mehr vorhanden ⑤,
13 doch leben ihre Traditionen und Dialekte in geschichtlich gewachsenen regionalen Gruppen fort.
14 Mit der Bevölkerung der einzelnen Bundesländer sind die alten Stämme jedenfalls kaum noch identisch.

15 Die Länder:
Die Länder, so wie sie heute bestehen, sind zum großen Teil erst nach dem Zweiten Weltkrieg unter Mitwirkung der Besatzungsmächte geschaffen worden,
16 wobei die Grenzziehung auf Traditionen oft keine Rücksicht nahm ⑥. […]

Napomene

③ **wesentlich**, *suštinsko, osnovno*; **im Wesentlichen**, *u suštini, zapravo*. Imenica **das Wesen**, *biće, priroda, suština (nečeg)* (stvorena na osnovu participa glagola **sein** = **gewesen**) je cenjena među filozofima: **Das Wesen der Dinge**, *suština stvari*.

④ **wachsen**, *rasti, povećavati se*; **zusammenwachsen**, postepeno se približavati da bi se na kraju sjedinilo, dakle: *srasti, zarasti, stopiti, ujediniti*; **geschichtlich gewachsen** (13. rečenica) sadrži ideju postepenog nastanka kroz istoriju.

11 Stanovništvo *(Ljudi)*:
[...] Nemački narod većinom vodi poreklo od različitih nemačkih plemena poput Franaka, Saksonaca, Švaba i Bavaraca.
12 Danas ta nekadašnja plemena više ne postoje u svom prvobitnom obliku,
13 [ali] su njihovi tradicija i dijalekti ipak preživeli u okviru regionalnih grupa stvorenih tokom istorije *(istorijski)*.
14 Svakako, stanovništvo različitih "Bundesländer" danas nema puno toga zajedničkog sa starim plemenima *(stara plemena se mogu jedva identifikovati sa)*.

15 "Länder":
Länder takve kakve danas postoje su velikim delom stvorene tek nakon Drugog svetskog rata, uz učešće okupacionih snaga,
16 pri čemu se prilikom iscrtavanja granica često nije vodilo računa o tradicijama. [...]

⑤ **vorhanden sein**, doslovno "biti na dohvat ruke" (**Hand**), *postojati, biti tu, biti prisutan*: **Dieses Produkt ist nicht mehr vorhanden**, *Taj proizvod nije više na raspolaganju / nema ga više.*

⑥ **die Rücksicht**, *obzir, pažnja, poštovanje*; **ohne Rücksicht auf jmdn.**, *bez obzira prema nekome*; **mit Rücksicht auf Ihre besondere Situation**, *s obzirom na vašu posebnu situaciju*; **Rücksicht nehmen auf**, *voditi računa o.*

37 **17** Unterschiedliche charakteristische Eigenschaften werden den Volksgruppen von alters her zugeschrieben.

18 So gelten die Mecklenburger als verschlossen, die Schwaben als sparsam, die Rheinländer als lebenslustig und die Sachsen als fleißig und pfiffig […]

19 Die deutsche Sprache:
Deutsch gehört zu der Großgruppe der indogermanischen Sprachen, innerhalb ⑦ dieser zu den germanischen Sprachen,

20 und ist mit der dänischen, der norwegischen und der schwedischen Sprache, mit dem Niederländischen und Flämischen, aber auch mit dem Englischen verwandt.

21 Die Ausbildung einer gemeinsamen Hochsprache geht auf die Bibelübersetzung durch Martin Luther zurück.

22 Deutschland ist reich an Mundarten. An Dialekt und Aussprache kann man bei den meisten Deutschen erkennen, aus welcher Gegend sie stammen. […]

23 Außerhalb Deutschlands wird Deutsch als Muttersprache in Österreich, in Liechtenstein, im größten Teil der Schweiz, in Südtirol ([in] Norditalien)

Napomene

⑦ Predlog **innerhalb**, *unutar, u,* stoji uz genitiv; njegov antonim **außerhalb** (+ genitiv), *spolja, van,* ćete videti u 23. rečenici.

17 Oduvek su se različite karakteristike pripisivale etničkim grupama. 37

18 Meklenburžani su poznati kao zatvoreni, Švabe štedljivi, stanovnici Rajnske oblasti kao [ljudi] koji uživaju u životu, a Saksonci kao marljivi i prepredeni. […]

19 Nemački jezik:
Nemački pripada velikoj grupi indo-evropskih jezika, a unutar nje, germanskim jezicima;

20 srodan je danskom, norveškom i švedskom, holandskom i flamanskom, ali takođe i engleskom [jeziku].

21 Stvaranje jednog standarnog, zajedničkog, jezika seže [u vreme] prevoda Biblije Martina Lutera.

22 Nemačka je bogata narečjima. Dijalekt i izgovor omogućavaju da se kod većine Nemaca prepozna iz kog kraja dolaze. […]

23 Van Nemačke, nemački jezik se kao maternji govori u Austriji, Lihtenštajnu, najvećem delu Švajcarske, u Južnom Tirolu *([na] severu Italije)*

24 und in kleineren Gebieten in Belgien, Frankreich ([im] Elsass) und Luxemburg entlang ⑧ der deutschen Grenze gesprochen.

25 Auch die deutschen Minderheiten ⑨ in Polen, Rumänien und in den Ländern der ehemaligen ⑩ Sowjetunion haben die deutsche Sprache zum Teil bewahrt. [...] □

Napomene

⑧ Već smo se u 6. lekciji sreli sa **entlang**, *duž*. Kad se nalazi ispred imenice, zahteva dativ (**entlang der Grenze**), ponekad i genitiv; kad dolazi iza imenice, ona je onda često u akuzativu (**die Grenze entlang**). U kombinaciji **an** + **entlang**, imenica je uvek u dativu: **an der Grenze entlang**.

⑨ **die Minderheit**, *manjina*; **die Mehrheit**, *većina*. Delovi **minder-** i **mehr-** se nalaze i u drugim parovima: **vermehren**, *povećati*, *uvećati*, i **vermindern**, *smanjiti*, *umanjiti*; **Mehrwert**, *višak vrednosti*, i **minderwertig**, *niže vrednosti*; **der Minderwertigkeitskomplex**, *kompleks niže vrednosti*.

***

Übung 1 – Übersetzen Sie bitte!

❶ Mehr denn je erschien die Wiedererlangung der Einheit als wichtigstes Ziel der Politik. ❷ Die Menschen in dieser Gegend gelten als außerordentlich lebenslustig und offen. ❸ Die ehemalige Brücke ist seit dem Zweiten Weltkrieg nicht mehr vorhanden. ❹ Außer Österreich und der Schweiz gehören alle Nachbarstaaten der Bundesrepublik zur NATO. ❺ Das süddeutsche Alpenvorland ist mit seinen Hügellandschaften und Seen ein sehr reizvolles Reiseziel.

24 i u malim delovima Belgije, Francuske (Alzas) i Luksemburga, duž nemačke granice.

25 Nemačke manjine u Poljskoj, Rumuniji i zemljama bivšeg Sovjetskog Saveza su takođe delimično sačuvale nemački jezik. [...]

Prevod je prilagođen na osnovu francuske verzije Tatsachen über Deutschland, *pod nazivom* Nemačka, činjenice i stvarnost, *koji je objavila Kancelarija za štampu i informisanje Savezne vlade.*

▸ ⑩ Nemojte mešati **ehemalig**, *nekadašnji, bivši* = nešto što je bilo i sad to više nije: **die ehemalige DDR**, *bivša NDR*, sa **alt**, *star* u značenju koji ima godine. Međutim, kad je reč o istorijskim činjenicama posebno, **alt** može imati značenje blisko **ehemalig**: **die alten Germanen**, *stari Germani*, **die alte Welt**, *stari svet*.

***

Rešenje vežbe 1

❶ Više nego ikad ponovno ujedinjenje se pojavilo kao najvažniji politički cilj. ❷ Ljudi tog kraja su poznati da neobično uživaju u životu i da su otvoreni. ❸ Stari most ne postoji od Drugog svetskog rata. ❹ Osim Austrije i Švajcarske, sve susedne države Nemačke pripadaju NATO-u. ❺ Svojim brežuljkastim krajolikom i jezerima, Predalpi u južnoj Nemačkoj su odredište puno privlačnosti.

37 **Übung 2 – Ergänzen Sie bitte!**

1. Većina stanovništva pripada etničkoj grupi koja vodi poreklo od starih germanskih plemena.
   ... . der Bevölkerung .... Volksgruppe, ... aus ... ., germanischen Stämmen zusammengewachsen ....

2. Putujući duž Rajne, prolazi se kroz različite krajolike dok se konačno ne stigne do Severnog mora u Holandiji.
   Wenn man .. .. fährt, kommt man ..... sehr ...., ... man schließlich in ... . die ....

3. Granice te države su stvorene ne vodeći računa o stanovništvu koje je tu oduvek živelo.
   Die .... wurden .... die Bevölkerungen, die ... . hier lebten, ...

Prevodom Biblije na nemački (početkom XVI veka), Martin Luter je zapravo na odlučujući način doprineo lingvističkom ujedinjenju germanofonog prostora, koji je u ono doba «procvetao» mnoštvom dijalekata, često veoma različitih. Da svaki vernik može sam da pročita Božju reč - to je bila suština doktrine protestantske reforme. Suočen sa raznolikošću nemačkih jezika, Luter je morao da upotrebi – a ponekad i izmisli – neku vrstu sintetičkog jezika kako bi Bibliju učinio pristupačnom najvećem broju ljudi. Istina, mogao se osloniti na napore standardizacije pisanog jezika, koji su pre njega

④ U samom srcu Evropske unije još uvek postoje tenzije među pojedinim državama, čiji uzroci sežu u istoriju prošlog veka. 37

Auch ....
leben noch Spannungen ....
.... fort, ... Ursachen auf die Geschichte des letzten ....

⑤ Dolina je okružena visokim planinama, a ljudi koji ovde žive predstavljaju manjinu koja je mogla očuvati vekovne tradicije.

Das Tal ... . von ..... Bergen und die Menschen, die hier leben, ...
.........., die ihre ....
.... konnte.

Rešenje vežbe 2

❶ Die Mehrheit – gehört zu einer – die – den ehemaligen – ist ❷ – am Rhein entlang – durch – vielfältige Landschaften, bevor – den Niederlanden – Nordsee erreicht ❸ – Grenzen dieses Staats – ohne Rücksicht auf – von alters her – geschaffen ❹ – innerhalb der Europäischen Union – zwischen manchen Staaten – deren – Jahrhunderts zurückgehen ❺ – ist umgeben – hohen – bilden eine Minderheit – ursprünglichen Traditionen bewahren –

već preduzeli kancelari različitih nemačkih država u sastavu Svetog rimskog germanskog carstva. Ogromna prihvaćenost koju je doživela Biblija na nemačkom jeziku (koja je uostalom bila i sredstvo za učenje čitanja) doprinela je ustanovljavanju pisanog koda kao standardnog, ne samo za pisani već i za govorni jezik.

38 Achtunddreißigste Lektion

Wie man in manchen Regionen über sich selbst lacht

1 Helden des rheinischen Humors sind Tünnes und Schäl, deren Widerwille ① gegen jede harte Arbeit in unzähligen Witzen bezeugt wird.

2 Tünnes ist zu faul, seine Schippe von der Baustelle mitzunehmen und schreibt mit Kreide darauf:

3 „*Leeve Schääl, bring mer ming Schipp mit, isch han se verjesse.*"

4 (Lieber Schäl, bring mir meine Schippe mit, ich habe sie vergessen.)

5 Der Schäl kommt vorbei, liest den Text auf der Schippe, wischt ihn ab und schreibt: „*Jään, avver isch han ding Schipp nit jesenn!*"

6 (Gern, aber ich habe deine Schippe nicht gesehen!)

7 Die Wiener lieben ihren Graf Bobby, dessen charmante Naivität und Torheit im Widerspruch zur adligen Herkunft und zum gesellschaftlichen Rang stehen.

8 „*Heast Bobby, du host jo an' braunan und an' schwoazn Schuach o*" verwundert sich sein Freund, der Graf Rudi.

Kako se u nekim regionima ljudi šale na svoj račun *(smeju samima sebi)*

1 Tines i Šel su junaci rajnskog humora; o njihovom gnušanju prema *(protiv)* teškom radu svedoče mnogi vicevi.
2 Tines je suviše lenj da bi doneo lopatu sa gradilišta i na nju piše kredom:
4 "Dragi Šel, donesi mi lopatu, zaboravio sam je."
5 Šel prolazi pored, čita tekst na lopati, briše ga i piše: "Rado, samo nisam video tvoju lopatu!"
7 Bečlije obožavaju svog grofa Bobija čije su simpatična naivnost i glupost u neskladu *(protivureče)* s njegovim otmenim poreklom i društvenim statusom.

Napomene

① Nemojte mešati prefiks **wider-** koji znači *protiv*: **der Widerwillen**, doslovno "ono što mi je protiv volje", *odvratnost, gnušanje*; **der Widerspruch** (7. rečenica), *protivurečnost, kontradikcija*, sa prefiksom **wieder-**, koji izražava ideju ponavljanja (npr. **Wiederholung**, *ponavljanje*). Kao glagolski prefiks, **wider-** može biti odvojiv ili neodvojiv.

38 9 (Ja Bobby, du hast ja einen braunen und einen schwarzen Schuh an ②)

10 „*Jo und stöh da vua Rudi, z'Haus hob i no' a so a Poa!*"

11 (Ja, und stell dir vor, Rudi, zu Hause hab' ich noch so ein Paar!)

12 Die Berliner sind stolz auf ihre Schlagfertigkeit.

13 Frau Kuwieschke holt ihren Mann in der Kneipe ab und kriegt einen Schnaps spendiert ③.

14 Sie schüttelt sich: „*Oh, det schmeckt ja ekelhaft!*"

15 (Das schmeckt ja ekelhaft!)

16 „*Siehst'e*, meint Kuwieschke, *und da denkst'e immer, det ick mir hier amüsiere!*

17 (Siehst du (…) und da denkst du immer, dass ich mich hier amüsiere.)

18 In Hamburg lacht man gern über die Frechheit von Klein Erna ④.

19 Die Mutter, am Fenster, schimpft mit ihr: „*Klein Erna, muss die Katze nicht immer an Schwanz zieh'n!*"

Napomene

② Pomoćni glagol **haben** s brojnim prefiksima učestvuje u stvaranju novih glagola. Tako npr. imamo: **anhaben**, *nositi (odelo)*; **aufhaben**, *nositi nešto na glavi* (npr. šešir): **Er hat einen Hut auf**.

③ **jmdm. etwas spendieren**, *(po)častiti, platiti nekome nešto*; **eine Runde spendieren**, *platiti turu (pića)*. Poput glagola ▸

8 “Ali, Bobi, nosiš jednu braon i jednu crnu cipelu” čudi se njegov prijatelj, grof Rudi.
11 “Da, i zamisli samo Rudi, kod kuće imam još jedan isti takav par!”
12 Berlinci su ponosni na svoju dosetljivost.
13 Gospođa Kuviške dolazi po muža u krčmu i ponude joj rakiju.
14 Ona se sva strese:
15 “Pa, to je odvratno *(ima grozan ukus)*!”
17 “Vidiš”, reče Kuviške, “a ti stalno misliš da se ja ovde zabavljam!”
18 U Hamburgu, ljudi vole da se dobro nasmeju bezobrazluku Male Erne.
19 Majka je s prozora grdi: “Ernice, prestani *(ne smeš stalno)* da vučeš mačku za rep!”

bekommen, glagol **kriegen** (govorni jezik) se koristi u obrtima koji zamenjuju pasiv: **Ihr wird ein Schnaps spendiert** = **Sie bekommt/kriegt einen Schnaps spendiert**, *Častili su ga rakijom.*

④ U nekim posebnim slučajevima, pridev kao atribut se ne menja po padežima, naročito kod ličnih imena nekih poznatih osoba: **Klein Erna** (iz Hamburga!); u nekim izrazima ili poslovicama: **auf gut Glück**, *nasumice, na sreću*, i ponekad u poetskom ili narodnom govoru. U svim drugim prilikama, deklinacija je obavezna. Isti je slučaj i sa vlastitim imenima koji u apoziciji sadrže poimeničeni pridev: **Erna, die Klein**e, *Mala Erna*; **Karl, der Groß**e, *Karlo Veliki.*

38

20 (Klein Erna, du sollst die Katze nicht immer am Schwanz ziehen!)

21 Klein Erna: „*Tu ich scha auch gaa nich. Die Katze zieht immer, ich halt ihr bloß fest!*"

22 (Tu ich ja auch gar nicht. Die Katze zieht immer, ich halte sie bloß ⑤ fest ⑥!)

23 Die Sachsen machen sich selbst über ihre Scheu vor offenen Konflikten lustig ⑦.

24 Im Gasthaus hat sich ein Herr eben ⑧ an seinen Tisch gesetzt, da ⑨ rennt ein anderer zu ihm und brüllt: „Sind Sie Paul Kretzschmar?"

25 Als der Herr mit „ja" antwortet, gibt ihm der Fremde eine schallende Ohrfeige und rennt wieder hinaus.

26 Der Geschlagene, etwas verlegen, erklärt den verwunderten Zuschauern:

27 „*Dähn habsch abar ferarscht. Ich heeß nähmlisch gar ni Gredschmar!*"

Napomene

⑤ **bloß** (sinonim za **nur**) pre pripada govornom jeziku.

⑥ Pridev **fest** znači *čvrst, jak, postojan, stabilan*. Kao prefiks, taj smisao daje i složenicama: **das Festland**, *kopno, kontinent*; **festhalten**, *čvrsto držati, zadržati*; **einen Termin festlegen**, *zakazati sastanak*. Nemojte ga samo pomešati s imenicom **das Fest**, *zabava*!

⑦ **lustig**, *smešan, veseo, zabavan*, ali: **sich lustig machen über**, *rugati se kome*. U ovoj rečenici je lepo prikazano mesto koje u glavnoj rečenici moraju zauzeti povratna zamenica **sich** (odmah posle glagola u ličnom glagolskom obliku) i prilog **lustig**, sastavni deo glagola (koji se, dakle, nalazi na kraju).

⑧ **eben** upotrebljen uz glagol u prošlom vremenu ukazuje na blisku prošlu radnju. Prevodi se sa *baš, taman, maločas, tek*

20 “Ernice, prestani da vučeš mačku za rep!”
21 Mala Erna:
22 “Ali uopšte to ne radim. Mačka vuče, a ja je samo zadržavam!”
23 Saksonci se sami sebi rugaju, jer se boje otvorenih sukoba.
24 U krčmi, dok je jedan čovek sedao za sto, drugi mu je pritrčao vičući: “Jeste li vi Paul Krecšmar?”
25 Kad mu je čovek odgovorio [da] jeste, stranac mu je opalio šamar *(ga je zvonko ošamario)* i istrčao napolje.
26 Udareni čovek je, malo smeten, objasnio začuđenim posmatračima:

što, jedva. **Eben** smešta radnju u ne tako neposrednu prošlost kao **gerade**, *pravo, upravo, baš*, što ste već u više navrata videli.

⑨ Doslovno: “jedan čovek je baš seo za svoj sto, kad drugi trči ka njemu”. Prilog **da** može imati prostorno značenje = *tu, ovde*, ali i vremensko (kao u ovoj rečenici) = *kad, u tom trenutku, onda*, ili može precizirati neku drugu odredbu: *tad, u tom slučaju*. Takođe ste već videli **da** kao veznik: *budući da, pošto, s obzirom na*.

38 **28** (Den habe ich aber verarscht ⑩. Ich heiße nämlich gar nicht Kretzschmar!)
29 Die Bayern schätzen an sich selbst ihre etwas grantige ⑪ Robustheit und zeigen gern, dass sie sich nicht einschüchtern lassen.
30 Ein Straßenbahnfahrer schimpft auf den Karrenfuhrmann, der ihm den Weg versperrt: „*Koannst net aus die Gleise fahrn?*"
31 (Kannst du nicht aus den Gleisen herausfahren?)
32 „*I scho*, antwortet der Fuhrmann, *aber du net!*"
33 (Ich ja (…) aber du nicht!) □

Napomene

⑩ **der Arsch**, *zadnjica*, je izvesno «prosta» reč. Često je nalazimo u raznim izrazima za vređanje: **jmdn. verarschen**, *preći*

***

Übung 1 – Übersetzen Sie bitte!

❶ Das neue Paar Schuhe, das ich heute anhabe, hat man mir zum Geburtstag geschenkt. ❷ Ich habe einen Widerwillen gegen Witze, in denen man sich über gewisse Minderheiten lustig macht. ❸ Diese Ohrfeige hast du bekommen, weil du mich verarscht hast. ❹ Schlagfertigkeit amüsiert mich, aber Frechheit schätze ich nicht besonders. ❺ Ich glaubte, er wollte mich bloß einschüchtern, als er mir den Weg versperrte und mich festhielt.

28 "Ovog sam baš lepo prešao! Naime, ja se uopšte ne prezivam Krecšmar!"

29 Bavarci kod sebe cene svoj pomalo nezgodan karakter, i vole da pokažu da se ne daju zastrašiti.

30 Jedan vozač tramvaja psuje kočijaša *(vozača kolica)* koji mu je preprečio put:

31 "Zar ne možeš da se skloniš sa šina *(izađeš sa šina)*?"

33 "Ja mogu", odgovori kočijaš, "ali ti ne!"

koga/nasamariti koga (govorni jezik).

⑪ **grantig** (reč koja se koristi u južnoj Nemačkoj i Austriji), *osoran, namrgođen, mrzovoljan, čangrizav*: **Heute ist er aber grantig!** *Danas je baš čangrizav!*

***

Rešenje vežbe 1

❶ Novi par cipela koji danas nosim, sam dobio za rođendan. ❷ Odbojne su mi šale koje se rugaju nekim manjinama. ❸ Dobio si šamar jer si me prešao. ❹ Smisao dosetke me zabavlja, ali bezobrazluk ne cenim toliko. ❺ Mislio sam da samo želi da me zaplaši kad mi je preprečio put i [silom] me zadržao.

38 Übung 2 – Ergänzen Sie bitte!

❶ Trebalo bi da znate da su ti ljudi ponosni na svoje poreklo i ne cene kad se pričaju šale o njihovom regionu.

Sie ...., dass diese Leute .... sind und es nicht ...., wenn ... . ihre Region ....

❷ Gospodin grof obično prima zvanice samo određenog društvenog položaja.

Der Herr .... empfängt .... nur ..... mit einem ....

❸ Upravo sam izgrdio vašu decu zato što ne prestaju da mi se rugaju.

Ich habe .... Kindern ...., weil sie .... mich ....

Germanofoni prostor danas obuhvata tri "zvanična" nemačka jezika: nemački iz Savezne Nemačke, austrijski nemački i švajcarski nemački, **Schwyzerdütsch** *(izgovorite: [šwi:cadi^{u}:č]), koji je veoma blizak onom kojim se govori u Lihtenštajnu. Ovi jezici se razlikuju po leksičkim i gramatičkim varijantama kao i po izgovoru (odakle interes za jedan zajednički jezik komunikacije,* **Hochdeutsch***).*
Međutim, državne granice nisu i jezičke granice: austrijski nemački je proistekao iz bavarskog, **Bayrisch**, *koji se govori na jugoistoku Nemačke a i dan danas mnogo podseća na njega.* Alemanski, **Alemannisch**, *nastao na osnovu švajcarskog nemačkog, se govori na celom jugozapadu –* švapski, **Schwäbisch**, *je jedna od njegovih varijanti. Više na severu, do linije odvajanja visokog nemačkog i*

❹ Junak te priče je jedan stranac o čijem se poreklu i društvenom položaju ništa ne zna.
... . Geschichte ist ... ., über .... und .... man ....

❺ Većina gledalaca kod njega ceni humor kojim se podsmeva gluposti i naivnosti mnogih ljudi.
Die .... an ihm den Humor, ... er .... die Torheit und Naivität .... macht.

Rešenje vežbe 2

❶ – sollten wissen – stolz auf ihre Herkunft – schätzen – man Witze über – erzählt ❷ – Graf – normalerweise – Gäste – gewissen gesellschaftlichen Rang ❸ – eben mit Ihren – geschimpft – sich dauernd über – lustig machen ❹ Der Held dieser – ein Fremder – dessen Herkunft – Rang – nichts weiß ❺ – meisten Zuschauer schätzen – mit dem – sich über – vieler Menschen lustig –

niskog nemačkog (v. 36. lekciju), naći ćemo, pogotovo na zapadu, različite varijante franačkog, **Fränkisch**, *i* rajnskog, **Rheinisch**, *više na istoku, preovladavaju* tirinški, **Thüringisch**, *i* saksonski, **Sächsisch**. *Dijalekti niskog nemačkog, na severu ove linije, su sačuvali mnogo zajedničkih crta sa holandskim, flamanskim i engleskim. Na zapadu se uglavnom čuju* donji franački, **Niederfränkisch**, donji saksonski, **Niedersächsisch**, *a na obalama Severnog mora* frizijski, **Friesisch**, *potom na istoku,* brandenburški, **Brandenburgisch**, *i* meklenburški, **Mecklenburgisch**. *Ovde smo mogli da navedemo samo neke glavne dijalekte, od kojih svaki, uostalom, ima brojne varijante.*

39 Neununddreißigste Lektion

Kölle Alaaf! ①
Interview mit „SeineTollität", Prinz Mathias

1 – Was manchen Hörern vielleicht entgangen ist, wird für alle echten Kölner unter Ihnen aber das Ereignis des Tages gewesen sein ②:

2 Gestern, am 12. Januar war offizielle Prinzenproklamation und seither herrscht ein neues Dreigestirn über unsere schöne Stadt Köln.

3 Meine erste Frage an Sie „Ihre Tollität" ③, Prinz Mathias: Sind Sie glücklich über Ihre Wahl?

4 – Einmal Prinz zu sein in Köln am Rhein, das ist doch der Traum aller Jecken und Narren ④ dieser Stadt!

5 – Und wie wird jemand, der wie Sie im Alltagsleben ein Bauunternehmen leitet, zur höchsten Autorität des Kölner Karnevals?

Napomene

① **Kölle Alaaf!** je uzvik raspoznavanja kelnskog karnevala. Možemo ga prevesti kao: *Živeo Keln!* ili *Keln iznad svega!*

② **wird gewesen sein**, *bude bio*: primer futura II, koji se prilično retko koristi. Kao i futurom I, futurom II se može iskazati pretpostavka.

③ Naziv **Ihre Tollität**, za princa karnevala, je napravljeno po modelu **Ihre Majestät**, *Vaša Visosti*, i moglo bi se prevesti kao *Vaša Ludosti*. Već smo se sreli s reči **toll**, u značenju *sjajan, divan, super*, u 4. lekciji. Ipak, znajte da je prvo značenje ▸

Živeo Keln!
Intervju sa "Njegovom Ludosti", princom Matijasom

1 – Ono što je možda promaklo većini slušalaca, biće događaj dana za sve prave stanovnike Kelna među vama:
2 juče, 12. januara, bilo je zvanično proglašenje princa i, odsad, novo trojstvo vlada našim lepim gradom Kelnom.
3 Moje prvo pitanje za vas, "Vaša Ludosti", prinče Matijas: jeste li srećni što ste izabrani *(zbog vašeg izbora)*?
4 – Biti princ Kelna na Rajni, makar jednom, je san svake lude i lakrdijaša u ovom gradu!
5 – A kako neko poput vas, koji u svakodnevnom životu rukovodi građevinskim preduzećem, postaje najviša vlast karnevala u Kelnu?

ovog prideva *lud, šašav, ćaknut*. Dakle, u kontekstu karnevala, uzima svoje pravo značenje, jer je to period nerazumnosti i ludosti.

④ **der Jeck** (reč rajnskog dijalekta), *luda, lakrdijaš, pajac*. Ovim izrazom se opisuju svi aktivni učesnici svečanosti kelnskog karnevala. **Der Narr** ima otprilike isto značenje, ali na standardnom nemačkom. **So ein Narr!** *Kakva budala!*

6 – Indem man ganz demokratisch am elften Elften ⑤ vom Festkomitee gewählt wird, zusammen mit den beiden anderen Kollegen des Dreigestirns.

7 – Richtig, das „Dreigestirn”! Denn Sie herrschen gemeinsam mit dem Bauern, „Seine Deftigkeit” und der Jungfrau, „Ihre Lieblichkeit”.

8 – Ja, der Bauer beschützt uns mit seiner Tapferkeit, dafür bekommt er ja auch die Stadtschlüssel vom Oberbürgermeister,

9 und die Jungfrau erfreut uns mit ihrer Schönheit.

10 – Dass sie ein Mann ist, stört wohl niemanden?

11 – Beim Karneval stört nur eines: nämlich alles, was todernst und langweilig ist.

12 Bloß ‘nen Bart hat sie bisher noch nie tragen dürfen, unsere „Lieblichkeit”!

13 – Ist der Karneval also reine Männersache?

14 – Na, jeder weiß doch, dass alles mit der Weiberfastnacht ⑥ beginnt.

15 Da übernehmen die Frauen die Macht und die Männer können froh sein, wenn sie ihren Schlips behalten!

Napomene

⑤ **der elfte Elfte**, *jedanaesti novembar*: datum početka sezone karnevala, koji će se proslavljati mnogo kasnije, u februaru ili početkom marta.

⑥ **die Weiberfastnacht**, doslovno: “karneval žena”, *ženski četvrtak*. Gospodo, pazite se! Na taj dan žene preuzimaju vlast ▸

6 – Festivalski odbor me je demokratskim putem izabrao jedanestog jedanaestog, zajedno sa dvojicom drugih kolega iz trojstva.

7 – Tačno, "trojstvo"! Jer vi zajedno vladate sa Seljakom, "Njegovom Krepkošću", i Devicom, "Njenom Ljupkošću".

8 – Da, Seljak nas štiti svojom neustrašivošću, zato on od gradonačelnika dobija ključeve grada,

9 a Devica nas oduševljava svojom lepotom.

10 – A to što je ona muškarac nikome ne smeta *(ne uznemirava nikoga)*?

11 – Za vreme karnevala, smeta samo jedno: *(naime)* sve što je smrtno ozbiljno i dosadno.

12 Do sad naša "Ljupkost" nije smela samo da nosi bradu!

13 – Da li je karneval čisto "muška" stvar?

14 – Svi znaju da sve počinje ženskim četvrtkom.

15 Tad one uzimaju vlast, a muškarci mogu biti zadovoljni ako uspeju da sačuvaju svoje kravate!

▸ i često to pokazuju tako što vam seku kravate! **Das Weib**, stara reč za **die Frau**, koja danas ima pogrdno značenje: **Ach, diese Weiber!** *Ah, te žene/ženturače!* Nemojte mešati **weiblich**, *ženski, ženstven*, sa **weibisch**, *raznežen, mlak, feminiziran.*

39 **16** – Aber am Rosenmontag, beim großen Karnevalsumzug, da sind Sie der Star?

17 – Na ja, ein bisschen schon – aber nur solange ich genug Kamellen unter die Leute schmeiße! ⑦

18 – Und welches sind ⑧ die anderen Aufgaben eines Karnevalsprinzen, außer Kamellen Schmeißen?

19 – Bis zum Ende der tollen Tage, am Aschermittwoch, gibt ’s keinen Tag und keine Nacht ohne Karnevalsveranstaltungen und alle möglichen Auftritte.

20 Da muss der Prinz überall dabei sein!

21 – Hoffentlich hat Ihre Herrschaft trotz dieser vielen Pflichten auch einige angenehme Seiten!

22 – Ja klar! Aber auch Vergnügen kann manchmal ganz schön anstrengend sein.

23 – Gut, dann wollen wir jetzt Ihre Zeit nicht länger in Anspruch nehmen ⑨ und danken „Ihrer Tollität" für dieses Gespräch… und natürlich: Kölle Alaaf! □

Napomene

⑦ **die Kamelle** (na kelnskom narečju), vodi poreklo od reči **die Karamelle,** *bombona, karamela;* danas označava bilo kakav *slatkiš.* Prilikom karnevalske povorke, baca se iz kočija u publiku. **Schmeißen** je glagol iz govornog registra, čiji je sinonim **werfen**, *baciti.*

⑧ Uz zamenicu za subjekat srednjeg roda **welches**, atribut subjektu može biti kako u jednini, tako i u množini. Glagol (ovde **sein**) se menja prema tome: **Welches ist Ihre Rolle?** *Koja je vaša uloga?*; **Welches sind Ihre Aufgaben?** *Koji/e su vaši zadaci/dužnosti?* ▸

16 – Ali u ponedeljak, na dan ruža, u velikoj karnevalskoj povorci ste vi zvezda?
17 – Pa da, samo malo – ali samo dok bacam dovoljno bombona među ljude!
18 – A koji su drugi zadaci princa karnevala, osim bacanja bombona?
19 – Do kraja dana ludaka, do pepeljave srede, nema dana ni noći bez karnevalskih proslava i svakojakih nastupa.
20 A princ mora svemu prisustvovati!
21 – Nadajmo se da vaša vladavina, uprkos brojnim zaduženjima, ima i prijatnih strana!
22 – Da, naravno! Ali i zadovoljstvo može ponekad biti iscrpljujuće.
23 – Dobro, onda ne želimo da vas duže zadržavamo i zahvaljujemo se, "Vaša Ludosti", na ovom razgovoru... i naravno: Živeo Keln!

▸ ⑨ **der Anspruch**, *zahtev, polaganje prava*; **in Anspruch nehmen**, *iziskivati, tražiti, polagati pravo na što.* Ovaj obrt se često koristi u učtivim izrazima: **Darf ich Ihre Hilfe in Anspruch nehmen?** *Mogu li vas zamoliti za pomoć?*; **Ich möchte Ihre Zeit nicht weiter in Anspruch nehmen**, *Ne bih želeo da zloupotrebim vaše vreme.*

39 **Übung 1 – Übersetzen Sie bitte!**

1 Während des Karnevals übernehmen die Narren die Macht in der Stadt. 2 Welches sind die Aufgaben und Pflichten des Oberbürgermeisters einer so großen Stadt wie Hamburg? 3 Ihr könnt doch froh sein, dass man euch nicht dauernd bei der Arbeit stört. 4 Solange die beiden Brüder das Unternehmen gemeinsam geleitet hatten, war es sehr erfolgreich gewesen. 5 Im Alltagsleben ist eben nicht immer alles ein reines Vergnügen.

Übung 2 – Ergänzen Sie bitte!

1 Sve dok ovaj guverner bude bio na vlasti, ovde neće biti demokratskih izbora.

.... diese Regierung .. .. bleibt, wird es hier .... geben!

2 Mogu li vas zamoliti da mi posvetite trenutak za intervju?

.... ich .... einen Augenblick ... ein Interview .. ..?

3 Uprkos brojnim i iscrpljujućim pojavljivanjima na sceni, bila je očigledno srećna što je postala zvezda.

.... vielen .... Auftritte ... ... natürlich glücklich, ein Star ....

4 Neće vam promaći da je reč o sasvim neobičnom događaju.

.. .... Ihnen nicht ...., dass .. .. ein ...... ungewöhnliches .... handelt.

Rešenje vežbe 1

❶ Za vreme karnevala, lude dobijaju vlast u gradu. ❷ Koji su zadaci i obaveze gradonačelnika ovako velikog grada kao što je Hamburg? ❸ Ipak se možete smatrati srećnim što vas na vašem poslu ne uznemiravaju stalno. ❹ Dok su dvojica braće zajedno upravljali preduzećem, ono je bilo veoma uspešno. ❺ U običnom životu, nije uvek sve samo čisto zadovoljstvo.

❺ Nažalost, ludi dani su se završili i otad su svi morali opet da se vrate *(pozabave)* svojim zadacima i obavezama iz svakodnevnog života.

.... die tollen Tage ......, und .... mussten .... wieder mit den Aufgaben und .... Alltagslebens ....

Rešenje vežbe 2

❶ Solange – an der Macht – keine demokratischen Wahlen – ❷ Darf – Ihre Zeit – für – in Anspruch nehmen ❸ Trotz der – anstrengenden – war sie – geworden zu sein ❹ Es wird – entgangen sein – es sich um – völlig – Ereignis – ❺ Leider waren – vorbei – seither – sich alle – Pflichten des – beschäftigen

Svaka oblast je razvila svoje karnevalske tradicije, a ono što se u Kelnu zove **Karneval**, *u Majncu će biti* **Fastnacht**, *a u Minhenu* **Fasching**. *U germanskim zemljama je reč o nedelji koja prethodi pepeljavoj sredi (u februaru ili početkom marta), i obeležava početak* posta, **die Fastenzeit**, *prema katoličkom crkvenom kalendaru. Svuda je karneval trenutak neobuzdanih proslava, gde pod maskama nestaju društvene razlike. Ovi ludi dani se dugo pripremaju:* peto godišnje doba, **die fünfte Jahreszeit**, *kako se naziva period karnevala, počinje 11. novembra u 11 časova i 11 minuta, sa imenovanjem princa ili prinčevskog para, koji se zvanično proglašavaju početkom januara. Broj 11 se smatra fetišom "luda": svi jednaki kao dve jedinice, jedna do druge. Za Keln, u vreme francuske okupacije za vreme Revolucije, ovaj broj je dobio i političko značenje:* **ELF** *(jedanaest) = Jednakost - Sloboda - Bratstvo (Égalité - Liberté - Fraternité), ideali koji, za vreme ovih ludih dana, treba da postanu stvarnost.*

40 Vierzigste Lektion

Gegensätze ziehen sich an ①

1 – Sehr verehrte ② Hochzeitsgäste, liebes Brautpaar ③,

Napomene

① Obratite pažnju na glagol **sich anziehen** koji ovde ima značenje *privlačiti se (jedan drugog)*, a ne *oblačiti se*!

② **Sehr verehrte...** pripada jednom istančanijem i svečanijem registru od **Sehr geehrte...**, ali danas zvuči pomalo zastarelo. U manje zvaničnom kontekstu, može se početi sa **Liebe** (+ prezime) ili **Lieber** (+ prezime), ili **Liebe Gäste**. U nešto zvaničnijem okruženju, najčešće ćemo se okupljenima obratiti sa **Meine Damen und Herren**.

Četrdeseta lekcija 40

Suprotnosti se privlače

1 – Dragi gosti *(Poštovani gosti na venčanju)*, dragi mladenci,

③ **die Braut**, *verenica* ili, na dan venčanja, *mlada*; **der Bräutigam**, *verenik* ili *mladoženja*. Baš kao i sa prefiksima **Stief-** i **Schwieger-** (koje smo videli u 10. lekciji, u napomeni 9, za iskazivanje veza stečenih brakom), tako se i prefiksom **Braut-** može razviti čitava porodica reči: **das Brautpaar**, *mladenci*; **der Brautvater/die Brautmutter**, *mladin otac / mladina majka*; **die Brautjungfer**, *deveruša*; **der Brautring**, *verenički prsten*, itd.

40 **2** Es ist natürlich nichts Ungewöhnliches, dass Gegensätzliches zusammenfindet bei einer Heirat.

3 Mann und Frau, das wird niemanden verwundern – obgleich es da ja nun auch immer öfter Ausnahmen gibt.

4 Dafür, dass dunkles und blondes Haar gut zueinander passen, gibt es mehrere überzeugende Beweise hier, an unserer Hochzeitstafel.

5 Evangelisch oder katholisch, solche kleinen Unterschiede nehmen die jungen Leute heute nicht mehr so ernst –

6 sofern sie diese Unterschiede überhaupt noch kennen.

7 Eine Wessi und ein Ossi, das ist allerdings eine zusätzliche Option.

8 Ich weiß, ich weiß, das sagt man heutzutage nicht mehr – aber Gegensätze sind nun mal das Thema meiner Rede.

9 Und denjenigen, die zu meiner oder zu den vorangegangenen Generationen gehören – und davon gibt es ja mehrere unter Ihnen – ist bestimmt auch noch der Ausdruck „die von drüben" in Erinnerung,

2 Naravno, nije neobično da se suprotnosti spoje 40
i venčaju *(da se ono što je suprotno spoji
prilikom venčanja)*.
3 Muškarac i žena, to nikog neće začuditi – iako
danas ima sve više izuzetaka.
4 Da se tamna i plava kosa dobro slažu, ima ovde,
za našim *(svatovskim)* stolom, više ubedljivih
dokaza.
5 Protestant ili katolik, male razlike tog tipa
današnji mladi više ne uzimaju za ozbiljno –
6 ukoliko još uopšte znaju za takve razlike.
7 Jedna Vesi i jedan Osi, to je svakako dodatna
opcija.
8 Znam, znam, to se više u današnje vreme ne
govori – ali suprotnosti su ipak tema mog
govora.
9 A svi koji pripadaju mojoj ili prethodnim
generacijama – a ima ih dosta među vama –
sigurno se još sećaju izraza *(izraz je još uvek u
sećanju)* “oni s druge strane”,

10 wobei ④ dann „drüben" jeweils ⑤ für die einen der Westen und für die anderen der Osten bedeutete.

11 Dass er beim Verbraucherschutz tätig ist und sie die Marketingabteilung eines großen Unternehmens leitet, verspricht angeregte Diskussionen an den Wochenenden.

12 Dass aber eine echte Bayerin sich ausgerechnet einen Preußen sucht, erscheint dann allerdings fast schon als Herausforderung!

13 Was „eine echte Bayerin" ist, bedarf ⑥ keiner Erklärung, denn wir Bayern behaupten ja alle, waschecht ⑦ zu sein.

14 Aber vielleicht fragen Sie sich, was denn „ein echter Preuße" sein soll?

15 Für uns beginnt Preußen, sobald wir nordwärts über unsere bayrische Grenze hinausschauen,

16 egal, ob dort eigentlich erst mal Hessen, Thüringen oder Sachsen liegen.

Napomene

④ U nemačkom, istovremenost dve radnje može biti iskazana zavisnom rečenicom uvedenom sa **indem** (v. 39. lekciju, 6. rečenicu), relativnom rečenicom uvedenom sa **wobei** kao ovde (v. takođe 37. lekciju, 16. rečenicu), ili prilogom **dabei**, (v. 17. rečenicu u ovoj lekciji).

⑤ Prilog **jeweils**, koji smo sreli u značenju *svaki/a/o* u 36. lekciji, može takođe pokazivati na ono što je pridodato različitim stranama; tad se prevodi kao *svaki za sebe* (ili ga uopšte nećemo

10 pri čemu je "druga strana" za jedne značila zapad, a za druge istok.

11 Njegov posao u organizaciji za zaštitu potrošača *(da on radi...)* i njen, rukovodioca marketinške službe neke velike firme *(a ona da rukovodi)*, obećava uzbudljive razgovore vikendom *(vikendima)*.

12 Ali, da jedna prava Bavarka za sebe traži baš Prusa, to je baš začikivanje!

13 Šta je "prava Bavarka" ne treba uopšte objašnjavati *(ne zahteva nikakvo objašnjenje)*, jer, kao što svi znamo, mi Bavarci tvrdimo da smo to sto posto.

14 Ali se možda pitate šta bi moglo značiti *(moglo biti)* biti "pravi Prus"?

15 Nama Prusija počinje čim pogledamo na sever, iznad naše bavarske granice,

16 svejedno što se tamo zapravo prvo nalaze Hesen, pa Tiringija ili Saksonija.

prevesti): **Westlich und östlich dieser Grenze spricht man jeweils schwäbisch oder bayrisch**, *Na zapadu i na istoku od te granice, govori se švapski ili bavarski (na zapadu se govori švapski, a na istoku bavarski).*

⑥ Obratite pažnju na glagol **bedürfen**, *trebati, potrebovati, oskudevati u nečemu*, koji zahteva dodatak u genitivu: **Das bedarf keines Kommentars**, *Tome ne treba nikakav komentar.*

⑦ **waschecht**, *otporan na pranje*, *postojana boja*, i ekstenzijom *čistokrvan, stopostotan (poreklom), pravi.* Ovaj izraz ima svoj antonim u **der Zugereiste**, doslovno "onaj koji je odnekud došao", *pridošlica,* (koji nije rođen ovde, ma kakvog bio porekla.

40 **17** Und dabei vergessen wir dann auch gern, dass es das Preußen und die Preußen ja schon lange nicht mehr gibt,

18 beziehungsweise ⑧ nur noch als Bezeichnung für die Nicht-Bayern.

19 Doch wer in Berlin geboren und groß geworden ist

20 und wer noch dazu den stolzen Familiennamen Bismarck trägt, kann oder muss sicher zu Recht als echter Preuße gelten.

21 Mein Großvater, also dein Urgroßvater, Marion, hätte da noch bedenklich den Kopf geschüttelt und gefragt:

22 „*Muass dees denn sei?*" (Muss das denn sein?)

23 Und dessen Vater, dein Ururgroßvater, hätte es dir sicher nicht zu einfach machen wollen und erst mal erklärt:

24 „*Der kimmt ma net ins Haus!*" (Der kommt mir nicht ins Haus!)

Napomene

⑧ Prilog **beziehungsweise** (često skraćen **bzw.**) služi da pojasnimo neku informaciju: *tačnije, odnosno*, ili da uočimo različite slučajeve: **Links und rechts vom Brautpaar sitzen die Eltern der Braut beziehungsweise des Bräutigams,**

17 Pritom takođe *(rado)* zaboravljamo da Prusija i Prusi već odavno ne postoje,

18 tačnije, [postoje] još samo da označe ne-Bavarce *(kao oznaka za ne-Bavarce)*.

19 Međutim, neko ko je rođen i odrastao u Berlinu

20 i ko, uz to, nosi i prestižno Bizmarkovo prezime, sigurno može ili mora [imati] pravo da se smatra pravim Prusom.

21 Moj deda, dakle tvoj pradeda, Marion, bi tada zabrinuto klimnuo glavom i pitao:

22 “Mora li to tako biti?”

23 A njegov otac, tvoj čukundeda, ti sigurno ne bi olakšao i, za početak, bi izjavio:

24 “Ovaj mi neće ući u kuću!”

Levo i desno od para sede roditelji mlade odnosno mladoženje. Ovako upotrebljen, ovaj prilog ima slično značenje kao **jeweils** (v. napomenu 5).

25 Doch deinen Bitten, Marion, hätte er nicht lange widerstehen können und hätte dich, lieber Alex, schließlich dann wohl ⑨ doch eintreten lassen.

26 Sei also herzlich willkommen in unserer Familie – nur ein bisschen bayrisch musst du noch lernen.

27 Ich hebe nun mein Glas auf die Gesundheit des jungen Brautpaars, Marion und Alex: Sie leben hoch! □

Napomene

⑨ Još od prve lekcije (v. napomene 2 i 4), skretali smo vam pažnju na "male reči", koje se mogu prevesti na razne načine. Ponekad te "male" reči zahtevaju čitav opis da bi se mogle prevesti na srpski. To je i ovde slučaj, gde smo **wohl** preveli sa *siguran sam (u to)*, a u 13. rečenici smo **ja** preveli sa *kao što to znate*.

***

Übung 1 – Übersetzen Sie bitte!

❶ Alle Hochzeitsgäste wünschten dem Brautpaar viel Glück und hoben dabei ihr Glas. ❷ Dass Gegensätze sich anziehen ist eine Regel, für die es viele Ausnahmen gibt. ❸ Die Organisationen für Verbraucherschutz fordern die genaue Bezeichnung dieser Produkte beziehungsweise ihres Inhalts. ❹ Er behauptet, in der Marketingabteilung eines bekannten Unternehmens tätig zu sein. ❺ Egal, ob Ossis oder Wessis, sie sind alle waschechte Berliner.

25 Ali, Marion, on ne bi mogao dugo da odoleva tvom preklinjanju, i siguran sam da bi te na kraju pustio da uđeš, dragi Aleks. 40

26 Dakle, od srca ti želim dobrodošlicu u našu porodicu *(budi srdačno dobrodošao)* – jedino još moraš da naučiš malo bavarski.

27 Sad dižem čašu u zdravlje mladenaca, Marion i Aleksa: živeli!

***

Rešenje vežbe 1

❶ Sve zvanice na venčanju su mladencima poželele puno sreće uz podignute čaše. ❷ Da se suprotnosti privlače je pravilo za koje postoji puno izuzetaka. ❸ Organizacije za zaštitu potrošača zahtevaju tačne nazive tih proizvoda, ili tačnije, njihov sadržaj. ❹ Tvrdi da radi u marketinškoj službi jedne poznate firme. ❺ Svejedno, Osi ili Vesi, sve su to stopostotni Berlinci.

40 **Übung 2 – Ergänzen Sie bitte!**

❶ Čim bi se prešlo na pitanje *(temu)* "braka", zabrinuto bi klimala glavom.

. . . . . . es . . das . . . . . „. . . . . . " ging, schüttelte sie . . . .

❷ Sve zvanice su donele jela i pića tipična za svoj region i veče je obećavalo da će postati izuzetan događaj.

. . . . hatten . . . . Speisen oder Getränke aus ihren Ländern . . . . und der Abend . . . . , ein . . . . Ereignis . . . .

❸ Kad budeš gledao preko granice svoje domovine, nećeš više toliko uzimati za ozbiljno razlike tog tipa.

Wenn du mal . . . . die Grenzen . . . . hinausgeschaut . . . . , ... du . . . . nicht mehr so . . . .

Istina je da su postojali mnogi sukobi iz interesa između katoličke Bavarske zagrižene autonomijom, i protestantske Prusije koja je postala hegemonistička sila među nemačkim državama počev od XVII *veka. Pruski ministar-predsednik, grof Oto fon Bizmark je bio glavni tvorac i budući kancelar Nemačkog carstva, osnovanog 1871, proizašlog iz ujedinjenja nemačkih država (s izuzetkom Austrije). Zbog toga je Carstvom upravljala Prusija, iz "svoje" prestonice Berlina, što nije olakšalo stvari sa Bavarskom koja je nerado postala deo Carstva.*

❹ Veoma se dobro sećam uzbudljive rasprave o toj temi i činjenice da smo još u to doba bili suprotnog mišljenja. 40

Ich habe die .... Diskussion .... noch sehr gut in .... und auch, dass wir .... gegensätzlicher .... waren.

❺ Moj deda je bio veoma šarmantan i s pravom je smatran kao osoba kojoj niko ne može da odoli.

.... war sehr charmant und .... jemand, dem .... konnte.

Rešenje vežbe 2

❶ Sobald – um – Thema – Heirat – bedenklich den Kopf ❷ Alle Gäste – jeweils typische – mitgebracht – versprach – besonderes – zu werden ❸ – über – deiner Heimat – haben wirst, wirst – solche Unterschiede – ernst nehmen ❹ – angeregte – über dieses Thema – Erinnerung – schon damals – Meinung – ❺ Mein Großvater – galt zu Recht als – niemand widerstehen –

Prusija je kao politički i regionalni entitet nestala krajem Drugog svetskog rata, a Bavarska još uvek postoji i kao region i kao **Bundesland**. *U tom svojstvu ima svoj sopstveni ustav, parlament, vladu i ministra-predsednika. Bavarska se poziva i ističe svoju različitost i autonomiju, i ponosno se naziva* **Freistaat Bayern**, Slobodnom državom Bavarskom;, *svoju teritoriju obeležava graničnim kamenjem u svojim bojama: beloj i plavoj.*

41 Einundvierzigste Lektion

Vier Nationalhymnen in deutscher Sprache

1 Das *Lied der Deutschen*

2 Die Nationalhymne der Bundesrepublik Deutschland, wurde 1841 vom Dichter Hoffmann von Fallersleben verfasst, die Musik stammt aus dem „Kaiserquartett" von Joseph Haydn.

3 Nach dem zweiten Weltkrieg ging man dazu über, nur noch seine dritte Strophe zu singen:

4 *Einigkeit und Recht und Freiheit*
Für das deutsche Vaterland!

5 *Danach lasst uns alle streben* ①
Brüderlich mit Herz und Hand!

6 *Einigkeit und Recht und Freiheit*
Sind des Glückes Unterpfand ②:

7 *Blüh'* ③ *im Glanze dieses Glückes,*
Blühe, deutsches Vaterland!

Napomene

① **streben nach**, *težiti, stremiti nečemu, natojati*. Da bi se dodao svečaniji ton, imperativ 1. lica množine može biti obrazovan pomoću glagola **lassen**: **Lasst uns ein Lied singen!** *Pevajmo pesmu!*

② Evo primera saksonskog genitiva koji se, iako prilično redak u nemačkom jeziku, često koristi u poeziji. Dodatak imenici u genitivu stoji ispred imenice: **des Glückes Unterpfand**, *jemstvo sreće*. **Das Pfand**, *zaloga (koja služi kao garancija)*.

③ **blühen**, *cvetati*, ali i *napredovati*. Imperativ 2. lica se može obrazovati sa ili bez **-e**: **Blüh** ili **Blühe!** *Cvetaj!/Napreduj!*

Četiri nacionalne himne na nemačkom jeziku

1 *Pesma Nemaca*
2 Nacionalnu himnu Savezne Republike Nemačke je 1841. napisao pesnik Hofman fon Falersleben, muzika potiče od "Carskog kvarteta" Jozefa Hajdna.
3 Nakon Drugog svetskog rata, stekla se navika da se peva samo treća strofa:
4 *Jedinstvo i pravda i sloboda*
za nemačku otadžbinu!
5 *Težimo tome svi,*
Bratski, srcem i rukom!
6 *Jedinstvo i pravda i sloboda,*
jemstvo su sreće:
7 *Napreduj u blesku te sreće,*
Napreduj, nemačka otadžbino!

41 8 Die österreichische Bundeshymne ging aus einem Wettbewerb hervor ④, den der nach dem zweiten Weltkrieg neu gegründete österreichische Staat hatte veranstalten lassen.

9 Wir geben hier die erste ihrer drei Strophen wieder:

10 *Land der Berge, Land am Strome* ⑤*,*
Land der Äcker, Land der Dome.
Land der Hämmer, zukunftsreich.

11 *Heimat bist du großer Söhne,*
Volk begnadet für das Schöne,
Vielgerühmtes Österreich.

12 Für die vier Strophen des *Schweizerpsalm*, ursprünglich geistliches ⑥ Lied der evangelisch-reformierten Kirche, gibt es in den vier Landessprachen (deutsch, französisch, italienisch, rätoromanisch) jeweils eigene Texte.

13 Es folgt die erste Strophe der deutschen Fassung:

14 *Trittst im Morgenrot* ⑦ *daher,*
Seh' ich dich im Strahlenmeer,
Dich, du Hocherhabener, Herrlicher!

Napomene

④ Odvojivim prefiksom **hervor-** glagol ukazuje na kretanje iznutra ka spolja: **hervorgehen aus**, *biti poreklom/poticati iz*; **hervorheben**, *istaći, izdići se, podvući, izneti na videlo.*

⑤ **der Strom**, *(velika) reka*, ali i: *električna struja*. Danas se uglavnom koristi u množini **die Ströme**. **Es regnet in Strömen**, *Lije kao iz kabla.*

8 Austrijska savezna himna je rezultat konkursa koji je organizovala novoutemeljena austrijska država nakon Drugog svetskog rata.
9 Ovde ćemo dati prvu od tri strofe:
10 *Zemljo planina, zemljo na reci,*
Zemljo polja, zemljo katedrala.
Zemljo čekića, bogate budućnosti.
11 *Domovina si mnogim velikim sinovima,*
naroda darovitog za lepotu,
Hvaljena Austrijo.

12 Za četiri strofe *Švajcarskog psalma*, koji vodi poreklo od jedne religiozne pesme reformističke protestanske crkve, četiri jezika zemlje (nemački, francuski, italijanski, romanš) imaju svaki svoj *(sopstveni)* tekst.
13 Sledi prva strofa nemačke verzije:
14 *Koračaš kroz rujnu zoru,*
Vidim te kroz mnoštvo zraka (more zraka),
Ti, uzvišeno, divno biće!

▸ ⑥ Pazite na razliku između reči **geistig**, *duhovan, umni* (**die geistige Arbeit**, *umni rad*), i **geistlich**, *duhovni*, *religiozni*, *sveštenički, crkveni*: **die geistliche Musik**, *duhovna muzika*; **der Geistliche**, *sveštenik, pop, pastor*. Oba prideva su nastala od imenice **der Geist**, *duh*.

⑦ **das Morgenrot** (doslovno "jutarnje crvenilo"), *zora*, i **das Abendrot**, *večernje rumenilo, zalazak sunca*, se često koriste za slikovit opis izlaska/zalaska sunca.

41 **15** *Wenn der Alpenfirn sich rötet,*
Betet, freie Schweizer, betet!
16 *Eure fromme Seele ahnt*
Gott im hehren Vaterland,
Gott, den Herrn, im hehren Vaterland. ⑧

17 1963 wird das Lied *Oben am jungen Rhein* zur offiziellen Hymne des Fürstentums Liechtenstein erklärt.
18 Sie hat die gleiche Melodie wie die englische Nationalhymne *God save the King*. Nachstehend der vollständige Text:
19 *Oben am jungen Rhein*
Lehnet sich Liechtenstein
An Alpenhöh'n.
20 *Dies liebe Heimatland,*
Das teure Vaterland,
Hat Gottes weise Hand
Für uns erseh'n. ⑨
21 *Hoch lebe Liechtenstein*
Blühend am jungen Rhein,
Glücklich und treu.
22 *Hoch leb' der Fürst vom Land,*
Hoch unser Vaterland,
Durch Bruderliebe-Band
Vereint und frei. □

Napomene

⑧ Tekst pripada svečanom registru i sadrži više različitih izraza koji se odnose na boga: **der Hocherhabene**, *preuzvišeni* (**erhaben**, *uzvišen, plemenit*); **der Herrliche**, *veličanstveni* (**herrlich**, *divan, veličanstven*); **Gott, der Herr** (16. rečenica), *Bog, Gospod.* ▶

15 *Kad se snežni Alpi zarumene*
Molite se, slobodni Švajcarci, molite se!
16 *Vaša krotka duša sluti*
Boga u uzvišenoj otadžbini,
Boga, Gospoda, u uzvišenoj otadžbini.

17 1963, pesma *Visoko nad mladom Rajnom* je proglašena zvaničnom himnom kneževine Lihtenštajn.
18 Ima istu melodiju kao i engleska nacionalna himna *God save the King*. Ispod vam dajemo tekst u celini:
19 *Na vrh mlade Rajne,*
Oslanja se Lihtenštajn
na alpskim visinama.
20 *Ova voljena domovina,*
Ova ljubljena domovina,
Božjom mudrom rukom
izabrana je za nas.
21 *Dugo živeo Lihtenštajn,*
da cveta na mladoj Rajni,
srećan i siguran.
22 *Dugo živeo princ zemlje,*
Dugo živela naša domovina,
Vezana bratskom ljubavlju,
Ujedinjena i slobodna.

⑨ U ovom poslednjem stihu, **ersehen** je skraćeni oblik od **ausersehen**. Obratite samo pažnju da se **ausersehen**, *namenjen, određen*, koristi samo kao particip: **Man hat ihn zum König ausersehen**, *Bio je određen za kralja.*

41 Übung 1 – Übersetzen Sie bitte!

❶ Die Kirche ist ein Ort, wo fromme Menschen beten können. ❷ Alle vier Hymnen haben jeweils eine andere Melodie. ❸ Die Zeit der Kaiser und Fürsten ist doch wohl längst vorbei! ❹ Die Aussicht ist hier besonders schön, wenn sich bei Morgenrot der Himmel hinter den Bergen rötet. ❺ Wir sollten jetzt endlich zum nächsten Punkt übergehen!

Übung 2 – Ergänzen Sie bitte!

❶ Tekstovi koji su ovde napisani moraju se prevesti na sve zvanične jezike Evropske unije.
Die Texte, die hier . . . . , ... in alle . . . . Sprachen der Europäischen Union . . . .

❷ Na ovom takmičenju trebalo je navesti imena svih reka, jezera i planina svoje zemlje.
Bei . . . . ging es . . . . . , die Namen . . . . , ... des Landes . . . .

❸ Nemačka nacionalna himna potiče iz vremena kad je mnogo Nemaca težilo da budu ujedinjeni u jednu državu.
Die deutsche Nationalhymne . . . . , als . . . . strebten, in einem Staat . . . .

Rešenje vežbe 1

❶ Crkva je mesto na kom pobožni ljudi mogu da se mole. ❷ Svaka od četiri himne ima svoju melodiju *(drugu melodiju).* ❸ Vreme careva i prinčeva je odavno prošlo, čini mi se! ❹ Pogled odavde je naročito lep kad se u zoru iza planina nebo zarudi. ❺ Trebalo bi konačno da pređemo na narednu tačku!

❹ Reči "otadžbina" i "rodna gruda", svaka znači nešto drugo, ali se u današnje vreme skoro više ne koriste.

Die . . . . . . „. . . . ." und „. . . . .", bedeuten . . . . etwas . . . . , aber . . . . verwendet . . . . noch.

❺ Ovde se govori još samo jedan jezik, a različiti dijalekti od kojih je nastao danas više ne postoje.

Hier spricht man nur noch . . . . und die . . . . Mundarten, aus . . . . . sie . . . . , ... heute nicht mehr.

Rešenje vežbe 2

❶ – verfasst werden, müssen – offiziellen – übersetzt werden ❷ – diesem Wettbewerb – darum – aller Flüsse, Seen und Gebirge – nennen zu können ❸ – stammt aus einer Zeit – viele Deutsche danach – vereint zu sein ❹ – Wörter Vaterland – Heimatland – jeweils – anderes – heutzutage – man sie kaum – ❺ – eine einzige Sprache – verschiedenen – denen – hervorgegangen ist, bestehen –

42 Pesma Nemaca, *napisana u prvoj polovini XIX veka, pre ujedinjenja brojnih nemačkih država (stotine državnih jedinica 1800. godine!), izražava nadu u osnivanje jedne Nemačke države, ujedinjene i demokratske, zasnovane na pravima i zaštiti sloboda: upravo tu nadu da će se jedna, još nepostojeća Nemačka konačno pretvoriti u stvarnu državu Nemačku iskazuje tekst 1. strofe pesme:* **„Deutschland, Deutschland über alles, über alles in der Welt"**

42 Zweiundvierzigste Lektion

Zusammenfassung – Ponavljanje

1 Složenice *derjenige* i *derselbe* (= *der gleiche*)

Derjenige/diejenige/dasjenige, *taj/ta/to*, *onaj/ona/ono*, i **derselbe/dieselbe/dasselbe**, *isti/ista/isto*, su zapravo, baš kao i **der/die/das gleiche** (odvojeno), *isti/ista/isto*, složeni od člana i prideva. Istovremeno se koriste kao zamenice i kao član.

Dekliniraju se isto kao i određeni član iza kojeg dolazi pridev, npr.
diejenigen, die ich nicht verstehe (nom./ak.pl.), *oni koje ne razumem*
aus derselben Region kommen (dat. ž.r.), *poticati iz istog regiona*
dasselbe Recht wie alle anderen haben (ak. s.r.), *imati ista prava kao i drugi*
die gleichen Fehler wiederholen (ak. pl.), *ponavljati iste greške.*

2 Dvostruki infinitiv

Kada modalne glagole dopunjava infinitiv (što je uglavnom slučaj), tad infinitiv modalnih glagola zamenjuje njihov particip prošli u složenim vremenima. U tom slučaju govorimo o "dvostrukom infinitivu":
Ich hätte mich besser mit anderen Sachen beschäftigen sollen, *Bolje da sam se bavio drugim stvarima.*
Er hätte deinen Bitten nicht widerstehen können, *Ne bi mogao odoleti tvojim molbama.*

(“Nemačka, Nemačka iznad svega, iznad svega na svetu”). *Naravno, ova pesma, koju je Vajmarska Republika usvojila kao nacionalnu himnu, zvučala je sasvim drugačije kad se orila iz grla nacional-socijalističke Nemačke.* **Bundesrepublik**, *novostvorena država 1949. godine, je odlučila da zadrži muziku i 3. strofu čiji tekst nije bio dvosmislen.* 42

Četrdeset druga lekcija 42

Bloß 'nen Bart hat sie bisher noch nie tragen dürfen! *Jedino bradu do sada nikad nije smela da nosi!*

Taj isti dvostruki infinitiv se javlja i s glagolima **lassen**, **brauchen**, kao i **sehen**, **hören**, i **helfen**, npr.
Ich habe mir einen Ladenhüter andrehen lassen, *Utrapili su mi nešto što niko neće.*
Wir haben diese Sprache nicht lernen brauchen, *Nije trebalo da učimo taj jezik.*
Er hätte dich schließlich eintreten lassen, *Na kraju bi te pustio da uđeš.*
Was niemand hatte kommen sehen, geschah, *Ono što niko nije predvideo* (“video da dolazi”) *se desilo.*

Obratite pažnju na sledeće: ukoliko drugi infinitiv ne postoji, ovi glagoli će normalno graditi particip prošli. Evo primera:
Das habe ich schon immer gewollt, *To sam oduvek želeo.*
Ich habe den Lottoschein in meinen Jeans gelassen, *Ostavio sam listić za loto u farmerkama.*

3 Glagoli s prefiksom

Nemački ima velik broj složenih glagola, formiranih od osnovnog glagola kojem se ispred korena glagola dodaje odvojivi ili neodvojivi predmetak, u zavisnosti od slučaja.

42 Taj predmetak može biti:
– prefiks (odnosno slog koji ne postoji kao samostalna reč) poput: **be-**, **ge-**, **ver-** itd;
– zajednička imenica ili pridev; primeri su sada ređi (zbog pravopisne reforme), ali videli smo u 38. lekciji **fest-halten** i **festlegen**, kao i **hochleben** u 40. lekciji;
– prilog ili predlog (u najvećem broju slučajeva), npr.: **fortleben**, **mitnehmen** itd.

Ako su i predmeci = prefiksi svi neodvojivi, većina drugih predmetaka je odvojiva ili čas odvojiva, a čas ne.

3.1 Neodvojivi prefiksi

Znajući da je većina prefiksa odvojiva, korisno je zapamtiti onih deset koji to nisu: **zer-**, **be-**, **er-**, **ge-**, **miss-**, **emp-**, **ent-**, **ver-** , **hinter-** (u značenju *iza sebe*: **hinterlassen**, *ostaviti za sobom, zaveštati*) i **voll-** (u značenju *dovršiti*: **vollenden**, *završiti, dokrajčiti*). Dodajmo i to da poslednja dva nisu toliko česta.

3.2 Prefiksi koji mogu biti odvojivi i neodvojivi

Ova grupa ima šest prefiksa. U infinitivu, jedino izgovor može da ukaže na tu razliku: odvojivi prefiks uvek nosi naglasak, dok je neodvojivi prefiks uvek nenaglašen.
U tabeli dole ćete pronaći po jedan primer za svaku od dve varijante. Ukoliko je neka češća, upozorićemo vas znakom (+):

wieder-	(+) odvojiv: **wiedersehen**, *ponovo videti*
	neodvojiv: **wiederholen**, *ponoviti*
um-	odvojiv: **umfallen**, *pasti*
	neodvojiv: **umgeben**, *okružiti, opkoliti*
über-	(+) neodvojiv: **übersetzen**, *prevoditi*
	odvojiv: **übergehen (zu etw.)**, *preći na nešto*
durch-	(+) odvojiv: **durchfallen**, *pasti ispit*
	neodvojiv: **durchdenken**, *promisliti*

unter-	neodvojiv: **untersuchen**, *istraživati, ispitivati*
	odvojiv: **untergehen**, *zalaziti (sunce)*
wider-	(+) neodvojiv: **widersprechen**, *protivurečiti*
	odvojiv: (nekoliko retko upotrebljavanih glagola)

4 Futur II

Futur II se prilično retko koristi. Označava radnju za koju se pretpostavlja da će biti izvršena u budućnosti, npr.
Den kleinen Altersunterschied wird sie irgendwann eingeholt haben, *Tu malu razliku u godinama će u jednom trenutku nadoknaditi.*
Kao i futur (koji se još naziva futur I), futur II, u nemačkom, služi za iskazivanje pretpostavke:
Die Proklamation wird das Ereignis des Tages gewesen sein, *Proglašenje će biti glavni događaj dana.*
Futur II se tvori s pomoćnim glagolom **werden** + perfekt glagola koji se menja:

	einholen	**sein**
ich werde	**eingeholt haben**	**gewesen sein**
du wirst	**eingeholt haben**	**gewesen sein**
er/sie/es wird	**eingeholt haben**	**gewesen sein**
wir werden	**eingeholt haben**	**gewesen sein**
ihr werdet	**eingeholt haben**	**gewesen sein**
sie/Sie werden	**eingeholt haben**	**gewesen sein**

42 Dialog zur Wiederholung

1 Ein Tipp für Ihren nächsten Urlaub: Machen Sie mal eine Ausnahme!

2 Anstatt wie üblich dorthin zu reisen, wohin alle fahren: Besuchen Sie uns!

3 Die Schönheit unserer Region, ihre vielfältigen Landschaften, ganz zu schweigen von ihren zahlreichen Sehenswürdigkeiten, werden Sie schnell davon überzeugen, dass Sie keine bessere Entscheidung hätten treffen können.

4 Wandern Sie durch die reizvollen Ebenen und Hügel des Alpenvorlandes und lernen Sie dabei Land und Leute kennen.

5 Vielleicht möchten Sie auch die einsamen Täler weiter oben im Gebirge entdecken, wo sich von alters her die ursprünglichen Traditionen besser bewahrt haben.

6 Seien Sie willkommen als Zuschauer bei den folkloristischen Umzügen und Wettbewerben und als Gast auf den Festen, die zu allen Jahreszeiten in unseren Dörfern stattfinden.

7 Machen Sie Rast in unseren romantischen, alten Gasthäusern und probieren Sie ihr jeweils eigenes, traditionelles Bier.

8 Ein paar Worte in unserer Mundart reichen, um mit den Einheimischen ins Gespräch zu kommen.

9 Wir gelten zu Recht als lebenslustig und nehmen die Dinge nicht zu ernst.

10 Wir amüsieren uns gerne gemeinsam nach Feierabend und machen uns über alles lustig, auch über uns selbst.

11 Wenn Sie das auch können, dann sind Sie hier am richtigen Ort und der Urlaub, den Sie bei uns verbracht haben werden, wird Ihnen noch lange in schöner Erinnerung bleiben.

Prevod

1 Savet za vaš sledeći odmor: napravite izuzetak, [makar] jedanput! **2** Umesto da kao i obično otputujete na mesta na koja svi idu, dođite kod nas *(posetite nas)*! **3** Lepota našeg regiona, raznovrsnost njegovih pejzaža, da ne zaboravimo na brojne turističke znamenitosti, brzo će vas ubediti da bolju odluku niste mogli doneti. **4** Dok se budete šetali *(šetajući se)* preko dolina i brežuljaka punih draži Predalpa, upoznaćete se sa zemljom i njenim stanovnicima. **5** Možda biste takođe voleli da otkrijete visoko u planinama, izolovane doline gde se oduvek najbolje čuvaju tradicije iz davnina. **6** Kao gledalac ste dobrodošli *(budite dobrodošli kao gledalac)* na [naše] folklorne smotre i takmičenja, a kao gost na proslave koje se u svako godišnje doba odigravaju u našim selima. **7** Predahnite u našim starim romantičnim krčmama i probajte njihova tradicionalna piva *(tradicionalna piva svake od njih)*. **8** Nekoliko reči na našem dijalektu je dovoljno da se započne razgovor s domaćim stanovništvom. **9** S pravom nas bije glas *(imamo reputaciju)* da uživamo u životu i da stvari ne shvatamo suviše ozbiljno. **10** Rado se zajedno zabavljamo uveče posle posla, smejemo se svemu, pa i sebi samima. **11** Ako ste i vi za to kadri, onda je ovo pravo mesto za vas *(onda ste ovde na pravom mestu),* a odmor koji budete proveli kod nas, ostaće vam zadugo u najlepšem sećanju.

43 Dreiundvierzigste Lektion

Kunstliebhaber?

1 – Ehrlich gesagt, mit all diesen ① abstrakten Gemälden habe ich noch nie viel anfangen können ②.

2 Ich bin da eher altmodisch ③ – bei der Musik übrigens auch. Mozart, Schubert, Beethoven und vielleicht noch Wagner oder Richard Strauss: Ja!

3 Doch bei den Werken vieler moderner Komponisten, da höre ich nur noch irgendwelche Töne oder Geräusche,

4 das ist nicht mehr mein Geschmack.

5 – Auch die klassische Musik war mal modern, zu ihrer Zeit, und manch einer, der sie zum ersten Mal gehört hat, hat dasselbe gesagt:

6 Damit kann ich nichts anfangen!

Napomene

① Iza **All/Alle** može doći određeni ili pokazni član. Iza oblika **manch-** i **solch-** (5. i 8. rečenica) dolazi neodređeni član.

② **Damit kann ich nichts anfangen**, *Ne znam šta s tim da radim, To mi ništa ne znači, Ne razumem se u to*. Izraz koji ćete videti u 10. rečenici ima slično značenje: **sich nichts aus etwas machen**, *ne zanimati se za nešto*; **Ich mache mir nichts aus abstrakter Kunst**, *Apstraktna umetnost me ne zanima.* ▸

Četrdeset treća lekcija 43

Ljubitelji umetnosti?

1 – Iskreno govoreći, nikada nisam baš razumeo ove apstraktne slike.
2 Pri tom sam i prilično staromodan – kao i za muziku, uostalom. Mocart, Šubert, Betoven i možda još Vagner ili Rihard Štraus: to da!
3 Ali u delima mnogih savremenih kompozitora čujem samo kojekakve zvuke i buku;
4 to mi više nije po ukusu.
5 – Klasična muzika je takođe bila moderna u svoje vreme, i neki *(više od jednog)* su govorili isto to slušajući je po prvi put:
6 ništa ja tu ne shvatam!

③ **altmodisch**, *staromodan, zastareo, demode*: **Er hat ziemlich altmodische Ideen**, *Ima prilično prevaziđena shvatanja*; **neumodisch**, *po poslednjoj modi, u modi, moderno.*

43

7 – Das hat bestimmt noch niemand gesagt, der eine Symphonie von Schubert, … zum Beispiel die 4. in c-Moll ④, gehört hat.

8 Aber auf solch einem Gemälde wie dem hier sehe ich einfach nur Farben, Formen, Linien… Keine Ahnung, was das bedeuten soll.

9 – Na, um das herauszufinden, muss man aber kein besonderer Fachmann sein ⑤!

10 – Du hast uns doch eben selbst gesagt, dass du dir nichts aus der Malerei machst!

11 – Stimmt. Aber Farben haben für uns Wirtschaftsprüfer keine Geheimnisse.

12 – Aha!? Und was sollen die hier deiner Meinung nach darstellen?

13 – Das muss ein Börsenkrach ⑥ sein, wahrscheinlich derjenige von 1929.

14 – Das ist doch nicht dein Ernst!

15 – Und ob! Hier oben links, dieses Blau, das ist der blaue Dunst, den die Spekulanten den Leuten vorgemacht haben ⑦.

Notes

④ **die Tonleitern**, *muzičke lestvice, skale*, su u nemačkom označene slovima **C** (= *do*), **D** (= *re*), **E** (= *mi*), **F** (= *fa*), **G** (= *sol*), **A** (= *la*), **H** (= *si*), **C** (= *do*), napisane su velikim slovima kad je reč o **Dur**, *duru*, i malim kad je reč o **Moll**, *molu*. Ako želite da potražite neku Betovenovu simfoniju, npr. *8. u ef duru* ili *9. u de molu*, tražićete **Die Achte in F-Dur** ili **Die Neunte in d-Moll**. Pravopisna reforma je dozvolila grafiju **die Sinfonie** uz **die Symphonie** – ali će jedan pravi ljubitelj klasične muzike odbiti da sluša **Sinfonie** umesto **Symphonie**! ▶

7 – To sigurno još niko nikad nije rekao nakon što je poslušao neku Šubertovu simfoniju, … na primer, 4. u ce molu.
8 Ali na jednoj ovakvoj slici kao što je ova ovde, ja jednostavno vidim samo boje, oblike, linije… Nemam pojma šta bi to moglo značiti.
9 – Pa, da bi se to otkrilo ne treba biti naročit stručnjak!
10 – Sam si nam maločas rekao da te slikarstvo ne zanima!
11 – Tačno. Ali za nas ovlašćene računovođe, boje nemaju tajni.
12 – Stvarno?! A šta bi ove ovde, po tvom mišljenju, trebalo da predstavljaju?
13 – Ovo je sigurno berzanski krah, verovatno onaj iz 1929.
14 – Šališ se *(nisi ozbiljan)*!
15 – Nikako *(jesam i te kako)*! Ovde, gore levo, ovo plavo, to je plava magla, u koju su špekulanti uveravali ljude.

▸ ⑤ Pazite na sledeće: **müssen** u negaciji znači *ne morati* ili *nemati potrebe (da se nešto uradi)*. U potvrdnom obliku, **müssen** može iskazati apsolutnu sigurnost/ubeđenost u nešto (v. 13. rečenicu): *sigurno/izvesno/to mora da je...*

⑥ **der Krach** – izgovorite *[kraH]* sa *[H]* –, *tresak, lom, prasak,* ili *krah (na berzi)*. Izraz je podjednako prihvaćen i u našem jeziku i označava berzanski krah i, u širem smislu, bilo koju finansijsku krizu kao npr. **der Immobilienkrach**, *krah tržišta nekretnina.*

⑦ **jmdm. etw. vormachen**, *uveriti nekoga u nešto.* **Wir wollen uns doch nichts vormachen!** *Ne zamazujmo sami sebi oči! Razgovarajmo otvoreno/iskreno!*

43 16 Die rosa Kreise, da in der Mitte, könnten die rosa Brille ⑧ sein, durch die man alles gesehen hat – vor der Krise!

17 Aber je mehr es von diesen dicken roten Strichen gibt, desto ernster wird die Lage:

18 Man schreibt immer mehr rote Zahlen.

19 Mit dem Grün hier unten gibt ’s noch mal ein bisschen Hoffnung, bevor alles zusammenbricht.

20 Doch Zack! Da geht dann diese schwarze Zickzacklinie quer durch! Die Katastrophe ist da: der schwarze Freitag ⑨.

21 – Hier steht aber weder „Börsenkrach” noch „Katastrophe” als Titel, sondern „Komposition 92-91”.

22 – 92-91!? Brauchst du nur umzudrehen oder rückwärts zu lesen: 1929!

23 Auch Zahlen haben keine Geheimnisse für Wirtschaftsprüfer.

24 – Ich glaube, ich weiß jetzt, warum ich die abstrakte Kunst nicht mag! □

Napomene

⑧ Pazite: **die Brille** znači *naočari* u značenju *par naočara* (u množini će biti: **die Brillen**). Pridev **rosa** je jedan od retkih nepromenljivih prideva: **drei rosa Brillen**, *tri para roza naočara*. I pridevi **lila**, **beige** i **orange** (izgovorenih s francuskim akcentom) su nepromenljivi.

⑨ Za krah berze u Vol Stritu vezuje se četvrtak, 24.10.1929, odakle izraz *"crni četvrtak"* – naredni dan, kad su se posledice kraha odrazile na evropske berze, Nemci smatraju crnim danom, i otud kod njih izraz **"schwarzer Freitag"**.

16 Roza krugovi, tu u sredini, mogli bi biti ružičaste naočari kroz koje se sve vidi – pre krize!

17 Ali što je više ovih debelih crvenih linija, situacija je sve gora:

18 sve je više gubitaka *(piše se sve više crvenih brojeva)*.

19 S ovom zelenom, ovde dole, ima još malo nade, pre nego što se sve ne sruši.

20 I tras! Onda ide ova crna cik-cak linija preko [slike]! Propast je tu: crni petak.

21 – Pa ipak, naslov koji se ovde nalazi nije ni "Krah", ni "Propast" već "Kompozicija 92-91".

22 – 92-91!? Dovoljno je samo da preokreneš ili da pročitaš unazad: 1929!

23 Ni brojevi nemaju tajni za ovlašćene računovođe.

24 – Mislim da sad znam zašto ne volim apstraktnu umetnost!

43 **Übung 1 – Übersetzen Sie bitte!**

❶ Natürlich müsst ihr nicht mitkommen, wenn ihr euch nichts aus klassischer Musik macht. ❷ Ohne meine Brille kann ich nicht erkennen, was auf dem Gemälde dargestellt wird. ❸ Meiner Meinung nach hat sie einen ziemlich altmodischen Geschmack. ❹ Bevor die Börse zusammenbrach, hatte niemand die Katastrophe kommen sehen. ❺ Meinst du wirklich, dass ein Wirtschaftsprüfer uns bei unseren Steuerproblemen nützen könnte? – Und ob!

Übung 2 – Ergänzen Sie bitte!

❶ Sigurno postoji još neka nada da će se situacija poboljšati.
Es gibt doch . . . . noch . . . .
. . . . , dass sich . . . .

❷ Nećeš me ubediti da tad ništa nisi znao o toj krizi!
Du . . . . doch . . . . ,
dass du . . . . von dieser Krise
. . . . !

❸ Uostalom, ne treba biti stručnjak da bi shvatio šta ta buka znači.
. . . . kein Fachmann sein, ...
verstehen, . . . diese . . . .

Rešenje vežbe 1

❶ Naravno, ne morate doći ako vas ne zanima klasična muzika. ❷ Bez naočara ne mogu da razaznam šta je prikazano na ovoj slici. ❸ Po mom mišljenju ona ima prilično staromodan ukus. ❹ Pre nego što je Berza pala, niko nije video da propast nailazi. ❺ Da li zaista veruješ da bi nam jedan ovlašćeni računovođa bio od koristi za naše probleme s porezom? – Još kako!

❹ Čak i neki pravi zaljubljenici u umetnost uopšte ne shvataju njegove apstraktne kompozicije od linija i oblika.
Selbst .... Kunstliebhaber können mit diesen abstrakten Kompositionen ... . und ...... nichts ....

❺ Pa sam si nam maločas objasnio da nije bilo tih špekulanata krah berze se ne bi ni dogodio.
Du hast uns doch .... erklärt, dass es .... diese Spekulanten ...... Börsenkrach ....

Rešenje vežbe 2

❶ – bestimmt – irgendeine Hoffnung – die Lage verbessert ❷ – kannst mir – nicht vormachen – damals nichts – gewusst hast ❸ Übrigens muss man – um zu – was – Geräusche bedeuten ❹ – manche echten – aus Linien – Formen – anfangen ❺ – eben selbst – ohne – keinen – gegeben hätte

44 *U nemačkom, kao i u srpskom, postoji mnogo izraza koji su zasnovani na različitim značenjima koja se pripisuju bojama. Evo nekoliko korisnih primera.*

Blau: **blau machen**, biti nezaposlen, ne raditi; **blau sein**, biti pijan; **ins Blaue fahren**, *poći gde te put nanese, bez određenog cilja;* **blauäugig sein** *"biti plavook"*, biti naivan/lakoveran.

Grün: **Grün ist die Hoffnung!** Nada drži u životu! **So ein Grünschnabel / grüner Junge!** Kakav žutokljunac! **Sie sind sich nicht grün**, Ne mogu da se podnesu / da se smisle; **die grüne Witwe** *"zelena udovica"*, žena čiji je muž (često) odsutan; **Wir fahren ins Grüne**, Idemo u prirodu/izvan grada.

Gelb: **Er ist gelb** *(ili* **grün***)* **vor Neid**, Pozeleneo je od zavisti.

44 Vierundvierzigste Lektion

Aus dem Chatroom „Schülertreff-Wetzlar" ①: Wer war 's noch mal?

1 – griga: Hallo! Vielleicht hat jemand von euch eine Ahnung:

2 Bei meinen Großeltern hing früher im Wohnzimmer so ein Bild mit einem Mann auf einem Felsen, im Nebel.

3 Ich weiß nicht, was daraus geworden ist, aber ich möchte gern herausbekommen, wer der Maler war.

4 – nautilus: Ohne mehr darüber zu wissen, kann man solch eine Frage nicht beantworten ②!

Napomene

① **der Treff** istovremeno znači *sastanak, susret* (ovde virtuelni) i *mesto sastanka*, pa je tako sinonim reči **der Treffpunkt**, *mesto sastanka.*

Rot: **in den roten Zahlen sein / rote Zahlen schreiben**, biti u minusu / u crvenom; **rot sehen**, biti van sebe od besa / zamagliti se pred očima / pasti mrak na oči.

Schwarz: **schwarze Zahlen schreiben**, ostvariti dobit; **ins Schwarze treffen**, *"pogoditi metu u crnu tačku"*, postići cilj. *Ali, crna je najčešće vezana za neprijatne stvari:* **schwarz sehen**, biti pesimista / imati loš predosećaj; **sich schwarz ärgern**, zajapuriti se od besa / jako se naljutiti, *i nezakonite radnje:* **schwarz arbeiten**, raditi na crno; **schwarz fahren**, švercovati se; **der Schwarzmarkt**, crno tržište.

Četrdeset četvrta lekcija 44

Sa četa "Đački sastanak Veclara": Ko je to bio?

1 – griga: Zdravo! Možda neko među vama ima neku ideju:
2 Kod mojih babe i dede u dnevnoj sobi, stajala je neka slika s čovekom na steni, u magli.
3 Ne znam šta je s njom, ali bih voleo da otkrijem ko je bio slikar.
4 – nautilus: Bez više podataka *(ne znajući više o tome)*, ne može se odgovoriti na takvo pitanje!

② Prefiks **be-** uglavnom menja neprelazne glagole u prelazne: **Er antwortet auf eine Frage → Er beantwortet eine Frage**, *Odgovara na pitanje*; **auf einen Berg steigen → einen Berg besteigen**, *popeti se na planinu.*

44 **5** – mefisto: war vielleicht ’n altes foto vom hermann dem etrusker auf seinem denkmal im teutoburger wald bei nebel.

6 – nautilus: Statt Unsinn zu erzählen, sollte Mefisto mal öfter bei Wikipedia nachsehen: Der Hermann war nämlich kein Etrusker sondern ein Cherusker!

7 – griga: Ob Etrusker oder ob Cherusker ③, der Mann steht nicht im Wald, sondern im Gebirge – rund um ihn herum, und auch im Hintergrund sieht man nur Berggipfel.

8 – mefisto: komisch! bei nebel sieht man doch normalerweise gar nix, weder im vordergrund noch im hintergrund!

9 – nautilus: Ich glaube, der Mefisto ist ein kleiner Witzbold. Außerdem klemmt bei dem wohl die Shift-Taste! ④ :-/ Kannst du den Mann denn etwas genauer beschreiben?

10 – griga: Man sieht ihn nur von hinten – er steht da auf einem Gipfel über den Wolken.

Napomene

③ **ob... oder ob** se uglavnom prevodi sa *bilo... bilo.* Reči jedne čuvene pesme glase: **„Ob blond, ob braun, ich liebe alle Frau’n”**,*“Bilo plave ili smeđe, sve žene volim”*. Obratite pažnju na red reči u ostatku rečenice: “subjekat - glagol - priloška odredba”.

④ Izraz kojim ljudi koji četuju izražavaju svoje negodovanje kad neko redovno “zaboravlja” *velika slova*, **Großbuchstaben**. surferi su poznati kao pristalice **kewle (= coole) Schreibweise**,

5 – mefisto: to je možda bila stara fotografija arminija etrurca na svom spomeniku u teutoburškoj šumi, u magli *(kad je magla)*.

6 – nautilus: Umesto što govoriš koješta, morao bi, Mefisto, češće da proveravaš Vikipediju, pošto Armenije nije bio Etrurac već Herusk!

7 – griga: bio Etrurac ili Herusk, taj čovek ne stoji u šumi nego na planini – svud oko njega i u pozadini takođe, vide se samo vrhovi planina.

8 – mefisto: čudno! kad je magla, obično se ništa ne vidi, ni u prvom planu, ni u pozadini!

9 – nautilus: Mislim da je Mefisto mali šaljivdžija. Uz to, sigurno mu s zaglavio taster šift *(je stegnut)*! :-/ Možeš li opisati tog čoveka malo preciznije?

10 – griga: Vidi se samo s leđa *(otpozadi)* – stoji na jednom vrhu, iznad oblaka.

nemarnog načina pisanja, da ne govorimo o upotrebi *skraćenica*, **Abkürzungen**, i *emotikona*, **Emoticons**, čiji je jezik međunarodni. Slobode koje se uzimaju u odnosu na zvanični pravopis su često daleko od običnog zanemarivanja, koje smo primetili u lekciji: **ein = ’n, (einen = ’nen, eine = ’ne)** i **nichts = nix**.

11 Er schaut ⑤ in die Ferne und scheint zu überlegen oder auf etwas zu warten.

12 Die Landschaft ist… irgendwie ganz wild und einsam.

13 – batman: Das sagt mir was. Hat der nicht so einen langen Mantel an wie in den alten Western?

14 – griga: Kann sein, dass der einen Mantel oder so was Ähnliches anhat.

15 – mefisto: und vielleicht auch die anderen klamotten vom ollen ⑥ clint eastwood, die stiefel, den sombrero und die zigarre? ☺

16 – paty-pat: Ich glaube, ich weiß, was du meinst.

17 Ich hab' das gleiche Bild schon mal in einem Buch gesehen, kann auch eine Postkarte gewesen sein ⑦.

18 Hat mir gut gefallen – das war so romantisch.

Napomene

⑤ **schauen**, *gledati*, se veoma koristi na jugu Nemačke, u Austriji i u Švajcarskoj (nemačkom delu) umesto glagola **sehen**. Glagol je neprelazan, pa pazite pri izboru predloga: **Er schaut auf die Landschaft**, *Gleda (na) pejzaž*; **Er schaut in die Ferne**, *Gleda u daljinu*; **Er schaut zum Himmel**, *Gleda ka nebu*; **Er schaut aus dem Fenster**, *Gleda kroz prozor.* Mnogobrojne kombinacije sa prefiksima nijansiraju značenje glagola **schauen**, npr. **jmdn./etw. anschauen**, *gledati nekoga/nešto*; **jmdm. bei etwas zuschauen**, *gledati nekoga kako nešto radi, gledati nešto što se upravo dešava*; **aufschauen zu**, *podići oči ka*; **wegschauen**, *odvratiti pogled.*

11 Gleda u daljinu i izgleda kao da razmišlja ili čeka nešto.
12 A pejzaž je… nekako sasvim divlji i pust.
13 – batman: To mi nešto govori. Da ne nosi neki dug mantil, kao u starim vesternima?
14 – griga: Moguće je da nosi mantil ili nešto tako.
15 – mefisto: a možda i ostale prnje starog klinta istvuda, čizme, sombrero i cigaru? ☺
16 – paty-pat: Mislim da znam na šta misliš.
17 Već sam videla istu sliku u jednoj knjizi ili je to moglo biti na nekoj razglednici.
18 Baš mi se dopala - bila je tako romantična.

⑥ **die Klamotten** (u množini), *krpetine, prnje, starudija*, je reč koja pripada govornom jeziku. U jednini, **die Klamotte** je pogrdni izraz za ne baš moderan pozorišni komad, vodvilj: **So eine alte Klamotte!** *Kakva starudija!* **Oll (= alt)** *star, zastareo*, pripada regionalnom dijalektu: **So ’n oller Witz!** *Kakav bajat vic!*

⑦ Pretpostavka **Es kann eine Postkarte sein**, *To bi mogla biti razglednica*, u nemačkom jeziku se može u prošlom vremenu iskazati na dva načina: **Es kann eine Postkarte gewesen sein**, *To je mogla biti neka razglednica*, ili **Es hat eine Postkarte sein können**. U nemačkom jeziku, ova struktura pripada negovanijem govoru.

44 **19** – max-x: Das muss „Der Wanderer über dem Nebelmeer" sein, von Caspar David Friedrich – dem bekanntesten Maler der Romantik. ⑧

20 Das Original hängt in der Hamburger Kunsthalle. Auf deren Website findest du bestimmt alles Wichtige über ihn.

21 – mefisto: was die ins museum gehängt haben ⑨, kann nur 'ne kopie sein – das original war doch im wohnzimmer von grigas oma und opa ⑩! ☺

22 – nautilus: Da ist ja wieder unser Witzbold ^^ ohne Shift-Taste aus dem Teutoburger Wald! Der kann es wohl nicht lassen! :-O □

Napomene

⑧ Pazite: u apoziciji, imenička grupa se stavlja u isti padež kao i reč na koju se odnosi. Ovde, **dem berühmten Maler** upućuje na Kaspara Davida Fridriha ispred kojeg stoji **von** (predlog koji zahteva dativ). Ali: **C. D. Friedrich** (= nominativ), **der berühmte Maler** (= nominativ), **lebte in Dresden**, *K. D. Fridrih, čuveni slikar, živeo je u Drezdenu.*

⑨ **hängen**, *vešati, prikačiti, obesiti*, je ovde prelazni glagol i menja se po slaboj glagolskoj promeni: **hängen**, **hängte**, **(hat) gehängt**. **Sie hängten das Bild an die Wand**, *Obesili su sliku na zid*. Kao neprelazan glagol (**hängen**, *visiti*, *biti obešen/okačen*), pripada jakoj glagolskoj promeni: **hängen**, **hing**, **(hat) gehangen**; v. rečenice 2 i 20: **Das Bild hing im Wohnzimmer** ; **Das Original hing in der Kunsthalle**.

⑩ **Grigas Oma und Opa**, *Grigini baka i deka*: ovde vidimo primer saksonskog genitiva (dodatak u genitivu stoji ispred imenice). U govornom jeziku se koristi samo uz vlastite imenice koje imaju "vidljiv" genitiv, tj. imenice koje se ne završavaju na **-s (-ß, -z)**,

19 – max-x: To mora da je "Putnik nad morem magle", Kaspara Davida Fridriha – najpoznatijeg slikara romantizma. **44**

20 Original se nalazi u hamburškom Kunsthale-u. Na njihovom veb sajtu ćeš sigurno pronaći sve bitno o njemu.

21 – mefisto: ono što visi u muzeju *(ono što su obesili u muzej)* može biti samo kopija – pošto se original nalazi u dnevnoj sobi griginih bake i deke! ☺

22 – nautilus: Evo ga opet naš šaljivdžija bez tastera šift, iz Teutoburške šume. ^^ Taj baš ne može da se suzdrži! :-O

p. ex., **Griga** → **Grigas Opa** ali: **Nautilus** → **der Opa von Nautilus**. U govornom jeziku je zastupljeniji oblik sa **von** + dativ koji sve češće zamenjuje genitiv.

44 **Übung 1 – Übersetzen Sie bitte!**

❶ Der Berg, dort im Hintergrund, ist bestimmt der höchste Gipfel dieser Gebirgskette. ❷ Das Denkmal, das hier beschrieben wird, stellt einen großen Künstler des 20. Jahrhunderts dar. ❸ Du solltest solche Fragen nicht beantworten, ohne vorher genau zu überlegen, was du sagst. ❹ Habt ihr keine Lust, mal im Gebirge zu wandern, statt euren Urlaub am Meer zu verbringen? ❺ Ob Sommer oder ob Winter, er trägt immer die gleichen Klamotten.

Übung 2 – Ergänzen Sie bitte!

❶ Čovek u čizmama i s debelom cigarom, ovde u prvom planu levo, je mogao biti slikarov prijatelj.

Der Mann mit . . . . und . . . . , hier . . . . , kann ein Freund . . . .

❷ Nažalost, zbog magle nismo uopšte mogli da vidimo romantični krajolik i vrhove oko nas.

Von der . . . . und den Berggipfeln . . . . haben wir wegen . . . . leider nicht viel . . . .

❸ Obesio je tu sliku u našem stanu, a da me nije pitao da li mi se dopada!

Er hat dieses . . . . in . . . . , ohne . . . . fragen, ... !

Rešenje vežbe 1

❶ Ova planina tu, u pozadini, je sigurno najviši vrh tog planinskog lanca. ❷ Spomenik opisan ovde prikazuje najvećeg umetnika 20. veka. ❸ Ne bi trebalo da odgovaraš na takva pitanja, a da prethodno dobro ne razmisliš šta ćeš reći. ❹ Zar nemate želju da makar jednom odete u šetnju planinom, umesto što odmor provodite na moru? ❺ Bilo leto ili zima, on je uvek u istim prnjama.

❹ Umesto što ceo dan sediš u biblioteci gledajući stare knjige, bolje bi bilo da pođeš sa nama u šetnju šumom.

.... Tag in der Bibliothek .. .. und in alte Bücher .. .., solltest du lieber mal ... ...

❺ Na pitanje da li je ova slika original ili kopija može samo stručnjak odgovoriti.

Die Frage, ... das Original .... ist, kann nur ... . beantworten.

Rešenje vežbe 2

❶ – den Stiefeln – der dicken Zigarre – links im Vordergrund – des Malers gewesen sein ❷ – romantischen Landschaft – rund um uns herum – des Nebels – sehen können ❸ – Gemälde – unser Wohnzimmer gehängt – mich zu – ob es mir gefällt ❹ Statt den ganzen – zu sitzen – zu schauen – mit uns im Wald wandern ❺ – ob dieses Gemälde – oder eine Kopie – ein Fachmann –

45 **Das Hermannsdenkmal**, spomenik/statua Armeniju, *popularno turističko mesto smešteno u* **Teutoburger Wald** *(šumi na jugu Vestfalije), slavi prvu pobedu germanskih plemena pod heruskim vođom* Armenijem *(***Armin** *ili* **Hermann** *na nemačkom) protiv*

45 Fünfundvierzigste Lektion

Audioführer im Museum: *Der Wanderer über dem Nebelmeer*

1 Im Vordergrund steht aufrecht auf einem Felsen ein Mann, mit dem Rücken zum Betrachter.

2 Es scheint ein Wanderer zu sein, denn er hält in seiner rechten Hand einen Wanderstock ①.

3 Allerdings ist er eher städtisch gekleidet und trägt einen Gehrock – es könnte ein Dichter oder ein Philosoph sein.

4 Er schaut auf die wilde Gebirgslandschaft, die vor ihm liegt.

5 Die Täler werden von einem dichten Wolkenmeer verdeckt, aus dem nur einzelne Berggipfel hervorragen.

6 Im Hintergrund erheben sich vor dem blass-rötlich bis blass-blauen Morgenhimmel mehrere höhere Berge.

Napomene

① **der Stock**, množina: **die Stöcke**, *štap*; **der Spazierstock**, *štap za šetnju*; **am Stock gehen**, *ići sa štapom, poštapati se*, u figu- ▸

rimskih legija 9. godine p.n.e. Do zabune između Heruska (germanskog plemena) i Etruraca (koji su nekad nastanjivali Toskanu u Italiji) često dolazi zbog fonetske sličnosti dve reči u nemačkom jeziku.

Četrdeset peta lekcija 45

Audiovodič u muzeju: *Putnik nad morem magle*

1 U prvom planu, na steni stoji čovek, leđima okrenut posmatraču.
2 Reklo bi se da je šetač, jer u desnoj ruci drži štap za šetnju.
3 Međutim, obučen je u gradsku odeću i nosi redengot – mogao bi biti pesnik ili filozof.
4 Gleda divlji planinski krajolik koji se pred njim pruža.
5 Doline su prekrivene morem oblaka odakle izbija tek nekoliko usamljenih vrhova.
6 U pozadini se pod jutarnjim nebom od svetlo crvene do svetloplave boje, uzdiže nekoliko viših planina.

rativnom smislu: *biti upropašten*. Ali **der Stock**, množina: **die Stockwerke**, znači *sprat*: **Ich wohne im 2. Stock**, *Živim na 2. spratu*; **ein Haus mit zwei Stockwerken**, *kuća na dva sprata.*

45 **7** Sowohl der Wanderer als auch ② die Felsen im Vordergrund sind in dunklen Tönen ③ gemalt

8 und bilden eine Art Silhouette, die sich vom hellen Hintergrund des Bildes abhebt.

9 Dadurch entsteht ein Eindruck von Raum und Tiefe, in die der Blick ④ gelenkt wird.

10 Über dem Bild liegt eine Stimmung von Melancholie, doch spürt man auch eine fast religiöse Ehrfurcht vor dem großartigen Schauspiel der Natur.

11 Es handelt sich um eine Art Selbstporträt.

12 Der Mann im Vordergrund, der als Zuschauer die Szene betrachtet, ist Caspar David Friedrich selbst, der in der Welt bekannteste Maler der deutschen Romantik.

13 Viele seiner Werke zeigen solche ⑤ einsamen, melancholischen Landschaften, die er nicht realistisch sondern mit „den Augen der Seele" malt.

Napomene

② Dupli veznik **sowohl... als auch**, *kao i... tako isto*, ima blisko značenje vezniku **nicht nur... sondern auch**, *ne samo... već i*: **sowohl im Vordergrund als auch im Hintergrund**, *kao i u prvom planu tako i u pozadini.*

③ Nemački jezik ne pravi razliku između *zvuka, tona* u muzici, **der Ton**, i *tona* boje, **der Ton** ili **Farbton**. Evo različitih tonova boje: **rötlich**, *crvenkast*; **bläulich**, *plavičast*; **grünlich**, *zelenkast*; **blass-blau**, *bledo plav*; **hellblau**, *svetlo plav*; **dunkelblau**, *tamno plav*.

④ **der Blick**, *pogled*; **einen Blick auf/in etw. werfen**, *baciti pogled na nešto*; ne treba mešati sa **der Augenblick**, *trenutak*, ▸

7 I šetač i planine *(Isto kao i šetač tako su i stene)* 45
u prvom planu su naslikani tamnim tonovima,
8 i stvaraju neku vrstu siluete koja je u kontrastu
sa *(se odvaja od)* svetlim bojama pozadine.
9 Tako je stvoren utisak prostora i dubine koji
usmerava pogled.
10 Nad slikom lebdi setna atmosfera, ali se takođe
oseća duboko, skoro religiozno, poštovanje
pred veličanstvenom predstavom prirode.
11 Reč je o nekoj vrsti autoportreta.
12 Čovek u prvom planu, koji kao posmatrač gleda
prizor, je lično Kaspar David Fridrih, koji je u
svetu najpoznatiji nemački slikar romantizma.
13 Mnoga njegova dela prikazuju ovakve
osamljene, melanholične predele, koje ne slika
realistično već "očima duše".

momenat (koji traje koliko pogled), ili **der Anblick**, *izgled (nekog/nečeg)*. Glagol **blicken**, *gledati*, ima značenje blisko glagolu **schauen**, ali označava brži pogled, koji ne posmatra toliko, nije toliko zadubljen, zamišljen. Glagolom **betrachten** (v. rečenice 1 i 12) ćemo označiti pogled koji obraća pažnju na nešto: *(pažljivo) posmatrati*, *ispitivati*, *motriti*.

⑤ Obratite pažnju da se **solche** ponaša kao član i pridevu koji dolazi iza njega nameće slabu promenu po padežima: **solche einsamen und melancholischen Landschaften**.

45 **14** Wie die meisten Künstler der Romantik stellt er die Natur als Ort einer tieferen Wahrheit, als eine Art Tempel oder Heiligtum dar.

15 Sein gegen 1817 entstandenes ⑥ Gemälde *Der Wanderer über dem Nebelmeer* ⑦ gehört zu den am häufigsten reproduzierten Werken der deutschen Malerei.

16 Aber es teilt damit leider das Schicksal vieler anderer, berühmter Kunstwerke.

17 Haben wir es zu oft gesehen, auf T-Shirts, Postkarten, Souvenirs oder in der Werbung,

18 kann plötzlich aus dem, was in unseren Augen Kunst war, etwas ganz anderes werden: nämlich Kitsch ⑧! □

Napomene

⑥ **entstehen**, *postati, rađati se, nastajati*. Upotreba participa (ovde: **entstanden**) u svojstvu prideva kao atributa omogućuje da izbegnemo relativnu rečenicu: **sein Gemälde, das 1817 entstanden ist**. Drugi primer, u istoj rečenici: **am häufigsten reproduzierten Werke = Werke, die am häufigsten reproduziert wurden**.

⑦ Srpski naziv slike K.D. Fridriha *Putnik nad morem magle* ukazuje na poteškoću prilikom prevoda reči **der Wanderer**. Pre nego što je dobio značenje sportske aktivnosti ili aktivnosti koja se upražnjava u slobodno, glagol **wandern**, *pešačiti, ići u duge šetnje*, značio je *putovati peške, ići, lutati*. Bio je to način na koji su skromni ljudi, studenti i putujući pesnici putovali, ali i radnici i njihovi pomoćnici i zanatlije koji su trebali da izuče zanat kod raznih majstora.

⑧ Iako se poreklo nemačke reči **der Kitsch** ne zna tačno, reč su preuzeli mnogi drugi jezici da označe sve što nije autentično, što je pretrpano, naročito za predmete koji se izdaju za umetničke, a proizvedeni su industrijski. Ali, u govornom ▸

14 Poput većine umetnika romantizma, prikazuje prirodu kao mesto dublje istine, poput hrama ili svetilišta.

15 Njegova slika *Putnik nad morem magle*, naslikana *(stvorena)* oko 1817, pripada delima nemačkog slikarstva koja su najčešće reprodukovana.

16 Tako, nažalost, deli sudbinu mnogih drugih čuvenih umetničkih dela.

17 Suviše često smo je videli na majicama, razglednicama, suvenirima ili reklami,

18 tako da je ono što smo smatrali umetnošću odjednom postalo nešto sasvim drugo: *(naime)* kič!

jeziku, **Kitsch** ili pridev **kitschig** označava sve što se smatra suviše sentimentalnim, tugaljivim: **ein Kitschroman/ Kitschfilm** ili **ein kitschiger Roman**, *suviše sentimentalan roman/limunada*; **Welch ein kitschiger Film!** *Kakva limunada ovaj film!*

Übung 1 – Übersetzen Sie bitte!

❶ Laut dieser Urkunde könnte mein Urgroßvater ein Dichter oder Philosoph in der Stadt Wetzlar gewesen sein. ❷ Diese Art von Werbung stellt in meinen Augen fast ein Kunstwerk dar. ❸ Die Melancholie ist eine Art Krankheit der Seele, die niemand heilen kann. ❹ Auch ohne besonders religiös zu sein, kann man in einem Heiligtum Ehrfurcht fühlen. ❺ Ich mache mir nichts aus diesem altmodischen Kitsch!

Übung 2 – Ergänzen Sie bitte!

❶ Nebo je naslikano crvenkastim bojama: to daje utisak ranog jutra.
Der . . . . . . ist in . . . . gemalt: . . . . hat man . . . . , dass es . . . . ist.

❷ Kako zimi, tako i leti, uvek je nosio taj zastareli redengot i nisam ga nikad video drugačije obučenog.
. . . . . . im Sommer . . . . im Winter . . . . immer diesen . . . . Gehrock . . , und ich habe . . . . gesehen.

❸ Takvi usamljeni krajolici u magli i setna atmosfera, to mi ništa ne znači!
. . . . Landschaften . . . . und . . . . Stimmungen, ... kann ich nichts . . . . !

Rešenje vežbe 1

❶ Prema ovom dokumentu moj čukundeda je mogao biti pesnik ili filozof u *(gradu)* Veclaru. ❷ U mojim očima ovakva vrsta reklame predstavlja umetničko delo. ❸ Seta je vrsta duševne bolesti koju niko ne ume da izleči. ❹ I bez posebnih verskih osećanja, može se osetiti duboko poštovanje u nekom svetilištu. ❺ Briga me za taj zastareli kič!

❹ Njegova fotografija je često korišćena u reklamama i reprodukovana na brojnim majicama u čitavom svetu.
Ihr .... sehr häufig in der .... und ist auf .... T-Shirts in der ...... Welt ....

❺ Iako taj autoportret, naslikan oko 1900, nije previše realističan, prepoznaje se slikar po ozbiljnom, tužnom pogledu.
...... dieses ..... 1900 .... Selbstporträt nicht sehr realistisch ist, ... den Maler an seinem ...., ...

Rešenje vežbe 2

❶ – Himmel – rötlichen Tönen – Dadurch – den Eindruck – früh am Morgen – ❷ Sowohl – als auch – hatte er – altmodischen – an – ihn nie anders gekleidet – ❸ Solche einsamen – im Nebel – diese melancholischen – damit – anfangen ❹ – Foto wurde – Werbung verwendet – unzähligen – ganzen – reproduziert worden ❺ Obwohl – gegen – gemalte – erkennt man – ernsten, traurigen Blick

46 *U istoriji evropske umetnosti, romantizam obuhvata period od kraja 18. do sredine 19. veka. Prvo se pojavio u Nemačkoj gde igra posebno važnu ulogu, dotičući istovremeno književnost, slikarstvo i muziku. Umetnici romantizma, nasuprot meri i harmoničnoj ravnoteži klasicizma (koji je uzor imao u antičkoj grčkoj i rimskoj umetnosti) daju prednost snažnim osećanjima, uzbuđenjima i strasti. Junake njihovih dela često gura* duboka želja *(***Sehnsucht***), tragaju za nečim ili ih progoni ponekad zagonetan san, čiji je simbol "***die blaue Blume***" (*plavi cvet*) koji možda cveta na nekom nepristupačnom vrhu ili nekoj izgubljenoj dolini.*

46 Sechsundvierzigste Lektion

Wer die Wahl hat, hat die Qual ①

1 – Was gibt 's denn im Fernsehen?
2 – Ich wollte gerade die Nachrichten einschalten ②.
3 – Ach, Nachrichten, das ist doch immer dasselbe. Schau doch bitte mal kurz ins Programm, ob 's nachher irgendwas Interessantes gibt.
4 – Ja… gut, also im Ersten kommt ein Spielfilm ③ *Herbst der Gefühle*, eine bewegende, zeitgenössische Liebesgeschichte.

Napomene

① Kad se nalazi na početku izjavne rečenice **Derjenige, der**, *Onaj koji* (ili **Das, was**, *Ono što*) se često zamenjuje sa **Wer** (ili **Was**), naročito u izrazima. **Die Qual**, *muka, patnja*; **Das Leben wurde ihm zur Qual**, *Život mu je posto patnja*; **ein Tier quälen**, *mučiti životinju.*

② **schalten**, *uključiti u struju, pritisnuti dugme/prekidač*: **auf „ein"/„aus" schalten**, *uključiti/isključiti*; za vozilo: *menjati brzinu*; **der Schalter**, *prekidač, šalter*. Zahvaljujući prefiksima (odvojivim) značenje rukovanja možemo precizirati: **einschal-**

Još jedna od karakteristika romantizma je njegovo interesovanje za umetničke oblike i autohtone tradicije, istoriju prohujalih vremena, naročito srednjevekovnu, koju smatraju zlatnim dobom, **goldenes Zeitalter**. *Ponovo se otkrivaju mitovi, legende i* pesme iz naroda, **Volkslieder**, *od njih se prave zbirke (v. čuvene* bajke braće Grim, **Grimms Märchen**) *ili su njima nadahnuta nova dela.* 46

Četrdeset šesta lekcija 46

Za šta se odlučiti?

(Onaj ko ima izbora, ima i muka)

1 – Šta ima na televiziji?

2 – Baš sam hteo da pogledam *(uključim)* vesti.

3 – Vesti su uvek iste. Budi ljubazan i baci pogled na program [da vidiš] da li posle ima nešto zanimljivo.

4 – Da... ovako, na prvom daju *(dolazi)* igrani film *Jesen osećanja*, dirljiva, savremena ljubavna priča.

ten ili **anschalten**, *pokrenuti, uključiti, "upaliti"* (električni aparat); **ausschalten** ili **abschalten**, *zaustaviti, "ugasiti"*.

③ Obratite pažnju da će se reći **Im Fernsehen kommt/laüft ein Film/eine Sendung,** *na televiziji će se davati/prikazivati film/ emisija*, ali i **Das Radio/Das Fernsehen bringt/sendet ein Programm**, *Radio/televizija donosi/emituje program.* Izraz **Spielfilm**, *igrani film*, se često koristi kao sinonim za **Film**.

5 Hat aber hier nur einen Stern, wird wohl nicht so besonders sein.
6 – Kein Wunder! Schon der Titel klingt kitschig…
7 – Im ZDF läuft wie immer am Freitag *Der Chef*.
8 In dieser Folge geht es um eine Betrugsaffäre und einen Mord, bei dem ein bekannter Opernsänger getötet wird.
9 Kommissar Wolf, der die Untersuchung durchführt, hat zunächst wenig Erfolg –
10 doch dank einer Uhr, die ein paar Minuten vorgeht ④, klärt sich alles auf.
11 – Könnten die statt ⑤ dieser ewigen Krimi-Serien nicht mal was anderes bringen?
12 Ich finde die total langweilig… Und bei RTL?
13 – Die Quizshow „Werden Sie Multimillionär!”. Hatten wir neulich doch ganz unterhaltsam gefunden, oder?
14 – Nein, ich nicht! Ich ärgere mich ⑥ immer bei diesen Sendungen ⑦:

Pojašnjenje izgovora
7, 12, 17 Spelovaćemo prilikom izgovaranja **ZDF** *[cèt-dé-èf]* i **RTL** *[èr-té-èl]*, ali ćemo reći **3 SAT** *[draj zat]*.

Napomene

④ Kad je reč o satu (časovniku) **vorgehen** i **nachgehen** (s odvojivim prefiksom) znače *žuriti* i *kasniti*. **Vorgehen** može imati i drugo značenje: *ići ispred, napredovati, žuriti, prethoditi* (takođe: **vorausgehen**); *ići napred* (**Wie gehen wir vor?** *Kako ćemo dalje?*); *imati prednost* (**Die Familie geht vor!** *Porodica pre svega!*).

⑤ Već ste u 36. lekciji, u 5. rečenici i u 44. lekciji u 6. rečenici videli veznike **anstatt** ili **statt**, koje prati infinitivna rečenica

5 Ali ovde ima samo jedna zvezdica *(zvezda)*, neće biti ništa posebno.
6 – Nikakvo čudo! I sam naslov zvuči tugaljivo…
7 – Na ZDF-u se daje *Šef*, kao i svakog petka.
8 U ovoj epizodi se radi o prevari i ubistvu gde će *(prilikom kojeg će)* jedan poznati operski pevač biti ubijen.
9 Narednik Volf, koji vodi istragu *(sprovodi)*, u početku nema puno uspeha *(ima malo uspeha)*,
10 ali zahvaljujući jednom satu koji žuri nekoliko minuta, sve će se razjasniti.
11 – Zar ne bi mogli da prikazuju nešto drugo umesto tih večnih krimi serija?
12 Mislim da su potpuno dosadne… A na RTL-u?
13 – Kviz "Postanite multimilioner!". Nedavno smo rekli da je *(pomislili smo da je)* sasvim zabavan, zar ne?
14 – Ne, ja nisam! Uvek poludim *(se razljutim)* kad ih gledam *(prilikom emitovanja)*:

uvedena predlogom **zu** (npr. **anstatt/statt Unsinn zu erzählen**, *umesto da priča koješta*). **Anstatt/statt**, *umesto, mesto*, služe i kao predlozi i u tom slučaju zahtevaju genitiv.

⑥ Za izražavanje osećanja, nemački često koristi povratne glagole: **sich ärgern (über/wegen etwas)**, *ljutiti se / negodovati/ biti razdražljiv /ljut (zbog)*; pogledajte i 16. rečenicu: **sich schämen**, *stideti se / sramiti se.*

⑦ Predlog **bei** često služi da ukaže na istovremenost dve radnje: **bei diesen Sendungen** ovde ima značenje *gledajući te emisije* ili *dok se te emisije prikazuju.*

46 **15** Entweder weil ich nicht die Millionen kassiere, wenn ich sämtliche ⑧ Fragen hätte beantworten können ⑨,

16 oder weil ich mich schäme, dass ich bei mancher einfachen Frage die Antwort nicht weiß.

17 – Auf 3 SAT bringen sie 'ne politische Talk-Show zum Thema nachhaltige Energien:

18 „Müssen wir uns auf eine neue Energiekrise vorbereiten?" mit dieser Journalistin, Beate Kuscher – die soll doch sehr gut sein.

19 – Ja, die schätze ich sehr, aber ich möchte mir heute einen gemütlichen ⑩ Abend machen und nicht die Energieprobleme von morgen lösen müssen.

20 – Gut… also auf Tele 5 läuft so ein Actionthriller.

21 – Nein, diese gewalttätigen Filme, wo ⑪ dauernd Blut fließt und sich alle gegenseitig ermorden, das sagt mir nichts.

22 – Tja… dann vielleicht Sport. Zuerst gibt 's Fußball: Bundesliga, FC Nürnberg gegen Schalke 04, und danach Tennis…

Pojašnjenje izgovora
20 Izgovorite **Actionthriller** "po engleski".

Napomene

⑧ **sämtlich**, *svi/sve*, u smislu "celokupno", "potpuno": **sämtliche Werke** ili **gesammelte Werke**, *kompletna dela*; **insgesamt**, *ukupno*.

⑨ U zavisnoj rečenici koja ima dvostruki infinitiv (v. 42. lekciju, §2), pomoćni glagol u ličnom glagolskom obliku (ovde **hätte**) stoji ispred dvostrukog infinitiva, a ne na kraju.

15 ili zato što ne dobijem *(ne primim)* milion kad umem da odgovorim na sva pitanja,
16 ili zato što me je stid kad ne znam odgovor na neka laka pitanja.
17 – Na 3 SAT-u ima politička debata na temu obnovljivih energija:
18 "Moramo li se pripremiti za novu energetsku krizu?", s onom novinarkom Beate Kušer - kažu da je veoma dobra.
19 – Da, veoma je cenim, ali danas bih volela da provedem prijatno veče, a da ne moram da rešavam energetske probleme sutrašnjice.
20 – Dobro... onda na Tele 5 daju neki akcioni triler.
21 – Ne, ne zanimaju me ti nasilni filmovi gde krv ne prestaje da teče i gde se svi međusobno ubijaju.
22 – Onda… možda sport. Prvo ima fudbal, prva liga, FK Nirnberg protiv Šalkea 04, a potom tenis…

⑩ Pridev (i prilog) **gemütlich** je specifična nemačka reč koja se teško prevodi. Najčešće se koristi za opremljen enterijer gde se ugodno osećamo: *prijatan* i *udoban*; **eine gemütliche Bude**, *simpatičan stančić*; **Ich mache es mir gemütlich**, *Udobno sam se smestio*; **ein gemütlicher Spaziergang**, *prijatna šetnja*; **die Gemütlichkeit**, *prijatna i ugodna atmosfera, opuštena atmosfera* (nekog prostora, stana).
⑪ Upotreba zamenice **wo** na mestu relativne zamenice ispred koje stoji predlog (**Filme, in denen… → Filme, wo…**) će se čuti u svakodnevnom govoru, kad antecedens ne označava mesto.

46 **23** – Also wenn du unbedingt Sport ansehen willst, bitte… Ich glaube, ich hab' eigentlich gar keine Lust, fernzusehen.
24 – Ich auch nicht. Ich wollte nur eben das Ende der Tagesschau anschauen.
25 – Das kannst du ja jetzt.
26 – Ja, danke – nur ist die Tagesschau jetzt leider vorbei! □

***

Übung 1 – Übersetzen Sie bitte!

❶ Ihre Sendung über die zeitgenössische Kunst hat riesigen Erfolg gehabt. ❷ Dieses Problem, das neulich entstanden ist, konnte inzwischen gelöst werden. ❸ Bei dieser Betrugsaffäre sollen einige Spekulanten Millionen kassiert haben. ❹ Warum laufen in diesem Kino statt dieser ewigen, gewalttätigen Thriller nicht auch mal Filme, die man sich mit der ganzen Familie ansehen kann? ❺ Man muss sich doch nicht schämen, Rosen und kitschige Liebesgeschichten zu mögen.

23 – Ako hoćeš *(bezuslovno)* da gledaš sport, slobodno *(molim)*… Zapravo mislim da uopšte ne želim da gledam televiziju.
24 – Ni ja. Samo sam hteo da pogledam kraj dnevnika.
25 – Pa to možeš sad.
26 – Da, hvala – samo što se sad, nažalost, dnevnik završio *(je prošao)*!

***

Rešenje vežbe 1

❶ Njegova emisija o savremenoj umetnosti je doživela velik uspeh. ❷ Taj problem, koji se nedavno pojavio, je u međuvremenu mogao biti rešen. ❸ Izgleda da su u tom slučaju prevare neki špekulanti primili milione. ❹ Zašto se u ovom bioskopu ponekad ne prikazuju, umesto ovih večnih nasilnih trilera, filmovi koje cela porodica može da gleda *(koji se sa celom porodicom mogu gledati)*? ❺ Nije sramota *(ne treba se stideti)* voleti ruže i sentimentalne ljubavne priče.

Übung 2 – Ergänzen Sie bitte!

1. Novinar se dobro pripremio i prvo je ministru postavio nekoliko kritičkih pitanja vezanih za energetsku politiku vlade.

   Der Journalist .... und .... dem Minister .... ein paar .... Fragen .... die Energiepolitik der Regierung.

2. Niko ne zna zašto se nikad nisu mogli razjasniti razlozi tog ubistva, uprkos brojnim istragama koje su bile sprovedene.

   ...., warum man die Ursachen dieses Mords .... Untersuchungen, die .... wurden, nie ... .

3. Umesto da gledamo televiziju i da nam smeta neki dosadni program, više volimo da provedemo zabavno veče s prijateljima u nekom prijatnom kafeu.

   .... und ... . das langweilige Programm .. .., verbringen wir lieber .... mit Freunden in ....

Kao i u većini evropskih zemalja, nemački audiovizuelni pejzaž, **die deutsche Medienlandschaft**, *nudi veliku raznovrsnost javnih i privatnih kanala. U nemačkom saveznom sistemu, kulturna politika čini deo povlastica koje imaju* **Länder**, *te tako one organizuju i kontrolišu javnu televiziju. Tako je program* **Das Erste** *zapravo neka vrsta zajedničkog programa, sastavljena od emisija devet regionalnih kanala okupljenih oko* **ARD**, *neke vrste kancelarije koja okuplja javne radiodifuzne stanice. Regionalni kanali imaju svaki svoje emisije.*

Javna televizija Austrije se uglavnom sastoji od dva kanala, **ORF 1** *i* **ORF 2** *(***ORF = Österreichischer Rundfunk***). Prvi je više orijentisan ka zabavnim emisijama, filmovima, serijama i sportu, dok*

❹ Zahvaljujući obnovljivim energijama i sutra ćemo moći da upalimo svetlo i nećemo morati da sedimo u mraku! 46

.... Energien ....
auch morgen noch das Licht ....
...... und nicht im Dunkeln .... !

❺ Jesi li i ti neki dan gledao emisiju na prvom u kojoj je bilo reči o tom slučaju prevare?

Hast du dir .... auch die ....
...... angeschaut, in ... . diese
....?

Rešenje vežbe 2

❶ – hatte sich gut vorbereitet – stellte – zunächst – kritische – über – ❷ Niemand weiß – trotz der vielen – durchgeführt – hat aufklären können ❸ Statt fernzusehen – uns über – zu ärgern – einen unterhaltsamen Abend – einer gemütlichen Kneipe ❹ Dank der nachhaltigen – werden wir – einschalten können – sitzen müssen ❺ – neulich – Sendung im Ersten – der es um – Betrugsaffaire ging

drugi nudi više kulturni sadržaj kao i regionalne programe.

Vodeći računa o jezičkoj raznolikosti zemlje, švajcarsku državnu televiziju čine kanali TSR (Télévision Suisse Romande, na francuskom jeziku), TSI (Švajcarska televizija na italijanskom jeziku), SF (Schweizer Fernsehen), na nemačkom, ali koji istovremeno ima program i na romanšu, i jedan kanal koji emituje program na sva četiri jezika zemlje, švajcarski HD (kanal visoke rezolucije). Od 2008, kneževina Lihtenštajn ima svoj televizijski program, privatni kanal koji se prima preko kabla i na kojem se mogu videti programi na nemačkom jeziku i dijalektima.

47 Siebenundvierzigste Lektion

Tourist-Info Wien

1 – So… in Wien waren Sie noch nie und wollen sich die wichtigsten Sehenswürdigkeiten anschauen?
2 – Ja, jedenfalls das, was man an einem Tag schaffen kann, denn morgen geht 's zurück.
3 – Da müssen Sie dann unbedingt mit der Hofburg beginnen, im Südwesten der Innenstadt – sehen Sie, hier, auf dem Stadtplan.
4 Das war und ist ja immer noch das politische Zentrum von Österreich.
5 Über Jahrhunderte war hier die Residenz der Habsburger, der Kaiser des Heiligen Römischen Reichs ①,
6 später der österreichischen Kaiser und heute ist es die des Bundespräsidenten.
7 Die Hofburg ist schon für sich allein ein ganzes Stadtviertel,
8 und um sämtliche Museen und Ausstellungen zu besichtigen, braucht man eigentlich mindestens einen vollen Tag.

Napomene

① **das Heilige Römische Reich Deutscher Nation**, doslovno “Sveto rimsko carstvo nemačkog naroda”, *Sveto rimsko ger-* ▸

Turistički biro u Beču

1 – Dakle... još nikad niste bili u Beču i želite da vidite najvažnije znamenitosti?
2 – Da, u svakom slučaju šta se može stići za jedan dan, jer se sutra vraćamo.
3 – Onda obavezno morate početi s "Hofburgom" [nalazi se] jugo-zapadno od centra – pogledajte ovde na mapi grada.
4 To je bio, i još uvek je, centar političkog života *(politički centar)* Austrije.
5 Tu se vekovima nalazila rezidencija Habsburgovaca, careva Svetog rimskog carstva,
6 potom austrijskih careva, a danas predsednika savezne države.
7 "Hofburg" je već sam za sebe čitava gradska četvrt,
8 a za obilazak *(da bi se posetili)* svih muzeja i izložbi treba, zaista, najmanje ceo dan.

▸ *mansko carstvo.* Termin **Deutscher Nation** je dodat počev od 15. veka (i često se izostavlja).

47 **9** Die Schatzkammer ist besonders sehenswert, die dürfen Sie auf keinen Fall auslassen.

10 Und wenn Sie ein Sisi-Fan sind, können Sie natürlich auch das Sisi-Museum besuchen.

11 Von dort gehen Sie dann am besten hier, über den Albertinaplatz, bis zur Staatsoper, die muss man gesehen haben ②!

12 Sie gehört zu den bedeutendsten Opern der Welt, und so ziemlich alle berühmten Dirigenten, Opernsänger und -sängerinnen waren hier mal zu Gast.

13 Heute Abend spielt man dort *Die Zauberflöte* von Mozart.

14 Aber dazu haben Sie erstens keine Zeit und zweitens sind die Karten sowieso schon lange ausverkauft ③.

15 Von dort dann weiter Richtung Stephansdom:

16 Den sieht man schon von weitem, mit seinem fast 137 Meter hohen Südturm und den bunten Dachziegeln.

Pojašnjenje izgovora

10 Sisi-Fan ***[sisi-fèn]*** ili ***[sisi-fan]***. Iako se ime u Austriji piše kao **Sisi**, nametnula se grafija **Sissi**. Ukazuje da je ovde reč o jednom "nemom **s**" koje u austrijskom nemačkom zamenjuje (i u drugim južnim dijalektima), "zvučno **s**" visokog nemačkog (v. 21. lekciju, §1.2). Bilo da se piše kao **Sissi** ili **Sisi**, izgovaraće se kao ***[sisi]***, a ne ***[zisi]*** ni ***[zizi]***.

9 Carski trezor naročito vredi videti, ne smete ga propustiti ni pod kakvim izgovorom.
10 A ako obožavate Sisi, možete, naravno, posetiti i muzej “Sisi”.
11 Odavde najbolje da prođete ovuda, preko “Albertinaplatz” *(trga Albertina)*, da bi se obreli kod Državne opere, koja se obavezno mora videti!
12 Ubraja se među najvažnije opere na svetu i bezmalo su svi poznati dirigenti, operski pevači i pevačice tu gostovali.
13 Večeras se prikazuje Mocartova *Čarobna frula*.
14 Ali prvo, za to nemate vremena, a drugo ionako su sva mesta do poslednjeg odavno prodata.
15 Odatle, pravac dalje do “Stephansdom” *(Katedrale Svetog Stefana)*:
16 izdaleka se vidi njen toranj, visok skoro 137 metara i njen raznobojni krov *(crepovi raznih boja)*.

Napomene

② Obratite pažnju kako nemački izražava ono “must” za svakog posetioca Beča: **Das muss man gesehen haben**, doslovno “To mora biti viđeno”, *To obavezno treba posetiti/videti.*

③ **ausverkaufen**, *rasprodati*; za neku predstavu **ausverkauft** znači *popunjen*. Jedno od značenja odvojivog glagolskog prefiksa **aus-** je da izrazi dovršavanje, svršetak: **sein Glas austrinken**, *isprazniti/iskapiti čašu* (do dna); **ausschlafen**, *spavati do mile volje.*

47 **17** Das ist eines der wichtigsten gotischen Bauwerke Österreichs und vor allem das Wahrzeichen der Hauptstadt.
18 Deswegen durfte auch im ehemaligen Österreich-Ungarn kein Kirchturm höher werden als der des Stephansdoms.
19 Am besten nehmen Sie an einer Führung teil, wenn Sie das Innere besichtigen wollen.
20 Gleich daneben, dieser längliche Platz, das ist der Graben, einer der elegantesten Orte von Wien,
21 mit lauter Luxusboutiquen und Kaffeehäusern ④ und in der Mitte die berühmte Pestsäule, ein Meisterwerk des Barock.
22 Tja, und dort müssten Sie dann überlegen, ob Sie Ihre Besichtigungstour fortsetzen oder lieber hier, zum Donaukanal weitergehen und dort ein wenig bummeln ⑤ wollen –
23 das ist jetzt, im Frühling, besonders schön.
24 Aber vielleicht haben Sie ja inzwischen auch Hunger bekommen: Da haben Sie hier in der Altstadt überall die Qual der Wahl!

Napomene

④ **das Kaffeehaus** (izraz iz austrijskog nemačkog), *kafe*, je bečka kulturna institucija. Tu se može popiti kafa i pojesti neko fino pecivo, osim ako se ode u **Café-Konditorei**, *kafe-poslastičarnicu*, koje su za to specijalizovane.

⑤ **bummeln**, *lutati, tumarati, švrljati*, u govornom jeziku znači i *lenčariti, vući se*: **Bummle nicht so!** *Ne vuci se!*; **den ganzen Tag verbummeln**, *provesti dan ne radeći ništa.*

17 To je jedna od najvažnijih gotskih građevina u Austriji, a pre svega je obeležje glavnog grada.
18 Zato nijedan zvonik u nekadašnjoj Austrougarskoj nije smeo biti *(postati)* viši od zvonika *(onog)* katedrale Svetog Stefana.
19 Najbolje da uzmete posetu s vodičem ako želite da je obiđete unutra *(unutrašnjost)*.
20 Odmah pored, ovaj duguljasti trg, je "Graben" *(Jarak)*, jedno od najotmenijih mesta u Beču,
21 isključivo s luksuznim buticima i kafeima, a u sredini [se nalazi] čuveni "Pestsäule" *(stub kuge)*, remek delo barokne umetnosti.
22 Sad treba da razmislite da li želite da nastavite obilazak ili biste radije produžili dovde, do kanala Dunava i tu se malo prošetali;
23 zaista je sad u proleće veoma lepo.
24 Ali možda ćete u međuvremenu ogladneti *(postati gladni)*: svuda u starom gradu imate veliki izbor!

47 **25** – Und was würden Sie mir da empfehlen?

26 – Je nachdem ⑥, worauf Sie Appetit haben.

27 Aber wenn Sie nur einen Tag hier sind, möchten Sie ja sicher einige typische Wiener Spezialitäten probieren.

28 Ein Stück Sachertorte oder Apfelstrudel in einer der unzähligen Café-Konditoreien, wenn Sie Süßes mögen.

29 Für den großen Hunger empfehle ich zum Beispiel als Vorspeise eine Gulaschsuppe, danach Wiener Schnitzel mit Erdäpfelsalat ⑦, und natürlich, zum Nachtisch Kaiserschmarrn ⑧…

30 Und davor, dazu oder danach ein Achtel oder ein Viertel vom Heurigen ⑨.

31 – Wissen Sie was!? Ich glaub, ich beginn' die ganze Tour mit der letzten Etappe. Dem steht doch nichts entgegen, oder?

32 – Nein, in Wien darf man fast alles.

33 Aber dann nehmen Sie anschließend lieber einen von den Fiakern, für die Stadtbesichtigung – sonst kommen Sie da nicht sehr weit, fürchte ich! □

Napomene

⑥ Obratite pažnju na **je nachdem**, *prema tome kako/da li, ukoliko*, iza kojeg uvek dolazi zavisna rečenica: **je nachdem, wie lange Sie bleiben**, *u zavisnosti od dužine vašeg boravka* (doslovno "vremena koje ostajete"). Zapamtite izraz **Je nachdem!** *Zavisi! Prema prilici!*

⑦ U Austriji, krompir ne zovu **Kartoffel** već **Erdapfel**, doslovno "jabuka iz zemlje".

25 – A šta biste mi vi preporučili?

26 – Zavisi koliko ste gladni.

27 Ali znajući da ste ovde samo jedan dan, sigurno biste voleli da probate neki od tipičnih bečkih specijaliteta.

28 Parče "Sachertorte" ili štrudle s jabukama u nekom od brojnih kafe-poslastičarnica, ako volite slatko.

29 Ukoliko ste veoma gladni *(za veliku glad)* savetujem vam, na primer gulaš-supu za predjelo, potom bečku šniclu sa krompir salatom, i naravno, "Kaiserschmarrn" za desert…

30 A potom, pre ili posle, čašu *(osminu)* ili četvrt "Heurigen-a" .

31 – Znate šta?! Mislim da ću obilazak početi s poslednjom etapom. Ništa nas u tome ne sprečava, je li tako *(ništa se tome ne protivi)*?

32 – Ne, u Beču skoro ništa nije zabranjeno.

33 Samo posle za obilazak grada biće bolje da uzmete fijaker, inače se pribojavam da nećete daleko stići!

⑧ **der Kaiserschmarrn** (Carski omlet) je desert koji se služi mlak, a osnova su mu palačinke isečene na trake, pomešane s voćnim kompotom i posute šećerom u prahu.

⑨ **der Heurige** je naziv za lokalno belo vino, prilično zeleno i penušavo, i za krčme u kojima se služi. Razlomci se tvore dodavanjem nastavka **-tel** na osnovni broj: **das Viertel/Fünftel/Sechstel…**; (ali: **die Hälfte**, *polovina, pola*, **das Drittel**, *trećina*).

47 **Übung 1 – Übersetzen Sie bitte!**

❶ Wenn Sie den Stadtplan umdrehen, finden Sie die Adressen sämtlicher Kaffeehäuser, Café-Konditoreien und Boutiquen. ❷ Im Zentrum der Altstadt dürfen keine Autos fahren und man kann deshalb hier sehr gemütlich bummeln. ❸ Dieses längliche Bauwerk in der Nähe des Kanals ist heute die Residenz unseres Bundespräsidenten. ❹ Im Frühling und im Herbst wird hier ein Fest veranstaltet, an dem alle Einwohner des Stadtviertels teilnehmen. ❺ Wenn Sie die Besichtigungstour unserer Hauptstadt fortsetzen wollen, steht dem nichts entgegen.

Übung 2 – Ergänzen Sie bitte!

❶ U zavisnosti od toga koliko će vam vremena ostati, možda ćete morati da izostavite neke manje važne znamenitosti.

.. .., wie viel Zeit Ihnen noch bleibt, werden Sie wohl ...... weniger .... auslassen ....

❷ Svi pevačicini obožavatelji su želeli da prisustvuju koncertu i sva mesta su brzo bila rasprodata.

.... Fans ... . wollten bei dem Konzert .... und schon bald waren .... Karten ....

❸ Prvo, reč je o obeležju našeg grada, a drugo unutrašnjost tog zdanja zaista vredi videti.

.... handelt .. .. das Wahrzeichen unserer Stadt und .... das .... wirklich sehr ....

Rešenje vežbe 1

❶ Ako okrenete plan, pronaći ćete adrese svih kafea, poslastičarnica i butika. ❷ Centar starog grada je zabranjen za automobile, dakle, možete se tamo mirno štetati. ❸ Ova uzdužna građevina u blizini kanala danas je rezidencija našeg predsednika države. ❹ U proleće i jesen se ovde organizuje zabava u kojoj učestvuju svi stanovnici iz kvarta. ❺ Ako želite da nastavite obilazak našeg glavnog grada, ništa vas u tome ne sprečava.

❹ Tokom više vekova, austrijski car je istovremeno bio i car Svetog rimskog germanskog carstva.

.... war der .... Kaiser .... auch der Kaiser ... .

❺ Na toj izložbi su učestvovali samo poznati umetnici, ali uprkos svemu, nije nažalost postigla veliki uspeh *(nije bila veliki uspeh)*.

.... hatten an .... teilgenommen, doch war sie .... kein ....

Rešenje vežbe 2

❶ Je nachdem – einige – wichtige Sehenswürdigkeiten – müssen ❷ Alle – der Sängerin – dabei sein – sämtliche – ausverkauft ❸ Erstens – es sich um – zweitens ist – Innere dieses Bauwerks – sehenswert ❹ Über mehrere Jahrhunderte – österreichische – zugleich – des Heiligen Römischen Reichs ❺ Lauter bekannte Künstler – dieser Ausstellung – leider trotzdem – großer Erfolg

48 *Sveto rimsko germansko carstvo je nastalo kad je carstvo* Karla Velikog, **Karl der Große**, *podeljeno na njegova tri unuka. "Istočna Francija" je pripala* Luju Germanskom, **Ludwig der Deutsche**. *Ta teritorija će postati "Sveto rimsko carstvo": "sveto" jer je* car, **der Kaiser**, *pozvan da štiti hrišćanstvo, a "rimsko" zbog "romanskog" dela carstva (u Italiji) – koji joj je dugo vremena bio centar. Careve ovog Germanskog carstva su birali kneževi izbornici, ali će carsku krunu, počev od 15. veka, držati dinastija Habsburga. Kad se 1806. Sveto Carstvo raspalo, Austrija je postala carstvo sa sopstvenim imenom (***Kaisertum Österreich***).*

48 Achtundvierzigste Lektion

Die Zauberflöte
Oper in 2 Akten von Wolfgang Amadeus Mozart

1 Am 30. September 1791, wenige Wochen vor Mozarts Tod, fand in Wien die Uraufführung seiner letzten Oper, *Die Zauberflöte*, statt.
2 Die Handlung der *Zauberflöte* spielt im alten Ägypten.
3 Da ① ihre Tochter, die Prinzessin Pamina, von einem Feind, dem Dämonen Sarastro gefangen gehalten wird,
4 lässt die Königin der Nacht den jungen Prinzen Tamino rufen
5 und bittet diesen, Pamina zu befreien.
6 Schon beim ersten Anblick von Paminas Bildnis verliebt Tamino sich in sie:

Napomene

① Kad se zavisna rečenica nalazi na početku, u negovanijem jezičkom registru se radije koristi veznik za uzrok **da**, *pošto*, ▸

Političko suparništvo sa Prusijom ju je sprečilo da se priključi ujedinjenju s ostalim nemačkim državama koje je završeno osnivanjem Nemačkog carstva, **Deutsches Kaiserreich**, *1871, pod patronatom Prusije. Otada, pa sve do kraja Prvog svetskog rata, će postojati dva cara nemačkog jezika, jedan Austrijskog carstva, i drugi novog, Nemačkog carstva, koji su se smatrali naslednicima kako II* **Reich**, *tako i I* **Reich** *(Sveto rimsko germansko carstvo je nestalo). A onda se u istoriji pojavio III* **Reich** *(1933-1945.), koji budi strašna sećanja.* 48

Četrdeset osma lekcija 48

Čarobna frula
Opera u 2 čina Volfganga Amadeusa Mocarta

1 30. septembra 1791, nekoliko nedelja pre Mocartove smrti, u Beču je održana premijera njegove poslednje opere *Čarobna frula*.
2 Radnja *Čarobne frule* je smeštena u stari Egipat.
3 Pošto joj je kći, princezu Paminu, zatočio neprijatelj, demon Sarastro,
4 kraljica noći poziva mladog princa Tamina
5 i moli ga da oslobodi Paminu.
6 Već na prvi pogled na Pamininu sliku, Tamino se u nju zaljubljuje:

kako, budući da, umesto veznika **weil**. Nemojte mešati veznik **da** sa prilogom **da**, *tada, u tom trenutku, tu, ovde*, koji se nalazi na početku glavne rečenice.

48 **7** *Dies Bildnis ist bezaubernd schön,*
Wie noch kein Auge je ② *geseh'n!*

8 *Ich fühl' es, wie dies* ③ *Götterbild*
Mein Herz mit neuer Regung füllt.

9 *Dies Etwas kann ich zwar nicht nennen,*
Doch fühl' ich 's hier wie Feuer brennen;

10 *Soll die Empfindung Liebe sein?*
Ja, ja! die Liebe ist 's allein.

11 *O wenn ich sie nur finden könnte!*
O wenn sie doch schon vor mir stände!

12 *Ich würde – würde – warm und rein – was würde ich?*

13 *Ich würde Sie voll Entzücken*
An diesen heißen Busen drücken ④, *und ewig wäre sie dann mein.*

14 Papageno, der Vogelfänger, soll Tamino bei diesem Abenteuer als Diener und Gefährte begleiten und hofft, dabei selbst eine Lebensgefährtin zu finden:

15 *Der Vogelfänger bin ich ja,*
Stets lustig, heißa! hopsasa!

Napomene

② **je** ili **jemals** = *ikad* u pozitivnom značenju (do određenog trenutka, dana, do sad), dok je **nie** ili **niemals** = *nikad* u negativnom značenju (ni u jednom trenutku): **Wer je/jemals diese Opernsängerin gehört hat, wird ihre Stimme nie/niemals vergessen**, *Onaj ko je jednom čuo tu opersku pevačicu, nikad neće zaboraviti njen glas.*

③ Rime, kao što je to često slučaj u poetskim delima, zahtevaju elizije i sažimanja, npr. **ich fühl' es = ich fühle es**; **dies =**

7 *Ovaj portret opčinjava, još niko nikad ne vide takvu lepotu (što još ni jedno oko ne vide)!*
8 *Osećam kako mi ova božanska slika preplavljuje srce novim osećanjem.*
9 *Istina, ne umem da kažem šta je,*
Ali ga osećam ovde, poput plama gori;
10 *Je li taj osećaj ljubav?*
Da, da! To samo ljubav može biti.
11 *Ah, kad bih je samo mogao pronaći!*
Ah, kad bi već preda mnom bila!
12 *Učinio bih – učinio bih – toplo i nevino – ali, šta da činim?*
13 *Pun ushićenja, privio bih je uz ove grudi što plamte, i bila bi zauvek moja.*
14 Papageno, ptičar, treba kao sluga i saputnik da prati Tamina u toj avanturi i nada se da će tom prilikom i on pronaći družbenicu:
15 *Da, ja sam ptičar,*
Uvek razdragan, hopa-la-la

▸ **dieses** itd. Pravopis teksta, koji potiče iz 18. veka, je osavremenjen, ali je sam tekst iz originalnog libreta: dakle, neke reči su otad zastarele.

④ U pesničkom jeziku, **an seinen Busen drücken**, *priviti uz grudi / srce*. Ali reč **der Busen** označava *grudi, nedra,* (isključivo ženske).

48 16 *Der Vogelfänger ist bekannt*
Bei Alt und Jung ⑤ *im ganzen Land.*
17 *Weiß mit dem Locken umzugeh'n* ⑥*,*
Und mich aufs Pfeifen zu versteh'n ⑦
18 *Drum kann ich froh und lustig sein,*
Denn alle Vögel sind ja mein ⑧*.*
19 Zum Schutz vor Gefahren erhalten Papageno und Tamino jeweils ein Zauber-Instrument: der Vogelfänger ein Glockenspiel und der Prinz die Zauberflöte.
20 *O Prinz, nimm dies Geschenk von mir!*
Dies sendet unsre Fürstin dir!
21 *Die Zauberflöte wird dich schützen,*
Im größten Unglück unterstützen.
22 *Hiermit kannst du allmächtig handeln,*
Der Menschen Leidenschaft ⑨ *verwandeln.*
23 *Der Traurige wird freudig sein,*
Den Hagestolz ⑩ *nimmt Liebe ein.*

Napomene

⑤ **Alt und Jung** ili **Jung und Alt** je jezički obrt koji označava skup svih generacija. Dakle, *svi!* Budući da je reč o poimeničenom pridevu, moramo ga, u drugim prilikama menjati po padežima: **Ein Junger und ein Alter**, *jedan mlad i jedan star.*

⑥ Ne dopustite da vas u zamku namami stara upotreba glagola **wissen** (uz infinitiv + **zu**, ovde: **umzugehen**) = *znati nešto uraditi.* U savremenom nemačkom ove upotrebe više nema i trebalo bi reći: **Ich kann mit dem Locken umgehen**, *Umem da rukujem klopkama* (doslovno "mamiti"). **Sich auf etwas verstehen**, *razumeti se u nešto*, se još uvek koristi, mada prilično retko; češće ćemo naići na izraz **etwas verstehen von: Er versteht etwas von Vögeln**, *Razume se u ptice.* ▶

16 *Ptičar je u celoj zemlji znan i starom i mladom.*
17 *U zamke umem da namamim,*
I razumem se u poj (zviždȕk),
18 *Zato mogu i srećan i veseo biti, jer sve ptice pripadaju meni.*
19 Da bi se zaštitili od opasnosti *(za zaštitu pred opasnosti)*, Papageno i Tamino dobijaju *(svaki dobija)* čarobni instrument: ptičar kariljon *(instrument od zvona)*, a princ čarobnu frulu.
20 *O, prinče, primi od mene ovaj dar!*
Naša vladarka ti ga šalje!
21 *Ova čarobna frula će te štititi*
[i] pomoći u velikoj nevolji.
22 *S njim ćeš svemoćan postati (moći ćeš svemoćno da postupaš),*
Ljudske strasti [moći ćeš] da promeniš.
23 *Neko tužan, srećan će postati, [a] stari momak ljubav osvojiti.*

▸ ⑦ Posao ptičara je bio da uhvati ptice i da ih proda. Da bi u tome uspeo, morao je da zna kako da ih namami (**locken**, *mamiti, primamiti*) i privuče imitirajući njihov poj zviždukom (**pfeifen**, *zviždati*).

⑧ **etw./jmd. ist mein/dein/sein…** *nešto/neko pripada meni/tebi/njemu/njoj...* ili: *je moje...*, ovo je malo zastarela upotreba ovog izraza koji se više koristi u pesništvu.

⑨ Evo još jedan primer saksonskog genitiva (koji je češći u pesničkom jeziku): **die Leidenschaft der Menschen** → **der Menschen Leidenschaft**.

⑩ **der Hagestolz** (stara reč), *star momak*; danas bi se reklo: **der eingefleischte Junggeselle**, *okoreli neženja*.

24 *O so eine Flöte ist mehr als Gold und Kronen wert* (11)*,*
Denn durch sie wird Menschenglück und Zufriedenheit vermehrt. □

Napomene

(11) Pridev **wert**, *drag, uvažen, poštovan*, se danas više ne koristi osim u nekim izrazima učtivosti, kao na primer: **Wie ist ihr werter Name?** *Kako je vaše uvaženo ime?* i u izrazu **etwas wert sein**, doslovno "biti vredan nečeg", *vredeti*. **Das ist viel/hundert Euro/nichts wert**, *To ima veliku vrednost / vredi sto evra / ništa ne vredi.*

***

Übung 1 – Übersetzen Sie bitte!

❶ Wenn er die Krone hätte behalten wollen, hätte er auch wie ein König handeln sollen! ❷ Ein mächtiger Dämon hatte mit einem Zauber das Stück Brot in reines Gold verwandelt. ❸ Noch nie hatte eine seiner Opern schon bei der Uraufführung solch einen Erfolg. ❹ Wer je so etwas gefühlt hat, weiß, was Leidenschaft bedeutet. ❺ Keine Ahnung, was hier stattgefunden hat, aber ich bin sicher, dass hier ein Feuer gebrannt hat.

24 *O, jedna takva frula vredi više od zlata i kruna, Jer će zahvaljujući njoj, sreća i radost među ljudima rasti (uvećavati).*

***

Rešenje vežbe 1

❶ Da je hteo da sačuva krunu, morao je postupiti kao kralj! ❷ Moćni demon je magijom pretvorio parče hleba u čisto zlato. ❸ Još nikad ni jedna od njegovih opera nije zabeležila takav uspeh već od premijere. ❹ Ko je jednom tako nešto osetio, zna šta strast znači. ❺ Nemam pojma šta se ovde dogodilo, ali sam siguran da je *(ovde)* gorela vatra.

49 **Übung 2 – Ergänzen Sie bitte!**

❶ U prvom činu radnja se odvija u šumi gde se odigrao prvi susret između Tamina i njegovog novog saputnika, Papagena.
Im ...... Akt .... in dem Wald, ... Begegnung .... Tamino und ...., Papageno, ...

❷ Pravi prijatelji podržavaju jedan drugog, ne samo u nevolji *(opasnosti)*, već i u nesreći.
..... Freunde unterstützen .... in ...., ... im ....

❸ Ubeđen sam da je uživanje u životu *(zadovoljstvo sa životom)* najbolja zaštita od svih bolesti.
Ich bin ...., dass .... mit dem Leben der .... gegen ....

49 Neunundvierzigste Lektion

Zusammenfassung – Ponavljanje

1 Modalni glagoli, značenje i upotreba

Ovde ćemo rezimirati najčešća značenja modalnih glagola. Posebnu pažnju obratite na oblike u negaciji.

• **können** = *moći, umeti, znati, biti u stanju* u smislu biti sposoban, imati intelektualnih ili fizičkih veština za nešto:
Kannst du nicht aus den Gleisen herausfahren? *Zar ne možeš da se skloniš sa šina?*

❹ U mnogim bajkama, zatočenu princezu treba da oslobodi princ.

.. .. muss eine Prinzessin, ... gehalten ...., ... Prinzen ....

❺ Gledao je sliku koju mu je ona poklonila, oduševljavajući se svaki put iznova *(uvek iznova pun oduševljenja).*

Er ...., das er von ihr ... . hatte, immer wieder ....

Rešenje vežbe 2

❶ – ersten – spielt die Handlung – wo die erste – zwischen – seinem neuen Gefährten – stattfindet ❷ Echte – einander nicht nur – Gefahren, sondern auch – Unglück ❸ – überzeugt – Zufriedenheit – beste Schutz – alle Krankheiten ist ❹ In vielen Märchen – die gefangen – wird, von einem – befreit werden ❺ – schaute das Bildnis – als Geschenk erhalten – voll Entzücken an

Četrdeset deveta lekcija 49

Diese Fragen kann ich nicht beantworten, *Na ova pitanja ne znam/ne umem da odgovorim.*

können služi takođe za izražavanje mogućnosti ili prilike koja se pruža da se nešto uradi:
Jetzt kannst du die Nachrichten ansehen, *Sad možeš da gledaš vesti*
ili pretpostavke, čak i u negativnom obliku, nekog čvrstog ubeđenja:
Das kann eine Kopie sein, *To može biti kopija.*
Das kann nicht sein, *Nemoguće/ To ne može biti.*

49 • **dürfen** = *moći, smeti, imati dozvolu/pravo*; npr.:
In Wien darf man fast alles, *U Beču je skoro sve dozvoljeno.*
U formalnom stilu, **dürfen** odgovara *imati ovlašćenje/dozvolu za*: **Darf ich Ihnen einen Rat geben?** *Smem li vas posavetovati* ("Dajete li mi dozvolu da vas posavetujem")*?*
Wir dürfen doch Conny zu Ihnen sagen? *Možemo / Smemo* ("imamo li dozvolu da") *da vas zovemo Koni, zar ne?*

nicht dürfen = *ne smeti, nemati dozvolu/ovlašćenje*, u bezličnom obliku prevodimo kao *ne sme se, nije slobodno, nije dozvoljeno nešto uraditi*: **Kein Kirchturm durfte höher werden**, *Nijedan zvonik nije smeo biti viši.*
Često se dešava da se na vratima mesare vidi obaveštenje sa crtežom psa koji pse i njihove srodnike upozorava (a na vlasnicima je da im poruku protumače): **Ihr dürft hier nicht rein!** *Vi nemate dozvolu da uđete!* Međutim, zabrane na javnim mestima su često mnogo direktnije: **Rauchen verboten!** *Zabranjeno pušenje*; **Parken verboten!** ili **Parkverbot!** *Zabranjeno parkiranje.*

• **müssen** = *morati, biti obavezan/prinuđen, trebati*
die Energieprobleme lösen müssen, *morati razrešiti probleme energije*
Leider muss ich absagen, *Nažalost, moram da otkažem.*
Die muss man gesehen haben! *To je trebalo videti!*

Obratite pažnju na sledeće: **müssen** u negativnom obliku ili uz **nur** dobija značenje *ne morati* ili *nema potrebe za nečim* (i u tom slučaju se može zameniti glagolom **brauchen**), npr.
Dafür muss man kein Fachmann sein (= Dafür braucht man kein Fachmann (zu) sein), *Za to ne treba biti stručnjak.*
Das musst du nur umdrehen (= Das brauchst du nur um(zu) drehen), *Dovoljno je da ga okreneš / Samo treba da ga okreneš.*

Poput glagola **können** u negaciji, **müssen** u afirmativnom obliku može da izrazi čvrsto uverenje:
Das muss ein Börsenkrach sein, *To mora biti / Ovo je sigurno berzanski krah.*

• **sollen** = *trebati* prema želji, zapovesti drugog (osobe, anonimna ili "moralna" instanca):
Er sollte mal öfter bei Wikipedia nachsehen, *Trebao bi češće da proverava na Vikipediji.* (To je moj savet.)

Natürlich sollen alle Bewerber kompetent sein, *Naravno, svi kandidati moraju biti kompetentni.* (To je želja firme koja zapošljava.)

U negaciji, značenje glagola **sollen** ostaje naredbodavno, u smislu da se nešto ne sme raditi:
Du sollst die Katze nicht am Schwanz ziehen! *Ne smeš mačku vući za rep!* (To ti kažem ja, tvoja majka.)
Man soll nicht immer die gleichen Fehler wiederholen, *Ne smeju se uvek ponavljati iste greške.* (To pravilo nalaže "vaspitni razum".)
U nemačkom, deset zapovesti Starog zaveta počinju sa: **"Du sollst nicht...!"**

U pitanjima **sollen** često služi da iskažemo zbunjenost ili neodlučnost (naspram nekog "rasuđivanja" kojem ne poznajemo logiku). Evo nekoliko primera:
Keine Ahnung, was das bedeuten soll, *Nemam pojma šta bi to moglo da znači.* **Woher soll ich das denn wissen?** *Ali, kako sam to mogao da znam?*
sollen se takođe koristi da ukaže da je reč o nekoj neizvesnoj činjenici, što smo čuli od drugih:
Die Journalistin soll gut sein, *Ona je dobra novinarka, kažu / Trebalo bi da je dobra novinarka.*
Er soll kein guter Schüler gewesen sein, *Prema onome što kažu, nije bio dobar đak.*

• **wollen** = *hteti, želeti, nameravati*, u smislu da imamo čvrstu nameru/želju/volju da nešto uradimo:
Ich wollte gerade die Nachrichten einschalten, *Samo sam želeo da uključim vesti.*
Wenn Sie die Stadt besichtigen wollen, *Ako želite/nameravate da obiđete grad...*
Wollen Sie eine Spezialität probieren? *Želite li / Hoćete li da probate jedan specijalitet?*

• **mögen** = *voleti, dopadati se, ceniti nešto*, se često koristi kao samostalan glagol: **Wenn Sie Süßes mögen**, *Ako volite slatko.*

49 • **möchte**: zapravo **Konjunktiv II** glagola **mögen** (**ich möchte**, *želim/želeo bih/voleo bih, itd.*) služi kao modalni glagol:
Ich möchte mir einen gemütlichen Abend machen, *Želeo bih da provedem ugodno veče.*
Ich möchte herausbekommen, wer der Maler war, *Želeo bih da pronađem ko je bio slikar.*

2 Član ili pridev?

Ovde ćemo pomenuti jednu vrstu reči koja se u nemačkom u pojedinim rečenicama ponaša kao pridev, a u drugim kao član.
To, naravno, ima uticaj na padešku promenu opisnog prideva kao atributa ispred kojeg može da stoji, gde je u jednom slučaju pridev, a u drugom član (s oznakom padeža).
Uporedite, na primer, sledeće dve rečenice iz lekcija 45 i 40:

Mehrere höhere Berge erheben sich im Hintergrund, *U prvom planu se diže više visokih planina.*
Solche kleinen Unterschiede nehmen die jungen Leute heute nicht mehr so ernst, *Neznatne razlike tog tipa mladi danas više ne uzimaju u obzir.*

U prvom primeru vidimo dva prideva koja idu jedan iza drugog (**mehrere höhere**), pa tako imaju i iste nastavke (oznaku padeža **-e**). U drugom primeru, **solche** nosi oznaku padeža kao određeni član **die**, dok se **kleinen** s nastavkom **-en** menja po slaboj promeni.
U tabeli smo dali pregled najčešćih reči koje bi valjalo upamtiti:

Ponašaju se kao član	Ponašaju se kao pridev
alle i **sämtliche**, *svi, sve*	**anderer, andere, anderes,** *drugi*
beide, *oboje*	**einige,** *nekoliko, nekolicina*
mancher, manche, manches, *neki/a, poneki/a*	**mehrere,** *razni, više*
solcher, solche, solches, *takav/a*	**viele,** *mnogi*
irgendwelche, *ma koji, koji god*	**wenige,** *nekoliko*

Popunjavajući sledeće rečenice, možete vežbati primenu ovih pravila. Potom, proverite odgovore u lekcijama (broj lekcije je dat u zagradi):

Bei den Werken viel_ modern_ Komponisten höre ich nur Geräusche. (43)
Die Erklärung wird manch_ schlecht_ Schüler enttäuschen. (23)
Ich weiß bei manch_ einfach_ Frage die Antwort nicht. (46)
All_ berühmt_ Dirigenten waren hier mal zu Gast. (47)
Aber es teilt damit leider das Schicksal viel_ ander_ berühmt_ Kunstwerke. (45)
Beid_ groß_ Konfessionen sind in dieser Durchschnittsfamilie vertreten. (32)
Es gibt mehrer_ überzeugend_ Beweise hier, an unserer Hochzeitstafel. (40)
Viele seiner Werke zeigen solch_ einsam_, melancholisch_ Landschaften. (45)
Ich konnte in der letzten Zeit einig_ wichtig_ Kunden gewinnen. (24)

49 Dialog zur Wiederholung

1 – Willst du mich nicht lieber in die Oper begleiten, anstatt dir im Fernsehen immer die gleichen gewalttätigen Actionfilme anzuschauen?

2 – Erstens sind die nicht alle gleich und zweitens kann ich weder mit Opern noch mit klassischer Musik besonders viel anfangen.

3 Aber alle müssen ja nicht denselben Geschmack haben – und du darfst mir gerne erzählen, worum es sich in deiner Oper handelt.

4 – Also, die Handlung spielt am Hof des Königs Hunar, der seinen Feind, den Fürsten Orlando, in einem Turm gefangen hält.

5 Als er entdeckt, dass die Prinzessin Alvira, seine eigene Tochter, Orlando liebt, entscheidet er, diesen ermorden zu lassen.

6 Dank eines treuen Dieners erfährt Alvira von dem Plan und versteckt sich im Inneren des Turms.

7 Sie versucht, Orlando zu befreien, wird aber dabei von den Männern verletzt, die gekommen sind, um den Fürsten zu ermorden.

8 Orlando hält sie für tot, verliert alle Hoffnung und tötet nun selbst König Hunar – danach flieht er ins Gebirge, ohne zu wissen, dass Alvira noch lebt.

9 Alvira kann die Qual, nicht nur den Vater sondern auch den geliebten Mann für immer verloren zu haben, nicht ertragen und stirbt.

10 – Na, ich hab' den Eindruck, dass es in deiner Oper aber auch 'ne Menge Action gibt und dass da viel Blut fließt, ähnlich wie in meinen Filmen!

11 Ich glaube, ich überleg 's mir noch mal… Kann sein, dass ich mitkomme.

Prevod

1 Zar ne bi radije išao sa mnom u operu nego da uvek gledaš iste nasilne akcione filmove na televiziji? **2** Prvo, nisu svi isti, a onda, ne razumem se puno ni u operu ni u klasičnu muziku. **3** Ali ne moraju svi da imaju isti ukus – možeš mi, ipak, ispričati o čemu se radi u *(tvojoj)* operi. **4** Pa, dobro. Radnja se odvija na dvoru kralja Hunara koji je svog neprijatelja, kneza Orlanda, zatočio u jednu kulu. **5** Kad otkrije da princeza Alvira, njegova jedinica, voli Orlanda, odlučuje da ga ubije. **6** Zahvaljujući jednom vernom slugi, Alvira saznaje za taj plan i sakriva se unutar kule. **7** Ali dok je pokušavala da oslobodi Orlanda, ranili su je ljudi koji su došli da ubiju kneza. **8** Orlando, misleći da je mrtva, gubi svaku nadu i ubija kralja Hunara – potom beži u planinu, ne znajući da je Alvira još uvek živa. **9** Alvira ne može da podnese muke što je izgubila, ne samo oca, već i čoveka kog voli, i umire. **10** Pa, imam utisak da u tvojoj operi takođe ima dosta akcije i da teče puno krvi *(slično)* kao u mojim filmovima! **11** Mislim da ću razmisliti… Može se desiti da pođem s [tobom].

50 Fünfzigste Lektion

Landgericht München I: Aktenzeichen ① 16 T 22604/03

Wiedergabe des Urteils in einer Erbschaftsangelegenheit, mit freundlicher Genehmigung der ra-online GmbH, Internetportal: kostenlose-urteile.de. (Text leicht abgeändert.)

1 Können Hunde erben?
2 Ein Hundebesitzer kann neben ② Familienangehörigen seinen Hund nicht als Erben einsetzen.
3 Eine solche testamentarische Verfügung ist unwirksam.
4 Hunde sind keine rechtsfähigen Personen und können daher ③ kein Erbe antreten.
5 Und auch wer den Hund eines Verstorbenen in Pflege nimmt, kann keinen „Erbanteil" des Hundes für sich beanspruchen.

Napomene

① **die Akte**, *akt, dokument, predmet*, je izraz nerazdvojiv od sveta administracije i prava i sastavni je deo mnogih složenica: **die Aktentasche**, *akten tašna*; **der Aktenordner**, *registrator*. Nemojte mešati imenicu **die Akte** sa **die Aktie**, *akcija, deonica* o kojima se pregovara na berzi, ni sa **der Akt**, *akt, čin* (nekog komada), ali i *akt* (u likovnim umetnostima). Broj koji ne označava količinu, kao ovde šifra predmeta 22604, se može izgovoriti na dva načina: **zweiundzwanzigtausendsechshundertvier**, ili, grupišući i/ili odvajajući cifre: **zweiundzwanzig-sechs-null-vier**. Kosa crta se čita kao **(der) Strich** (*crta*) ili **(der) Schrägstrich**, doslovno "kosa crta", da ▸

Pedeseta lekcija 50

Viši sud u Minhenu I: Predmet 16 T 22604/03

Kopija presude po pitanju nasleđa, uz ljubaznu dozvolu preduzeća ra-online GmbH, Internet portal: http://www.kostenlose-urteile.de. (Tekst je neznatno promenjen.)

1 Da li psi mogu biti naslednici *(nasleđivati)*?
2 Vlasnik jednog psa ne može odrediti svog psa kao naslednika, ni kao člana porodice.
3 Takva odredba u testamenu je bez dejstva.
4 Psi nisu pravno sposobna lica i zato ne mogu da stupe u posed nekog nasleđa.
5 Isto tako, osoba *(onaj)* koja primi na sebe brigu o psu preminule osobe, ne može polagati pravo ni na jedan "deo nasleđa" tog psa.

bi se bolje razlikovala od crtice (**Bindestrich**), npr. **zweiund-zwanzig-sechs-null-vier Strich null-drei**. Ali, najčešće je dovoljno napraviti samo kratku pauzu između brojeva da bi ih odvojili: **zweiundzwanzig-sechshundertvier... null-drei**.

② Predlog **neben**, *pored, pokraj* (uz koji dolazi akuzativ ili dativ), može značiti i *osim, mimo, bez obzira na, nezavisno od*. Tad uvek zahteva dativ.

③ Prilog **daher** je sinonim za **deshalb** i **deswegen**: *zato, otuda, zbog toga, jer, po tome.*

50 **6** Dies hat das Landgericht München I entschieden.

7 Die geschiedene kinderlose Sandra B.* starb im Alter von 67 Jahren.

8 Sie hinterließ ④ einen Hund namens ⑤ Berry und setzte diesen in ihrem Testament als ersten Erben ein.

9 Dort heißt es: „Mein letzter Wille:

10 Meine Erben sind mein Hund Berry, mein Bruder D., mein Bruder G., mein Neffe A., meine Nichte S., mein Neffe M., bitte nicht streiten, Eure Tante."

11 Als Sandra B. ins Krankenhaus kam, ließ sie ihren Hund zu ihrem Bruder G. bringen.

12 Dort holte ihn 2 Wochen nach Sandra B.'s Tod eine ihrer Bekannten ab.

13 Sie kümmert sich seither um Berry und will deshalb nun auch etwas erben.

14 Zum Nachlass gehört immerhin eine Eigentumswohnung ⑥ in München.

Pojašnjenje izgovora

6 Rimski brojevi se izgovaraju kao i arapski: **Landgericht München I** *[lantgériht mi^{u}nh'n ajns]*. U Minhenu postoje dva Viša suda (I i II).

Napomene

④ Već smo u 17. lekciji videli glagol **hinterlassen**, doslovno "ostaviti iza (sebe)", *ostaviti*, *zaveštati*. Pripada glagolima s neodvojivim prefiksom, kao i **unterzeichnen**, *potpisati* (24. rečenica) i njegov sinonim **unterschreiben**. O ovim glagolima smo govorili u 42 lekciji, § 3.

6 To je odluka *(Tako je odlučio)* Višeg suda u Minhenu I.
7 Sandra B.*, razvedena i bez dece, preminula je u 67. godini.
8 Za sobom je ostavila psa po imenu Beri, kojeg je navela kao prvog naslednika u svom testamentu.
9 Tu je napisano: "Moja poslednja volja:
10 Moji naslednici su moji pas Beri, brat D, brat G, nećak A, nećaka S, nećak M; nemojte se svađati, molim vas, vaša tetka."
11 Kad je Sandra B. bila hospitalizovana, dala je da se pas odvede kod njenog brata G.
12 Tamo ga je, dve nedelje posle njene smrti, potražila jedna poznanica Sandre B.
13 Otad se ona brine o Beriju i, prema tome, sad takođe želi deo nasledstva *(nešto da nasledi)*.
14 U nasledstvo, između ostalog, spada i stan u vlasništvu u Minhenu.

⑤ Prilog **namens**, *po imenu* (**die Verstorbene namens Sandra B.**, *preminula, po imenu Sandra B.*), može imati i funkciju predloga (tad zahteva genitiv): **namens der Verstorbenen, Sandra B. (= im Namen der Verstorbenen)**, *u ime preminule, Sandre B.*

⑥ Pravnici prave razliku između reči **das Eigentum**, *svojina* (**der Eigentümer**, *sopstvenik*), i **der Besitz**, *vlasništvo* (**der Besitzer**, *posednik*). U govornom jeziku se oba termina najčešće koriste kao sinonimi.

50 **15** Das Amtsgericht München Nachlassgericht will den im Testament genannten Verwandten der Verstorbenen, ihren beiden Brüdern, den beiden Neffen und der Nichte einen Erbschein erteilen, als Miterben zu je einem Fünftel.

16 Der Hund hingegen könne ⑦ nicht Erbe werden.

17 Daraufhin beschwerte sich ⑧ die neue Hundebesitzerin beim Landgericht München I.

18 Sie habe den Hund nach dem letzten Willen der Verstorbenen zu sich genommen.

19 Wer aber den Hund bekomme, sei nach dem Testament auch Erbe.

20 Die 16. Zivilkammer wies die Beschwerde der Hundebesitzerin zurück.

21 Sie darf zwar Berry behalten, ist aber nicht Erbin. Der Hund Berry sei keine rechtsfähige Person.

22 Erben können aber nur rechtsfähige Personen sein. […]

23 Die Verstorbene habe den Hund kurz vor ihrem Tod von ihrem Bruder abholen lassen.

Napomene

⑦ U tekstu ima više drugih primera neupravnog govora, na šta nam u nemačkom pažnju skreće upotreba **Konjunktiv I i II**. U srpskom radije pominjemo izvor kojima se te reči pripisuju, otud u prevodu (*Sud smatra.../ Po mišljenju suda...*). Obratite pažnju na rečenice 21 do 24. U njima ćemo videti razliku koju nemački jezik pravi pri upotrebi indikativa za objektivne ▸

15 Sudsko odeljenje Ostavinskog suda u Minhenu namerava da dostavi uverenje o nasledstvu rođacima preminule pomenutim u testamentu [i to] dvojici braće, dvojici nećaka i nećaki, u visini od jedne petine [nasledstva] svakom.
16 [Sud smatra da] pas, naprotiv, ne može postati naslednik.
17 Tim povodom *(posle toga)*, nova vlasnica psa je dostavila žalbu Višem sudu u Minhenu I.
18 Ona je prema poslednjoj volji preminule psa donela kod sebe.
19 A prema testamentu, onaj ko bi dobio psa bio bi takođe i naslednik.
20 16. građansko odeljenje je odbacilo žalbu vlasnice psa.
21 Naravno, ona će moći da zadrži Berija, ali neće biti naslednica, budući da pas nije pravno sposobno lice.
22 Jedino pravno sposobna lica mogu biti naslednici. […]
23 [Po mišljenju suda] preminula je, kratko pre smrti, dala da se pas odvede kod njenog brata.

činjenice (**darf**, **ist**, **können**) i **Konjunktiv** za navođenje reči (suda) u neupravnom govoru (**sei**, **habe**).

⑧ U pravnom jeziku izrazi iz svakodnevnog govora dobijaju nešto drugačiji smisao. Pa tako **sich beschweren**, *žaliti se, uložiti reklamaciju*, ovde znači *uložiti žalbu*. Još jedan primer ćete pronaći u 3. rečenici: **unwirksam**, *neuspešan,* ovde znači *bez dejstva*, i u 20. rečenici: **zurückweisen**, *odbiti*, *odbaciti*, ovde znači *odbaciti (žalbu)*.

24 Sie habe auch keiner familienfremden Person etwas zuwenden ⑨ wollen, da sie das Testament mit „Eure Tante” unterzeichnet habe.

25 – ** Die Namen und die Initialen der Betroffenen ⑩ wurden geändert.* □

Napomene

⑨ **zuwenden**: (odvojivi) prefiks **zu-** često ukazuje da je radnja, izražena osnovom glagola, upućena ka nekome ili nečemu: **sich einer Sache zuwenden**, *posvetiti se nečemu*; **jmdm. etw. zuwenden**, *odobriti nekome nešto, darovati nekog.*

⑩ Imenica **der Betroffene** je nastala od participa prošlog glagola **betreffen**, *ticati se, odnositi se*: **Das betrifft mich nicht**, *To me se ne tiče*; **was mich betrifft**, *što se mene tiče*. Particip prošli **betroffen** može da ukaže i na osećanje: **betroffen sein**, *biti dirnut/ganut nečim*. Pridev nastao od participa prezenta **betreffend**, se često prevodi sa *dotični, odnosni, u pitanju*: **die betreffende Person**, *dotična osoba.*

***

Übung 1 – Übersetzen Sie bitte!

❶ Außer seinem Hund hatte der Verstorbene seinen Familienangehörigen nichts hinterlassen. ❷ Mein Urgroßvater kam im Alter von 90 Jahren zum ersten Mal in seinem Leben ins Krankenhaus. ❸ Wenn Sie Ihren Neffen und Nichten etwas zuwenden wollen, können Sie sie in Ihrem letzten Willen als Miterben einsetzen. ❹ Er war kinderlos geblieben und hatte neben einem entfernten Familienangehörigen nur diesen Bekannten namens Max Kant, der ihn manchmal besuchte. ❺ Der Nachlass interessierte ihn nicht, hingegen äußerte er den Wunsch, die Katze in Pflege zu nehmen.

24 Takođe, nije nameravala da bilo šta *(nešto)* daruje ljudima van porodice, budući da je testament potpisala sa "vaša tetka". 50

25 – * *Imena i inicijali dotičnih osoba su promenjeni.*

***

Rešenje vežbe 1

❶ Osim psa, preminuli nije ništa zaveštao članovima svoje porodice. ❷ Moj pradeda je prvi put u životu bio hospitalizovan sa 90 godina. ❸ Ako želite nešto da poklonite nećacima i nećakama, možete ih odrediti kao sanaslednike u svojoj poslednjoj volji. ❹ Ostao je bez dece i drugih članova dalje porodice, imao je samo tog poznanika po imenu Maks Kant, koji ga je ponekad posećivao. ❺ Nasledstvo ga nije zanimalo, ali je *(nasuprot)* izrazio želju da preuzme brigu o mački.

Übung 2 – Ergänzen Sie bitte!

❶ Uverenje naslednika neće moći da se dostavi jer testament nije potpisan.

Der Erbschein . . . ., weil das Testament nicht . . . . ist.

❷ Umesto da se svađamo odlučili smo da svi koji su učestvovali u igri treba da prime osminu dobitka.

. . . ., beschlossen wir, dass alle, die . . . . . Spiel . . . . hatten, ... Gewinns . . . . sollten.

❸ Iako nikad ništa nije nasledio, već sa 30 godina je imao više stanova u vlasništvu.

. . . . er nie . . . ., war er schon . . . . 30 Jahren . . . . Eigentumswohnungen.

Pošto ste se već upoznali sa glavnim aspektima nemačke gramatike, od pre nekoliko lekcija smo počeli da stavljamo akcenat na obogaćivanje vokabulara i njegovo proširivanje ka posebnim oblastima. Među mnogim načinima kako zapamtiti reči, postoji jedan koji je neophodan: sastoji se u tome da reči treba smestiti u neki opšti kontekst i vezati ih za druge reči i sadržaje kojih ćemo se

50

❹ Prema navodu iz predmeta, reč je o propisu iz prošlog veka koji danas više nema dejstvo.

Dem .... handelt es sich .. .. aus dem ...., die heute nicht ....

❺ Rođak u pitanju je izjavio da polaže pravo na petinu nasledstva i da će podneti žalbu Višem sudu.

Der .... erklärte, dass er ein .... beanspruche und sich .... Landgericht ....

Rešenje vežbe 2

❶ – kann nicht erteilt werden – unterschrieben worden – ❷ Statt uns zu streiten – an dem – teilgenommen – je ein Achtel des – erhalten – ❸ Obgleich – etwas geerbt hatte – im Alter von – Besitzer mehrerer – ❹ – Aktenzeichen nach – um eine Verfügung – letzten Jahrhundert – mehr wirksam ist ❺ – betroffene Verwandte – Fünftel als Erbanteil – beim – beschweren werde

setiti pre nego izolovanih reči! Od suštinske je važnosti da se što je moguće češće vraćate na dijaloge lekcija, da ih ponovo čitate i preslušavate.

51 Einundfünfzigste Lektion

Wie üblich

1 – Herr Bröhl, Sie wissen doch, dass Sie Ihr Fahrrad hier nicht abzustellen haben.
2 – Was ich mit meinem Fahrrad mache, geht Sie, Herr Koschnik, überhaupt nichts an!
3 Übrigens habe ich eben genau gesehen, dass Sie wieder mal Ihre Zeitungen in den falschen Container geworfen haben.
4 Auch wenn Sie meinen, dass der Umweltschutz nur die anderen betrifft, könnten Sie wenigstens die Hausordnung beachten:
5 und in der heißt es, dass der Müll zu sortieren ist ①!
6 – Wie Sie selbst feststellen können, quillt der Papiercontainer über ②.
7 Und außerdem war es nur etwas schmutziges Einwickelpapier, und das gehört ③ in den Restmüll.

Napomene

① Obaveze i zabrane se mogu iskazati i ovim bezličnim oblikom: **Die Tür ist zu schließen!** *Vrata se moraju zatvarati!*; **Sie haben Ihr Fahrrad hier nicht abzustellen!** (1. rečenica). Ipak, obratite pažnju budući da je to prilično neljubazan, pa čak i naredbodavan način izražavanja.

② U nekoliko retkih glagola, **über-** je odvojivi prefiks (v. 42. lekciju, § 3.2). Tad uvek ima značenje "prelaziti preko". Glagoli **überquellen**, doslovno "kuljati, izbijati preko (ivice)", ili ▸

Pedeset prva lekcija 51

Kao i obično

1 – Gospodine Brel, znate da ovde ne smete da ostavljate bicikl.
2 – Ono što ja radim sa svojim biciklom vas se uopšte ne tiče, gospodine Košnik!
3 Uostalom, odlično sam video da ste maločas opet bacili novine u pogrešan kontejner.
4 Čak iako mislite da se zaštita prirode tiče samo drugih, mogli biste makar poštovati kućni red:
5 a u njemu je navedeno da otpad mora biti sortiran!
6 – Kao što i sami možete utvrditi, kontejner za papir je prepun.
7 Uostalom, reč je o malo prljavog papira od ambalaže, a to ide u otpad koji se ne reciklira.

überlaufen, doslovno "prelivati se preko (ivice)", se prevode kao *prepuniti, izliti se, prelivati se.*

③ Glagol **gehören**, *pripadati, spadati*, se takođe koristi da ukaže na mesto na koje neko ili nešto spada: **Wohin gehört das?** *Gde ovo treba staviti?* – **Das gehört in den Papier-Container**, *To ide u kontejner za papir.*

51 **8** Aber dass ausgerechnet Sie so tun, als ④ würden Sie die Hausordnung kennen, das ist ja wohl das Letzte!

9 – Und wieso bezweifeln Sie das?

10 – Bei Ihnen war Samstag Nacht mal wieder ein solcher Lärm, dass bei uns bis morgens um drei niemand einschlafen konnte!

11 Das nächste Mal werde ich Anzeige erstatten wegen nächtlicher Ruhestörung.

12 – Na, dann erkundigen Sie sich doch auch gleich, ob Ihre Tochter in einem Mehrfamilienhaus ⑤ von morgens bis abends Geige üben darf –

13 übrigens ohne großen Erfolg, wie mir scheint.

14 – Klar, dass Sie nichts von Musik verstehen, bei den ewigen Schnulzen ⑥, die wir uns anhören müssen,

15 sooft wir in unserem Garten sitzen und bei Ihnen das Fenster auf ⑦ ist.

Napomene

④ Već ste videli veznik **als ob**, *kao da*, u 19. lekciji, 13. rečenica. On uvodi zavisnu poredbenu rečenicu u **Konjunktivu**. Veznik **als ob** (ili **als wenn**) možemo zameniti veznikom **als**: glagol u ličnom glagolskom obliku se stavlja odmah iza **als**.

⑤ U Nemačkoj se veličina jedne kuće razlikuje prema broju porodica koje u njoj žive: **das Einfamilienhaus**, *porodična/individualna kuća*; **das Zweifamilienhaus**; **das Mehrfamilienhaus**, doslovno “kuća za dve / više porodica”. Kuće koje izgledaju poput porodičnih, a zapravo imaju dva (ili više) odvojenih stanova su veoma česte u Nemačkoj.

8 Ali da se baš vi pretvarate da znate kućni red, to je prevršilo svaku meru!
9 – A zašto u to sumnjate?
10 – U subotu uveče je kod vas opet bila takva buka da kod nas niko nije mogao da zaspi pre tri sata ujutru!
11 Idući put ću podneti žalbu zbog buke u sitne sate.
12 – Onda se odmah raspitajte da li vaša kći ima prava da vežba violinu od ujutru do uveče u kući u kojoj živi više porodica –
13 uostalom, bez nekog većeg uspeha, čini mi se.
14 – Sigurno se uopšte ne razumete u muziku budući da večito puštate otrcane pesme koje smo primorani da slušamo
15 kad god sedimo u bašti i kad je vaš prozor otvoren.

To, uostalom, može objasniti veliki broj ogromnih kuća koje se mogu videti. Kad je reč o vlasničkim stanovima, onda govorimo o **Eigentumswohnung** (50. lekcija, 14. rečenica).

⑥ **die Schnulze** je pogrdni izraz za suviše sladunjave, sentimentalne pesme, pozorišne komade ili filmove. Ne treba mešati tu reč sa **der Schlager**, *hit pesma*.

⑦ **Auf** znači *otvoren(a)*, i ne treba ga mešati sa predlogom **auf**, *na*. Kad je **auf** odvojiv prefiks nekog glagola, može imati oba navedena značenja: **aufmachen**, *otvoriti*; **etw. aufhaben**, *nositi nešto na glavi*.

51

16 – Das halte ich für völlig ausgeschlossen, dass Sie dort irgendwas von uns hören können!

17 Denn wir machen sämtliche Fenster zu, wenn Sie dort grillen – was übrigens auch verboten ist –

18 sonst riecht es ⑧ danach bei uns wie in einer Würstchenbude!

19 – Also! Gegrillt haben wir in diesem Jahr nur zwei Mal,

20 und beide Male fanden Sie es zufällig absolut notwendig, die Blumen auf Ihrem Balkon zu begießen, genau über uns…

21 – Manche Hausbewohner versuchen eben dazu beizutragen, dass hier alles gepflegt aussieht, mit Blumen auf den Balkons und einem sauberen Treppenhaus.

22 Bei denen stehen zum Beispiel nicht ständig die Fahrräder der ganzen Familie vor der Wohnungstür herum.

Napomene

⑧ Glagol **riechen**, *osećati* (miris), ima dva značenja: **Die Rosen riechen gut**, *Ruže lepo mirišu*, ili: **Es riecht nach Rosen**, *Oseća se na ruže*. **Ich rieche nichts**, *Ništa ne osećam*. Kad nešto ne miriše tako dobro, onda ćemo koristiti glagol **stinken**, *smrdeti*.

16 – Smatram potpuno isključenim da možete bilo šta da čujete [što dolazi] od nas!
17 Jer mi zatvaramo sve prozore kad vi pravite roštilj – što je, uostalom, takođe zabranjeno –
18 inače bi nam se u stanu osećalo kao u kiosku za roštilj!
19 – Tako dakle! Ovde godine smo roštilj pravili samo dvaput,
20 a oba puta ste, kao slučajno, baš morali *(je bilo apsolutno neophodno)* da zalivate cveće na terasi, baš iznad nas…
21 – Neki stanovnici kuće pokušavaju da doprinesu da ovde sve izgleda negovano, sa cvećem na balkonima i čistim stepeništem.
22 Kod ovih, na primer, bicikli svih članova porodice ne stoje stalno pred vratima.

23 – Dafür bellt bei denen nicht, wie bei gewissen ⑨ anderen, jedes Mal ein Köter ⑩, sooft man an ihrer Wohnungstür vorbeikommt!

24 – Tag Herr Koschnik, Tag Herr Bröhl – na, mal wieder im Streit? Worum geht es denn heute?

25 – Tag Frau Stößner… Tja, also der Herr Bröhl hat wieder… Na ja, was war 's denn eigentlich noch mal?

26 – Weiß ich jetzt auch nicht mehr so genau. Aber wie dem auch sei, es war sicher wegen allem, wie üblich… □

Napomene

⑨ Neodređeni pridev **gewiss-** ima značenje slično **manch-**, **einig-** : *neki*, ali njegova upotreba često podradzumeva "da se zna više nego što se o tome govori": **in gewissen Situationen**, *u nekim situacijama* (koje bismo mogli navesti); **von einem gewissen Alter an**, *počev od nekih/izvesnih godina* (znamo o kojim godinama je reč). Kad je reč o osobama, **gewiss-** gotovo ▸

***

Übung 1 – Übersetzen Sie bitte!

❶ Damit Sie Ihren Müll sortieren können, stehen dort verschiedene Container. ❷ Es erscheint mir unwahrscheinlich, dass jemand bei solchem Lärm einschlafen kann. ❸ Ob es hier schmutzig oder sauber ist, geht niemanden etwas an! ❹ Ihr seht aus, als ob ihr gerade mal wieder Streit gehabt hättet! ❺ Kannst du dich erkundigen, wie lange hier die Geschäfte auf sind?

23 – Kod njih ne laje džukela, kao kod nekih drugih, svaki put kad se prođe ispred njihovih vrata! 51
24 – Dobar dan, gospodine Košnik, dobar dan, gospodine Brel – opet neka prepirka? O čemu se danas radi?
25 – Dobar dan, gospođo Štener… Pa, gospodin Brel je opet… Ovaj, šta je to na kraju krajeva bilo?
26 – Ni ja više ne znam. Ali, šta god da je bilo, sigurno je bilo zbog svega, kao i obično…

uvek ima pogrdan smisao: **gewisse Leute**, *neke/pojedine osobe* ("Pratite moj pogled!"); **ein gewisser Herr Schmidt**, *izvesni g. Šmit.*

⑩ **der Köter**, je pogrdni termin za psa: *džukac, džukela*. U istom registru bismo mogli upotrebiti glagol **kläffen**, *kevtati*, umesto **bellen**.

***

Rešenje vežbe 1

❶ Da biste mogli da odvajate kućni otpad, tamo stoje različiti kontejneri. ❷ Čini mi se neverovatnim da bi neko mogao zaspati uz toliku dreku. ❸ Nikoga se ne tiče da li je ovde čisto ili prljavo! ❹ Izgledate kao da ste se opet svađali! ❺ Možeš li da se raspitaš do koliko *(koliko dugo)* su prodavnice ovde otvorene?

51 **Übung 2 – Ergänzen Sie bitte!**

❶ Izgleda da neki stanari *(kuće)* ne smatraju potrebnim poštovanje kućnog reda.

. . . . Hausbewohner . . . . wohl nicht . . . . , die Hausordnung . . . .

❷ Njegova bašta ne izgleda [kao da se] dobro održava, sumnjam da se iole razume u cveće.

Sein Garten . . . . . nicht sehr . . . . , ich . . . . , dass er . . . . Blumen . . . .

❸ Kako god bilo, zabranjeno je ostavljati bicikle na stepeništu.

. . . . , man . . . . im Treppenhaus . . . .

Die Ordnung, red, *spada u reči koje se često, s pravom ili ne, smatraju "tipično" nemačkim. Istina je da se važnost reda ističe u mnogim izrekama, kao npr.* **Ordnung ist das halbe Leben**, *doslovno "Red je polovina života",* Svaka stvar na svoje mesto; **Ordnung muss sein!** Red mora vladati! *A kad o nekome kažemo:* **Der ist in Ordnung!** *Znači da* je ta osoba u redu, na svom mestu. *Isto tako,* **Das geht in Ordnung!** *će vas umiriti:* Sve će biti u redu! *Pridev* **ordentlich** *znači da su stvari u onakvom stanju u kakvom*

❹ Niko ne sumnja da će novi zakon doprineti zaštiti životne sredine.

Niemand ...., dass das neue Gesetz ... . wird.

❺ Pas koji tu i tamo laje nije razlog za podnošenje tužbe zbog uznemiravanja noću.

... ., der mal .. .., ist doch kein Grund, ... nächtlicher Ruhestörung .. ..

Rešenje vežbe 2

❶ Gewisse – halten es – für notwendig – zu beachten ❷ – sieht – gepflegt aus – bezweifle daher – irgendwas von – versteht ❸ Wie dem auch sei – darf keine Fahrräder – abstellen ❹ – zweifelt daran – zum Schutz der Umwelt beitragen – ❺ Ein Hund – ab und zu bellt – Anzeige wegen – zu erstatten

želimo da budu: **Das ist eine ordentliche Arbeit**, To je odlično urađen posao. *Istina, bez reda bi vladao haos! Ono što od jednog društva čini uređenu zajednicu, na nemačkom se zove* **Ordnung**, *npr.* **die Gesellschaftsordnung**, društveni red; **die Staatsordnung**, državno uređenje; **die Betriebsordnung**, unutrašnji pravilnik (nekog preduzeća); **die Hausordnung**...

52 Zweiundfünfzigste Lektion

Verwarnung

1 Vielleicht waren Sie bei einer Autoreise durch Deutschland einmal unvorsichtig?
2 Dann bekommen Sie möglicherweise irgendwann den folgenden Brief.
3 Der Text entspricht dem in Deutschland üblichen Schreiben, mit dem eine Verwarnung angekündigt wird.

4 Sehr geehrte Verkehrsteilnehmerin,
Sehr geehrter Verkehrsteilnehmer,
5 Ihnen wird vorgeworfen ①, folgende Verkehrsordnungswidrigkeit ② nach § 24 des Straßenverkehrsgesetzes (StVG) begangen zu haben:
6 Links abgebogen bei Zeichen 364.

Pojašnjenje izgovora
5, 11, 19 Sigle i skraćenice izgovarajte odvajajući svako slovo: **PKW** *[pé-ka-vé]*; **StVG** *[ès-té-fao-gé]*; **OWiG** *[o-vé-i-gé]*.
5 § = **(der) Paragraph** *[pa:ra**gra:f**]*.

Napomene

① Česta upotreba pasiva je karakteristika administrativnog stila. Njegova prednost je u tome što "pravi subjekat" radnje ostaje anoniman (drugi primeri se nalaze u rečenicama 7, 11, 15, 17).

② Složenice "na razvlačenje" su posebno česte u ovakvim tekstovima. Ne zaboravite da ih treba čitati od kraja ka početku da biste im odgonetnuli smisao: **Verkehrs-ordnungs-widrigkeit**, doslovno "prekršaj propisa o saobraćaju"; ▸

Prekršajna prijava

1 Možda ste jednom, prilikom nekog putovanja automobilom kroz Nemačku bili neoprezni?
2 Tada je moguće da nekad primite sledeće pismo.
3 Tekst odgovara, za Nemačku, uobičajenom pismu koje najavljuje prekršajnu prijavu.

4 Draga korisnice puta,
Dragi korisniče puta,
5 Optženi ste da ste, prema paragrafu 24 zakona o saobraćajnim propisima, počinili sledeći *(saobraćajni)* prekršaj:
6 skrenuli ste levo kod saobraćajnog znaka 364.

Straßen-verkehrs-gesetz, doslovno. "zakon o kretanju na putevima". Slovo **-s-** koje često vidimo u složenicama, služi da označi granicu između različitih delova složenice i olakša izgovor.

52

7 Wegen dieser Ordnungswidrigkeit werden Sie hiermit verwarnt ③, es wird ein Verwarnungsgeld von 30 € erhoben.

8 Die Verwarnung wird nur wirksam, wenn Sie einverstanden sind und das Verwarnungsgeld innerhalb einer Woche ab Zugang dieses Schreibens ohne Abzug und in einem Betrag zahlen.

9 Zur Zahlung verwenden Sie bitte den beiliegenden Zahlungsvordruck ④.

10 Wenn Sie mit der Verwarnung nicht einverstanden sind, gilt Folgendes:

11 Nach § 55 des Gesetzes über Ordnungswidrigkeiten (OWiG) wird Ihnen Gelegenheit gegeben, zu dem Vorwurf Stellung zu nehmen.

12 Es steht Ihnen frei, sich zu der Beschuldigung zu äußern oder nicht zur Sache auszusagen.

13 Sie sind aber in jedem Fall, auch wenn Sie die Ordnungswidrigkeit nicht begangen haben, verpflichtet, die unten genannten Fragen zur Person vollständig und richtig zu beantworten.

Napomene

③ **verwarnen**, *upozoriti, opomenuti*; **gebührenpflichtig verwarnen**, doslovno “dati upozorenje kojim se obavezuje na plaćanje takse”, *odrediti novčanu kaznu*. **Die Verwarnung** je, dakle, pravno gledano *opomena*. U govornom jeziku, izraz **die Verwarnung** se koristi kao sinonim za **die Geldstrafe**, *novčana kazna, kazna za prekršaj*.

7 Zbog tog prekršaja, ovim dopisom se upozoravate da će vam se naplatiti novčana kazna od 30 evra. **52**

8 Ova prijava će imati dejstvo samo ako ste saglasni i ako izmirite kaznu u roku od nedelju dana od prijema pisma, bez odbitaka i u jednom iznosu.

9 Za plaćanje, molimo vas koristite priloženu uplatnicu.

10 Ukoliko s prijavom niste saglasni, primenjuje se sledeće:

11 Prema paragrafu 55 zakona o prekršajima, imate mogućnost da na prigovor zauzmete stav.

12 Imate slobodu da se povodom optužbe izjasnite ili da o toj stvari ne svedočite.

13 U svakom slučaju, čak i ako niste počinili prekršaj, dužni ste da potpuno i tačno odgovorite na pitanja o vama.

④ **der Vordruck**, *formular*, *štampani obrazac*, dolazi od glagola **drucken**, *štampati*. Primalac takvog formulara će ga najčešće popunjavati **handschriftlich**, *ručno* i velikim slovima, ukoliko se tako traži: **Bitte in Druckschrift** ("štampanim slovima") **ausfüllen**.

52 **14** Der ausgefüllte Fragebogen ist innerhalb einer Woche ab Zugang dieses Schreibens zurückzusenden.

15 Sofern Sie sich zu dem Vorwurf nicht äußern, kann dann ohne weitere Anhörung zur Sache oder Vorladung ein Bußgeldbescheid gegen Sie erlassen ⑤ werden.

16 Der Erlass eines Bußgeldbescheides ist mit Kosten (Gebühren und Auslagen) verbunden.

17 Bis zum Abschluss des Verfahrens werden die Daten in einer automatischen Datei gespeichert.

18 Hochachtungsvoll ⑥
Polizeipräsidium

19 (Es ⑦ folgen genaue Angaben zu Datum, Uhrzeit, Ort, Marke und Kennzeichen des PKW ⑧ sowie zu Zeugen und Beweismitteln.) □

Napomene

⑤ Obratite pažnju na glagol **erlassen**. On ima dva značenja koja ne treba mešati: *obznaniti/proglasiti* (npr. zakon) ili *podići/podneti* (npr. prekršajnu prijavu protiv nekog) s jedne strane, i *rešiti/osloboditi od* s druge strane. Dakle: **Ein Bußgeldbescheid wird gegen Sie erlassen**, *Protiv vas je podneta prekršajna prijava*, ali: **Das Bußgeld wird Ihnen erlassen**, *Oslobođeni ste plaćanja globe/novčane kazne*. Isti je slučaj i sa imenicom **der Erlass** (16. rečenica), *oslobođenje od nečeg* i *ukaz, rešenje, uručenje (dokument o uručenja nečeg)*.

⑥ U administrativnoj prepisci i dalje se koristi, u drugim prilikama pomalo zastareli, izraz za pozdravljanje **Hochachtungsvoll**. Teško se može zamisliti načelnik policije kako završava pismo u kojem vas obaveštava o prekršaju standarnim pozdravom (koji se, uostalom, uvek koristi) **„mit freundlichen Grüßen"**, "*S prijateljskim pozdravom*".

14 Popunjeni upitnik mora biti poslat u roku od nedelju dana od prijema pisma.
15 Ukoliko se ne izjasnite o prigovoru, protiv vas može biti doneta odluka o novčanoj kazni, bez saslušavanja ili poziva suda po pitanju ove stvari.
16 Rešenje o novčanoj kazni uključuje *(je vezano za)* troškove (takse i [ostale] izdatke).
17 Do okončanja ovog postupka, podaci će biti snimnjeni u automatsku datoteku.
18 S dubokim poštovanjem,
Prefektura policije
19 (Slede tačni navodi o datumu, satu, mestu, tipu i registarskom broju putničkog vozila kao i o svedocima i dokazima.)

⑦ Upotreba **es** kao prividnog subjekta, na 1. mestu, ispred glagola (često u pasivu) omogućava da se na neki način standardizuju različite rečenice prema istom modelu: **Es** + glagol (ili pomoćni glagol) + subjekat + (ostali elementi). To je karakteristika administrativnog i pravnog stila. Još jedan primer se nalazi u 7. rečenici. Setite se da to **es** nestaje kad se neki drugi element nađe na 1. mestu (v. 26. lekciju, napomenu 2).

⑧ Skraćenica **PKW** ili **Pkw** (**der Personenkraftwagen**, *putnički automobil*), i **LKW** ili **Lkw** *[èl-ka-vé]* (**Lastkraftwagen**, *kamion, teretno vozilo*), se obično koriste da označe *vozilo*, **Fahrzeug**, i u govornom jeziku. Kao i kod ostalih skraćenica, množinu ćemo dobiti dodavanjem **-s**: **die Lkws**.

52 **Übung 1 – Übersetzen Sie bitte!**

❶ Wenn du nicht einverstanden bist, steht es dir frei, eine andere Entscheidung zu treffen. ❷ Der beiliegende Zahlungsvordruck ist vollständig auszufüllen und anschließend zurückzusenden. ❸ Es wurde ihm vorgeworfen, bei seiner Vorladung falsche Angaben gemacht zu haben. ❹ Der Betrag ist ohne Abzug innerhalb von 10 Tagen nach Zugang der Rechnung zu bezahlen. ❺ Nutzen Sie die Gelegenheit, um zu dieser Sache Stellung zu nehmen.

Übung 2 – Ergänzen Sie bitte!

❶ Ako želite da se izjasnite povodom te optužbe, odgovorite na ovaj dopis i navedite vaše svedoke i dokaze.
.... dieser Beschuldigung ...., beantworten Sie bitte .... und nennen Sie uns .... und ....

❷ Svi korisnici puta su obavezni da poštuju saobraćajne propise.
Alle Verkehrsteilnehmer ...., das Straßenverkehrsgesetz .. ..

❸ Ovim dopisom je podignuta prekršajna prijava protiv vas zbog parkiranja u pešačkoj zoni.
.... wird .... Parkens in der Fußgängerzone ....

Rešenje vežbe 1

❶ Ako se ne slažeš, slobodan si da drugačije odlučiš. ❷ Morate u potpunosti popuniti priloženu uplatnicu i potom nam je poslati. ❸ Optužen je da je dao netačna obaveštenja prilikom poziva za sud. ❹ Iznos treba platiti bez ikakvih odbitaka u roku od 10 dana nakon prijema računa. ❺ Iskoristite priliku da zauzmete stav u toj stvari.

❹ Ukoliko niste počinili taj prekršaj, ne treba da platite kaznu niti troškove i takse vezane za sudski postupak.
...... Sie diese Ordnungswidrigkeit ...., müssen Sie ..... das Verwarnungsgeld .... die ...., die mit diesem .... sind, bezahlen.

❺ Brojevi registracija putničkih vozila kao i svi podaci koji se odnose na njihove vlasnike su zabeleženi u posebnoj datoteci.
... . PKWs und .... über .... in einer besonderen ....

Rešenje vežbe 2

❶ Falls Sie sich zu – äußern möchten – dieses Schreiben – Ihre Zeugen – Beweise ❷ – sind verpflichtet – zu beachten ❸ Hiermit – eine Verwarnung wegen – gegen Sie erlassen ❹ Sofern – nicht begangen haben – weder – noch – Kosten und Gebühren – Verfahren verbunden – ❺ Die Kennzeichen dieser – alle Daten – ihre Besitzer wurden – Datei gespeichert

53 *Ako nemački saobraćajni propisi i liče na većinu propisa susednih evropskih zemalja, ipak se razlikuju u jednom: na nemačkim autoputevima brzina putničkih automobila nije ograničena (u Austriji je ograničenje na 130 km/h, u Švajcarskoj na 120 km/h); jedino preporučena brzina na 130 km/h poziva vozače na oprez. Ali to se primenjuje samo na dve trećine mreže autoputa, što je otprilike 13 000 km, dok je poslednja trećina pod ograničenjima.*

53 Dreiundfünfzigste Lektion

Wer ist im Recht?

1 – Liebe Zuschauerinnen, liebe Zuschauer. Willkommen in unserer heutigen Sendung „Wer ist im Recht?".

2 Worin der Streit zwischen Herrn A und Herrn B besteht ①, haben wir soeben in unserer Reportage erfahren.

3 Auf der Grenze zwischen den Grundstücken ② der beiden Nachbarn standen drei Buchen,

4 die Herrn B immer mehr bei seinen Gartenfreuden störten.

Napomene

① Već poznajete glagol **bestehen**, *postojati*, i isto tako *položiti* (ispit). **Bestehen** se može koristiti s različitim predlozima, kao npr. **in etw. bestehen**, *sastojati se od*; **bestehen aus etw**, *biti sastavljen od*; **bestehen auf etw**, *insistirati, nastojati*.

② Prvo značenje imenice **der Grund** je *osnova, temelj*, odakle i glagol **gründen**, *osnovati*: **auf festem Grund stehen**, *stajati na čvrstom tlu*; **einer Sache auf den Grund gehen**, *ići do srži (stvari)*; **der Hintergrund/der Vordergrund**, *zadnji plan*

Saobraćajni prekršaji se kažnjavaju različitim prekršajnim prijavama i dodeljivanjem (a ne oduzimanjem) kaznenih poena, koje vodi **Verkehrszentralregister**, centralni registar [za prekršaje] na putevima, *poznat kao* **Verkehrssünderkartei**, *doslovno "kartoteka grešnika u saobraćaju", koji se nalazi u gradu* **Flensburg**, *čije je ime postalo sinonim za tu vrstu kazne:* **in Flensburg Punkte bekommen**, dobiti poene u Flensburgu, *bi, dakle, bila loša vest za svakog vozača.*

Pedeset treća lekcija 53

Ko je u pravu?

1 – Drage gledateljke, dragi gledaoci, dobrodošli u našu današnju emisiju "Ko je u pravu?"

2 Predmet spora između gospodina A i gospodina B smo maločas videli u našoj reportaži.

3 Na granici između placeva *(zemljišta)* dvojice komšija, nalazile su se tri bukve,

4 koje su sve više smetale gospodinu B [da uživa] u radostima baštovanstva.

/ *prednji plan.* **Das Grundstück** je zemljište (ograničeno): *parcela, plac, nepokretna imovina.* Ali **der Grund** još može biti *razlog, uzrok, povod*, a značenje se nalazi u glagolu **begründen**, *obrazložiti, opravdati*, imenici **die Begründung** (7. rečenica), i predlogu **aufgrund** (+ genitiv), *na osnovu* (27. rečenica).

53 **5** Herr A gab schließlich seine Zustimmung zum Fällen der Bäume, allerdings unter der Bedingung, dass Herr B die gesamten Kosten übernähme.

6 Herr B war mit diesem Vorschlag einverstanden, ließ die drei Buchen fällen und verkaufte anschließend das Holz.

7 Als Herr A die Hälfte des Erlöses verlangte, weigerte sich Herr B mit der Begründung, dass dies nicht zu ihrer Vereinbarung gehört habe.

8 Daraufhin kam es zu dem Streit, der nun wohl vor dem Richter enden wird, da die beiden sich bisher nicht haben einigen können.

9 Wie immer in unserer Sendung haben zunächst die hier im Studio anwesenden Zuschauer das Wort,

10 bevor unser Expertin, Frau Dr. Hassel, uns die Rechtslage erklärt.

11 Wenn Sie Herrn A Recht geben, dann drücken Sie auf die grüne Taste Ihrer Antwortkonsole,

12 und wenn Sie der Meinung sind, dass Herr B den gesamten Erlös behalten darf, drücken Sie auf die blaue Taste.

13 Wenn Sie glauben, dass beide im Unrecht sind, beziehungsweise dass keiner von beiden Recht hat, drücken Sie auf die weiße Taste.

5 Gospodin A se naposletku saglasio da se drveće poseče, istina, pod uslovom da gospodin B preuzme na sebe sve troškove.

6 Složivši se s tim predlogom, gospodin B je dao da se poseku tri bukve i potom je prodao drvo.

7 Kad je gospodin A zahtevao polovinu novca od prodaje, gospodin B je odbio uz obrazloženje da to nije bio deo njihovog dogovora.

8 Posle toga je usledila svađa, koja će se sad verovatno završiti pred sudijom, pošto se njih dvojica do danas nisu mogli dogovoriti.

9 Kao i uvek u našoj emisiji, prisutni gledaoci u studiju prvi imaju reč,

10 pre no što nam naš stručnjak, gospođa dr Hasel ne objasni pravnu stranu spora *(pravni položaj)*.

11 Ako smatrate da gospodin A ima pravo, pritisnite zeleni taster na vašoj konzoli *(za odgovore)*,

12 a ako mislite da gospodin B treba da zadrži sav prihod od prodaje, pritisnite plavi taster.

13 Ako verujete da su obojica pogrešili ili, drugim rečima, da nijedan nema pravo, pritisnite beli taster.

53 **14** … Ja… Aha!… Das ist ja ziemlich unentschieden! 41% stimmen ③ für Herrn A, 44% sind auf der Seite von Herrn B

15 und 15% wollen weder für den einen noch für den anderen Partei ergreifen.

16 Darf ich jemanden von den Letztgenannten ④ bitten, kurz seinen Standpunkt zu erläutern…

17 Ja, die Dame dort… Ja nehmen Sie bitte das Mikrophon…

18 – Ja, äh… Ich könnte mir vorstellen, dass die vielleicht gar nicht das Recht hatten, die Bäume zu fällen…

19 Oft sind solche Bäume nämlich heute geschützt, die darf man nicht einfach abhauen ⑤!

20 – Aha, das ist ja ein interessanter Gesichtspunkt. Ich bin gespannt, was unsere Rechtsanwältin ⑥ dazu sagt… Frau Doktor Hassel?

Napomene

③ Glagol **stimmen** ima isti koren kao i imenica **die Stimme**, *glas*: **ein Instrument stimmen**, *naštimovati instrument*; **Das stimmt!** bi, dakle, doslovno značilo: “To je u skladu sa činjenicama!”, *Tako je! Tačno!* Uz odvojivi prefiks **zu-**, glagol **zustimmen** znači *saglasiti se, odobriti, prihvatiti*, a imenica nastala od tog glagola je **die Zustimmung** (5. rečenica).

④ Imenica **der Letztgenannte** je napravljena od složenice prideva **letztgenannt**, *poslednji naveden/imenovan*; **der Erstgenannte**, *prvi naveden/imenovan*. ▸

14 … Da… Evo!… Prilično je nerešeno! 41% glasa za gospodina A, 44% su na strani gospodina B

15 a 15% ne želi da stane ni na čiju stranu.

16 Mogu li da upitam nekog iz ove poslednje grupe *(nekog od poslednjih navedenih)* da ukratko izloži svoj stav…

17 Da, gospođa tamo… Da, molim vas, uzmite mikrofon…

18 – Pa, ovaj… Pomislila sam *(mogla bih zamisliti)* da možda čak nisu imali pravo ni da poseku to drveće…

19 Danas je često takvo drveće zaštićeno i ljudi nemaju prava da ga tek tako seku!

20 – Zanimljivo gledište. Zanima me *(napet sam)* šta o tome kaže naša advokatica… Doktorko Hasel?

⑤ **hauen**, *udariti, seći*; prefiks **ab-** često daje smisao odvajanja, cepanja, deljenja, umanjenja nečega, dakle **abhauen** = *seći, poseći, oboriti (drvo)*.

⑥ **der Rechtsanwalt / die Rechtsanwältin** ili jednostavno **der Anwalt / die Anwältin**, *advokat/ica*. Ukoliko on ili ona *studije prava*, **Studium der Rechtswissenschaften** ili **Jura-Studium**, krunišu i tezom, poneće akademsku titulu **Dr. jur.** (= **juris**) koja će biti pridodata imenu. Tada ćemo im se obraćati sa: **Herr/Frau Doktor** + prezime (obavezno). Obratite pažnju da se danas akademska titula često izostavlja ako se ljudi poznaju. Ipak, to može predložiti samo nosilac titule!

53 **21** – Also, was diesen Fall betrifft, so ist die Rechtslage relativ eindeutig:

22 Bäume, die auf der Grundstücksgrenze stehen, sind gemeinsames Eigentum der beiden Nachbarn

23 und jeder von beiden kann jederzeit verlangen, dass sie gefällt werden.

24 Will einer von beiden nicht die damit verbundenen Kosten teilen, kann er dem anderen seinen Anteil an diesem Eigentum überlassen.

25 Damit verzichtet er aber auch auf seinen Anteil an einem eventuellen Erlös beim Verkauf.

26 Allerdings ist der Einwand unserer Zuschauerin völlig berechtigt:

27 Es trifft in der Tat zu, dass solche Bäume häufig als Grenzzeichen dienen oder aufgrund der Baumschutzordnung der Gemeinde ohne Genehmigung nicht gefällt werden dürfen.

28 – Aber kann Herr B trotzdem behalten, was nach dem Verkauf der Bäume übrig bleibt?

29 – Ja, es sei denn, dass er damit die Geldstrafe ⑦ für das Fällen geschützter Bäume zu bezahlen hat. □

Napomene

⑦ **die Strafe**, *kazna, sankcija*; **eine Geldstrafe** je dakle *novčana kazna, globa*, i manje je teška od **die Gefängnisstrafe**, *zatvorske kazne*. Već ste se u 52. lekciji susreli sa dva druga izraza: **das Bußgeld** (ili **die Geldbuße**) i **die Verwarnung**,

21 – Dakle, što se tiče slučaja, pravna situacija je tu relativno jasna:

22 drveće koje se nalazi na granici placeva je zajedničko vlasništvo komšija

23 i svako od njih može, u bilo kom trenutku, zahtevati da se poseče.

24 Ukoliko jedan od njih ne želi da deli troškove vezane za to, može drugome ustupiti svoj deo dobara.

25 Učinivši to, on se isto tako odriče svog dela zarade od eventualne prodaje.

26 Međutim, primedba naše gledateljke je sasvim opravdana:

27 ustvari, tačno je da takvo drveće često služi kao međa, pa je njihova seča zabranjena bez odobrenja, a na osnovu opštinskog propisa o zaštiti drveća.

28 – Ali, da li će gospodin B ipak moći da zadrži ono što mu ostane nakon prodaje drveta?

29 – Da, osim ako od toga ne bude morao da plati kaznu za seču zaštićenog drveća.

kazna, što je sinonim za *novčanu kaznu* u govornom jeziku. Obratite pažnju da je prvo značenje reči **die Buße** *kajanje*.

53 **Übung 1 – Übersetzen Sie bitte!**

❶ Es ist doch eindeutig, dass ich im Recht bin und dass Sie die gesamten Kosten zu übernehmen haben. ❷ Trifft es zu, dass jeder der beiden Erben jederzeit seine Hälfte des Grundstücks verkaufen darf? ❸ Dieser Gesichtspunkt war neu für mich und ich musste ihm Recht geben. ❹ Aufgrund der komplizierten Rechtslage ist es uns leider unmöglich, Ihnen zurzeit die gewünschte Genehmigung zu erteilen. ❺ Wenn dieser Baum als Grenzzeichen dient, dürfen Sie ihn nicht fällen, auch nicht auf Ihre Kosten.

Übung 2 – Ergänzen Sie bitte!

❶ Ovaj slučaj će se okončati pred sudijom, osim ako uspeju da se dogovore u poslednjem trenutku.
Dieser . . . . enden, ..., sie können sich noch in letzter Minute . . . .

❷ Možeš li nam izložiti u čemu je problem i zašto odbijaš da se složiš?
Kannst du uns . . . ., ... das Problem . . . . und warum du . . . ., deine . . . . ?

❸ Dali smo našoj advokatici da ispita pravne činjenice *(pravnu situaciju)*, i ona je konstatovala da je vaša primedba opravdana.
Wir haben . . . . von . . . . prüfen . . . . . . und sie hat . . . ., dass . . . . war.

Rešenje vežbe 1

❶ Sasvim je jasno da sam ja u pravu i da vi treba da preuzmete sve troškove. ❷ Je li tačno da svaki od dvojice naslednika ima pravo da u bilo kom trenutku proda svoju polovinu zemljišta? ❸ Taj stav je bio za mene nov i morao sam da mu dam za pravo. ❹ Zbog složene pravne situacije, nažalost, zasad nismo u mogućnosti da vam damo traženo ovlašćenje. ❺ Ako ovo drvo služi kao međa, nemate pravo da ga posečete, čak ni o svom trošku.

❹ Ako nakon odbijanja troškova ostane nešto novca od prodaje, slažem se da dobiješ svoj deo.

Falls nach .... vom Erlös etwas ...., ist es mir ......, dass du ....

❺ Prisutni su bili neodlučni i većina nije znala da li treba da glasa za ili protiv predloga.

Die .... waren .... und ... . wussten nicht, .. sie ... . den Vorschlag .... sollten.

Rešenje vežbe 2

❶ – Fall wird vor dem Richter – es sei denn – einigen ❷ – erläutern, worin – besteht – dich weigerst – Zustimmung zu geben ❸ – die Rechtslage – unserer Rechtsanwältin – lassen – festgestellt – Ihr Einwand berechtigt – ❹ – Abzug der Kosten – übrig bleibt – recht – deinen Anteil erhältst ❺ – Anwesenden – unentschieden – die meisten – ob – für oder gegen – stimmen –

54 Vierundfünfzigste Lektion

„Vor dem Gesetz ①", von Franz Kafka

1 *Vor dem Gesetz steht ein Türhüter.* ②
2 *Zu diesem Türhüter kommt ein Mann vom Lande und bittet um Eintritt in das Gesetz.*
3 *Aber der Türhüter sagt, daß er ihm jetzt den Eintritt nicht gewähren* ③ *könne.*
4 *Der Mann überlegt und fragt dann, ob er also später werde eintreten dürfen* ④.
5 *„Es ist möglich", sagt der Türhüter, „jetzt aber nicht."*
6 *Da das Tor zum Gesetz offensteht wie immer und der Türhüter beiseite tritt, bückt sich der Mann, um durch das Tor in das Innere zu sehen.*
7 *Als der Türhüter das merkt, lacht er und sagt* ⑤ *:*

Napomene

① Reč je o naslovu čuvene novele Franca Kafke, poznate još i pod nazivom **Die Türhüter-Legende**, *Legenda o čuvaru*, ili **Die Türhüter-Parabel**, *Parabola o čuvaru*. Franc Kafka se smatra jednim od značajnijih pisaca svetske književnosti.

② **hüten**, *čuvati*, je reč koja se danas ređe koristi, osim u izrazima poput: **ein Geheimnis hüten**, *čuvati tajnu*; **seine Zunge hüten**, (dosl. "čuvati svoj jezik"), *prećutati nešto*. Danas će se pre koristiti **aufpassen auf**, *paziti, motriti, nadgledati*: **Ich muss auf meine kleinen Geschwister aufpassen**, *Moram da čuvam/da pazim na mlađu braću i sestre*. Isto tako, *čuvara* ćemo danas radije zvati **der Wächter** ili **der Wärter**: **der Nachtwächter**, *noćni čuvar/stražar*;

Pedeset četvrta lekcija 54

"Pred Zakonom", Franca Kafke

1 *Pred Zakonom stoji čuvar.*
2 *Pred tog čuvara dolazi čovek sa sela i moli da uđe u Zakon.*
3 *Ali čuvar kaže da mu u ovom trenutku ne može dozvoliti da uđe.*
4 *Čovek porazmisli i potom upita da li će kasnije smeti da uđe.*
5 *"Moguće", odvrati čuvar, "ali sad ne."*
6 *Budući da vrata Zakona, kao i uvek, stoje otvorena, kad se čuvar udaljio, čovek se nagnuo da vidi šta ima unutra (unutrašnjost).*
7 *Kad čuvar to primeti, nasmeja se i reče:*

u nekim složenicama se koristi **-wart**: **der Hauswart**, *čuvar zgrade*; **der Torwart**, *golman*.

③ **gewähren**, *dopustiti, dozvoliti, odobriti*: **einen Kredit gewähren**, *odobriti kredit*; **den Eintritt/den Einlass gewähren**, *dozvoliti nekome da uđe*; **eine Bitte gewähren**, *prihvatiti molbu*. **Lass ihn doch gewähren!** *Pusti ga (da radi šta hoće)!*

④ Evo primera zavisne rečenice u futuru I koja ima dvostruki infinitiv i pomoćni glagol u ličnom glagolskom obliku koji se nalazi ispred tog dvostrukog infinitiva.

⑤ Budući da je reč o paraboli, pisac se odlučio za pripovedački, narativni prezent. To objašnjava upotrebu veznika **als**, *kad, pošto, kako* (koji se po pravilu upotrebljava uz glagol u prošlom vremenu) da bi iskazao trenutnu radnju.

54 8 *„Wenn es dich so lockt, versuche es doch, trotz meines Verbots hineinzugehen.*
9 *Merke aber* ⑥ *: Ich bin mächtig.*
10 *Und ich bin nur der unterste* ⑦ *Türhüter.*
11 *Von Saal zu Saal stehen aber Türhüter, einer mächtiger als der andere.*
12 *Schon den Anblick des dritten kann nicht einmal ich mehr ertragen."*
13 Im weiteren Verlauf der Erzählung wartet nun der Mann Tage und Jahre darauf, dass der Türhüter ihm endlich den Eintritt ins Gesetz gewährt.
14 Doch bleiben alle seine Bemühungen, die Erlaubnis durch seine wiederholten Bitten oder durch Geschenke zu erlangen, vergeblich.
15 Obgleich gegen Ende seines Lebens seine Augen schwächer werden und es dunkler um ihn wird, nimmt er jenseits ⑧ der Türe immer deutlicher den Glanz des Gesetzes wahr ⑨.

Napomene

⑥ **merken**, ili češće **bemerken**, *primetiti, opaziti, obratiti pažnju* (v. 7. rečenicu); **sich etw. merken**, *zapamtiti nešto*: **Leider habe ich mir seinen Namen nicht merken können**, *Nažalost, nisam mogao da zapamtim njegovo ime.* **Merken Sie sich das!** *Smatrajte da će tako biti!* Obrt upotrebljen ovde **Merke aber...**, *Ali znaj...* pripada književnom jeziku.

⑦ Pridev **unter-** označava ono što je *dole, ispod, pod*: **Ich wohne im unteren Stockwerk**, *Stanujem na spratu ispod.* Nasuprot njemu je **ober-**, *iznad, gornji.* **Der unterste** (pridev u superlativu) **Türhüter** je, dakle, onaj koji ima *najniži rang*, dok je **der oberste Türhüter**, onaj s *najvišim rangom*.

8 *"Ako te to toliko privlači, pokušaj da uđeš uprkos mojoj zabrani.*
9 *Ali znaj: ja sam moćan.*
10 *A samo sam čuvar najnižeg [reda].*
11 *Ali iz sale u salu, stoje sve moćniji čuvari (jedan moćniji od drugog).*
12 *Pogled trećeg, čak ni ja ne mogu da podnesem."*
13 U nastavku *(u daljem razvoju)* priče, čovek je čekao danima i godinama *(na to)* da mu čuvar konačno odobri da uđe u Zakon.
14 Ali svi njegovi napori, uvek novim molbama ili poklonima da dobije dozvolu, bili su uzaludni.
15 Iako su mu pred kraj života oči oslabile i [sve] oko njega obavio veo *(postalo tamno)*, uvek je još jasnije video, tamo iza vrata, sjaj Zakona.

Das ist das oberste Prinzip, *To je vrhovno načelo.*

⑧ **jenseits**, *s one strane, s druge strane*; **diesseits**, *s ove strane*, su predlozi koji zahtevaju genitiv: **Die Landschaft diesseits und jenseits des Gebirges ist nicht die gleiche**, *Pejzaž nije isti s ove i s one strane planine.*

⑨ **wahrnehmen** (glagol s odvojivim prefiksom), *opaziti, primetiti* ili *shvatiti*, *uvideti*; **die Wahrnehmung**, *opažanje.* **Wahrnehmen** se koristi i u sledećim izrazima: **eine Gelegenheit wahrnehmen**, *iskoristiti priliku*; **seine Interessen wahrnehmen**, *braniti svoje interese.*

54 **16** Als er seinen Tod nahe fühlt, stellt er dem Türhüter eine letzte Frage.

17 *„Alle streben doch nach dem Gesetz", sagt der Mann, „wie kommt es, daß in den vielen Jahren niemand außer mir Einlaß verlangt hat?"*

18 Der Türhüter muss sich bücken und laut brüllen, damit der Mann, mit dem es zu Ende geht, ihn noch versteht:

19 *„Hier konnte niemand sonst Einlaß erhalten, denn dieser Eingang war nur für dich bestimmt.*

20 *Ich gehe jetzt und schließe ihn."* □

***

Übung 1 – Übersetzen Sie bitte!

❶ Der Eingang stand offen und man brauchte einfach nur hineinzugehen. ❷ Die Geschenke, die ich erhalten habe, waren eigentlich nicht wirklich für mich bestimmt. ❸ Hast du denn nicht gemerkt, dass niemand sonst den weiteren Verlauf der Geschichte kannte? ❹ Trotz unserer wiederholten Bitten haben wir das Innere des Gebäudes nicht besichtigen dürfen. ❺ Hinter den Berggipfeln nahm man deutlich den ersten Glanz der Morgensonne wahr.

16 Kada je osetio da mu se kraj *(smrt)* bliži, postavio je poslednje pitanje čuvaru.
17 *"Svi se, ipak, trude da dosegnu Zakon", reče čovek, "kako tokom svih ovih godina niko osim mene nije tražio da uđe?"*
18 Čuvar je morao da se nagne i jako vikne da bi ga čovek na samrti razumeo:
19 *"Ovde niko drugi nije mogao ući (dobiti ulazak), jer su ova vrata bila namenjena samo tebi.*
20 *Sada odlazim i zatvoriću ih."*

***

Rešenje vežbe 1

❶ Ulazna vrata su bila otvorena i samo je trebalo ući. ❷ Pokloni koje sam primio, zapravo nisu zaista bili meni namenjeni. ❸ Dakle, nisi primetio da niko drugi ne zna nastavak te priče? ❹ Uprkos našim upornim molbama, nismo mogli obići unutrašnjost građevine. ❺ Iza vrhova planina, primećivali su se prvi odsjaji izlazećeg sunca.

54 Übung 2 – Ergänzen Sie bitte!

❶ Uprkos molbama nisu im odobrili ulazak.

.... hat man ....

❷ Privlačile su ga pustolovine i strani predeli koji su ga čekali s druge strane mora.

... . die .... und ... . Länder, die ihn .... erwarteten.

❸ Molim sve koji nemaju kartu da se udalje da bi ostali mogli da uđu.

Ich ..... alle ...., ... keine Karte haben, ..., ... die anderen ....

Novela "Pred Zakonom" je deo nezavršenog romana Franca Kafke (1883-1924) Proces, *u kojoj je reč o udaljenoj i tajnovitoj nadležnosti koja odlučuje o krivici ili nevinosti, o životu ili smrti. Ako pitanje nacionalnosti Franca Kafke i nema posebnog značaja za razumevanje njegovog dela, ona je ipak zanimljiva s istorijske tačke gledanja na ono što se, na nemačkom, zove* **Mitteleuropa**, Centralna Evropa. *Kad je Kafka rođen, Prag, njegov rodni grad je bio glavni grad Bohemije (Češke), u kojoj su Česi bili većina i koja je bila deo Austrougarskog carstva. Kad je umro, Prag je postao glavni grad Čehoslovačke, nove države stvorene nakon Prvog svetskog rata. Kafka, dakle, nikad nije bio "Nemac" i treba ga posmatrati ili kao austrijskog ili kao češkog pisca (taj jezik je takođe govorio), koji je svoju misao kazivao na nemačkom, jeziku manjine kojoj je pripadao. Da napomenemo da su i dve Nobelove nagrade za književnost, dodeljene početkom ovog veka, otišle piscima na nemačkom jeziku, ali ne Nemcima. Nagradu su dobile dve spisateljice: Austrijanka Elfride Jelinek (2004. godine) i Herta Miler (2009. godine), poreklom iz germanofone pokrajine u Rumuniji.*

❹ Umesto što satima *(dugo)* razmišljaš, treba jednostavno da pitaš da li ta zabrana važi za sve. 54

..... lange .. .., solltest du einfach fragen, ... für alle .....

❺ Poput svih umetnika želeo je da postane poznat, ali su nažalost svi njegovi napori ostali bez uspeha.

... . Künstler .... danach, ..., doch blieben .... leider ....

Rešenje vežbe 2

❶ Trotz ihrer Bitten – ihnen keinen Einlass gewährt ❷ Ihn lockten – Abenteuer – die fremden – jenseits des Meeres – ❸ – bitte – diejenigen, die – beiseite zu treten, damit – hineingehen können ❹ Statt – zu überlegen – ob dieses Verbot – gilt ❺ Wie alle – strebte er – berühmt zu werden – alle seine Bemühungen – ohne Erfolg

55 Fünfundfünfzigste Lektion

Kafka in der 12. Klasse ①

1 – In der letzten Stunde ② haben wir schon etwas über das Leben und das Werk von Franz Kafka gesprochen,
2 und die Hausaufgabe für heute war gewesen, seine Erzählung „Vor dem Gesetz" zu lesen.
3 Ich schlage vor, jeder sagt erst mal, was er sich beim Lesen gedacht hat
4 oder welche Bedeutung die Erzählung seiner Meinung nach haben könnte. … Ja… Karsten?
5 – Ich fand die Geschichte ziemlich deprimierend.
6 Da wartet jemand sein ganzes Leben lang ③ auf etwas
7 und erst, als es zu spät ist, erfährt er, dass er nur einen Schritt hätte machen brauchen ④, um es zu erreichen.

Napomene

① U nemačkom školskom sistemu razredi se broje od predškolskog razreda. U zavisnosti od vrste škole, ona traje 12 ili 13 godina. 12 razred bi odgovarao našem četvrtom srednje.

② U kontekstu škole i učenja, **die Stunde** najčešće označava **die Unterrichtsstunde**, *školski čas*; **die Gymnastikstunde**, *čas fizičkog*. Izraz **der Kurs**, *kurs*, se koristi za više časova koji čine celinu: **der Kochkurs**, *kurs kuvanja*. Na fakultetu ćemo

Kafka u četvrtom razredu

1 – Na poslednjem času već smo nešto rekli o životu i delu Franca Kafke
2 a domaći zadatak za danas je bio da se pročita jedna od njegovih novela "Pred Zakonom".
3 Predlažem da prvo svako kaže o čemu je mislio dok je čitao
4 ili šta bi, po njemu, moglo biti mišljenje o značenju ove novele.
… Da… Karsten?
5 – Mislim da je ova priča prilično deprimirajuća.
6 Neko čeka nešto *(tokom)* čitavog života,
7 i kad je suviše kasno sazna da je trebao da načini samo jedan korak da bi u tome uspeo.

▸ govoriti o **die Vorlesung**, *predavanju*.

③ Prilozi koji tačno određuju neku meru stoje iza jedinice mere, npr. **10 Tage lang**, *tokom 10 dana*; **10 Meter lang**, *10 metara dužine*. Isti je slučaj za **hoch**, *visoko*; **tief**, *duboko*; **breit**, *široko*.

④ Obratite pažnju na poseban položaj koji zauzima pomoćni glagol u ličnom glagolskom obliku: nalazi se isped dvostrukog infinitiva u drugoj od tri zavisne rečenice koje idu jedna za drugom. Savetujemo vam da ponovo pogledate napomenu 4 u prethodnoj lekciji.

55 **8** Vielleicht stellt dieses „Gesetz” so etwas wie eine Utopie dar, oder es entspricht dem Paradies, nach dem alle Menschen streben.

9 – Ja, interessant. … Und… Ja, Alexandra, was ist deine Meinung?

10 – Ich glaube, es gibt solche Situationen, die ohne Ausweg sind: Was auch immer ⑤ man tut, es ist falsch.

11 Entweder der Mann gehorcht, aber dann wartet er vergeblich, oder er missachtet ⑥ das Verbot,

12 aber dann verstößt er gegen ⑦ das Gesetz, das dieser Türhüter bewachen soll.

13 In beiden Fällen ist das Ergebnis das gleiche: Er hat keine Chance!

14 – Aha, also eine ausweglose Situation. Wer möchte sich noch dazu äußern?… Ja, Theo!

15 – Für mich hat dieser Mann eine Probe ⑧, die für ihn bestimmt war, nicht bestanden.

16 Seine Angst vor dem Türhüter war größer als seine Sehnsucht nach dem Gesetz.

Napomene

⑤ **was auch immer**, *šta god*: **Was auch immer du sagst, es interressiert mich nicht**, *Šta god da kažeš, ne zanima me.*

⑥ Prefiks **miss-** rečima dodaje značenje “zlo”, “pogrešno”: **achten**, *poštovati* → **missachten**, *nepoštovati, prezirati*; **verstehen** → **missverstehen**, *pogrešno razumeti*; **das Missverständnis**, *nesporazum*; **der Erfolg** → **der Misserfolg**, *neuspeh, nedaća.* ▸

8 Možda taj “zakon” predstavlja nešto kao utopiju, ili odgovara raju do kojeg svi ljudi pokušavaju da dopru.
9 – Da, zanimljivo. … I… Da, Aleksandra, koje je tvoje mišljenje?
10 – Mislim da postoje takve situacije iz kojih nema izlaza: šta god čovek da uradi, uvek je pogrešno.
11 Ili će taj čovek poslušati, ali će uzalud čekati, ili neće poštovati zabranu,
12 ali će tad prekršiti zakon koji taj nadzornik mora da čuva.
13 U oba slučaja, ishod je isti: nema nikakve šanse!
14 – Dakle, bezizlazna situacija. Ko bi još želeo da da svoje mišljenje? … Da, Teo!
15 – Za mene taj čovek nije položio ispit koji mu je bio namenjen.
16 Njegov strah od čuvara je bio veći od žudnje za Zakonom.

⑦ **verstoßen gegen**, *ne poštovati, prekršiti*, svoju osnovu ima u glagolu **stoßen**, *gurati, udarati*.

⑧ **die Probe**, *ispit*, proba; **die Probezeit**, *probni period*. Može biti i proba u pozorištu: **die Generalprobe**, *generalna proba*, ali i *uzorak*: **Schicken Sie uns bitte Proben Ihrer Produkte!** *Pošaljite nam uzorke vaših proizvoda, molim vas!*

55 17 Vielleicht hätte er trotz des Verbots hineingehen sollen.

18 Aber woher soll man wissen, welches die richtige Entscheidung gewesen wäre?

19 – Also, ich habe eher den Eindruck, es geht irgendwie um Religion.

20 Das Gesetz erinnert mich an die Geschichte mit Moses im Alten Testament.

21 Es ist so was Ähnliches wie ein Tempel und was innerhalb dieses Tempels geschieht, bleibt ein Geheimnis.

22 – Gut… Da haben wir ja schon mehrere, sehr verschiedene und interessante Interpretationen. … Lea, du hattest dich auch gemeldet ⑨.

23 – Ich finde, es gibt lauter Fragen, die man nicht beantworten kann:

24 Was ist die wahre Rolle dieses Türhüters? Worin besteht seine Aufgabe? Welche Macht hat er wirklich?

25 Um wessen Gesetz geht es hier?

26 Warum tritt der Mann da nicht ein, obgleich die Tür doch offen steht? Wegen dem Türhüter oder aus einem anderen Grund?

27 – Ja, das ist richtig, je aufmerksamer man diese Erzählung liest, desto rätselhafter wird sie. Und du Stefan, was meinst du dazu?

Napomene

⑨ U kontekstu škole, **sich melden** – glagol s kojim smo se već susreli u 17. lekciji, u napomeni 4 – znači: *dići dva prsta*

17 Možda je trebalo da uđe uprkos zabrani.
18 Ali kako bismo mogli znati koja bi odluka bila dobra?
19 – Ja više imam utisak da je tu reč o religiji, na ovaj ili onaj način.
20 Zakon me podseća na priču o Mojsiju iz Starog zaveta.
21 Zakon *(On)* podseća na hram, a šta se dešava unutar hrama ostaje tajna.
22 – Dobro... Sad već imamo više zanimljivih i veoma različitih tumačenja. ... Lea, i ti si se javila.
23 – Mislim da su tu samo pitanja na koja se ne može odgovoriti:
24 Koja je prava uloga tog čuvara? Koji je njegov zadatak *(U čemu se sastoji)*? Kakvu zaista ima moć?
25 O čijem je zakonu ovde reč?
26 Zašto taj čovek ne ulazi *(tamo)* iako su vrata otvorena? Zbog čuvara ili iz nekog drugog razloga?
27 – Da, zaista, što se pažljivije čita ova novela, sve je tajanstvenija. A šta ti o tome misliš, Štefane?

▸ (najčešće da bi se tražila reč); **sich (zu Wort) melden**, *tražiti reč.*

55 **28** – Äh, ich… ich bin derselben Meinung, einerseits gibt es… äh… viele Fragen und anderseits… wenig Antworten.

29 – So? Vielleicht kannst du uns ein Beispiel nennen, von deinen eigenen Fragen?

30 – Ja… Äh… Um die Wahrheit zu sagen, ich habe… äh… leider vergessen, den Text zu lesen… □

***

Übung 1 – Übersetzen Sie bitte!

❶ Wessen Rolle ist es, in solchen ausweglosen Situationen eine Lösung zu finden? ❷ Bitte meldet euch, wenn ihre eure eigene Interpretation erläutern wollt. ❸ Alle gehorchen ihm und man hat den Eindruck, dass er eine rätselhafte Macht besitzt. ❹ Da Sie diese Regelung missachtet haben, haben Sie die Probe nicht bestanden. ❺ Wer in der letzten Stunde aufmerksam war, wird diese Hausaufgabe nicht schwierig finden.

28 – Pa, ja… slažem se *(istog sam mišljenja)*, s jedne strane ima… ovaj… pitanja, a s druge… malo odgovora.
29 – Zaista? Možda nam možeš dati primer nekih tvojih pitanja?
30 – Da… pa… Iskreno, ja sam… ovaj… nažalost zaboravio da pročitam tekst…

***

Rešenje vežbe 1

❶ Čija je uloga da traži rešenje u takvim bezizlaznim situacijama? ❷ Molim javite se za reč ako želite da iznesete sopstveno tumačenje. ❸ Svi ljudi ga slušaju i stiče se utisak da ima tajanstvenu moć. ❹ Pošto niste poštovali ovaj propis, niste prošli probu. ❺ Ko je na poslednjem času pazio, domaći zadatak mu neće biti težak.

Übung 2 – Ergänzen Sie bitte!

❶ Ulaz je dozvoljen samo onima koji su se potrudili da ne prekrše verske zakone.
Der Einlass wird ... ., die sich ...., nicht .... der Religion .. ..

❷ S jedne strane, svi, očigledno, žele da [dospeju] u raj, ali s druge, svako zna da će to ostati utopija.
.... haben natürlich alle .... dem Paradies, aber .... weiß ....., dass das eine ....

❸ Šta god da se desi, možda će nam ostati šansa da pronađemo izlaz.
... . geschehen wird: Vielleicht haben wir ...., ... zu finden.

56 Sechsundfünfzigste Lektion

Zusammenfassung – Ponavljanje

1 Značenje glagola s odvojivim prefiksom

U velikom broju slučajeva, značenje glagola s odvojivim prefiksom se može razumeti ako značenje prefiksa dodamo značenju glagola.

Neki prefiksi imaju nedvosmisleno značenje, a značenje glagola na koje su dodati prefiksi odgovara reč po reč obema komponentama. To se potvrđuje naročito kad je reč o prefiksima nastalim

❹ Različita tumačenja dokazuju da svako drugačije doživljava takve situacije.
Die . . . . Interpretationen . . . ., dass . . . . anders . . . .

❺ Naravno da je deprimirajuće godinama raditi na jednom delu, a da na kraju rezultat ne odgovara očekivanjima.
Natürlich ist . . . ., viele . . . . an einem Werk gearbeitet zu haben, ... das . . . . den Erwartungen . . . .

Rešenje vežbe 2

❶ – nur denjenigen gewährt – bemüht haben – gegen die Gesetze – zu verstoßen ❷ Einerseits – Sehnsucht nach – anderseits – jeder – Utopie bleibt ❸ Was auch immer – noch eine Chance, einen Ausweg – ❹ – verschiedenen – beweisen – jeder solche Situationen – wahrnimmt ❺ – es deprimierend – Jahre lang – ohne dass – Ergebnis schließlich – entspricht

Pedeset šesta lekcija 56

od vlastitih imenica, prideva i nekih priloga, kao u sledećim primerima:
– prefiks = imenica: **Teil**, *deo* + **nehmen**, *uzeti* → **teilnehmen**, *učestvovati*;
– prefiks = pridev: **voll**, *pun* + **enden**, *završiti* → **vollenden**, *dovršiti*;
– prefiks = prilog: **zurück**, *natrag* + **senden**, *poslati* → **zurücksenden**, *vratiti*.

Druga grupa odvojivih prefiksa se formira na osnovu predloga koji su i sami često nastali od priloga. Ti predlozi (i prilozi), u ovoj ulozi prefiksa, većinom u sebi nose više različitih značenja koja

56 prenose glagolu za koji se vezuju. Evo primera:

– **aus** = predlog koji ima značenje: *izvaditi (izvući) iz*: **aus** + **gehen**, *ići* → **ausgehen**, *izaći*; **aus** + **wählen**, *izabrati* → **auswählen**, *odabrati*;

– **aus** = prilog sa značenjem: *zaustaviti nešto* (**Das Licht ist aus**, *Svetlo je ugašeno*) : **aus** + **machen**, *raditi, činiti* → **ausmachen**, *ugasiti*.

– **an** = predlog sa značenjem: *na* (prostorno): **an** + **kommen**, *doći* → **ankommen**, *stići*; **an** + **ziehen**, *navući, staviti* → **sich anziehen**, *obući se*; **an** + **rufen**, *zvati* → **anrufen**, *pozvati (na telefon)*;

– **an** = predlog sa značenjem: *biti u pokretu* (**Das Licht ist an**, *Svetlo je upaljeno*): **an** + **schalten**, *okrenuti dugme* → **anschalten**, *uključiti, pokrenuti*.

Naravno, prvobitno značenje nekih prefiksa (i/ili pojedinih glagola) je moglo da se razvije tako da nije više prepoznatljivo u kombinaciji glagola sa prefiksom: **auf** + **hören**, *čuti* → **aufhören**, *zaustaviti*; **an** + **fangen**, *uhvatiti* → **anfangen**, *početi*.

Pažnja: isti glagol vezan za isti prefiks, može, u zavisnosti od konteksta, imati više značenja: **sich vorstellen** = *predstaviti se* ili *zamisliti*; **ausgehen** = *izaći* (uveče) ili *ugasiti se* (svetlo); **einstellen** = *zaposliti* ili *popraviti* (neki uređaj), itd.
Za više podataka, pogledajte gramatički dodatak, §6.

2 Složena rečenica

Složena rečenica može obuhvatiti više nezavisnih i zavisnih rečenica.

Različite rečenice se odvajaju zapetom, osim nezavisnih rečenica koje su odvojene veznicima **und**, (**entweder**…) **oder**, **weder**… **noch**, i **beziehungsweise**:
Die Bäume sind gemeinsames Eigentum und jeder von beiden kann verlangen, dass sie gefällt werden, *Drveće je zajedničko vlasništvo i obojica mogu da traže da bude posečeno.*

Kad je neophodno za razumevanje, a naročito kad su subjekti dve rečenice različiti, može se dodati zapeta:
Gegrillt haben wir nur zwei Mal, und beide Male fanden Sie es notwendig, die Blumen auf Ihrem Balkon zu begießen, *Roštilj smo pravili samo dvaput, a baš ta dva puta ste morali da zalivate cveće na terasi.*

Ukoliko je subjekat dve (ili više) nezavisnih rečenica isti, uglavnom ga nećemo ponoviti: 56
Zu diesem Türhüter kommt ein Mann und (er) bittet um Eintritt, *Tom čuvaru je prišao neki čovek i od njega tražio dozvolu da uđe.*
Herr B ließ die Bäume fällen und (er) verkaufte anschließend das Holz, *Gospodin B je dao da se stabla poseku i potom drvo prodao.*

Zavisne rečenice su od glavnih uvek odvojene zapetom, s izuzetkom infinitivnih rečenica kod kojih je zapeta fakultativna:
Es steht Ihnen frei(,) sich zu der Beschuldigung zu äußern, *Slobodni ste da se izjasnite u vezi sa optužbom.*

Da bi se u složenim rečenicama razlikovale nezavisne rečenice od zavisnih, najkorisniji orijentiri su naravno nezavisni i zavisni veznici (u dodatku ćete naći listu) i mesto glagola u ličnom glagolskom obliku (v. 28. lekciju, § 2). Ipak, setite se da pravilo "zavisna rečenica = glagol u ličnom glagolskom obliku dolazi na kraj" ipak ima tri izuzetka:

• U zavisnoj rečenici s duplim infinitivom pomoćni glagol u ličnom glagolskom obliku stoji ispred dva infinitiva (a ne na poslednjem mestu):
Der Streit wird vor dem Richter enden, da die beiden sich nicht haben einigen können, *Svađa će se završiti na sudu pošto njih dvojica nisu mogli da se slože.*

• Možemo izostaviti veznik **wenn** u kondicionalnoj zavisnoj rečenici i tad će glagol stajati na početku zavisne rečenice:
Wenn einer von beiden nicht die Kosten tragen will, → **Will einer von beiden nicht die Kosten tragen, kann er dem anderen seinen Anteil überlassen**, *Ako jedan od njih dvojice ne želi da deli troškove, može svoj deo ustupiti drugome.*
• Kad koristimo **als** umesto duplog veznika **als ob** (ili **als wenn**), *kao da*, glagol u ličnom glagolskom obliku stoji posle veznika **als**:
Tun Sie nicht so, als ob Sie die Hausordnung kennen würden!
Tun Sie nicht so, als würden Sie die Hausordnung kennen!
Ne pravite se da poznajete kućni red!

Dialog zur Wiederholung

1 – Dieses Schreiben vom Amtsgericht sieht so aus, als wäre es eine Verwarnung. Die ist ja dann sicher wie üblich für dich.

2 – Wieso meinst du immer, dass nur ich betroffen sein könnte, wenn eine Sache mit Kosten verbunden ist?

3 – Ich kenne niemanden sonst, der schon so viele Ordnungswidrigkeiten begangen hat wie du.

4 – Ich habe aber den ganzen Monat lang versucht, alle Verbote zu beachten.

5 – Deine Bemühungen werden vergeblich gewesen sein, und du hast die Probe leider noch immer nicht bestanden.

6 – Aber das Leben kann doch nicht nur darin bestehen, sich ständig zu fragen, ob man nicht gegen irgendein Gesetz verstößt! Wir sind doch nicht alle Rechtsanwälte!

7 – Ich bezweifle, dass solche Einwände dazu beitragen könnten, den Richter zu überzeugen, dass du im Recht bist!

8 Wie dem auch sei: Du bist verpflichtet, den Brief zu öffnen. Du hast ja anschließend Gelegenheit, dich zu der Beschuldigung zu äußern. Hier…

9 – … Na so was! Hör dir das an! Das Amtsgericht teilt mir mit, dass ich im Testament eines Verwandten, der kinderlos geblieben ist, als einziger Erbe eingesetzt wurde.

10 Der Nachlass bestehe in einer Eigentumswohnung in Frankfurt, aber es stehe mir frei, das Erbe anzutreten oder es zurückzuweisen.

11 – Zeig mal! Bist du sicher, dass der Brief wirklich für dich bestimmt ist?

Prevod

1 Ovaj dopis Višeg suda liči na kaznenu prijavu. Onda je sigurno za tebe, kao i obično. **2** Zašto uvek misliš da je za mene *(da se mene tiče)* kad je nešto u vezi sa troškovima? **3** Ne poznajem više nikog ko je počinio toliko prekršaja kao ti. **4** Ali, pokušavao sam tokom čitavog meseca da poštujem sve zabrane. **5** Napori su ti ostali uzaludni, nažalost taj ispit još nisi položio. **6** Ali ne možemo život provesti *(život se ne može sastojati)* pitajući se stalno da li baš kršimo neki zakon! Nismo svi advokati! **7** Sumnjam da će takve primedbe ubediti sudiju da si u pravu! **8** Šta god bilo, moraš otvoriti pismo. Posle ćeš imati priliku da se izjasniš u vezi sa optužbama. Izvoli… **9** … Aha, tako dakle! Slušaj! Viši sud me obaveštava da sam određen za jedinog naslednika jednog rođaka bez dece. **10** Nasledstvo se sastoji od vlasničkog stana u Frankfurtu, a imaću slobodu da prihvatim ili odbijem nasledstvo. **11** Daj da vidim! Jesi siguran da je ovo pismo tebi upućeno?

57 Siebenundfünfzigste Lektion

Aus dem Alltag eines Politikers

1 – Ja, guten Morgen Frau Lindner… Wie sieht denn das heutige Programm aus?
2 – Guten Morgen Herr Minister. Also, um 10 Uhr 30 sind die beiden Journalisten vom *Tagesspiegel* angesagt, für das Interview.
3 – Die notwendigen Unterlagen haben Sie sicher bereits zusammengestellt?
4 – Ja, hier in der Mappe liegt alles bereit.
5 Anschließend, um 11 Uhr 30, haben Sie die Besprechung mit den Mitgliedern des Finanzausschusses, bezüglich ① der Steuerreform.
6 Um 13 Uhr findet der Empfang in der Industrie- und Handelskammer ② statt, anlässlich der Einweihung der neuen Messehalle.
7 Da hatten Sie Ihre Teilnahme bestätigt.
8 Das Skript für Ihre Rede hatten Sie ja schon mit Herrn Dr. Korsch abgesprochen.
9 Er hat die gewünschten Änderungen darin eingefügt.

Napomene

① Jedan broj predloga koji zahtevaju genitiv (ili dativ), su nastali od imenica: **der Bezug (auf)**, *pozivanje na* → **bezüglich**, *odnosni, koji se tiče, koji se odnosi na*. Još jedan primer ćete pronaći u 6. rečenici: **anlässlich**, *povodom, prilikom*, nastao

Svakodnevnica jednog političara

1 – Dobar dan, gospođo Lindner... Šta imamo danas na programu?
2 – Dobar dan, gospodine ministre. Ovako, za 10 i 30 su najavljena dva novinara iz *Tagesspiegel*, za intervju.
3 – Već ste sigurno prikupili neophodnu dokumentaciju?
4 – Da, sve stoji spremno ovde u dosijeu.
5 Potom ćete, u 11 i 30, imati sastanak sa članovima finansijske komisije povodom fiskalne reforme.
6 U 13 časova će biti prijem u trgovačkoj i industrijskoj komori povodom otvaranja nove sajamske hale.
7 Potvrdili ste učešće.
8 Već ste se s gospodinom dr Koršom dogovorili oko teksta vašeg govora.
9 Ubacio je u njega promene koje ste želeli.

od **der Anlass**, *povod, prilika.*

② **der Handel**, *trgovina.* Podsetite se (v. 6. lekciju, napomenu 11) da je elipsa česta prilikom nabrajanja složenih imenica koje imaju istu reč: **die Industrie- und Handelskammer**; **der Wirtschafts- und der Justizminister**, *ministar ekonomije i pravde.*

57 **10** Um 16 Uhr ist das Gespräch mit Herrn Semmler vom DGB ③ vorgesehen,

11 und um 16 Uhr 30 treffen Sie die Vertreter der Europäischen Kommission.

12 – Mhm... Das ist recht knapp ④. Ich würde gern vorher die Unterlagen noch mal durchgehen.

13 Fragen Sie bei Herrn Semmler an, ob sich der Termin gegebenenfalls ⑤ noch mal verschieben lässt. Es tue mir leid. ⑥

14 – Ja, ich kümmere mich darum. Danach ist dann Ihr Besuch bei Frau Kramieke, in der Ebertstraße.

15 – Ach ja? Und wer war das noch mal?

16 – Das ist die Dame, der Sie während des Wahlkampfs in dieser Talk-Show – vor 3 Millionen Zuschauern (!) – versichert hatten, die Subventionen für Haushaltshilfen würden keinesfalls gestrichen ⑦.

17 Andernfalls würden Sie ihr persönlich beim Hausputz ⑧ helfen.

18 – Ja und?

Napomene

③ **der DGB** *[dé-gé-bé]*, **der Deutsche Gewerkschaftsbund**, *Nemačka konfederacija sindikata.*

④ Već ste sreli prilog **recht** i njegova mnogobrojna značenja: *taman, celishodan, vrlo, veoma...* Kad stoji ispred prideva, relativizuje njegovo značenje, poput **ziemlich**: *prilično*. Pridev **knapp** znači da je nešto *retko* ili ga ima u *ograničenoj količini*: **mit knapper Mehrheit**, *s tesnom većinom*. **Das Wasser wird knapp**, *Ima sve manje vode. / Voda postaje retkost.*

10 U 16 časova je predviđen sastanak sa gospodinom Zemlerom iz DGB-a,
11 a u 16 i 30 imate susret sa predstavnicima Evropske komisije.
12 – To je prilično tesan [raspored]. Voleo bih da pre toga još jednom pređem dosijee.
13 Pitajte gospodina Zemlera, da li je u datom slučaju još moguće odložiti sastanak. [Recite mu] da mi je žao.
14 – Dobro, pobrinuću se za to. Potom idete u posetu kod gospođe Kramike, u ulici Ebert.
15 – Da? A ko je to beše?
16 – To je gospođa koju ste uveravali – tokom izborne kampanje, prilikom televizijske debate pred 3 miliona gledalaca (!) – da subvencije za pomoć za održavanje domaćinstava ni u kom slučaju neće biti ukinute.
17 U suprotnom ćete joj lično pomoći oko velikog spremanja kuće.
18 – Da i?

▸ ⑤ **gegebenenfalls**, *u datom slučaju*; **jedenfalls**, *u svakom slučaju*; **keinesfalls**, *ni u kom slučaju*; **ander(e)nfalls** (17. rečenica), *u suprotnom, u protivnom.*

⑥ Upotreba **Konjunktiv**a ukazuje da se od sagovornice traži da prenese razgovor: *Recite mu u moje ime…*

⑦ Glagol **streichen** ima više značenja: *bojiti, namazati*, ali i *precrtati* i *poništiti*, *otkazati*. **Nichtzutreffendes streichen**, *Netačno precrtati.*

⑧ **putzen**, *čistiti, doterivati, udesiti*; **der Hausputz** je *veliko (prolećno) spremanje*, koje se tradicionalno pravi barem jednom godišnje, najčešće krajem zime. Iako je običaj pomalo zastareo, izraz je ostao i označava veliko, temeljno, spremanje.

57 **19** – Die Subventionen sind nach der Wahl gestrichen worden und Frau Kramieke macht wie angekündigt heute ihren Hausputz.
20 – Ach, das ist aber peinlich. Das hatte ich völlig vergessen. Da müssen Sie sich irgendetwas einfallen lassen ⑨, Frau Lindner!
21 – Ich zweifle, dass sich da noch was machen lässt:
22 – Seit heute Morgen kommen nämlich ununterbrochen Anfragen von den Medien, wann Sie denn bei ihr eintreffen werden.
23 Ich nehme an, dass dort eine Horde von Journalisten auf Sie warten wird.
24 – Ach du meine Güte! Da werde ich wohl in den sauren Apfel beißen müssen.
25 Aber gut, die sollen ihre Schlagzeilen bekommen! Und hierfür brauche ich jetzt Ihre Hilfe, Frau Lindner.
26 Wären Sie so nett ⑩, mir hier irgendwo eine schöne, bunte Schürze und einen Besen zu besorgen ⑪? Am besten so einen richtig altmodischen.
27 Und bestellen Sie bitte auch einen großen Strauß Blumen! □

Napomene

⑨ **jmdm. einfallen**, *pasti napamet, setiti se nečeg*; **sich etwas einfallen lassen**, doslovno "činiti tako da se dobije ideja", *pokazati maštovitost*.

⑩ Izrazi **Wären Sie so nett, ...?** ili **Wären Sie so freundlich, ...?**, *Da li biste mogli... ?*, da bi se sagovornik u svakodnevnom poslovnom odnosu zamolio za nešto. **Hätten Sie die Freundlichkeit, ...?**, *Da li biste bili ljubazni... ?*, ili **Dürfte ich Sie bitten, ...?**, *Smem li vas zamoliti za... ?*, pripadaju formalnijem registru. ▸

19 – Subvencije su ukinute posle izbora, a gospođa Kramike danas pravi veliko spremanje, kao što je najavila.
20 – Baš neprijatno. Potpuno sam zaboravio. Morate nešto smisliti, gospođo Lindner, bilo šta!
21 – Sumnjam da možemo još nešto učiniti:
22 – od jutros neprestano stižu pitanja medija u koliko sati stižete kod nje.
23 Pretpostavljam da vas tamo čeka horda novinara.
24 – O, moj bože! Moraću dakle da progutam tu gorku pilulu *(zagrizem u kiselu jabuku)*.
25 Pa, dobro, dobiće svoje velike naslove! A za to mi sad treba vaša pomoć, gospođo Lindner.
26 Možete li mi odnekud nabaviti lepu šarenu kecelju i neku metlu? Najbolje, neku pravu, starinsku?
27 I, molim vas, poručite veliki buket cveća!

⑪ Glagol **besorgen** znate u značenju *izvršiti*. On takođe znači i *nabaviti*. Samo ga nemojte pomešati sa izrazom **besorgt sein**, *biti zabrinut/nespokojan*.

57 **Übung 1 – Übersetzen Sie bitte!**

❶ Für den nächsten Wahlkampf müssen wir uns unbedingt etwas Neues einfallen lassen. ❷ Da Sie Ihre Teilnahme nicht bestätigt hatten, haben wir Ihren Namen von der Liste gestrichen. ❸ Die europäische Kommission hat sich bezüglich dieser Subventionen noch nicht geäußert. ❹ Ich nehme an, dass die heutige Besprechung wie üblich recht lange dauern wird. ❺ Die Zeit wird wohl zu knapp sein, um noch irgendwelche Änderungen in den Text einzufügen.

Übung 2 – Ergänzen Sie bitte!

❶ Proverite, molim vas, da li imamo dovoljno šampanjca za sve goste. Ako nema *(u suprotnom)*, moraćemo još da poručimo.
Prüfen Sie bitte, ... Champagner ... . haben. .... wir noch ....

❷ Povodom njegovog izbora za gradonačelnika, u gradskoj kući će biti organizovan veliki prijem.
.... seiner .... wird ein großer .... im Rathaus ....

❸ Pošto je nedeljama neprestano padala kiša, otvaranje novog fudbalskog terena je moralo biti odloženo.
.. .. Wochen .... regnete, ... des neuen Fußballplatzes ....

Rešenje vežbe 1

❶ Za sledeću izbornu kampanju obavezno moramo smisliti nešto novo. ❷ Pošto niste potvrdili učešće, obrisali smo vaše ime sa spiska. ❸ Evropska komisija se još nije izjasnila povodom tih subvencija. ❹ Pretpostavljam da će današnji sastanak trajati prilično dugo, kao i obično. ❺ Jedva da će biti dovoljno vremena da se ubace neke promene u tekst.

❹ Morali bismo se dogovoriti šta želimo da objavimo pre dolaska ostalih kolega *(pre no što druge kolege dođu).*

Wir sollten uns ...., was wir .... wollen, ... die anderen Kollegen ....

❺ Da li biste mi mogli direktno nabaviti ta dokumenta ili, u slučaju potrebe, pitati vašeg kolegu da li mi ih može poslati?

Könnten Sie mir .... direkt .... oder .... bei Ihrem Kollegen ...., ob er ... ...?

Rešenje vežbe 2

❶ – ob wir genug – für alle Gäste – Andernfalls müssen – welchen bestellen ❷ Anlässlich – Wahl zum Bürgermeister – Empfang – veranstaltet ❸ Da es seit – ununterbrochen – musste die Einweihung – verschoben werden ❹ – darüber absprechen – ankündigen – bevor – eintreffen ❺ – diese Unterlagen – besorgen – gegebenenfalls – anfragen – sie mir schicken kann

58 *Nemačka konfederacija sindikata,* **DGB**, *okuplja osam velikih strukovnih sindikata, među kojima je čuveni* **IG-Metall** *(***Industriegewerkschaft Metall**, sindikat metalurga*) i sindikat* **ver. di** *(***Vereinte Dienstleistungsgewerkschaft**, ujedinjeni sindikat usluga*). On pokriva sve sektore privrednih delatnosti. Ako je* **DGB** *nadaleko najmoćnija konfederacija (predstavlja oko 80 % sindika-*

58 Achtundfünfzigste Lektion

Wahlen in der Bundesrepublik: Gebrauchsanweisung für Wähler

1 Der Wahlmodus:

2 Der Bundestag, Parlament der Bundesrepublik Deutschland, zählt 600 Abgeordnete ①, die alle vier Jahre gewählt werden.

3 Der Wahlmodus ist eine Mischung aus Mehrheitswahl und Verhältniswahl.

4 Jeder Wahlberechtigte ② verfügt über zwei Stimmen bei dieser Wahl.

5 Mit seiner Erststimme stimmt er für einen der Kandidaten, die von den verschiedenen Parteien in seinem Wahlkreis aufgestellt werden.

6 Gewählt ③ ist jeweils der Kandidat, der die meisten Erststimmen erhält.

Napomene

① Da bi tekst bio čitljiviji, zaokružili smo broj kandidata i okruga. Zapravo, taj broj se redovno prilagođava u skladu s demografskim razvojem (u proseku, oko 250 000 stanovnika po okrugu) i može neznatno da se razlikuje od izbora do izbora (v. takođe 7. rečenicu i belešku iz kulture). ▸

*laca), postoje i druga sindikalne organizacije, okupljene naročito oko Konfederacije nemačkih državnih službenika (***dbb***:* **Deutscher Beamtenbund und Tarifunion***) i Hrišćanske sindikatske konfederacije (***CGB***:* **Christlicher Gewerkschaftsbund***).*

Pedeset osma lekcija 58

Izbori u Saveznoj Republici: uputstvo za birače

1 Način glasanja:
2 Bundestag, parlement Savezne Republike Nemačke, broji 600 poslanika, koji se biraju svakih četiri godine.
3 Način glasanja je kombinacija većinskog i proporcionalnog glasanja.
4 Prilikom glasanja svaki upisani birač ima pravo na dva glasa.
5 Prvim glasom bira jednog od kandidata koje predstavljaju različite partije njegove izborne oblasti.
6 Kandidat koji je dobio najveći broj prvih glasova će biti izabran.

② **der Wahlberechtigte**, *upisani birač*; **zu etw. berechtigt sein**, *imati pravo da se nešto uradi*; **wahlberechtigt sein**, *imati pravo glasa.*

③ Obratite pažnju na različite glagole koje koristi nemački jezik kad je reč o *glasanju*, **wählen: den Bundeskanzler wählen**, iz*abrati kancelara*; **für einen Kandidaten stimmen** (5. rečenica) / **einen Kandidaten wählen**, *glasati za kandidata*; **für oder gegen etw. stimmen**, *glasati za ili protiv nečeg*; **über ein Gesetz abstimmen**, *izglasati zakon.*

58 7 Da es 300 Wahlkreise gibt, werden so per ④ Mehrheitswahl 300 Abgeordnete, das heißt die Hälfte des Bundestags, gewählt.
8 Mit seiner Zweitstimme stimmt der Wähler für eine der Landeslisten ⑤, die die Parteien in seinem Bundesland präsentieren.
9 Es gehört zu den Besonderheiten dieses Wahlmodus, dass der Wähler seine Stimmen splitten, das heißt, mit beiden für zwei verschiedene Parteien stimmen kann.
10 Von dieser Möglichkeit macht er im Allgemeinen dann Gebrauch, wenn die Partei, der er seine Zweitstimme gegeben hat, wenig Aussichten hat, in seinem Wahlkreis das Direktmandat zu gewinnen,
11 und wenn er deshalb zum Sieg des Kandidaten einer anderen Partei beitragen will, sei es als „kleineres Übel", sei es im Hinblick auf eine zukünftige Koalition.

12 Die Sitzverteilung:
13 Am Abend der Wahl errechnet man zunächst die Gesamtzahl dieser Zweitstimmen, die jede Partei mit ihren Landeslisten im gesamten Bundesgebiet erhalten hat.

Napomene

④ Predlog **per** (+ akuzativ), *sa, na, itd. (označava sredstvo)*, koristi se uvek bez člana: **per Post**, *poštom*; **per Zug**, *vozom*. ▶

7 Pošto ima 300 izbornih oblasti, tako će se većinskim glasanjem izabrati 300 poslanika, odnosno, polovina Bundestaga. 58
8 Drugim glasom, birač glasa za izbornu listu stranke koja će prezentovati njegovu državu.
9 Ono što ovakav način glasanja čini posebnim je da birač može svoj glas podeliti, odnosno, svojim glasovima može glasati za dve različite partije.
10 Neki ovu mogućnost uopšteno koriste, ako partija kojoj su dali drugi glas ima malih izgleda da u svom izbornom okrugu direktno osvoji mandat,
11 i kad, stoga, žele da doprinesu pobedi kandidata neke druge partije, bilo kao "manje zlo", bilo imajući u vidu neku buduću koaliciju.

12 Podela mesta:
13 Veče po završetku izbora, prvo se prebrojava ukupan broj drugih glasova koje je svaka partija sa svojim listama osvojila na nacionalnom nivou *(na ukupnoj teritoriji Savezne Republike)*.

⑤ Tačan prevod **die Landesliste** bi bio *[izborna] lista države*. Zbog lakše čitljivosti, u nastavku smo koristili samo reč *lista*.

58 **14** Entsprechend ⑥ dem Ergebnis verteilt man die insgesamt zu vergebenden ⑦ 600 Sitze des Bundestags proportional auf alle Parteien, die mindestens 5% der Zweitstimmen gewonnen haben.

15 Diese sogenannte 5%-Klausel oder Sperrklausel soll verhindern, dass kleine Parteien im Bundestag die Bildung einer stabilen Mehrheit unmöglich machen.

16 Direktmandate und Listenmandate der Parteien:

17 Hat eine Partei A zum Beispiel insgesamt 30% der Zweitstimmen bekommen, stehen ihr also 30% der 600 Sitze im Bundestag zu, das heißt 180 Sitze.

18 Von dieser Gesamtzahl zieht man nun die Zahl der Sitze ab, die diese Partei schon in den 300 Wahlkreisen dank der Ertststimmen errungen hat.

19 Die restlichen Sitze gehen an die Kandidaten der Landeslisten der gleichen Partei, entsprechend ihrer Platzierung auf diesen Listen.

20 Hat die genannte Partei A zum Beispiel in 120 Wahlkreisen mit ihren Kandidaten das Direktmandat gewonnen, kommen zusätzlich 60 Kandidaten von ihren Landeslisten ins Parlament.

21 Hat sie nur 60 Direktmandate bekommen, bleiben 120 Sitze für die Landeslisten.

14 U skladu sa rezultatima, ukupno dodeljenih 600 mesta se deli proporcionalno svim partijama koje su dobile najmanje 5 % glasova. 58

15 Ova takozvana klauzula 5 % ili klauzula o blokadi, treba da spreči da male partije ne onemoguće stvaranje stabilne većine u Bundestagu.

16 Direktni mandati i mandati izbornih lista partija:

17 Ako je partija A dobila, na primer, ukupno 30% drugih glasova, pripašće joj 30% od 600 mesta u Bundestagu, odnosno 180 mesta.

18 Od tog zbira se oduzima broj mesta koja je ta partija već dobila zahvaljujući prvim glasovima u 300 oblasti.

19 Ostala mesta idu kandidatima lista iste partije, u skladu sa njihovim položajem na tim listama.

20 Ako je, na primer, navedena partija A sa svojim kandidatima odnela direktni mandat u 120 oblasti, još 60 kandidata s njenih lista će ući u parlament.

21 Ako je dobila samo 60 direktnih mandata, onda ostaje 120 mesta za liste.

Napomene

⑥ **entsprechend** + dativ, *prema*, u smislu *u skladu sa, u vezi sa*. Ovaj predlog je nastao od glagola **entsprechen** (+ dativ), *odgovarati, slagati se*.

⑦ **etw. vergeben**, ovde: *dati, pripisati*, ali takođe: **jmdm. etw. vergeben**, *oprostiti nešto nekome*. Oblik u gerundivu **die zu vergebenden Sitze** (particip sadašnji ispred kojeg stoji **zu**) je prilično redak i postoji samo kao pridev u funkciji atributa. Ukazuje da nešto treba uraditi: **der neu zu wählende Bundestag**, *parlament koji treba izabrati (ponovo)*.

58 22 Das Verhältnis ⑧ zwischen Direktmandaten und Listenmandaten kann also bei jeder der im Parlament vertretenen Parteien sehr unterschiedlich sein.

23 Der neu gewählte Bundestag:
24 Doch als Ganzes besteht der Bundestag zur einen Hälfte aus Abgeordneten, die in den 300 Wahlkreisen direkt gewählt wurden,
25 und zur anderen Hälfte aus Abgeordneten, die ihr Mandat über die Landeslisten in den 16 Bundesländern gewonnen haben.
26 Wie alle anderen Wahlsysteme hat natürlich auch das deutsche ⑨ seine Vorteile und Nachteile.
27 Einerseits entspricht die Sitzverteilung im Parlament ziemlich genau den Stimmanteilen, die die Parteien bei der Wahl erhalten haben, und widerspiegelt ⑩ damit den Willen der Wähler.

Napomene

⑧ **das Verhältnis**, *proporcija, srazmera* ili *odnos*; **im Verhältnis zur Zahl der Wähler**, *srazmerno broju birača*, ali takođe: **ein gutes Verhältnis zu jmdm. haben**, *biti u dobrim odnosima s nekim*; **ein Verhältnis/Liebesverhältnis mit jmdm. haben**, *imati seksualne odnose / ljubavnu vezu s nekim*. U množini **die Verhältnisse** znači *uslovi, okolnosti, položaj*: **aus einfachen Verhältnissen stammen**, *poticati iz skromnog okruženja*.

⑨ Kad imamo elipsu imenice nakon prideva u funkciji atributa, pridev se piše malim slovom: **das deutsche (Wahlsystem)**. Kad se pridev menja u imenicu, pisaćemo ga velikim početnim

22 Odnos između direktnih mandata i mandata sa lista tako može u svakoj od partija zastupljenih u parlamentu biti veoma različit. 58

23 Novoizabrani Bundestag:
24 U celini, jednu polovinu Bundestaga čine poslanici koji su izabrani direktno iz 300 okruga,
25 a drugu polovinu poslanici koji su dobili mandat putem lista u 16 država.
26 Poput svih ostalih izbornih sistema, i nemački sistem ima svoje prednosti i nedostatke.
27 S jedne strane, podela mesta u parlamentu prilično tačno odgovara glasovima koje su partije dobile na izborima i odražava izbornu volju birača.

slovom, kao i svaku imenicu u nemačkom jeziku. Primer ćete videti u 24. rečenici: **ganz**, *ceo (cela, celo)* → **als Ganzes**, *u celini*.

⑩ **wider-**, neodvojivi prefiks, najčešće nosi značenje *protiv*, npr. **widersprechen**, *protivurečiti*. **Der Spiegel**, *ogledalo*; **sich spiegeln**, *ogledati se, odražavati*; **etw. widerspiegeln** (prelazni glagol, prefiks može biti odvojiv ili neodvojiv!), *odražavati nešto*.

58 **28** Andererseits sind auch trotz der 5%-Klausel in der Regel Koalitionen zwischen zwei oder mehreren Parteien notwendig, um eine regierungsfähige Mehrheit im Parlament zu bilden.

29 Diese neue Mehrheit wählt dann den Bundeskanzler, der anschließend vom Bundespräsidenten offiziell ernannt wird. □

***

Übung 1 – Übersetzen Sie bitte!

❶ Meiner Meinung nach hat eine Mehrheitswahl im Allgemeinen mehr Nachteile als Vorteile. ❷ Die Mischung besteht zur einen Hälfte aus Kaffee und zur anderen Hälfte aus heißer Schokolade. ❸ Jeder Abgeordnete hat die Interessen des Wahlkreises, in dem er gewählt wurde, zu vertreten. ❹ Vielleicht kann man diese Information direkt über die Hotline bekommen, statt lange in der Gebrauchsanweisung zu suchen. ❺ Das Verhältnis zwischen den Erststimmen und den Zweitstimmen, die beide Parteien gewonnen haben, ist sehr unterschiedlich.

28 S druge strane, uprkos klauzuli 5%, obično su neophodne koalicije između dve ili više partija, da bi se u Bundestagu formirala većina koja može da vlada. 58

29 Ova nova većina potom bira saveznog kancelara, kojeg će potom zvanično imenovati predsednik Savezne Republike.

***

Rešenje vežbe 1

❶ Po mom mišljenju glasanje većinom uglavnom ima više nedostataka nego prednosti. ❷ Jednu polovinu mešavine čini kafa, a drugu topla čokolada *(Mešavina se sastoji od jedne polovine kafe i druge polovine tople čokolade)*. ❸ Svaki poslanik treba da predstavlja interese okruga u kojem je izabran. ❹ Možda se ta informacija može dobiti direktno preko korisničkog servisa, umesto da se dugo traži u uputstvu za upotrebu. ❺ Odnos između prvih i drugih glasova koje su dve partije osvojile se veoma razlikuje.

58 **Übung 2 – Ergänzen Sie bitte!**

❶ Da bi dobio *(izračunao)* rezultat, moraš od ovog zbira oduzeti broj već dodeljenih mesta.

.. das Ergebnis .. .., musst du ... . die Zahl der schon ....

❷ Raspolažemo sa samo malo vremena da donesemo neophodne odluke i morali bismo za kasnije odložiti raspravu o ostalim tačkama.

Wir .... wenig Zeit, um die .... Entscheidungen .. .., und sollten die Diskussion ... . auf später ....

❸ Ono što izbore u ovoj zemlji čini posebnim je da birači mogu iskoristiti svoje pravo da glasaju putem pisma.

.... in diesem Land ...., dass viele ...... von ihrem Recht ...., ... Brief zu wählen.

Samo demografsko usklađivanje može objasniti činjenicu da se broj poslanika (= dvostruko od broja okruga) menja od jednih do drugih izbora. Zapravo, podela mesta na saveznom nivou prema procentu dobijenih "drugih glasova" se potom odražava na udeo mesta koja pripadaju svakoj **Bundesland**. *Često se dešava da jedna partija, u ovoj ili onoj državi, dobije više direktnih mandata nego mesta na koja bi imala pravo prema rezultatima "drugog glasa". Pošto svaki kandidat koji je izabran direktno u okrugu službeno stupa u* **Bundestag**, *ti* dodatni mandati *(***Überhangmandate**, *doslovno*

❹ Da bismo izbegli svađu prilikom podele, dali smo im još i polovinu našeg dela, što znači da su u stvari dobili više nego što im je pripadalo.

Um einen Streit ... ... zu ...., haben wir ihnen .... von unserem Anteil gegeben, ..., sie haben mehr bekommen, ... eigentlich ....

❺ Proporcionalnim glasanjem mesta su podeljena prema glasovima koje su partije osvojile svojim listama.

Bei der .... werden die ...., die die Parteien mit ihren .... haben, ...

Rešenje vežbe 2

❶ Um – zu errechnen – von dieser Gesamtzahl – vergebenen Sitze abziehen ❷ – verfügen nur über – notwendigen – zu treffen – der restlichen Punkte – verschieben ❸ Eine Besonderheit der Wahlen – besteht darin – Wähler – Gebrauch machen, per – ❹ – bei der Verteilung – verhindern – zusätzlich die Hälfte – das heißt – als ihnen – zustand ❺ – Verhältniswahl – Sitze entsprechend den Stimmanteilen – Listen errungen – verteilt

"nagnuti mandati") se, dakle, dodaju ukupnom teorijskom broju mesta. Isto je i za svakog kandidata koji je izabran direktno, ali čija partija nije prešla prag od 5 % (što ga isključuje iz proporcionalne podele mesta). Budući da su većine često veoma tesne, ti dodatni mandati mogu biti, a često i jesu, odlučujući za rezultat jednih izbora.

59 Neunundfünfzigste Lektion

Ein Flugblatt im Wahlkampf

1 Liebe Wählerinnen und Wähler: Nur noch drei Tage bis zur Wahl!

2 Misstrauen ① Sie den Umfragen! Noch nichts ist entschieden! Und vergessen Sie nicht: Ihre Stimme zählt!

3 Sie wünschen sich eine andere Politik! MIT UNS haben Sie es in der Hand, Ihre Ideen durchzusetzen!

4 Ärgern Sie sich, weil Sie zu viel Steuern zahlen? WIR werden sie senken!

5 Gehört die Arbeitslosigkeit zu Ihren Hauptsorgen?

6 WIR werden sie mithilfe unserer Investitionsprogramme bekämpfen!

7 Sind Sie der Meinung, dass alle Bürger Anspruch auf Sicherheit und auf Schutz vor Verbrechen haben?

8 WIR werden die geeigneten Maßnahmen ergreifen!

9 Haben Sie das Gefühl, dass unsere Freiheiten in Gefahr sind, dass Kontrollen und Überwachungen überhand nehmen ②?

Napomene

① **jmdm./etw. misstrauen**, *čuvati se, nemati poverenja*; **jmdm./einer Sache trauen** ili **vertrauen**, *verovati kome, pouzdati* ▸

Letak u izbornoj kampanji

1 Dragi birači *(dragi birači i biračice)* još samo tri dana do izbora!
2 Ne verujte anketama! Još ništa nije odlučeno! I ne zaboravite: vaš glas se računa!
3 Želite drugačiju politiku! SA NAMA, imate moć *(imate u rukama)* da nametnete svoje ideje!
4 Ljuti ste što je porez velik *(suviše puno plaćate porez)*? MI ćemo ga spustiti!
5 Da li je nezaposlenost jedna od vaših glavnih briga?
6 Pobedićemo je *(pomoću našeg)* našim investicionim programima!
7 Da li mislite da svi građani imaju prava na bezbednost i zaštitu od kriminala?
8 MI ćemo preduzeti odgovarajuće mere!
9 Da li osećate da su naše slobode u opasnosti i da kontrola i nadzor uzimaju maha?

se u nešto. Već ste se sreli s prefiksom **miss-** koja reči kojoj prethodi daje negativno značenje (v. 55. lekciju, 6. napomenu).

② **überhand nehmen**, doslovno "uzeti prevagu", *uvećati se/ naglo porasti.*

59 **10** WIR engagieren uns für den Schutz der demokratischen Grundrechte in allen Bereichen!

11 Fühlen Sie sich für unsere Umwelt und für die Zukunft unserer Erde verantwortlich?

12 Was für die nachhaltige Entwicklung getan werden kann, werden WIR unternehmen ③!

13 Möchten Sie eine Gesellschaft mit mehr Solidarität und weniger Ungleichheiten? WIR verfolgen das gleiche Ziel!

14 Sind Sie überzeugt, dass das Wachstum ④ der Wirtschaft den Wohlstand für alle gewährleistet ⑤ und ein gesunder Wettbewerb den Fortschritt fördert?

15 WIR glauben wie Sie an die Notwendigkeit tiefgreifender ⑥, wirtschaftlicher Reformen

16 und sind gegen alle bürokratischen Maßnahmen, die die freie Marktwirtschaft einschränken!

Napomene

③ Ovaj glagol s neodvojivim prefiksom je polazište za imenice **das Unternehmen**, *preduzeće*, i **der Unternehmer**, *preduzetnik*.

④ Imenice sa sufiksom **-tum** su uvek srednjeg roda, kao npr. **das Wachstum**. Često označavaju skup stvari ili grupu osoba: **das Unternehmertum**, *preduzetnici* (u svojoj celini), *preduzimljivost, preduzetništvo*, **das Christentum**, *hrišćanstvo*; **das Bürgertum**, *buržoazija*.

10 MI se zalažemo za zaštitu osnovnih demokratskih prava u svim oblastima!

11 Osećate li se odgovornim za našu životnu sredinu i budućnost *(naše)* Zemlje?

12 Šta god se može učiniti za održivi razvoj, MI ćemo to sprovesti *(preduzeti)*!

13 Želite li solidarnije društvo i manje nejednakosti? MI sledimo isti cilj!

14 Jeste li ubeđeni da ekonomski rast garantuje prosperitet svih i da zdrava konkurencija potpomaže razvoj?

15 MI poput vas verujemo u neophodnost temeljnih ekonomskih reformi

16 i protivimo se svim birokratskim merama koje ograničavaju slobodnu trgovinu!

▸ ⑤ Imenica **die Gewähr**, *jemstvo, garancija*, i glagol **leisten**, *uraditi, izvršiti, ostvariti*, daju izraz **für jmdn./etw. Gewähr leisten**, *jemčiti za, odgovarati za nekog/nešto*, *garantovati nešto*, i prelazni glagol s neodvojivim prefiksom: **etw. gewährleisten**, *garantovati nešto.*

⑥ Kad je reč o akcijama (npr. **Reformen**, **Maßnahmen**) koje treba sprovesti od dna, nemački koristi pridev **tiefgreifend**, nastao od **tief**, *dubok* + particip prezenta **greifen**, *zgrabiti, uzeti.*

59 **17** Soll der Staat sparen, den Haushalt reduzieren und seine Schulden ⑦ zurückzahlen?

18 WIR werden alle unnötigen Ausgaben streichen!

19 Wollen Sie mehr öffentliche Einrichtungen ⑧, mehr Krankenhäuser, Schulen, Universitäten?

20 Ihr Wunsch ist berechtigt, denn dafür zahlen WIR alle ja Steuern!

21 Haben Sie den Eindruck, dass heute alles sehr komplex und widersprüchlich erscheint,

22 und dass das eine richtig sein kann, ohne dass ⑨ das Gegenteil unbedingt falsch wäre?

23 Oder sind Sie noch ein wenig unentschlossen? Ohne feste Meinung? Zögern Sie noch zwischen dem Für und dem Wider ⑩ ?

Napomene

⑦ Nemojte mešati reč **die Schuld**, *dug*, koji se često koristi u množini: **die Schulden**, i **die Schuld** (samo u jednini), *krivica, prestup, odgovornost*, koju pronalazimo u izrazima **an etw. Schuld haben** ili **(an etw.) schuld sein**, *biti odgovoran za nešto* (pazite: veliko slovo za imenicu **Schuld (haben)**, malo za pridev kao predikat **schuld (sein)**!), kao i za glagol **etw. verschulden**, *biti odgovoran za nešto, izazvati nešto (svojom krivicom)*, dok **sich verschulden** znači *zadužiti se*.

⑧ **die Einrichtung**, *ustanova, institucija*, ali i *opremanje* (stana, na primer); **eine öffentliche Einrichtung**, *javni servis*, **ein öffentlicher Betrieb**, *javno preduzeće*; **der öffentliche Dienst** = *javna funkcija / služba*!

17 Mora li država da štedi, da smanji budžet i vrati troškove? 59

18 MI ćemo ukinuti sve nepotrebne troškove!

19 Želite li više javnih servisa, više bolnica, škola, fakulteta?

20 Vaša želja je opravdana, jer upravo zato svi mi plaćamo porez!

21 Imate li utisak da je danas sve složeno i kontradiktorno

22 i da nešto može biti tačno, a da pri tom njegova suprotnost nije obavezno i pogrešna?

23 Ili ste još malo neodlučni? Bez čvrstog mišljenja? Da li se još uvek kolebate između za i protiv?

⑨ Infinitivna rečenica sa **ohne... zu...** se koristi kad je podrazumevani subjekat te rečenice isti kao i subjekat glavne rečenice: **Der Staat soll sparen, ohne diese Subventionen zu streichen** (subjekat = **Staat**), *Država bi trebalo da štedi ne ukidajući subvencije.* Kad su subjekti različiti, koristi se zavisna rečenica sa **ohne dass...**, npr. **Der Staat soll sparen, aber ohne dass wir weniger Subventionen bekommen**, *Država bi trebalo da štedi, ali da se nama ne umanjuju subvencije.*

⑩ **wider**, sinonim od **gegen**, *protiv*, se kao predlog više ne koristi u govornom jeziku. U nekim izrazima, veznici, prilozi i predlozi se koriste kao imenice (srednjeg roda), i pišu se, naravno, velikim slovom, baš kao ovde **das Für und Wider**. Ostali primeri: **Kein Wenn und Aber**, *Bez ako i ali*; **das Hin und Her**, *onamo i ovamo.*

59 **24** Dann finden Sie BEI UNS das, was Sie suchen: ein Programm mit vielen Alternativen!

25 Stimmen Sie FÜR UNS und gehen Sie so auf Nummer Sicher: WIR werden zumindest die Hälfte unserer Wahlversprechen halten! □

***

Übung 1 – Übersetzen Sie bitte!

❶ Findest du nicht, dass die Werbung in den meisten Medien überhand genommen hat? ❷ Wenn Sie auf Nummer Sicher gehen wollen, müssen Sie die Überwachung dieses Gebäudes verbessern. ❸ Wahlversprechen, die auf solchen Flugblättern stehen, werden in der Regel vergessen, sobald der Wahlkampf vorbei ist! ❹ Wofür haben wir denn eine Polizei, wenn sie nicht fähig ist, die Verbrechen zu bekämpfen? ❺ Wirtschaftliche und soziale Reformen sind die Bedingung des Fortschritts und stellen deshalb auch in unserer Gesellschaft eine Notwendigkeit dar.

24 KOD NAS ćete naći ono što tražite: program s brojnim alternativama!

25 Glasajte ZA NAS i igrajte na sigurno: MI ćemo održati barem polovinu izbornih obećanja!

***

Rešenje vežbe 1

❶ Zar ne misliš da su reklame zaposele većinu medija? ❷ Ako ne želite da rizikujete, morate poboljšati nadzor nad ovom zgradom. ❸ Izborna obećanja koja se nalaze na lecima biće, po pravilu, zaboravljena čim se izborna kampanja završi! ❹ Zašto imamo policiju ako nije sposobna da se izbori s kriminalom *(pobedi kriminal)*? ❺ Ekonomske i društvene reforme su uslov napretka i stoga su neophodne *(predstavljaju neophodnost)* i u našem društvu.

59 Übung 2 – Ergänzen Sie bitte!

❶ Država mora garantovati bezbednost svih, a da pritom ne umanji osnovna prava demokratije.

Der Staat soll die . . . .
. . . . , ... dabei die demokratischen
. . . .

❷ Onaj kome je cilj da smanji državne dugove mora biti spreman da ukine neke troškove ili da poveća poreze.

. . . das Ziel . . . . , ... des
Staats . . . . , muss bereit sein,
bestimmte . . . . oder
aber . . . .

❸ Vlada bi obavezno trebalo da preduzme nešto protiv povećanja nezaposlenosti *(rastuće nezaposlenosti)*, jer to deo glavnih briga birača.

Die Regierung sollte . . . . etwas gegen
die . . . .
. . . . , denn sie . . . . den
. . . .

*“Rajnskom kapitalizmu” (*Soziale Marktwirtschaft, socijalna tržišna ekonomija*), modelu društva koje teži ravnoteži između dinamike ekonomije slobodnog tržišta i politike koja osigurava preraspodelu i veoma razvijenu društvenu zaštitu, se pripisuje čuveno* **Wirtschaftswunder**, *nemačko* ekonomsko čudo*: jedva deceniju nakon Drugog svetskog rata, Zapadna Nemačka je dovršila rekonstrukciju i vratila se na put blagostanja. Ovaj model se odlikuje veoma institucionalizovanim dijalogom i postepeno je*

❹ Ostavlja utisak da je prilično neodlučan i sumnjam da će moći da se nametne kolegama. 59

Er macht ... ., noch .... zu sein und ich ...., dass er .... bei seinen Kollegen ....

❺ Mislim da su reklame u medijima postale nametljive i da bi konačno trebalo preduzeti prikladne mere da se ograniče.

Ich finde, dass die Werbung in den Medien .... und dass man endlich .... sollte, um sie ....

Rešenje vežbe 2

❶ – Sicherheit aller gewährleisten, ohne – Grundrechte einzuschränken ❷ Wer – verfolgt, die Schulden – zu senken – Ausgaben zu streichen – die Steuern zu erhöhen ❸ – unbedingt – zunehmende Arbeitslosigkeit unternehmen – gehört zu – Hauptsorgen der Wähler ❹ – den Eindruck – recht unentschlossen – bezweifle – sich – wird durchsetzen können ❺ – überhand genommen hat – geeignete Maßnahmen ergreifen – einzuschränken

nametnuo **Mitbestimmung**, zajedničko upravljanje, *uopštavajući ravnopravno (ili barem izraženije) prisustvo zaposlenih i sindikata u nadzornim savetima velikih preduzeća. Otad je Nemačka, poput mnogih zemalja, morala da se prilagodi globalizaciji i to u mnogim oblastima. "Rajnski kapitalizam" je danas tek sećanje.*

60 Sechzigste Lektion

Der Schlüssel zum Erfolg:
Porträt eines Unternehmensgründers

1 – Zum Abschluss unserer heutigen Sendung „Wirtschaft aktuell" stellen wir Ihnen den Unternehmensgründer Thomas Willbeck vor.
2 Vor wenigen Jahren gründete er, noch während seines Studiums, den Internetshop homesportgeräte.de
3 und ist innerhalb kurzer Zeit zu einem der führenden Online-Händler ① für Home-Sportgeräte in Europa geworden.
4 Herr Willbeck, Sie wissen, wie man im Internet Geschäfte macht. Worin besteht Ihr Geheimnis?
5 – Beim Internetverkauf muss man zunächst mal berücksichtigen, dass der Kunde Preise und Qualität eines Artikels bei einer Vielzahl von anderen Anbietern ② vergleicht,

Pojašnjenje izgovora
3, 10, 22 Kod reči koje su pola engleske, a pola nemačke (**Home-Sportgeräte**; **Online-Händler**; **Online-Verkauf**), engleski deo izgovorite "po engleski".

Napomene

① Imenica **der Händler**, *trgovac*, je nastala od glagola **handeln: mit etw. handeln**, *trgovati nečim*; **mit jmdm. handeln**, *trgovati s nekim*; **um etw. handeln**, *cenjkati se/raspravljati se oko nečeg*; **verhandeln**, *trgovati, pregovarati* (v. 16. rečenicu). Reč

Ključ uspeha: portret osnivača preduzeća

1 – Za kraj naše današnje emisije "Aktuelnosti iz ekonomije *(aktuelna ekonomija)*", predstavljamo vam Tomasa Vilbeka, osnivača preduzeća.

2 Pre nekoliko godina, još za vreme studija, osnovao je internet prodavnicu homesportgeräte.de,

3 i ubrzo *(za kratko vreme)* je postao jedan od evropskih lidera za onlajn prodaju kućne fitnes opreme.

4 Gospodine Vilbek, znate kako se posluje preko interneta. U čemu je vaša tajna?

5 – Kod internet prodaje treba najpre voditi računa da kupac upoređuje cene i kvalitet jednog artikla kod velikog broja drugih ponuđača,

der Handel, *trgovina*, se koristi u mnogim složenicama kao npr. **der Online-Handel**, *onlajn trgovina*; **der Einzelhandel**, *trgovina na malo*; **der Großhandel**, *trgovina na veliko*. Glagol **handeln** već poznajete u značenju: *delati*; **handeln von**, *raditi se o*. Imenica **die Handlung** znači *delanje, postupak* i *prodavnica, radnja*, npr. **die Buchhandlung**, *knjižara*.

② **anbieten**, *nuditi, ponuditi*; **das Angebot**, *ponuda*; **der Anbieter**, *dobavljač, ponuđač, nabavljač*, u značenju "onaj koji nudi", npr. **die Internetanbieter**; **der Lieferer (die Lieferfirma)**, *snabdevač, isporučilac*, u značenju "onaj koji dostavlja" (**liefern**, *isporučiti, dostaviti*).

60

6 insbesondere bei Produkten, wie wir sie vertreiben ③.

7 Erste Voraussetzung, um Erfolg zu haben, ist deshalb das Sortiment:

8 ein breites, preisgünstiges Angebot mit bekannten Marken und attraktiven Produkten.

9 Zu diesem Angebot muss dann die Nachfrage der Kunden gelenkt werden, durch Suchmaschinenmarketing und geschickte Verlinkungen ④.

10 Und wenn auf dem Online-Shop beides optimal zusammenfindet, dann kommt es letztlich nur noch auf eine gute Logistik an.

11 Und wenn die stimmt, dann läuft das Geschäft fast von alleine.

12 – In der Tat: Wer im Internet ein Home-Sportgerät sucht, landet mit hoher Wahrscheinlichkeit in Ihrem Internetshop homesportgeräte.de.

13 Inzwischen tragen Sie die Verantwortung für ein Unternehmen mit 87 Mitarbeitern, dessen Umsatz im letzten Jahr gut 28 Millionen Euro ⑤ betrug.

Napomene

③ **vertreiben**, *oterati, prognati.* U oblasti trgovine, ovaj glagol znači *rasporediti* ili *distribuirati.* Često se koristi kao sinonim za **verkaufen**, *prodati*; **der Vertrieb**, *distribucija*; **die Vertriebsabteilung**, *služba prodaje.* **Die großen Einzelhandelsunternehmen**, *velike trgovačke kuće*, **der Großmarkt** ili **der Verbrauchermarkt**, *supermarket.*

6 a posebno za one proizvode koje mi nudimo *(izbacujemo)*.
7 Prvi uslov za uspeh je, dakle, asortiman:
8 široka ponuda po povoljnim cenama, poznate marke i atraktivni proizvodi.
9 Potom, potražnja kupaca se ka toj ponudi mora usmeriti marketingom pretraživača *(mašina za pretraživanje)* i vešto [postavljenim] linkovima.
10 A kad su ta dva [uslova] optimalno spojena *(optimalno zajedno nađu)* na onlajn prodaji, onda na kraju sve zavisi samo od dobre logistike.
11 A ako je ona u redu, onda poslovi idu skoro sami od sebe.
12 – Zapravo, onaj ko na internetu traži kućnu fitnes opremu, ima velike šanse da naleti *(da sleti s visokom verovatnoćom)* na vašu internet prodavnicu homesportgeräte.de.
13 U međuvremenu ste postali odgovorno lice *(nosite odgovornost)* preduzeća sa 87 radnika, čiji je promet prošle godine dosegao nešto više od 28 miliona evra.

④ Već smo više puta podvukli podložnost nemačkog jezika uticaju engleskog. To se, naravno, odražava i u domenu novih tehnologija, ali i u celokupnom ekonomskom sektoru. Ovde je imenica **die Verlinkung**, *stvaranje linka*, (i odgovarajući glagol **verlinken**, *napraviti link*) nastala od engleske reči **link** (= *link, veza*).

⑤ Nemojte zaboraviti da je u nemačkom novčana jedinica, kao i većina mernih jedinica (**Kilo**, **Gramm**, **Liter**, itd.) nepromenljiva kad ispred nje stoji broj: **28 Millionen Euro**, *28 miliona evra*.

60 **14** Wie sehen Sie die zukünftige Entwicklung Ihres Unternehmens?

15 – Ich denke, unser Absatz ⑥ wird weiter zunehmen ⑦, so dass wir unser Wachstumstempo noch einige Jahre halten können.

16 Wir sind dabei, unser Angebot auf andere Sportgeräte auszuweiten und verhandeln mit neuen Partnern.

17 Im Übrigen rechnen wir auch in diesem Jahr mit einem Umsatzzuwachs von über 15%.

18 – Herr Willbeck, wie allen unseren Gästen stelle ich auch Ihnen die übliche Frage: Was hat Sie bewogen, Unternehmer zu werden?

19 – Wissen Sie, was ich Ihnen jetzt sage, ist eigentlich ziemlich privat.

20 Als ich um ⑧ die 16 war, fand ich mich irgendwie… zu schmächtig, und da habe ich mir so ein Muskeltrainer-Gerät gekauft.

21 Und als ich keine Lust mehr hatte, habe ich es wieder verkauft, im Internet, und zwar mit Gewinn!

22 Seitdem habe ich mich persönlich mehr für den Online-Verkauf als fürs Bodybuilding interessiert… mit einigem Erfolg. □

Napomene

⑥ Dobro zapamtite razliku između **der Absatz**, *prodaja, protok (robe)*, i **der Umsatz**, *obrt, promet* (17. rečenica). Imenice su nastale od glagola **absetzen**, *rasprodati*, *prodati*, odnosno **umsetzen**, *ostvariti*, *realizovati* (ovde data značenja su iz oblasti ekonomije).

14 Kako vidite budući razvoj vašeg preduzeća? **60**
15 – Mislim da će naša prodaja nastaviti da se povećava tako da ćemo još nekoliko godina moći da održimo ovaj tempo rasta.
16 Trenutno proširujemo ponudu na drugu sportsku opremu i pregovaramo s novim partnerima.
17 Uostalom, još ove godine očekujemo porast prihoda veći od 15%.
18 – Gospodine Vilbek, kao i svim našim gostima, postaviću vam uobičajeno pitanje: šta vas je podstaklo da postanete preduzetnik?
19 – Znate, ono što ću vam sad reći je zapravo prilično lično *(privatno)*.
20 Kad sam imao oko 16 [godina], mislio sam da sam, kako bih rekao… suviše kržljav, pa sam kupio ovakvu opremu za bildovanje *(trening mišića)*.
21 I kad mi je dosadilo *(kad me je prošla želja)*, prodao sam je preko interneta i uz to zaradio *(i zapravo zaradio)*!
22 Otad sam se lično više zainteresovao za internet prodaju nego za bodi bilding… i to s izvesnim uspehom.

‣ ⑦ Glagol suprotan od **zunehmen**, *rasti, povećavati se*, je **abnehmen**, *opadati, smanjiti se.*

⑧ Približan broj ili iznos se može izraziti upotrebom različitih priloga ili predloga: **um**, *otprilike, oko*; **gut** (13. rečenica), *(nešto) više od*; **über** (17. rečenica), *preko*, i njegov antonim **unter**, *manje od*. U 57. lekciji smo videli **knapp**, *tek, taman, nešto manje od*, a takođe znate **beinahe/fast**, *skoro.*

60 Übung 1 – Übersetzen Sie bitte!

❶ Wir vertreiben unsere Produkte nicht nur in unserem Online-Shop, sondern auch im traditionellen Handel. ❷ Wenn Sie ein besonders preisgünstiges Gerät suchen, müssen Sie die Angebote verschiedener Anbieter vergleichen. ❸ Seit das Sortiment des Geschäfts ausgeweitet wurde, findet man dort eine Vielzahl neuer Artikel mit attraktiven Preisen. ❹ Wenn wir dieses Tempo halten können, werden wir gut eine Stunde früher an unserem Ziel ankommen. ❺ Eine wichtige Voraussetzung, um als Unternehmensgründer erfolgreich zu sein, ist insbesondere die Fähigkeit, Verantwortung zu tragen.

Übung 2 – Ergänzen Sie bitte!

❶ Porast i smanjenje cena zavise od kretanja ponude i potražnje.
Ob . . . . oder . . . . . . , hängt . . . der Entwicklung . . . . und . . . .

❷ Iako se prodaja povećala, dobit je opala, a profit je bio manji od 10%.
. . . . der . . . . hatte, war der . . . . und der . . . . . . lag bei . . . . 10%.

❸ Otkad je odgovoran za službu prodaje, naši artikli konačno stižu do kupaca koji su ih poručili.
. . . . der Vertriebsabteilung die . . . . , landen . . . . endlich . . . . , die sie . . . .

Rešenje vežbe 1

❶ Naše proizvode ne prodajemo samo na našem sajtu onlajn već i u tradicionalnim prodavnicama. ❷ Ako tražite uređaj po izuzetno povoljnoj ceni, treba da uporedite ponude raznih dobavljača. ❸ Otkad se paleta proizvoda u prodavnici proširila, može se pronaći velik broj novih artikala po pristupačnim cenama. ❹ Ako možemo da održimo ovu brzinu, stići ćemo na odredište više od sat ranije. ❺ Važan uslov da budete uspešni kao osnivač preduzeća je, posebno, sposobnost da snosite *(nosite)* odgovornost.

❹ Verovatnoća da će još ove godine doći do porasta prometa za više od 10% nije baš velika.

... ., dass es in diesem Jahr wieder .... 10% ...., ist nicht sehr .....

❺ Prilikom takve trgovine, kupca, u krajnjem, na kupovinu pre navode pristupačne cene nego tehnički kvalitet proizvoda.

... . Geschäften .... die attraktiven Preise ... die technische ...., die ... . letztlich ... . bewegen.

Rešenje vežbe 2

❶ – die Preise steigen – fallen – von – des Angebots – der Nachfrage ab ❷ Obgleich – Absatz zugenommen – Umsatz gesunken – Gewinn – weniger als – ❸ Seit er in – Verantwortung trägt – unsere Artikel – bei den Kunden – bestellt haben ❹ Die Wahrscheinlichkeit – einen Umsatzzuwachs von gut – geben wird – hoch ❺ Bei solchen – sind es eher – als – Qualität der Produkte – die Kunden – zum Kauf –

61 Einundsechzigste Lektion

Todsichere Anlagen

1 – Das kann doch nicht dein Ernst sein, dass du dein ganzes Geld auf der Sparkasse liegen lässt – da sind doch die Zinsen bald niedriger als die Inflationsrate ①!

2 – Ich gehe lieber auf Nummer Sicher ②. Du weißt ja: „Lieber den Spatz in der Hand…"

3 – Aber da gibt 's doch viel gewinnbringendere ③ Geldanlagen, mit denen du in wenigen Jahren dein Kapital verdoppelst oder verdreifachst, beispielsweise an der Börse.

4 – Ich dachte, da gäb' es zurzeit mal wieder 'ne starke Baisse ④ und die meisten Kurse wären gefallen.

5 – Das ist genau die beste Gelegenheit, um preisgünstig Aktien zu kaufen!

6 Wenn du das Risiko streuen willst, kannst du dein Geld ja auch in einem Investmentfonds anlegen, da bringt es dir dann trotzdem gut 10%!

Napomene

① **die Rate**, *kvota, stopa*; **in Raten zahlen**, *platiti u više rata*; **die Wachstumsrate**, *stopa rasta*. Ali se kaže: **der Zinssatz**, *kamatna stopa*; **die Arbeitslosenquote**, *stopa nezaposlenosti*.

② **auf Nummer Sicher gehen**, doslovno "ići na siguran broj", *ne izlagati se opasnosti/riziku*. **Sicher ist sicher!** *Što je sigurno, sigurno!*

Šezdeset i prva lekcija 61

Sto posto sigurna ulaganja

1 – Ne misliš valjda stvarno da sav svoj novac držiš u štedionici - tu će kamate uskoro biti niže od stope inflacije!
2 – Više volim da idem na sigurno. Znaš dobro: "Bolje vrabac u ruci...".
3 – Ali postoje mnogo unosnija ulaganja novca zahvaljujući kojima ćeš za nekoliko godina udvostručiti ili utrostručiti kapital, kao na primer na berzi.
4 – Mislio sam da su sad akcije opet jako pale i da je većina kurseva oborena.
5 – Upravo je najbolji trenutak *(najbolja prilika)* da se povoljno kupe akcije!
6 Ako želiš da podeliš rizik, novac možeš uložiti u investicioni fond, to će ti ipak doneti 10%!

③ **der Gewinn**, *dobitak, profit, dobit, korist, zarada*, i particip prezenta glagola **bringen**, *doneti*, tvore pridev **gewinnbringend**, koji je ovde upotrebljen kao pridev u funkciji atributa u komparativu: **gewinnbringender-**.

④ Imenica **die Baisse** je pozajmljenica iz francuskog. Isti je slučaj i sa njenim antonimom, imenicom **die Hausse**, *porast, rast*.

61

7 – Auch wenn die Finanzmärkte mal wieder abstürzen?

8 – Na ja, ein bisschen risikofreudig ⑤ muss man natürlich schon ⑥ sein, wenn man Gewinn machen will.

9 Aber es gibt auch andere Fonds, da garantiert man dir dein Kapital.

10 – Auch den Gewinn?

11 – Nein, der Gewinn, der wird nie garantiert! Aber du bist zumindest sicher, dass man dir am Ende dein Kapital voll zurückzahlt, so dass du keine Verluste erleidest.

12 – Warum soll ich mein Geld dann nicht gleich auf dem Sparkonto lassen?

13 Dort behalte ich auch mein Kapital, und bekomme außerdem noch regelmäßig Zinsen!

14 – Wenn du der Börse misstraust, dann investiere doch im Immobilienmarkt! Da kann man gerade jetzt tolle Geschäfte machen.

15 – Und wenn ich dann wieder verkaufen will, ist zufällig gerade die Zeit für die schlechten Geschäfte.

Napomene

⑤ **das Risiko**, *rizik*, + **freudig**, *radostan*, *veseo*, tvore pridev **risikofreudig**, doslovno "srećan s idejom da preduzme rizik", *koji ima sklonosti ka riziku, ko je spreman da preduzme rizik.* I neki drugi pridevi nastaju po ovom modelu: imenica + **-freudig**, npr. **kontaktfreudig**, *koji voli da stupa u kontakte.*

⑥ Mala reč **schon** upotrebljena u konstataciji ovog tipa daje kritički ton izrazu: "Trebalo bi već prihvatiti spremnost da se rizikuje!"

7 – Čak i ako finansijska tržišta opet propadnu?

8 – Pa, čovek treba da bude malčice sklon riziku ako želi da zaradi.

9 Ali, postoje i drugi fondovi gde ti je glavnica zagarantovana.

10 – Profit takođe?

11 – Ne, profit nije nikad zagarantovan! Ali si bar siguran da će ti na kraju vratiti celu glavnicu, tako nećeš biti oštećen *(pretrpeti štetu)*.

12 – Zašto onda odmah ne ostavimo moj novac na štedni račun?

13 I tu ću sačuvati glavnicu, a uz to ću redovno dobijati kamatu!

14 – Ako ne veruješ berzi, onda uloži u tržište nekretnina! Baš sad se tu mogu napraviti sjajni poslovi.

15 – A kad potom budem želeo opet da prodam, baš će slučajno nastupiti period lošeg poslovanja.

61 **16** – Also, ohne ein bisschen Optimismus läuft nichts. Auch deine Sparkasse könnte ja Pleite gehen ⑦!

17 Ein todsicherer ⑧ Tipp ist natürlich immer die Anlage in Gold. Da gibt 's nie böse Überraschungen.

18 Der Goldpreis steigt ununterbrochen und schlägt gegenwärtig alle Rekorde, weil alle ihr Geld in Sicherheit bringen wollen.

19 – Ach, heißt das etwa ⑨, dass es den anderen auch an dem Optimismus mangelt ⑩, den du mir empfiehlst?

20 Außerdem hast du mir doch eben erklärt, man soll kaufen, wenn die Preise unten – und nicht wenn sie oben sind.

21 – Na ja, hinsichtlich der Preise ist die Schwierigkeit leider immer, dass man erst nachher weiß, ob sie schon ganz oben oder noch ganz unten waren!

22 – Tja, kein Zweifel: Nachher ist man immer schlauer! □

Napomene

⑦ Izrazi **Pleite gehen/machen**, *bankrotirati*, i **pleite sein**, *biti pod stečajem*, pripadaju svakodnevnom govoru. Koriste se i u figurativnom smislu: **Ich bin pleite!** *Švorc sam!*; **So eine Pleite!** *Kakav fijasko/propast!* U profesionalnom okruženju se koriste imenice **der Konkurs** ili **der Bankrott**, *bankrot, stečaj*, koji nastaje kad je jedno preduzeće *nesposobno da plaća* ili je *insolventno*, **zahlungsunfähig** (**die Zahlungsunfähigkeit**, *nesposobnost plaćanja*). **Den Konkurs anmelden**, *pasti pod stečaj*; **in Konkurs gehen (Konkurs machen)** ili **Bankrott machen/ gehen**, *bankrotirati*; **bankrott sein**, *biti pod stečajem*. Još jednom obratite pažnju na upotrebu malog slova uz glagol **sein**: **pleite/ bankrott sein** (**pleite** i **bankrott** su ovde pridevi kao predikat).

16 – Bez malčice optimizma, ništa ne ide. Čak bi i tvoja štedionica mogla da bankrotira! 61

17 Sto posto sigurna stvar *(uputstvo)*, je oduvek, očigledno, bilo ulaganje u zlato. Tu nikad nema loših iznenađenja.

18 Kurs zlata neprestano raste i trenutno tuče sve rekorde, pošto svi žele da stave svoj novac na sigurno.

19 – Da li to onda znači da taj optimizam koji mi preporučuješ i drugima nedostaje?

20 Uostalom, upravo si mi objasnio da treba kupovati kad cene padaju *(su ispod)*, a ne kad rastu *(su gore)*.

21 – Pa, dobro, teškoća u pogledu cena je što se, nažalost, ne zna uvek da li su već gore ili su još uvek dole!

22 – Da, nema sumnje: čovek je uvek pametniji kasnije!

⑧ Obratite pažnju na razliku u pravopisu između prideva **tot**, *mrtav*, i imenice **der Tod**, *smrt*. Upravo se imenica koristi u složenim pridevima poput **todernst**, *veoma ozbiljan, smrtno ozbiljan*; **todmüde**, *mrtav umoran*; **todkrank**, *ozbiljno/smrtno bolestan*.

⑨ Mala reč **etwa** pojačava upitni ton ili daje polemičku nijansu nekom pitanju: **Willst du das etwa kaufen?** *Zar ne želiš ipak da kupiš?*

⑩ Nemački razlikuje **mangeln**, *nedostajati, oskudevati* (= nemati u dovoljnoj količini), i **fehlen**, *nedostajati* (= ne biti prisutan). **Mangeln** se najčešće koristi uz subjekat **es** i predlog **an** (+ dat.): **Es mangelt (mir) an Zeit**, *Nemam (dovoljno) vremena*; **der Mangel** je takođe *oskudica, nedostatak* i *mana*, odakle odredba **mangelhaft**, *nedovoljan, manjkav, krnj, nepotpun*.

61 **Übung 1 – Übersetzen Sie bitte!**

❶ Wenn du regelmäßig am Training teilnimmst, kannst du sicher sein, diesen Rekord zu schlagen. ❷ Auch die Kurse der Aktien gehorchen dem Gesetz von Angebot und Nachfrage. ❸ Können Sie mir zumindest garantieren, dass es keine bösen Überraschungen geben wird? ❹ An der Börse mangelt es nicht an guten Gelegenheiten, sein Geld gewinnbringend anzulegen. ❺ Wenn die Inflationsrate höher ist als die Zinsen, die ein Sparkonto bringt, lohnt es sich nicht mehr, zu sparen.

Übung 2 – Ergänzen Sie bitte!

❶ Što kursevi brže rastu, to je veći rizik da će isto tako brzo pasti!

.. .. die Kurse ...., ... ist auch das ......, dass sie genauso schnell .... !

❷ Ne verujem nekom ko tvrdi da je udvostručio dobit, a pri tom ne vraća svoje dugove.

Ich ...., der behauptet, seinen .... zu haben, aber .... nicht ....

❸ Uložite svoju glavnicu kod nas, jer je ovde na sigurnom, čak i ako berzanski kursevi naglo padnu.

.... bei uns .., denn hier ist es sicher, ... die Börsenkurse ....

Sličnost brojnih izraza iz sveta bankarstva i finansija između srpskog i nemačkog (i brojnih drugih jezika) leži u činjenici da su te

Rešenje vežbe 1

❶ Ako budeš redovno trenirao *(učestvovao na treninzima)*, možeš biti siguran da ćeš oboriti taj rekord. ❷ I kursevi deonica se pokoravaju zakonu ponude i potražnje. ❸ Možete li mi barem garantovati da neće biti ružnih iznenađenja? ❹ Na berzi uvek ima *(ne nedostaje)* dobrih prilika za unosno ulaganje novca. ❺ Kad je stopa inflacije veća od kamata koje donosi štedni račun, ne vredi više štedeti.

❹ Preduzeće je, nažalost, pretrpelo velike gubitke i verovatno će zbog toga morati da ode pod stečaj.
Die Firma ... . hohe .... und wird .... gehen.

❺ Tražene *(željene)* kredite odobravamo tek kad smo uvereni da naši klijenti mogu da vrate *(takođe)* glavnicu sa kamatama.
Wir .... die .... nur dann, ..., dass unsere Kunden .... auch ....

Rešenje vežbe 2

❶ Je schneller – steigen, desto größer – Risiko – wieder fallen ❷ – misstraue jemandem – Gewinn verdoppelt – trotzdem seine Schulden – zurückzahlt ❸ Legen Sie Ihr Kapital – an – auch wenn – abstürzen ❹ – hat leider – Verluste erlitten – deshalb wahrscheinlich Pleite – ❺ – gewähren – gewünschten Kredite – wenn wir sicher sind – Kapital plus Zinsen – zurückzahlen können

reči najčešće pozajmljene iz italijanskog. Zapravo, "savremene" finansije su svet ugledale u Italiji, početkom 15. veka.

62 Zweiundsechzigste Lektion

Made in Germany

1 In unserer Chronik „Besserwisser" ① interessieren wir uns heute für die Bedeutung einer Bezeichnung, die aus der englischen Sprache stammt und ② doch etwas betrifft, worauf man in Deutschland besonders stolz ist: *Made in Germany*!

2 Ein Gütesiegel, das von der deutschen Industrie erfunden wurde, um ihre Produkte als deutsche Qualitätsarbeit zu kennzeichnen und ihnen hiermit auf dem Weltmarkt einen Wettbewerbsvorteil ③ zu verschaffen, meinen Sie?

3 Leider sind alle drei Annahmen falsch!

4 Erstens wurde die Bezeichnung von den Engländern erfunden, was man sich ja hätte denken können, und zwar am 22. August 1887, um es genau zu sagen.

Napomene

① **ein Besserwisser**, *gospodin* "ja sve *znam*", *sveznalica, cepidlaka*.

② Kad zavisne relativne rečenice istog tipa (imaju istu relativnu zamenicu) idu jedna za drugom, relativna zamenica se često iskazuje samo u prvoj relativnoj rečenici. Isto tako, često se pravi elipsa veznika **um** u dve infinitivne rečenice istog tipa koje stoje jedna do druge (v. 2. iskaz u 2. rečenici).

Made in Germany

1 U našoj hronici "Sveznalica", danas ćemo pažnju posvetiti *(zanimaćemo se)* značenju naziva koji nam dolazi iz engleskog, ali se odnosi na nešto na šta smo u Nemačkoj posebno ponosni: *Made in Germany*!
2 Mislite da je to oznaka kvaliteta koju je izumela nemačka industrija kako bi se njeni proizvodi razlikovali kao [proizvodi] izrade nemačkog kvaliteta *(nemačke kvalitetne izrade)* čime na svetskom tržištu imaju *(pribavljaju)* konkurentsku prednost?
3 Nažalost, sve tri pretpostavke su pogrešne!
4 Prvo, ovaj naziv su izmislili Englezi, kao što se i moglo pretpostaviti, 22. avgusta 1887. da budemo tačni.

③ **der Wettbewerb**, *konkurs, takmičenje*, u kontekstu ekonomije: *konkurencija*; **der Wettbewerbsvorteil** je *prednost nad konkurencijom*; **die Wettbewerbsfähigkeit** je sposobnost (**Fähigkeit**) "da se bori u odnosu na konkurenciju": *kompetitivnost* (6. rečenica); **wettbewerbsfähig**, *kompetitivan, konkurentan.*

5 Zweitens war sie keineswegs als Gütesiegel gedacht ④, sondern als Kennzeichnung von Billigware und schlechter Qualität, Ramschware würden wir heute sagen.

6 Und drittens ging es nicht darum, die Wettbewerbsfähigkeit der deutschen Industrie zu fördern, sondern vielmehr ⑤ darum, sie zu behindern.

7 Über ein Jahrhundert lang war das britische Empire die führende Wirtschaftsmacht der Welt gewesen.

8 Deutschland hatte erst Ende des 19. Jahrhunderts seine industrielle Revolution erlebt.

9 Zunächst konnte es nur dank seiner niedrigeren Löhne und längeren Arbeitszeiten mit billigen, aber meistens auch minderwertigen Industrieprodukten auf dem Weltmarkt Fuß fassen ⑥.

Pojašnjenje izgovora

8 Revolution *[révolucion]* Ne zaboravite da u rečima francuskog porekla u nemačkom jeziku **v** treba izgovarati kao *[v]*, dok ga u nemačkim rečima uvek treba čitati kao *[f]*!

Napomene

④ **als etw. gedacht sein**, *biti zamišljen/predviđen kao*; **für etw./jmdn. gedacht sein**, *biti određen za nešto/nekog.*

⑤ Prilog **vielmehr** koji stoji iza negacije se prevodi kao *naprotiv, suprotno.* Nemojte ga pomešati sa **viel mehr** (piše se odvojeno), *mnogo više.*

5 Drugo, uopšte nije zamišljen kao oznaka kvaliteta, već kao znak raspoznavanja za jeftinu robu i loš kvalitet, bofl, rekli bismo danas.

6 I treće, nije uopšte bilo reči o podsticanju konkurentnosti nemačke industrije, već naprotiv o njenom sputavanju.

7 Tokom više od jednog veka, britansko carstvo je bilo vodeća ekonomska sila u svetu.

8 Nemačka je doživela industrijsku revoluciju tek krajem 19. veka.

9 U početku je samo zahvaljujući nižim zaradama i dužim radnim časovima uspela da se nametne svetskom tržištu industrijskim proizvodima, jeftinim, ali uglavnom lošeg kvaliteta *(manje vrednosti)*.

⑥ **Fuß fassen auf**, doslovno "staviti nogu na", *utvrditi se, uspeti da se nametne na/u.*

62 **10** Der Ruf der deutschen Produkte, „billig und schlecht” zu sein, hinderte die deutschen Unternehmen aber nicht daran, ihren Absatz auch auf dem englischen Binnenmarkt ⑦ innerhalb von 10 Jahren um 30% zu erhöhen.

11 Wie bei den meisten Waren der ausländischen Konkurrenz ⑧ insgesamt handelte es sich im Allgemeinen um Nachahmungen britischer Produkte und Marken.

12 Dieser Bedrohung der britischen Industrie sollte das am 22. August 1887 verabschiedete Handelsmarkengesetz, der sogenannte „Merchandise Act”, entgegenwirken.

13 Es bestimmte, dass fortan auf allen ausländischen Produkten das Ursprungsland anzugeben sei.

14 Die deutschen Hersteller versuchten zunächst, die Maßnahme mit allen möglichen Tricks zu umgehen,

15 zum Beispiel, indem sie das „Made in Germany” nur auf die Verpackung druckten oder so auf dem Produkt versteckten ⑨, dass es kaum zu finden war.

Napomene

⑦ Prilog **innen** znači *unutar*, odakle npr. **die Innenstadt**, *centar grada*. Složenica **Binnen-** se najčešće koristi da se nešto smesti unutar neke zemlje: **der Binnenhandel**, *unutrašnja trgovina* (**der Außenhandel**, *spoljna trgovina*); **das Binnenland**, *unutrašnjost zemlje (daleko od obala)*; **der Binnenhafen**, ▸

10 Glas da su nemački proizvodi "jeftini i loši" ipak nije sprečio nemačka preduzeća da povećaju prodaju unutar engleskog tržišta za 30% u roku od 10 godina.

11 Kao i za većinu robe strane konkurencije u celini, uglavnom se radilo o imitaciji britanskih proizvoda i marki.

12 Tu pretnju britanskoj industriji je trebalo da spreči zakon o trgovačkim markama 22. avgusta 1887. nazvan "Merchandise Act".

13 On je određivao da ubuduće na svim stranim proizvodima mora biti navedena zemlja porekla.

14 Nemački proizvođači su prvo pokušali da zaobiđu ovu meru svakakvim mogućim trikovima,

15 na primer, štampajući "Made in Germany" samo na ambalaži ili ga skrivajući na proizvodu tako da se teško pronađe.

▸ *rečna luka*. Ali, kaže se: **die Innenpolitik**, *unutrašnja politika*, i **das Inlandsprodukt**, *društveni proizvod.*

⑧ Nemački izraz **die Konkurrenz**, *konkurencija*, označava ujedno i ekonomski princip i skup konkurenata (**der Konkurrent**) jednog preduzeća: **Wir sind billiger als die Konkurrenz**, *Jeftiniji smo od konkurencije.*

⑨ U 2. zavisnoj rečenici ne samo da imamo elipsu veznika **indem** već i subjekta **sie**, koji je isti sa subjektom 1. zavisne rečenice (v. takođe 2. napomenu).

62 16 Doch verbesserte sich die Qualität der deutschen Produkte zunehmend, insbesondere im Bereich der damals neuen Technologien, der Elektrotechnik und der Chemieindustrie.

17 Infolge ⑩ der Kennzeichnung „Made in Germany” entdeckten viele Kunden die deutsche Herkunft von Produkten, mit denen sie zufrieden waren und in denen sie englische Produkte vermutet hatten.

18 Immer mehr Importeure in Ländern des britischen Empires, die diese Waren bisher aus England bezogen hatten, bestellten sie nun direkt beim deutschen Hersteller.

19 Anfang des 20. Jahrhunderts war Deutschland zur führenden Industriemacht Europas geworden –

20 und was ein Makel hatte sein sollen, war zum Gütesiegel geworden.

21 „Warranted made in Germany” schrieben nun manche Hersteller stolz auf ihre Produkte, auf gut Deutsch: „Garantiert in Deutschland hergestellt”! □

Napomene

⑩ **infolge**, predlog koji zahteva genitiv: *usled, sledstveno tome.*

16 Ali kvalitet nemačkih proizvoda će se postepeno poboljšati, pogotovo u domenu tadašnjih novih tehnologija, elektrotehnike i hemijske industrije. 62

17 Zbog oznake “Made in Germany”, mnogi klijenti otkrivaju nemačko poreklo proizvoda kojima su bili zadovoljni, a za koje su pretpostavljali da su engleski *(proizvodi)*.

18 U zemljama britanskog carstva, sve više uvoznika, koji su se do tada snabdevali tom robom iz Engleske, počinje da poručuje direktno od nemačkog proizvođača.

19 Početkom 20. veka, Nemačka je postala vodeća industrijska sila u Evropi –

20 a ono što je trebalo da bude ljaga, postalo je oznaka kvaliteta.

21 “Warranted made in Germany”, sad pojedini proizvođači, ponosni na svoje proizvode, jasno *(na dobrom nemačkom)* pišu: “Garantovano izrađeno u Nemačkoj”!

Übung 1 – Übersetzen Sie bitte!

❶ Dank der Maßnahmen, mit denen die Wettbewerbsfähigkeit des Unternehmens gefördert wurde, verbesserte sich der Absatz. ❷ Es handelt sich keineswegs um Qualitätsarbeit, sondern vielmehr um eine billige Nachahmung. ❸ Die Bedeutung dieser Kennzeichnungen wird wohl irgendwo auf der Verpackung angegeben sein. ❹ Infolge der starken Nachfrage wurde aus dem kleinen Betrieb das führende Unternehmen der Elektrotechnik. ❺ Ein Importeur bezieht Produkte von ausländischen Herstellern, um sie dann auf dem Binnenmarkt zu verkaufen.

Übung 2 – Ergänzen Sie bitte!

❶ Pretpostavka da ono što je odštampano na pakovanju odgovara takođe i sadržaju je, nažalost, uglavnom pogrešna.
Die . . . . , ... , . . . auf die Verpackung . . . . , auch dem Inhalt . . . . , ist . . . . leider . . . .

❷ Da bi se suprotstavili pretnji stranih proizvoda, zaobišli su pravila slobodne konkurencije.
. . der Bedrohung . . . . Produkte . . . . , ... sie die Regeln . . . .

❸ Zbog pogrešne oznake, moglo se odmah shvatiti da je reč o robi veoma lošeg kvaliteta!
Man hätte doch sofort . . . . der . . . . feststellen . . . . . . , dass es sich . . eine . . . . handelte!

Rešenje vežbe 1

❶ Zahvaljujući merama koje podstiču konkurentnost preduzeća, prodaja se poboljšala. ❷ Uopšte nije reč o kvalitetnom proizvodu već, naprotiv, o jeftinoj kopiji. ❸ Značenje ovog znaka za raspoznavanje će sigurno biti navedeno negde na pakovanju. ❹ Zbog velike potražnje, malo preduzeće je postalo vodeća kompanija u elektrotehnici. ❺ Uvoznik nabavlja proizvode kod stranih proizvođača da bi ih potom prodao u zemlji *(na unutrašnjem tržištu).*

❹ Dobar glas je svakom preduzeću adut *(konkurentska prednost)* koju mu konkurenti ne mogu oduzeti.

. . . . ist für jede Firma ein . . . . , den die . . . . ihr nicht . . . .

❺ Zakon koji je izglasan u Evropskom parlamentu određuje da će samo proizvodi s oznakom kvaliteta moći da se prodaju na tržištu Evropske unije *(na evropskom unutrašnjem tržištu).*

. . . . , das im europäischen Parlament . . . . , ... , dass auf . . . . nur Produkte verkauft . . . . , die . . . . tragen.

Rešenje vežbe 2

❶ – Annahme, dass das, was – gedruckt wird – entspricht – im Allgemeinen – falsch ❷ Um – durch die ausländischen – entgegenzuwirken, umgingen – des freien Wettbewerbs ❸ – aufgrund – falschen Bezeichnung – können – um – Ware minderwertiger Qualität – ❹ Der gute Ruf – Wettbewerbsvorteil – Konkurrenz – nehmen kann ❺ Das Gesetz – verabschiedet wurde, bestimmt – dem europäischen Binnenmarkt – werden dürfen – dieses Gütesiegel –

63 Dreiundsechzigste Lektion

Zusammenfassung – Ponavljanje

1 Bezlična zamenica *es*

Ima nekoliko funkcija:

• Kao i **das**, njome možemo ponoviti ono što je ranije bilo rečeno, npr. **Ich wusste es schon**.

• Može biti atribut zamenici u funkciji subjekta, npr. **Bist du es?** *Jesi li to ti?*; **Ich bin es**, *Ja sam (to).*

• Ona je subjekat bezličnih glagola (npr. **Es regnet**) ili nekih izraza. Tad je neizostavni sastavni deo rečenice, npr. **Es handelt sich um...**, *Radi se o...*; **Es kommt nur auf die Logistik an**, *Sve zavisi od logistike.*
Kakav god bio tip ili struktura rečenice, **es** se ne izostavlja, npr. **Nur auf die Logistik kommt es an**.

• Kao "prividni subjekat", može zauzimati 1. mesto u glavnoj rečenici: **Es folgen genaue Angaben**, *Slede tačna uputstva.*
Često ćemo **es** videti u funkciji "prividnog subjekta" kad je glagol u pasivnom stanju, npr. **Es wird ein Verwarnungsgeld erhoben**, *Kazna je naplaćena.*
Pazite na glagol, jer se on uvek slaže sa logičkim subjektom. Ako je on u množini, i glagol će biti u množini! Na primer: **Es werden nur die Zweitstimmen berücksichtigt**, *Jedino se drugi glasovi računaju.*
Kad se neki drugi element nalazi na 1. mestu u rečenici, "prividni subjekat" **es** će nestati, npr. **Genaue Angaben folgen**.

• **Es** se često koristi kao antecedens koji najavljuje zavisnu ili infinitivnu rečenicu:
Mit uns haben Sie es in der Hand, Ihre Ideen durchzusetzen!
Sa nama imate moć da nametnete svoje ideje!

Sie fanden es zufällig absolut notwendig, die Blumen auf Ihrem Balkon zu begießen, *Smatrali ste da je baš neophodno da zalivate cveće na svom balkonu.*
Obratite pažnju da će, ako zavisnu rečenicu stavimo na početak iskaza, **es** nestati: **Ihre Blumen zu begießen finden Sie wohl nicht notwendig!** *Izgleda da vam se ne čini neophodnim da zalivate cveće!*

2 Zamenički prilozi

Prilozi **da**, *tu*, **hier**, *ovde*, i **wo**, *gde*, s nekim predlozima tvore zameničke priloge, kao npr. **davon**, **hiermit**, **wofür**.
Reč je o sledećim predlozima: **an**, **auf**, **aus**, **bei**, **durch**, **für**, **gegen**, **hinter**, **in**, **mit**, **nach**, **neben**, **über**, **um**, **unter**, **von**, **vor**, **zu**, **zwischen**.

Što se tiče predloga koji počinju samoglasnikom, umeće se **-r-** između priloga i predloga **da-** i **wo-**, npr. **darauf**, **worauf**.
Upotreba zameničkih priloga je veoma česta u nemačkom jeziku, posebno uz glagole/prideve s predlozima:
– da bi uputili na nešto što je ranije bilo rečeno: **Können Sie einen Termin vereinbaren?** *Možete li dogovoriti sastanak?* **Ja ich kümmere mich darum**, *Da, pobrinuću se za to.*
– ima ulogu pokazne zamenice: **Hiermit kannst du allmächtig handeln**, *S tim ćeš biti svemoćan.*
– služi kao antecedens zavisnoj ili infinitivnoj rečenici koja sledi: **Es geht darum, die Wettbewerbsfähigkeit zu fördern**, *S tim će se podstaknuti konkurentnost.*

Upitni oblik **wo** + predlog ima ulogu upitne zamenice i, ujedno, relativne zamenice, kad je antecedens neka bezlična neodređena zamenica (**das**, **nichts**, **etwas**, **alles** ...):
Worin besteht Ihr Geheimnis? *U čemu je vaša tajna?*
Es gibt nichts, worauf ich sehr stolz wäre, *Ne postoji ništa na šta bih bio veoma ponosan.*

63 Obratite pažnju! Zamenički prilozi mogu da zamene samo stvari. Ako je reč o ljudima, treba upotrebiti predlog + odgovarajuću ličnu ili upitnu zamenicu, npr.
Erinnerst du dich noch an unsere Reise? *Da li se još sećaš našeg putovanja?* **Ja, ich denke oft daran**, *Da, mislim često na to.* Ali: **Erinnerst du dich noch an unseren Kollegen?** *Sećaš li se još našeg kolege?* **Ja, ich denke oft an ihn**, *Da, često mislim na njega.* **Woran denkst du?** *Na šta misliš?* Ali: **An wen denkst du?** *Na koga misliš?*

3 Upotreba participa prošlog i participa sadašnjeg u negovanom govoru

U negovanom govoru nemački radije koristi particip koji upotrebljava kao pridev u funkciji atributa, nego relativnu rečenicu, npr.
mit dem am 22. August 1887 verabschiedeten Handelsmarkengesetz, *zakonom o trgovačkim markama, izglasanim 22. avgusta 1887*;
von den am Wahlkampf teilnehmenden Parteien, *strankama učesnicama u izbornoj kampanji.*

Simultanost dve radnje, za koju u srpskom koristimo glagolski prilog sadašnji, u nemačkom iskazujemo sledećim obrtima:
– zavisna rečenica uvedena sa **indem**: **Sie versuchten die**

Dialog zur Wiederholung

1 Es folgen die Nachrichten:
2 Politik
3 Laut den letzten Umfragen wird keine der beiden großen Parteien bei den kommenden Wahlen genügend Sitze für eine Mehrheit im Bundestag erringen.
4 Allerdings versichern fast 30% der Wähler, noch unentschlossen zu sein, für wen sie schließlich stimmen werden.
5 Nach Angaben des Finanzministers rechnet man in diesem Jahr mit einer Inflationsrate von weniger als 1,8% und einem Wachstum von gut 3%.

Maßnahme zu umgehen, indem sie das „Made in Germany" nur auf die Verpackung druckten, *Pokušali su da zaobiđu propise štampajući "Made in Germany" samo na ambalažu.* 63
– imeničkom grupom: **Herr B weigerte sich mit der Begründung, dass dies nicht zu ihrer Vereinbarung gehört habe**, *Gospodin B je odbio navodeći da to nije bio deo njihovog dogovora.*
Und dabei vergessen wir gern, dass es das Preußen nicht mehr gibt, *Pri tom rado zaboravljamo da Prusija više ne postoji.*

Nemački ima i poseban oblik participa sadašnjeg (koji je moguć samo s prelaznim glagolima) ispred kog stoji **zu**, i koji se koristi jedino kao pridev u funkciji atributa. On daje pasivno značenje radnji koja će se dogoditi u budućnosti:
Die noch zu vergebenden Sitze gehen an die Listenkandidaten, *Preostala mesta će biti dodeljena kandidatima s izbornih lista.*

Prevod

1 Slede vesti: **2** Politika **3** Prema poslednjim anketama, nijedna od dve velike partije prilikom predstojećih izbora neće osvojiti većinu u Bundestagu. **4** Međutim, skoro 30 % birača je još uvek neodlučno za koga će na kraju glasati. **5** Prema obaveštenjima ministra finansija, za ovu godinu se očekuje stopa inflacije od najmanje 1,8 % i rast za više od 3 %.

63 **6** Infolge der vorangegangenen Krise seien aber Investitionsprogramme notwendig, um die immer noch zu hohe Arbeitslosigkeit zu bekämpfen.

7 Mit knapper Mehrheit verabschiedeten die Abgeordneten gestern im Bundestag den Haushalt für das kommende Jahr.

8 Wirtschaft:

9 Die Umsätze des Internetverkaufs haben sich innerhalb weniger Jahre verdoppelt,

10 und die Gewinne der großen Unternehmen des Online-Handels betrugen auch in diesem Jahr wieder mehr als 10%.

11 Nachdem die Kurse an den europäischen Börsen seit einer Woche ununterbrochen gefallen waren,

12 stiegen sie heute um gut 1,5%, wobei die Aktien der führenden Unternehmen der Chemieindustrie alle Rekorde schlugen.

13 Es mangele nicht an innovativen Technologien und an Unternehmensgründern,

14 sondern an geeigneten Maßnahmen, um die Wettbewerbsfähigkeit der Unternehmen zu gewährleisten, erklärte der Präsident der Europäischen Kommission anlässlich eines Interviews im Fernsehen.

15 Zum Abschluss die Wettervorhersage:

16 Infolge des über Skandinavien liegenden Hochs nehmen die Temperaturen weiter zu und das Wetter wird zumindest bis zum Wochenende schön bleiben.

6 Nakon prošle krize, investicioni programi će ipak biti neophodni da bi se pobedila, još uvek visoka, nezaposlenost. **7** S tesnom većinom, juče su u Bundestagu poslanici izglasali budžet za narednu godinu. **8** Ekonomija:

9 Promet onlajn prodaje se udvostručio za nekoliko godina, **10** a dobit velikih onlajn trgovačkih preduzeća je porasla, samo u ovoj godini, za više od 10%. **11** Nakon što su od pre nedelju dana kursevi evropskih berzi neprekidno padali, **12** danas su se popeli za više od 1,5 %, a akcije vodećih preduzeća u hemijskoj industriji su potukle sve rekorde. **13** Ne nedostaju ni nove tehnologije ni osnivači preduzeća, **14** već prikladne mere koje bi garantovale konkurentnost preduzeća, izjavio je predsednik Evropske komisije prilikom jednog intervjua na televiziji. **15** I za kraj, vremenska prognoza: **16** Usled anticiklona koji se nalazi iznad Skandinavije, temperature će nastaviti da rastu, a lepo vreme će se zadržati do kraja sedmice.

64 Vierundsechzigste Lektion

Zehn Lieblingsbücher der Deutschen

1 Die folgenden zehn Romane bekannter, deutschsprachiger Autoren gehören laut einer vom ZDF durchgeführten ① Umfrage zu den hundert Lieblingsbüchern der Deutschen.
2 Patrick Süskind, *Das Parfum*
3 Eine außergewöhnliche Begabung für Gerüche und Düfte lassen den Helden, Jean-Baptiste Grenouille, zum Schöpfer ② eines unwiderstehlichen Parfüms werden – und zum Mörder.
4 Thomas Mann, *Die Buddenbrooks*
5 In seinem ersten großen Roman erzählt Thomas Mann die Geschichte vom Niedergang einer reichen, angesehenen Hamburger Kaufmannsfamilie in der zweiten Hälfte des 19. Jahrhunderts.

Pojašnjenje izgovora
U završnim nenaglašenim slogovima, **i** i **e** se izgovaraju posebno, npr. **Familie** *[fa:mi:lie]* (5. rečenica), **Tragödie** *[tragœ:die]* (9. rečenica); kad je završni slog naglašen, tad ćemo **ie** izgovoriti kao dugo **i**, npr. **Philosophie** *[fi:lo:zofi:]* (11. rečenica).
Obratite pažnju na reči francuskog porekla, zadržava se francuski izgovor diftonga **eu**: **Milieu** *[miljø:]* (15. rečenica), glas **g** ćemo pročitati kao **ž**: **Ingenieur** *[inžénjœ:r]* (21. rečenica), **v** : **Konventionen** *[konvèncjo:nën]* (15. rečenica), kao i izgovor *[c]* slova **t** u slogovima **-tion** i (**-tient**): **Konventionen**, **Rationalität** *[racio:na:litè:t]* (21. rečenica).
2 Ako je reč **Parfum** napisana po francuskom pravopisu, izgovara se "po francuski", napisana na nemačkom **Parfüm** će se izgovoriti *[parf[u]i:m]*.

Deset omiljenih knjiga Nemaca

1 Sledećih deset romana poznatih pisaca na nemačkom jeziku spadaju u sto omiljenih knjiga Nemaca, prema jednoj anketi koju je spraveo ZDF.
2 Patrik Ziskind, *Parfem*
3 Neverovatan dar za neprijatne i prijatne mirise stvara od junaka, Žan Batista Grenuja, tvorca neodoljivog parfema – i ubicu.
4 Tomas Man, *Budenbrokovi*
5 U svom prvom velikom romanu Tomas Man pripoveda istoriju pada jedne bogate i ugledne hamburške trgovačke porodice tokom druge polovine 19. veka.

Napomene

① Obratite pažnju na prošireni particip prošli upotrebljen kao pridev u funkciji atributa: **laut einer Umfrage, die vom ZDF durch-geführt wurde → laut einer vom ZDF durchgeführten Umfrage**.

② Glagol **schöpfen** istovremeno znači *crpsti, vaditi nešto* (npr. pomoću neke posude) i *stvarati*; **der Schöpfer** je, dakle, *kreator, stvaralac, autor nekog dela*. Ovaj izraz se koristi u religiji kad se govori o *Tvorcu (sveta)*.

64 **6** Bernhard Schlink, *Der Vorleser* ③

7 Michael Berg hat als junger Mann eine Liebesbeziehung mit Hanna, einer älteren Frau, die ihn für sein ganzes weiteres Leben prägt.

8 Eines Tages verschwindet Hanna und Michael Berg entdeckt sie erst Jahre später als Angeklagte in einem Prozess gegen Nazi-Verbrecher wieder.

9 Johann Wolfgang von Goethe ④, *Faust, der Tragödie erster Teil* ⑤

10 Faust, Forscher und Gelehrter im 16. Jahrhundert, strebt nach Erkenntnis und Anerkennung, verzweifelt aber schließlich an den engen Schranken seiner Welt und seines Wissens.

11 *„Habe nun, ach! Philosophie,*
Juristerei ⑥ *und Medizin,*
Und leider auch Theologie!
Durchaus studiert, mit heißem Bemüh'n.

12 *Da steh ich nun, ich armer Tor* ⑦*!*
Und bin so klug als wie zuvor;"

Napomene

③ Odvojivi prefiks **vor-** može ukazati da se radnja odvija "pred drugom osobom", odnosno za njegovu pažnju, npr. **vorlesen**, *čitati glasno*; **jmdm. etw. vorsagen**, *reći nešto da bi neko to mogao ponoviti*; **vorspielen**, *svirati (muzički komad) pred nekim.*

④ Prefiks **von**, *od*, kad stoji ispred prezimena ukazuje na otmeno poreklo porodice. Gete, rođen bez titule, dobio je plemićku titulu za svoje zasluge, dok je Baron fon Inšteten (15. rečenica), poreklom zaista plemić.

⑤ **der Tragödie erster Teil = der erste Teil der Tragödie**: Ranije se saksonski genitiv (dodatak imenici koji stoji ispred nje i zamenjuje svaku drugu determinantu) mnogo češće upo-

6 Bernhard Šlink, *Čitač*
7 Mihael Berg je kao mladić bio u ljubavnoj vezi sa starijom ženom, Hanom, [i ta veza] će ostaviti traga na njegov *(čitav)* dalji život.
8 Jednog dana, Hana je nestala, a Mihael Berger je pronalazi godinama kasnije, kao optuženu u procesu protiv nacističkih zločinaca.
9 Johan Volfgang fon Gete, *Faust, prvi deo tragedije*
10 Faust, istraživač i učenjak iz 16. veka, teži saznaju i priznanju, ali do kraja očajava [zbog] uskih ograničenja svog sveta i znanja.
11 *"Do sad sam, avaj, učio filozofiju,*
Pravo i medicinu,
A nažalost i teologiju!
S mnogo žarkog truda.
12 *A, evo me sad, sirote budale!*
I nisam pametniji nego ranije;"

trebljavao. Danas se retko koristi (osim uz vlastite imenice, npr. **Goethes Faust**, *Geteov Faust*), i više je odlika književnog, negovanog stila.

⑥ Sufiksom **-(er)ei**, dodatim na koren glagola, možemo tvoriti imenicu koja označava radnju ili mesto gde se ona odvija, npr. **backen**, *peći* → **die Bäckerei**, *pekara*. Po tom modelu je nastala imenica koju vidimo ovde **die Juristerei**, *pravne studije / praksa*. Danas se ovaj oblik često koristi da bi se dodalo pomalo pogrdno značenje radnji o kojoj je reč: **Diese Warterei macht mich nervös**, *Unervozilo me je ovo beskrajno čekanje*; **Die lange Rederei hilft uns nichts!** *Njegovo raspredanje nam nije od pomoći!*

⑦ Pazite! Nemojte pomešati homonime **der Tor**, *budala, ludak*, i **das Tor**, *kapija, vrata*!

64 **13** So schließt er einen Pakt mit dem Teufel, der ihm die Erfüllung aller Wünsche verspricht, wenn Faust, einmal zufrieden gestellt ⑧, ihm dafür seine Seele überlässt.

14 Theodor Fontane, *Effi Briest*

15 Die gesellschaftlichen Konventionen ihres Milieus und ihrer Zeit treiben Effi von Briest, Tochter einer adligen Familie und Ehefrau des 20 Jahre älteren Barons von Innstetten, nach der Entdeckung einer außerehelichen Liebesaffäre ins Elend und schließlich in den Tod.

16 Hermann Hesse, *Siddhartha*

17 In einer fiktiven Lebensgeschichte beschreibt Hermann Hesse die Ereignisse, die Proben und die Erfahrungen, die aus dem jungen Prinzen Siddhartha schließlich Buddha, den Begründer des Buddhismus, werden lassen.

18 Michael Ende, *Die unendliche Geschichte*

19 Mit der Entdeckung eines geheimnisvollen Buchs, *Die unendliche Geschichte*, betritt der zehnjährige Bastian Bux eine abenteuerliche Fantasiewelt, die von bösen Mächten bedroht ist und die er retten soll.

20 Max Frisch, *Homo faber*

21 Der Schweizer Ingenieur Walter Faber misstraut Gefühlen und glaubt an die Rationalität der Technik und der Wissenschaft.

13 Tad je sklopio savez sa đavolom koji mu je obećao ispunjenje svih želja ukoliko mu Faust, kad bude zadovoljan, preda svoju dušu.
14 Teodor Fontane, *Efi Brist*
15 Nakon otkrića vanbračne ljubavne afere, društveni običaji njene sredine i vremena, gurnuli su Efi fon Brist, ćerku iz ugledne porodice i suprugu 20 godina starijeg barona fon Inštetena, u bedu i na kraju u smrt.
16 Herman Hese, *Sidarta*
17 U izmišljenoj biografiji, Herman Hese opisuje događaje, iskušenja i iskustva koja su mladog princa Sidartu do kraja preobrazila u Budu, osnivača budizma.
18 Mihael Ende, *Beskrajna priča*
19 S otkrićem tajanstvene knjige, *Beskrajna priča,* desetogodišnji Bastian Buks dospeva u izmišljeni svet pun mašte kojem prete zle sile i koji mora spasiti.
20 Maks Friš, *Homo faber*
21 Švajcarski inženjer Valter Faber se čuva osećanja i veruje u tehniku i nauku zasnovanim na razumu.

Pojašnjenje izgovora
15 Liebesaffäre: pravopis reči **-affäre** je germanizovan pa se ona izgovara s nemačkim akcentom: *[li:bësaférë]*.

Napomene

⑧ Iza imenice, prošireni particip koji je deo predikata se ne menja po padežima: **Faust, einmal zufrieden gestellt,**... Ispred imenice se menja: **der einmal zufrieden gestellte Faust**...

64 **22** Eine Reihe zufälliger Begegnungen und dramatischer Ereignisse, die mit einer Notlandung ⑨ beim Flug von New York nach Mexiko beginnen, bringen sein Weltbild ins Wanken.

23 Günter Grass, *Die Blechtrommel*

24 An seinem dritten Geburtstag beschließt Oskar Matzerath nicht weiter zu wachsen.

25 In der Gestalt ⑩ des Dreijährigen verborgen wird er so zum Beobachter der Welt der Erwachsenen und zum Zeugen des Zeitgeschehens, das vom Beginn des zwanzigsten Jahrhunderts über die beiden Weltkriege bis in die frühen ⑪ fünfziger Jahre reicht.

26 Erich Maria Remarque, *Im Westen nichts Neues*

27 Der Roman schildert die Kriegserlebnisse ⑫ des jungen Paul Bäumer und seiner Kameraden in den Grauen des ersten Weltkriegs, ihre Enttäuschung und Verbitterung, die Zerstörung ihres jungen Lebens:

Napomene

⑨ Većini složenica **die Not**, *beda, jad, nevolja*, daje ideju hitnosti i/ili poslednjeg pribežišta, npr. **die Notlandung**, *prinudno sletanje*; **die Notlösung**, *u najgorem slučaju*; **der Notarzt**, *lekar hitne pomoći*; **der Notausgang**, *izlaz u slučaju opasnosti*; **der Notfall**, *hitan slučaj.*

⑩ **die Gestalt**, *oblik, izgled, stas*, ali isto tako i *ličnost* (istorijska ili iz književnosti): **eine wichtige Gestalt der europäischen Geschichte**, *ključna ličnost za evropsku istoriju.* U psihologiji ▸

22 Serija slučajnih susreta i dramatičnih događaja, koja počinje prinudnim sletanjem aviona na letu Njujork Meksiko, će pokolebati njegovu sliku o svetu. **64**

23 Ginter Gras, *Limeni doboš*

24 Na svoj treći rođendan Oskar Macerat je odlučio da više ne raste.

25 Skriven u obliku trogodišnjeg deteta, postaće posmatrač sveta odraslih i svedok događaja jedne epohe koja se proteže od početka 20. veka preko dva svetska rata sve do početka pedesetih godina.

26 Erih Marija Remark, *Na zapadu ništa novo*

27 Roman opisuje događaje *(iz rata)* koje su doživeli mladi Paul Bojmer i njegovi drugovi u užasima Prvog svetskog rata, njihovom razočarenju, ogorčenju, razaranju njihovih mladih života:

se govori o **die Gestalt-Therapie**, *gešalt terapiji*, kojoj je cilj da pacijentima povrati jedinstvo njihove ličnosti.

⑪ Kad se odnosi na neki vremenski period, pridev **früh** označava početak tog vremena: **das frühe Mittelalter**, *rani srednji vek*; ako se odnosi na biografiju neke ličnosti, tad znači "u prvom periodu", npr. **der frühe Goethe**, *mladi Gete, Gete u svojim počecima.*

⑫ **das Erlebnis** je nešto teža reč za prevod, jer nije ni čist *doživljaj,* ni čisto *proživljeno iskustvo*: to je ujedno nešto što se nekome dogodilo (u određenoj situaciji), a posledice tog događaja osoba i dalje oseća u životu, nešto poput stečenog životnog iskustva.

64 **28** *Er fiel im Oktober 1918, an einem Tage, der so ruhig und still war an der ganzen Front, dass der Heeresbericht sich nur auf den Satz beschränkte, im Westen sei nichts Neues zu melden.*

29 Auf Platz Nummer 1 und Nummer 2 dieser Liste mit den Lieblingsbüchern der Deutschen stehen allerdings keine Werke deutschsprachiger Autoren, sondern *Der Herr der Ringe* des Engländers John Ronald Reuel Tolkien und Die Bibel. □

***

Übung 1 – Übersetzen Sie bitte!

❶ Das Streben nach Erkenntnis ist unwiderstehlich und kennt keine Schranken. ❷ Er gilt als der Begründer der modernen Physik, die das klassische Weltbild ins Wanken gebracht hat. ❸ Als die Liebesbeziehung entdeckt wurde, verbot man ihm, das Haus der jungen Frau jemals wieder zu betreten. ❹ Eines Tages fand er einen geheimnisvollen Ring, der die Erfüllung aller Wünsche erlaubte. ❺ Dank dieser Umfrage weiß man, dass auch viele Erwachsene gern abenteuerliche Geschichten lesen.

28 *Pao je u oktobru 1918, jednog dana kad je na celom frontu bilo tako mirno i tiho da se izveštaj Vrhovne komande ograničio na samo jednu rečenicu: Na zapadu ništa novo.*

29 Na 1. i 2. mestu ove liste omiljenih knjiga Nemaca ne nalaze se zapravo dela pisaca na nemačkom jeziku, već *Gospodar prstenova*, Engleza Džona Ronalda Rejela Tolkina i Biblija.

***

Rešenje vežbe 1

❶ Težnja za saznanjem je neodoljiva i ne poznaje granice. ❷ On se smatra osnivačem moderne fizike koja je poljuljala klasičan pogled na svet. ❸ Kad je ljubavna veza bila otkrivena, zabranili su mu da ikad više kroči *(ponovo uđe)* u kuću mlade žene. ❹ Jednog dana je otkrio tajanstveni prsten koji mu je omogućavao ispunjenje svih želja. ❺ Zahvaljujući toj anketi zna se da mnogi odrasli takođe vole da čitaju avanturističke priče.

64 Übung 2 – Ergänzen Sie bitte!

❶ U svom romanu opisuje seriju dramatičnih događaja koji su obeležili njenu sudbinu.

... . in ihrem Roman ....
... ., die ihr
Schicksal ....

❷ Opisani događaji idu *(dopiru)* od početka osamdesetih godina, pa sve do kraja dvadesetog veka.

Die .... reichen
... ... Jahren ... ...
Ende ... .

❸ Ako bi svi smanjili *(ograničili)* svoje zahteve za pola, ovo preduzeće bi možda moglo da se spase od propasti *(pada).*

.... alle .... auf die ......
..........., ist diese Firma vielleicht noch
... ... zu ....

❹ Očajavao je da će ikad biti priznat *(pronaći priznanje)* u toj društvenoj sredini i više nije pokušavao da prikrije svoje ogorčenje i razočaranje.

Er ...., in diesem
.... Milieu ......
.... zu finden und versuchte nicht mehr,
.... und ....
....

Evo, započeli ste poslednji deo Usavršavanja. *Ako nemate mogućnosti ili dovoljno prilika da odmah održite i učvrstite stečeni nivo znanja zahvaljujući direktnim kontaktima s izvornim govornicima, iskoristite nebrojene izvore na internetu, gledajte filmove u originalnoj verziji – i čitajte! Ako film i spaja reč i sliku i tako potiče intuitivno razumevanje, jednom kad se "zakačite" za roman videćete njegove prednosti, sve će vas dalje uvlačiti u svoj svet, napisan jezikom i za jezik koji će vam postajati sve bliskiji. Ne dopustite da vas obeshrabre poteškoće koje ćete imati*

⑤ Za vreme suđenja, optuženima u aferi prevare je bilo prebačeno da su mnoge ljude gurnuli u bedu. 64

.... des Prozesses ....
dieser Betrugsaffäre .... viele
Menschen ... . zu haben.

Rešenje vežbe 2

❶ Sie schildert – eine Reihe von dramatischen Erlebnissen – geprägt haben ❷ – beschriebenen Ereignisse – von den frühen achtziger – bis zum – des zwanzigsten Jahrhunderts ❸ Wenn – ihre Forderungen – Hälfte beschränken – vor dem Niedergang – retten ❹ – verzweifelte daran – gesellschaftlichen – jemals Anerkennung – seine Verbitterung – Enttäuschung zu verbergen ❺ Während – wurde den Angeklagten – vorgeworfen – ins Elend getrieben –

u samom početku: napor koji zahtevaju prve strane uglavnom uvek opada kako napredujete s čitanjem. Poznavanje konteksta, ličnosti i priče će vam veoma često pomoći da zaključite ili pogodite značenje izraza ili novih reči. A tu je i poezija! Nema boljeg načina od učenja napamet nekoliko stihova da vas obuzme "muzika" nemačkog jezika!

65 Fünfundsechzigste Lektion

Erinnerung an die Marie A.
von Bertolt Brecht ①

(Poema je data u svom originalnom pravopisu.)

I

1 An **je**nem **Tag** im **blau**en **Mond** ②
September
Still **un**ter **ei**nem **jun**gen **Pflau**men**baum**
2 Da **hielt** ③ ich **sie**, die **stil**le **blei**che **Lie**be
In **mei**nem **Arm** wie **ei**nen **hold**en **Traum**.
3 Und **über uns** im **schö**nen **Som**mer**him**mel
War **ei**ne **Wol**ke, **die** ich **lan**ge **sah**
4 Sie **war** sehr **weiß** und **un**geheuer ④ **o**ben
Und **als** ich **auf**sah, **war** sie **nim**mer **da**.

Pojašnjenje izgovora
Pošto je reč o pesmi, da bismo vam olakšali da je dobro izgovorite, obeležili smo masnim slovima slogove ili reči na koje pada akcenat.

Napomene

① **die Erinnerung (an etw./jmdn.)**, *uspomena, spomen na nešto/nekog*, ali **das Souvenir**, *suvenir* (predmet donet s nekog putovanja). Bertolt Breht, pesnik, esejista i dramaturg, bio je autor mnogih pozorišnih komada, među kojima je i *Opera za tri groša* (muziku je napisao Kurt Vajl).

② Od imenice **der Mond**, *mesec (nebesko telo)*, vodi poreklo imenica **der Monat**, *mesec (kalendarski)*. Iako su Brehtovi jezik i stil veoma moderni, naći ćemo kod njega nekoliko "starinskih" reči, mnogo poetičnijih nego što su njihovi današnji ekvivalenti: **hold**, *privržen, mio, umiljat*, u narednoj rečenici, **nimmer = nicht mehr**, *nikad (više)*, u 4. rečenici, **dereinst**, *nekada, negda*, u 8. rečenici.

Šezdeset peta lekcija 65

Uspomena na Mariju A.
od Bertolta Brehta

I

1 Tog vedrog septembarskog dana *(na plavom mesecu septembru)*,
Tiho, pod mladom šljivom,
2 Držao sam tihu, bledu dragu,
U zagrljaju, kao mio san.
3 Nad nama, na lepom letnjem nebu,
jedan je oblak stajao, dugo sam ga gledao
4 Bio je beo i beskrajno visoko
I kad podigoh oči, više nije bio tu.

③ Vreme naracije u nemačkom je preterit, dok perfekat služi (barem u pisanom jeziku) da podvuče svršenost neke činjenice / radnje; v. 5. rečenicu: **sind geschwommen**, *su plivali*, ovde: *su protekli*. U nemačkom nema razlike između preterita i perfekta u vezi sa trajanjem radnje, prvo vreme pripada pisanom govoru, a drugo usmenom. Obratite pažnju da je razlika između trenutnog događaja i događaja koji se ponavlja izražena odabirom veznika **als**, *kad*, odnosno **wenn**, *svaki put kad, uvek* (v. 4. i 12. rečenicu: **als ich aufsah**).

④ Prvo značenje prideva **ungeheuer** je *čudovišan, zabrinjavajući*. Poput ostalih prideva koji imaju negativno značenje, i on često pojačava značenje reči ispred koje stoji: **ungeheuer reich sein**, *biti strahovito bogat*; **ein ungeheurer Erfolg**, *ogroman uspeh*.

II

5 Seit **jen**em **Tag** sind **vie**le, **vie**le **Mon**de
Ge**schwom**men **still** hin**un**ter ⑤ **und** vor**bei** ⑥.
6 Die **Pflau**men**bäu**me **sind** wohl **ab**ge**hau**en ⑦
Und **fragst** du **mich**, was **mit** der **Lie**be **sei**?
7 So **sag** ich **dir**: ich **kann** mich **nicht** er**in**nern
Und **doch**, ge**wiß**, ich **weiß** schon, **was** du **meinst**.
8 Doch **ihr** Ge**sicht**, das **weiß** ich **nim**mer
Ich **weiß** nur **mehr**: ich **küß**te **es** der**einst**.

III

9 Und **auch** den **Kuß**, ich **hätt** ihn **längst** ver**ges**sen
Wenn **nicht** die **Wol**ke **da**ge**we**sen **wär**
10 Die **weiß** ich **noch** und **werd** ich **im**mer **wis**sen
Sie **war** sehr **weiß** und **kam** von **o**ben **her**.
11 Die **Pflau**men**bäu**me **blühn** viel**leicht** noch **im**mer
Und **je**ne **Frau** hat **jetzt** viel**leicht** das **sieb**te **Kind**
12 Doch **je**ne **Wol**ke **blüh**te **nur** Mi**nu**ten
Und **als** ich **auf**sah, **schwand** sie **schon** im **Wind**. □

Aus Bertolt Brecht, Gesammelte Werke, *Suhrkamp Verlag, Frankfurt am Main, 1967.*

Napomene

⑤ Obratite pažnju na upotrebu **hin** u **hinunterschwimmen**, *plutati ka dole* (prateći tok, udaljujući se od onog koji posmatra) – i **her**, u 10. rečenici: **von oben her kommen**, *doći od gore* (ka onome koji posmatra).

II

5 Otad su mnogi, mnogi meseci u tišini protekli *(otplovili)*.
6 Šljive su sigurno posečene
A pitaš li me šta se s dragom dogodilo?
7 Odvratiću ti: ne mogu da se setim
Pa ipak, izvesno, znam na šta misliš.
8 Ali se njenog lica više ne sećam *(njeno lice više ne znam)*
Jedino što još znam: nekad sam ga poljubio.

III

9 Čak bih i taj poljubac odavno zaboravio
Da tu taj oblak nije bio
10 Njega se još sećam i sećaću ga se uvek
Beše tako beo i dolazio je odozgo.
11 Šljive možda još uvek cvetaju
A ta žena sad možda čeka svoje sedmo dete
12 Ali taj oblak se rascvetao samo na tren
I dok podigoh pogled, već se u vetar rasuo.

⑥ Pesnički jezik sebi dopušta neke slobode kako bi mogao da poštuje ritam i rimu stihova: ovde vidimo neuobičajeno mesto participa **geschwommen**, dalje vidimo skraćene oblike glagola (v. 9. rečenicu: **hätt** = **hätte**, **wär** = **wäre**, 11. rečenica: **blühn** = **blühen**).

⑦ Obratite pažnju na upotrebu pasiva stanja: **sind abgehauen**, *su posečene*, koje prikazuje rezultat pretrpljene radnje = *su bile posečene* (**sind abgehauen worden**).

Übung 1 – Übersetzen Sie bitte!

❶ In seiner Erinnerung hatten damals die Pflaumenbäume geblüht. ❷ Oben, am Sommerhimmel hatte es nur eine kleine, weiße Wolke gegeben, die dann bald im Wind geschwunden war. ❸ Als er sie in seinen Armen gehalten und geküsst hatte, war sie sehr bleich und still gewesen. ❹ Obgleich seit dieser Zeit viele Jahre vergangen waren, konnte er sich noch genau an ihr Gesicht erinnern, doch ihren Namen hatte er vergessen. ❺ Gewiss hatte man die Bäume längst abgehauen und was damals geschehen war, erschien ihm wie ein ferner Traum.

Übung 2 – Ergänzen Sie bitte!

Da biste ovu pesmu naučili napamet, predlažemo vam da je poslušate i/ili pročitate nekoliko puta naglas, a potom da po sećanju popunite tekst ispod. Svaka tačka predstavlja jedan slog:

I

1 An . . Tag im . . Mond . . .
Still . . einem . . Pflaumenbaum
2 Da . . sie, die . . bleiche . .
In . . Arm wie . . . . Traum.
3 Und . . uns im . . Sommerhimmel
War . . . . , die ich . . sah
4 Sie war . . und ungeheuer . .
Und als ich . . . , war sie . . da.

II

5 Seit . . Tag sind . . . , viele . .
. . . still . . . und vorbei.
6 Die . . . . sind wohl . . . .
Und . du mich, . mit der . . sei?

Rešenje vežbe 1

❶ U njegovoj uspomeni, šljive su tad bile u cvetu *(cvetale).* ❷ Gore, na letnjem nebu, bio je samo beli oblačak, koji se ubrzo rasuo u vetar. ❸ Dok ju je držao u naručju, bila je veoma bleda i tiha. ❹ Iako je mnogo godina otad prošlo još se tačno sećao njenog lika, ali je zaboravio njeno ime. ❺ To drveće je sigurno već odavno posečeno, a šta se događalo u to doba ličilo mu je na dalek san.

7 So sag . . : ich kann . . erinnern
Und doch, . . , ich weiß schon, . . meinst.
8 Doch ihr . . , das weiß ich . .
Ich weiß . . : ich . . es dereinst.

III

9 Und auch . . , ich hätt ihn längst . . .
Wenn nicht die . . . . . . wär
10 Die . . . und werd ich immer . .
Sie war . . und kam von . . her.
11 Die . . . . blühn vielleicht . . .
Und . . Frau hat jetzt . . das . . Kind
12 Doch . . . . blühte nur . . .
Und als ich . . , schwand . . . Wind.

66 Sechsundsechzigste Lektion

Das Leben der Anderen,
Spielfilm

1 Die Handlung des Films spielt in den letzten Jahren des DDR-Staats, kurz vor der Wende ①.
2 Der Stasi-Hauptmann ② Gerd Wiesler, Kürzel HGW XX/7 ③, erhält 1984 den Auftrag, belastendes Material ④ über den bekannten Theaterschriftsteller Georg Dreymann zu sammeln.
3 Wiesler lässt die Wohnung des Schriftstellers verwanzen ⑤ und installiert auf dem Dachboden des Gebäudes seine Abhörstation ⑥.
4 Über die Kopfhörer wird er von nun an Zeuge des beruflichen und intimen Lebens seines „Objekts", Georg Dreymann,
5 und dessen Lebensgefährtin, der populären Schauspielerin Christa-Maria Sieland.

Napomene

① Izraz **die Wende**, *obrt, preokret*, označava političke događaje u Nemačkoj koji su rezultirali padom zida i ujedinjenjem dve države 1990. godine.

② Skraćenica **die Stasi** označava **das Ministerium für Staatssicherheit**, *Ministarstvo državne bezbednosti*, koje je ujedno bilo obaveštajna i špijunska služba kao i politička policija u NDR-u.

③ Da se podsetimo: *kosa crta* se kaže **Strich** (v. 50. lekciju, napomenu 1).

***Život drugih*, igrani film**

1 Radnja filma se odvija tokom poslednjih godina NDR-a, nešto *(kratko)* pre “preokreta”.
2 1984, komandant Štazija, Gerd Visler, s registarskim brojem HGW XX/7, dobija zadatak da sakupi dokazni *(opterećujući)* materijal protiv Georga Drajmana, poznatog pisca pozorišnih komada.
3 Visler postavlja bubice u stan pisca i smešta svoju prislušnu stanicu u potkrovlje zgrade.
4 Preko slušalica, otad postaje svedog profesionalnog i intimnog života svog “objekta”, Georga Drajmana,
5 i njegove životne saputnice, popularne glumice Kriste Marije Ziland.

④ **die Last**, *teret, breme*; **belasten** ima i doslovno i figurativno značenje: *teretiti, opteretiti*; **belastendes Material** su *dokazni materijal* ili *optužujući materijal.* **Das Material** znači i *materijal* (npr. **das Baumaterial**, *građevinski materijal*) i *materija, građa* (**Material für einen Roman**, *građa za neki roman*), ali: **die Materie** *[ma:***té***rije]* = *materija* (od koje je stvorena vaseljena).

⑤ **die Wanze**, *stenica.* U policijskom ili špijunskom žargonu izraz označava *(mali) skriveni mikrofon*; **verwanzen** znači: *postaviti/podmetnuti mikrofone (skrivene).*

⑥ Prefiks **ab-** u glagolima **abhören**, *slušati snimak* (s ciljem da se transkribuje); **ablesen**, *čitati tekst* (u celini, ne izostavljajući ništa), **abschreiben**, *prepisati tekst*, naglašava da pokušavamo da uhvatimo/prenesemo tekst bez izmena ili izostavljanja.

66 6 Misstrauisch und fasziniert zugleich protokolliert er die alltäglichen Gespräche und Handlungen dieser „Anderen”,

7 die in ihrem Denken frei und in ihren Gefühlen ehrlich zu sein scheinen und für die die Kunst einen unverzichtbaren Bestandteil der Existenz darstellt.

8 Wiesler glaubt an das politische System der DDR und an die Notwendigkeit, es zu schützen,

9 indem er die Feinde des Sozialismus überwacht und bekämpft.

10 Er entdeckt aber bald, dass die vermutete politische Unzuverlässigkeit Dreymanns nur ein Vorwand und die ganze Angelegenheit in Wahrheit privater Natur ist:

11 Hinter der Bespitzelung ⑦ steht in der Tat der Kulturminister der DDR, Hempf,

12 der mit der Gefährtin Dreymanns eine Liebesbeziehung unterhält und hofft, den Rivalen auf diese Weise auszuschalten.

13 Wiesler fühlt sich und die Sache, der er dient, verraten

14 und beginnt, sein „Objekt” zu schützen statt zu belasten, unter anderem indem er die täglichen Abhörberichte mit falschen oder belanglosen Informationen füllt.

Napomene

⑦ **die Bespitzelung**, *nadzor, nadgledanje (neke osobe)*; **der Spitzel**, *tajni policajac, potkazivač*; **jmdn. bespitzeln**, ▸

6 Ujedno podozriv i opčinjen, stavlja u zapisnik svakodnevne razgovore i radnje tih "drugih" 66

7 koji izgledaju slobodni u svom načinu razmišljanja i iskreni u svojim osećanjima i za koje umetnost predstavlja neodvojivi deo života *(preku potrebu za postojanjem)*.

8 Visler veruje u politički sistem NDR-a i u neophodnost da ga štiti

9 nadzirući i boreći se protiv neprijatelja socijalizma.

10 Ali uskoro otkriva da je nedostatak političke pouzdanosti koja se pripisuje Drajmanu, samo izgovor i [da] je čitav slučaj, zapravo, lične prirode:

11 Iza špijunaže ustvari stoji ministar kulture NDR, Hempf,

12 koji održava vezu s Drajmanovom prijateljicom, i koji se nada da će tako ukloniti *(eliminisati)* suparnika.

13 Visler se oseća izdanim, kao i stvar kojoj služi,

14 i počinje da štiti "objekat" umesto da ga tereti, između ostalog, popunjavajući izveštaje dnevnog prisluškivanja lažnim ili informacijama bez značaja.

➧ *špijunirati/nadzirati nekog.* Kad je reč o prikupljanju podataka agenata u stranim zemljama, koriste se izrazi **die Spionage**, *špijunaža*, i **der Spion**, *špijun*.

66 **15** Als Dreymann bei der Nachricht vom Selbstmord eines nahen Freundes die von diesem komponierte *Sonate vom guten Menschen* am Klavier spielt,

16 verspürt Wiesler, der mithört, ein Gefühl, das ihm fremd war: Bewegung, vielleicht sogar Anteilnahme.

17 Dreymann kennt die Umstände und Ursachen, die den Freund und Künstler-Kollegen Jerska in den Tod getrieben haben:

18 das seit Jahren gegen ihn verhängte Berufsverbot.

19 In einem Aufsehen erregenden ⑧ Artikel, der dank der Mithilfe befreundeter Regimegegner vom westdeutschen Nachrichtenmagazin *Der Spiegel* unter Pseudonym veröffentlicht wird, rechnet er mit dem DDR-Staat ab.

20 Die Stasi verdächtigt Dreymann, Verfasser des Artikels zu sein, und setzt Wiesler unter Druck, das nötige Beweismaterial zu liefern –

21 doch Wiesler notiert weiterhin nur Belangloses in seinen Berichten.

Napomene

⑧ **Aufsehen erregen**, *izazvati osećanje, odraziti*, je ovde dalo mesto proširenom participu sadašnjem koji je upotrebljen kao pridev u funkciji atributa (v. takođe 64. lekciju, napomenu 1).

15 Kad Drajman, pošto je saznao za samoubistvo bliskog prijatelja, na klaviru svira njegovu kompoziciju *Sonatu o dobrom čoveku*, 66

16 Vislera, koji prisluškuje, obuzima njemu čudan osećaj: emocija, možda čak i saučešće.

17 Drajman zna razloge i okolnosti koje su njegovog prijatelja i kolegu umetnika Jersika gurnuli u smrt:

18 dugogodišnja zabrana profesionalnog rada koja je izrečena protiv njega.

19 U jednom gromoglasnom članku, koji će objaviti anonimno u zapadnonemačkom časopisu *Der Spiegel*, zahvaljujući pomoći prijatelja suprotstavljenih režimu, izravnava svoje račune sa državom NDR-a.

20 Štazi sumnja da je Drajmen autor članka i vrši pritisak na Vislera da dostavi neophodne dokaze –

21 ali Visler i dalje zapisuje samo beznačajne stvari u svoje izveštaje.

66 22 Allerdings gelingt es, die wegen ihrer Drogenabhängigkeit ⑨ erpressbare ⑩ Gefährtin Dreymanns zu zwingen, das Versteck einer Schreibmaschine, auf der der Artikel getippt wurde, zu verraten.

23 Aus Scham über diesen Verrat macht sie ihrem Leben ein Ende,

24 ohne zu wissen, dass Wiesler das Beweisstück noch rechtzeitig verschwinden lassen konnte und damit Dreymann vor der sicheren Verhaftung rettet.

25 Doch steht nun Wiesler selbst im Verdacht, einen Regimegegner gedeckt zu haben

26 und wird in einer untergeordneten Abteilung der Stasi kalt gestellt ⑪, wo er nur noch Routinearbeiten auszuführen hat.

27 Wenige Jahre später ist die Mauer gefallen.

28 Dreymann, inzwischen gefeierter Autor im vereinigten Deutschland, erfährt zufällig die Wahrheit über die Abhöraktion

29 und findet mithilfe der Stasi-Akten ⑫ heraus, wer ihn damals gedeckt hat.

Napomene

⑨ Imenica **die Drogenabhängigkeit** je nastala od **die Abhängigkeit**, *zavisnost*, i **die Droge**, *droga*; **drogenabhängig** je neutralniji termin od **drogensüchtig**, *zavisnik*, nastao od **süchtig nach etw. sein**, *biti željan/lakom na nešto.*

⑩ **jmdn. erpressen**, doslovno "cediti nekoga" (od **pressen**, *cediti, stisnuti, stezati*) znači *uceniti nekog, iznuditi, prisiliti*; **die Erpressung**, *ucena*; **der Erpresser**, *ucenjivač, iznuđivač.* Pridevi nastali pomoću sufiksa **-bar** imaju značenje "mogućnosti izvršenja radnje", pogledajte takođe 7. rečenicu, pridev **unverzichtbar**, *suštinski, preko potreban*, *neophodan*,

22 Međutim, Drajmanovu prijateljicu, narkomanku
podložnu uceni, uspevaju da primoraju da
izda skrovište pisaće mašine na kojoj je članak
otkucan.
23 Stideći se te izdaje ona okončava svoj život,
24 ne znajući da je Visleru uspelo da na vreme
ukloni dokazni materijal, spašavajući time
Drajmana od sigurnog hapšenja.
25 Ali, sumnja se i da je Visler pokrivao protivnika
režima
26 i biće sklonjen u sporednu službu Štazija gde će
obavljati samo rutinske poslove.
27 Nekoliko godina kasnije zid je pao.
28 Drajman, koji je u međuvremenu postao
renomirani pisac u ujedinjenoj Nemačkoj,
slučajno saznaje istinu o operaciji prisluškivanja
29 i otkriva, pomoću Štazijevih dosijea, ko ga je u to
doba pokrivao.

▸ nastao od **verzichten**, *odreći se, odustati*, **unverzichtbar** bi dakle doslovno bilo "ono od čega se ne može odustati, čega se ne može odreći".

⑪ **kalt stellen**, *staviti na hladno*, npr. piće ili jelo. Ali kad je reč o osobama, ovaj izraz znači: *skloniti nekog / neutralizovati nekog*.

⑫ Arhive Štazija su bile otvorene nakon pada NDR-a. Osobe koje su bile progonjene i pod prismotrom su mogle da pregledaju informacije koje je sadržavao njihov dosije, uključujući identitet – ili barem tajno ime – doušnika.

66 30 Der frühere Stasi-Hauptmann Gerd Wiesler verdient seither als Briefträger seinen Lebensunterhalt.

31 Im Schaufenster einer Buchhandlung, an der er vorbei geht, wird ein gerade erschienener Roman ausgestellt:

32 Georg Dreymann, *Die Sonate vom guten Menschen*, mit einer Widmung: „HGW XX/7 gewidmet, in Dankbarkeit".

33 Wiesler kauft das Buch. Auf die Frage, ob er eine Geschenkpackung wünsche, antwortet er: „Nein, es ist für mich". □

***

Übung 1 – Übersetzen Sie bitte!

❶ Auch wenn Sie mich unter Druck setzen, werde ich Ihnen das Versteck nicht verraten. ❷ Er verspürte keinerlei Bewegung, als er von der Verhaftung seines Rivalen erfuhr. ❸ Ich möchte euch auf diese Weise meine Dankbarkeit für eure Mithilfe ausdrücken. ❹ Diese belanglose Angelegenheit ist doch sicher nur ein Vorwand, um ihn für immer kalt zu stellen. ❺ Da man sie verdächtigte, Regimegegner zu sein, wurde ein Berufsverbot gegen sie verhängt.

30 Bivši komandant Štazija, Gerd Visler otad za život zarađuje kao poštar.
31 U izlogu jedne knjižare ispred koje prolazi izložen je roman koji se upravo pojavio:
32 Georg Drajman, *Sonata o dobrom čoveku*, s posvetom: "Posvećeno HGW XX/7, sa zahvalnošću".
33 Visler kupuje knjigu. Kad ga upitaju da li želi da mu je upakuju kao poklon, on odgovara: "Ne, za mene je".

***

Rešenje vežbe 1

❶ Čak i ako me budete pritiskali, neću odati skrovište. ❷ Nije osetio nikakvu emociju kad je saznao za hapšenje svog suparnika. ❸ Ovako bih želeo da vam iskažem svoju zahvalnost za vašu pomoć. ❹ Ovaj beznačajni slučaj je sigurno samo izgovor da ga zauvek uklone. ❺ Pošto su ih sumnjičili da su protivnici režima, dosuđena im je zabrana bavljenja profesionalnim radom.

66 **Übung 2 – Ergänzen Sie bitte!**

❶ Otkad se pre nekoliko godina pojavio njen prvi pažnje vredan roman, nije više ništa objavila.

.... ihr erster, ... Roman vor ein paar Jahren ...., hat sie ....

❷ Nijedan dokazni materijal nije pronađen, ali je policija sumnjala da su važni dokazi nestali.

Es wurde .... kein ...., doch die Polizei hatte ... ., dass .... Beweisstücke ....

❸ Sviranje klavira je smatrao neophodnim *(je bilo nešto neophodno)* i nadao se da će kasnije s tim moći da zarađuje za život.

.... war etwas .... für ihn und er hoffte, ... später seinen Lebensunterhalt ....

❹ Njegov posao je bio da nadgleda suparnike režima i da otkrije da li održavaju bilo kakve veze s neprijateljima naše zemlje.

Seine Aufgabe ...., die Regimegegner .. .. und herauszufinden, ... Beziehungen mit den Feinden ....

❺ Posebno teške okolnosti su, između ostalog, objasnile da zadatak nije mogao biti izvršen na vreme.

Die ....
erklärten ...., dass der Auftrag nicht
....

Rešenje vežbe 2

❶ Seit – Aufsehen erregender – erschienen ist – nichts mehr veröffentlicht ❷ – zwar – belastendes Material gefunden – den Verdacht – wichtige – verschwunden waren ❸ Klavier spielen – Unverzichtbares – damit – verdienen zu können ❹ – bestand darin – zu überwachen – ob sie irgendwelche – unseres Landes unterhielten ❺ – besonders schwierigen Umstände – unter anderem – rechtzeitig ausgeführt werden konnte

Ovaj filmski prvenac mladog reditelja Florijana Henkela fon Donersmarka doživeo je komercijalni uspeh i dobio brojna domaća i međunarodna priznanja.

Evo njegove tehničke liste, **Filmdaten**:
Realizacija, **Regie**, *i* scenario, **Drehbuch**: *Florian Henckel von Donnersmarck*
Produkcija, **Produktion**: *Max Wiedemann, Quirin Berg*
Originalna muzika, **Musik**: *Gabriel Yared, Stéphane Moucha*
Fotografija, **Kamera**: *Hagen Bogdanski*
Montaža, **Schnitt**: *Patricia Rommel*
Podela, **Besetzung**: *Ulrich Mühe, Sebastian Koch, Martina Gedeck i Ulrich Tukur u glavnim ulogama*
Trajanje, **Dauer**: *137 minuta*
Izlazak, **Premiere**: *mart 2006*

67 Siebenundsechzigste Lektion

Ein Buch für die einsame Insel

1 Elma Sandermann, Journalistin, Moderatorin und passionierte ① Leserin, stellt in Ihrer Talkshow einmal pro Monat literarische Neuerscheinungen vor
2 und unterhält sich mit ihren Gästen über ein ausgefallenes Thema, nämlich über deren ② Lieblingsbücher.
3 Im folgenden Interview beantwortet sie selbst einige jener Fragen, die sie häufig in ihrer Sendung stellt.
4 – Frau Sandermann, können Sie sich noch an Ihr erstes Buch erinnern?
5 – Bei den Büchern, die mir die Erwachsenen vorgelesen haben, bin ich mir nicht ganz sicher,
6 wahrscheinlich war es ein Märchenbuch oder Astrid Lindgrens *Wir Kinder aus Bullerbü*.
7 Dass *Die kleine Hexe* von Otfried Preußler das erste Buch war, das ich selbst gelesen habe, steht aber für mich außer Zweifel.

Napomene

① Obrazovane osobe veoma vole da koriste pozajmljenice iz francuskog, kao što je ovde reč **passioniert** = **leidenschaftlich**. ▸

Knjiga koju biste poneli na pusto ostrvo
(Knjiga za pusto ostrvo)

1 Elma Zanderman, novinarka, televizijska voditeljka i strastvena čitateljka, u svom tok-šou jedanput mesečno predstavlja nova književna izdanja
2 i s gostima razgovara o jednoj posebnoj temi - o njihovim omiljenim knjigama.
3 U intervjuu koji sledi, ona lično odgovara na neka od pitanja koja često postavlja u svojim emisijama.
4 – Gospođo Zanderman, možete li se setiti svoje prve knjige?
5 – Što se tiče knjiga koje su mi odrasli čitali, nisam sasvim sigurna;
6 radilo se verovatno o nekoj knjizi bajki ili *Mi, deca iz Bulerbija* od Astrid Lindgren.
7 Ali, sigurna sam da je *Mala veštica* Otfrida Projslera bila prva knjiga koju sam sama pročitala.

② Nemački jezik na ovom mestu radije koristi genitiv pokazne zamenice (**deren**, *o njihovim*), pošto posesivom **ihre Bücher** ne bismo mogli da znamo da li je reč o omiljenim knjigama voditeljke ili njenih gostiju.

67 8 Ich weiß nämlich noch wie heute, dass ich vor Überraschung oder vor Freude ③ geweint habe, als mir bewusst wurde ④, dass ich den Sinn der Wörter, die ich bisher nur etwas mühsam buchstabiert ⑤ hatte, auf einmal verstehen konnte.

9 – Hatte das Lesen einen wichtigen Platz in Ihrer Kindheit?

10 – Ich bin in einer Welt voller Bücher aufgewachsen ⑥:

11 Mein Vater leitete damals einen kleinen Verlag und meine Mutter war Professorin für Literaturwissenschaften an der Freiburger Universität, Schwerpunkt Lyrik des Sturm und Drang.

12 In unserem Haus gab es vom Keller bis zum Speicher ⑦ keine Wand ohne Bücherregale.

13 Außer wenn die Nachrichten kamen, blieb das Fernsehen bei uns meistens ausgeschaltet,

14 und soweit ich mich erinnere, haben meine beiden Eltern in jeder freien Minute gelesen.

Napomene

③ Za iskazivanje osećanja koje pokreće neku reakciju, nemački koristi predlog **vor** (+ dat.): **vor Überraschung weinen**; **vor Freude lachen**, *smejati se od sreće*; **vor Angst zittern**, *drhtati od straha*.

④ **sich** (dat.) **bewusst werden, dass…**, *biti svestan da, shvatiti da …*; **sich einer Sache bewusst sein/werden** se gradi uz dodatak u genitivu: *biti svestan/shvatiti*; **das Bewusstsein**, *svesnost*. U psihologiji ćemo razlikovati **das Unterbewusstsein**, *podsvesno*, i **das Unbewusste**, *nesvesno*.

8 Zapravo još uvek se sećam, kao da je juče bilo, da sam plakala od iznenađenja ili sreće kad sam shvatila da odjednom razumem smisao reči koje sam do tada s mukom sricala.

9 – Da li je čitanje zauzimalo važno mesto u vašem detinjstvu?

10 – Odrasla sam u svetu ispunjenom knjigama:

11 moj otac je u to vreme vodio malu izdavačku kuću, a majka je bila profesorica književnosti *(književnih nauka)* na univerzitetu u Frajburgu, specijalista za *(s težištem na)* poeziju “Sturm und Drang”.

12 U našoj kući nije postojao nijedan zid, od podruma do tavana, bez polica punih knjiga.

13 U kući, osim kad su bile vesti, televizija je najčešće bila ugašena,

14 a koliko se sećam, moji roditelji su čitali u svakom slobodnom trenutku.

⑤ Glagol **buchstabieren** je nastao od imenice **der Buchstabe**, *slovo.*

⑥ **aufwachsen** se koristi samo kad govorimo o okruženju u kojem je neko dete odraslo: **bei seinen Großeltern aufgewachsen sein**, *odrasti / provesti detinjstvo kod babe i dede.* **wachsen**, *rasti*; **der Erwachsene**, *odrastao čovek*; **erwachsen**, *odrasti.*

⑦ **der Speicher**, *ambar, tavan* (dakle, sinonim za: **der Dachboden**, koji smo videli u 66. lekciji, u 3. rečenici) je takođe termin koji se koristi za kompjutersku *memoriju* hard diska koji ima izvesan *kapacitet skladištenja*, **die Speicherkapazität**. Glagol **speichern** ujedno znači *smestiti u skladište, uskladištiti* i, u informatici, *snimiti, zapamtiti, sačuvati* (koristi se takođe i **abspeichern**).

67 **15** – Dann war Ihr Weg ja gewissermaßen vorgezeichnet.

16 – Nein, keineswegs, denn ich habe Politikwissenschaften studiert und war dann mehrere Jahre als Journalistin bei verschiedenen Tageszeitungen tätig.

17 – Aber Sie sind dann schließlich doch zur Literatur zurückgekehrt.

18 – Die habe ich in Wirklichkeit nie verlassen.

19 Ich bin immer eine leidenschaftliche Leserin geblieben und das ist es auch, was ich an unsere Zuschauer weitergeben möchte:

20 die Lust auf Bücher und die Lust beim Lesen.

21 – Und wie treffen Sie die Auswahl der Neuerscheinungen, über die Sie sprechen?

22 – Ich nehme mir in meiner Talkshow die Freiheit, nur Bücher vorzustellen, die mich selbst gepackt, bewegt oder zum Nachdenken gebracht haben,

23 Bücher, von denen ich mir wünschen würde, dass sie auch anderen gefallen.

24 – Da wird es Ihnen wohl nicht leicht fallen, das einzige Buch zu wählen, das Sie auf die berühmte einsame Insel mitnehmen dürfen.

25 Oder würden Sie da nicht zögern?

15 – Dakle, vaš put je u neku ruku bio utaban.
16 – Ne, uopšte, jer sam ja studirala političke nauke, a potom tokom više godina radila kao novinar u različitim dnevnim novinama.
17 – Ali na kraju krajeva, ipak ste se vratili književnosti.
18 – Zapravo, nisam je nikad ni napuštala.
19 Ostala sam strastveni čitalac i to bih želela da prenesem našim gledaocima:
20 želju za knjigama i uživanje prilikom čitanja.
21 – A kako birate nove naslove *(novine)* o kojima ćete govoriti?
22 – U svojoj emisiji uzimam slobodu da predstavljam samo one knjige koje su me lično obuzele, dirnule ili naterale na razmišljanje,
23 knjige koje bih volela da se i drugima dopadnu.
24 – Dakle, sigurno vam neće biti lako da odaberete jednu knjigu koju biste mogli da ponesete na čuveno pusto ostrvo.
25 Ili, u tom slučaju, ne biste oklevali?

67 **26** – Ja, für uns lesehungrigen ⑧ Menschen ist die einsame Insel, auf der es nirgendwo ⑨ eine Buchhandlung gibt, natürlich so etwas wie die Hölle.
27 Vor zwanzig Jahren hätte ich bestimmt einen dicken Sammelband mit Gedichten von Rilke gewählt, den ich sehr verehre,
28 denn ein Gedicht gibt uns viel mehr als ein Abschnitt Prosa, mag sie auch noch so ⑩ anspruchsvoll sein.
29 Aber ich mache es mir einfacher, denn heute findet man ja dank des Fortschritts auf jeder einsamen Insel garantiert eine Steckdose
30 oder aber genügend Sonne zum Aufladen der Batterien:
31 Ich nehme meinen E-Book-Reader mit.
32 Was da auf der Festplatte gespeichert ist, reicht mir als Lesestoff ⑪ für die nächsten paar Jahre! □

Napomene

⑧ Pridevi **hungrig** i **durstig**, nastali od imenica **Hunger**, *glad* i **Durst**, *žeđ* znače *gladan / žedan*: **hungrig/durstig sein** = **Hunger/Durst haben**, *biti gladan/žedan*. Onaj ko je “gladan čitanja” je **lesehungrig**, dok je “žedan znanja” **wissensdurstig**.

⑨ Kad **n-** dodamo na **irgendwo**, *negde, ma gde*, dobijamo njegovu negaciju: **nirgendwo** ili **nirgends** (govorni jezik), *nigde*. Isti je slučaj za **jemand**, *neko*, i **niemand**, *niko*.

⑩ Modalni glagol **mögen** često izražava pretpostavku nekog iskaza, npr. **Das mag sein**, *To je moguće*. U izrazu **Mag... auch noch so...**, *Ma kako/ma koliko*, ima više dopusno značenje.

26 – Da, za nas strastvene čitaoce *(nezasite u čitanju)*, to pusto ostrvo na kom *(nigde)* nema knjižare, liči pomalo na pakao.

27 Pre dvadeset godina sigurno bih odabrala debelu zbirku pesama Rilkea, kojeg duboko poštujem,

28 jer nam jedna pesma daje mnogo više od jednog proznog pasusa, ma kako zahtevna ona bila.

29 Ali olakšavam sebi stvari, jer danas, zahvaljujući napretku, sigurno na svakom pustom ostrvu postoji električna utičnica

30 ili dovoljno sunca da se napune baterije:

31 ponela bih sa sobom svoj elektronski čitač.

32 Na njegovom hard disku je pohranjeno dovoljno materijala da čitam nekoliko idućih godina *(Ono što je pohranjeno na njegovom hard disku)*.

DAS FERNSEHEN BLIEB MEISTENS AUSGESCHALTET.

▸ ⑪ **der Stoff** (množina: **die Stoffe**) znači *tkanina, sukno, štof, tekstil*, dok **der Stoff** (samo u jednini) znači *supstanca, materija*. Ovaj izraz se često koristi u domenima fizike/hemije, npr. **der Sauerstoff**, doslovno “kisela materija”, *kiseonik*; **der Wasserstoff**, *vodonik*, i koji nalazimo u figurativnom značenju u nekim izrazima, poput **der Gesprächsstoff**, *tema razgovora*; **der Stoff für einen Roman**, *građa / tema za neki roman*.

67 **Übung 1 – Übersetzen Sie bitte!**

❶ Die Neuerscheinungen dieses Verlags sind für anspruchsvolle Leser bestimmt. ❷ Ich bin fest entschlossen, diese Sprache zu lernen, mag es auch noch so mühsam sein. ❸ Es steht außer Zweifel, dass er diese Frau, für die er seine schönsten Gedichte geschrieben hat, leidenschaftlich verehrte. ❹ Ich zögere noch, ob ich eher die Lyrik oder die Prosa-Texte dieses Schriftstellers als Schwerpunkt für meine Doktorarbeit wählen soll. ❺ Dein Leben ist doch nicht vorgezeichnet und auch du kannst dir die Freiheit nehmen, deinen eigenen Weg zu gehen!

Übung 2 – Ergänzen Sie bitte!

❶ Moraćete da odaberete, jer na vašem hard disku nema dovoljno mesta da snimite sve fajlove.

Sie werden sicher ...., ... auf Ihrer Festplatte .... Platz, ...

❷ Kad su shvatili da konačno mogu da napuste pusto ostrvo i vrate se kući, plakali su od sreće.

Als ...., dass sie ... . endlich verlassen und .. .. konnten, ... Glück.

❸ Nema smisla nositi dži-pi-es ako nigde nema električne utičnice da se napune baterije.

.. .., den Navi ...., wenn es .... gibt, um ... .

Rešenje vežbe 1

❶ Nova izdanja ove izdavačke kuće su namenjena zahtevnim čitaocima. ❷ Čvrsto sam odlučila da naučim taj jezik, ma kako teško *(mučno)* to može izgledati. ❸ Nema sumnje da je strasno obožavao tu ženu za koju je napisao svoje najlepše pesme. ❹ Još oklevam da li bi trebalo da odaberem poeziju ili prozni tekst tog pisca kao glavnu temu doktorske teze. ❺ Tvoj život nije zapisan i ti takođe možeš uzeti slobodu da ideš svojim putem!

❹ Pasus koji si mi pročitao sadrži mnogo teških reči koje mi moraš sricati.
... ., den du ...., ist ...., die du mir ....

❺ Osim kad se prikazuje neki posebno uzbudljiv i dirljiv film, ne mogu ga nagovoriti da uključi televizor.
.... mal ein besonders packender ... . Film ....., kann ich ihn nicht ...., das ....

Rešenje vežbe 2

❶ – eine Auswahl treffen müssen, denn – bleibt nicht genügend – um alle Dateien zu speichern ❷ – ihnen bewusst wurde – die einsame Insel – in ihre Heimat zurückkehren – weinten sie vor – ❸ Es hat doch keinen Sinn – mitzunehmen – nirgendwo eine Steckdose – die Batterien aufzuladen ❹ Der Abschnitt – vorgelesen hast – voller schwieriger Wörter – buchstabieren musst ❺ Außer wenn – und bewegender – läuft – dazu bringen – Fernsehen einzuschalten

68 *U narednih nekoliko redova ćemo vam dati podatke o piscima i književnim epohama spomenutim u lekciji:*

Poznata i kod nas, a naročito na severu Evrope, Švеđanka Astrid Lindgren je pisac brojnih bestselera dečje književnosti. Sigurno ste i čuli za junake njenih priča Pipi dugu čarapu, Kati ili Emila.

Die kleine Hexe, *knjiga za decu od 4 godine, objavljena šezdesetih godina prošlog veka, doživela je neverovatan uspeh; bila je prevedena na 47 jezika i adaptirana za film i pozorište.*

---

68 Achtundsechzigste Lektion

Elfriede Jelinek, Nobelpreis für Literatur

1 Der erste Nobelpreis des 3. Jahrtausends für einen Autor der deutschsprachigen Literatur ging 2004 an eine Autorin, die österreichische Schriftstellerin Elfriede Jelinek.
2 Im zwanzigsten Jahrhundert hatten zwar zehn Autoren des deutschen Sprachraums zu den glücklichen Preisträgern ① gehört,
3 darunter aber nur eine einzige Frau, die Dichterin Nelly Sachs, die 1966 den begehrten Preis erhielt.
4 *„Für den musikalischen Fluss von Stimmen und Gegenstimmen in Romanen und Dramen, die mit einzigartiger sprachlicher Leidenschaft die Absurdität und zwingende Macht der sozialen Klischees enthüllen"* ②,

Napomene

① **der Preisträger**, doslovno "nosilac nagrade", laureat; **einen Preis verleihen**, dodeliti nagradu, (u 5. rečenici : **die Preisverleihung**). ▸

Izraz **Sturm und Drang***, doslovno "Oluja i nagon", označava kako književni tako i politički pokret druge polovine 18. veka, period koji je došao za Prosvetiteljstvom,* **Aufklärung** *na nemačkom, i prerastao u romantizam.* **Die Leiden des jungen Werthers***, delo o kojem smo govorili u 13. lekciji, je jedno od kapitalnih dela epohe* **Sturm und Drang**.

Rajner Marija Rilke, rođen 1875. u Pragu, umro 1926. u Švajcarskoj, se ubraja među najvažnije pesnike nemačke književnosti. Objavio je brojne zbirke pesama, ali i novela, pozorišnih komada i jedan roman.

Šezdeset osma lekcija 68

Elfride Jelinek, Nobelova nagrada za književnost

1 Prva Nobelova nagrada u 3. milenijumu za pisca na nemačkom jeziku otišla je, 2004. godine, austrijskoj spisateljici Elfride Jelinek.

2 Istina, u dvadesetom veku je deset pisaca s nemačkog govornog područja pripadalo srećnim dobitnicima nagrade.

3 Ipak, među njima je bila samo jedna žena, pesnikinja Neli Zaks koja je 1966. dobila priželjkivanu nagradu.

4 *"Za blagozvučnu bujicu saglasja i nesaglasja u romanima i dramama koje, s izuzetnom strašću za jezik, otkrivaju apsurdnost i snagu prinude društvenih stereotipa",*

▸ ② Ovo je nemački prevod teksta na švedskom koji stoji na Nobelovoj diplomi koja je uručena Elfridi Jelinek. Izvor: MLA style: "Elfriede Jelinek - Nobel Diploma". Nobelprize.org. http://nobelprize.org/nobel_prizes/literature/laureates/2004/jelinek-diploma.html.

5 so begründete die Jury ihre Entscheidung bei der Preisverleihung an Elfriede Jelinek.

6 1946 in der Steiermark, im Osten Österreichs, geboren, studierte sie zunächst Kompositionslehre ③ am Wiener Konservatorium, später zusätzlich Theaterwissenschaften und Kunstgeschichte.

7 1967 veröffentlichte sie eine erste Gedichtsammlung unter dem Titel *Lisas Schatten*.

8 Bekannt wurde sie mit engagierten, gesellschaftskritischen Romanen, Dramen und Hörspielen,

9 in denen sie die Oberflächlichkeit der Konsumgesellschaft, soziale Ungerechtigkeiten, Gewalt, Sexualität, männliches Machtverhalten gegenüber ④ Frauen und die Nachwirkungen einer unbewältigten Vergangenheit ⑤ kompromisslos darstellte.

Napomene

③ Sigurno ste primetili da izrazi koji označavaju fakultetske predmete često u sebi sadrže **-wissenschaft**, *nauka* (v. **Theaterwissenschaft**, u istoj rečenici, i **Literaturwissenschaft** u prethodnoj lekciji) ili **-lehre**, koja ima značenje *doktrine*, *teorije* (v. 18. lekciju, napomenu 2: **die Mengenlehre**, *teorija skupova*), a ne *učenje, obuka* (23. lekcija, napomena 2).

④ **männliches Machtverhalten**, doslovno "stav / ophođenje muške moći". Predlog **gegenüber** (+ dat.), *prema, nasuprot* ili *spram, protiv*, se nalazi ispred ili iza priloške odredbe (uvek iza ▸

5 tako je žiri opravdao svoju odluku prilikom **68**
dodele nagrade Elfridi Jelinek.
6 Rođena 1946. u Štajerskoj, u istočnoj Austriji, prvo je studirala muziku *(umetnost kompozicije)* na bečkom konzervatorijumu, [a] kasnije *(dodaje)* teatrologiju *(pozorišne nauke)* i istoriju umetnosti.
7 1967. objavljuje prvu zbirku poezije pod nazivom *Lizina senka.*
8 Postala je poznata po svojim angažovanim romanima, dramama i radijskim komadima u kojima kritikuje društvo,
9 oslikava površnost potrošačkog društva, socijalne nepravde, nasilje, seks, mačo ophođenje *(muško ponašanje)* prema ženama i posledice nesavladane beskompromisne prošlosti.

▸ ako je u pitanju zamenica): **sein Verhalten gegenüber (den) Frauen** ou **sein Verhalten den Frauen gegenüber**, *njegovo ponašanje prema ženama.* **Gegenüber** može biti i prilog: **Er wohnt im Haus gegenüber**, *Živi u kući preko puta.*

⑤ Glagol **bewältigen** znači *izaći na kraj, savladati*: **ein Problem bewältigen**, *prevazići problem.* Ovim izrazom se označavalo "suočavanje s (istorijskom) prošlošću" s kojom su Nemci morali da raščiste nakon pada nacional-socijalizma na kraju Drugog svetskog rata: **die Vergangenheit bewältigen**, *suočiti se s prošlošću i prihvatiti je*, odakle i izrazi, teški za prevod na srpski, **Vergangenheitsbewältigung**, *(pokušaj da se odupre prošlosti) suočavanje s prošlošću*, i izraz **unbewältigte Vergangenheit**, *teško savladati* – ili uopšte ne savladati – *prošlost.*

68 10 Fast alle ihre Veröffentlichungen lösten heftige Debatten in der Öffentlichkeit aus, wurden seitens ⑥ der konservativen Medien als skandalöse Provokationen verurteilt

11 und waren Anlass für persönliche Angriffe auf die Autorin.

12 Das gilt nicht nur für ihre Romane, sondern insbesondere auch für ihre Theaterstücke,

13 zum Beispiel das 1985 uraufgeführte Drama *Burgtheater*, das sich sehr kritisch mit den politischen und gesellschaftlichen Ereignissen der österreichischen Gegenwart und Vergangenheit auseinander setzt ⑦.

14 Dem Nobelpreis gingen zahlreiche andere Auszeichnungen voraus, unter anderem erhielt sie 1998 mit dem Georg-Büchner-Preis den für Werke der deutschsprachigen Literatur renommiertesten Literaturpreis.

15 Hinzu kommt eine lange Liste von Preisen für ihre Dramen und Hörspiele,

16 und die Kritiker der Zeitschrift *Theater heute* wählten sie gleich zwei Mal, 2007 und 2009, zur „Dramatikerin des Jahres".

17 Zwei ihrer Romane wurden verfilmt, *Die Ausgesperrten* von Franz Novotny, *Die Klavierspielerin* unter der Regie von Michael Haneke.

Napomene

⑥ Predlog **seitens**, ili **von Seiten** (+ genitiv) znači *od strane, od... strane.*

⑦ Prilog **auseinander** ima značenje *odvojen, razdvojen*: **Sie sind schon lange auseinander**, *Rastali su se (jedan od dru-* ▸

10 Skoro sva objavljena dela su izazvala žive rasprave u javnosti, konzervativni mediji su ih osuđivali kao skandalozne provokacije

11 i bila su povod za lične napade protiv spisateljice.

12 To važi ne samo za njene romane već posebno za pozorišne komade,

13 na primer, dramu *Burgtheater (Pozorište u zamku)*, izvedenu prvi put 1985, koja veoma kritički obrađuje [kako] sadašnje [tako] i prošle političke i društvene događaje u Austriji *(austrijske sadašnjosti i prošlosti).*

14 Nobelovoj nagradi su prethodila brojna odlikovanja; između ostalih je dobila nagradu Georg Bihner 1998. godine, najugledniju književnu nagradu za *(književna)* dela napisana na nemačkom jeziku.

15 Ovome se dodaje i duga lista nagrada za drame i radijske komade

16 a kritičari časopisa *Theater heute* su je izabrali za "dramaturga godine" čak dvaput zaredom, 2007. i 2009.

17 Dva njena romana su bila adaptirana za film, *Isključeni,* Franca Novotnog i *Pijanistkinja* koji je režirao *(pod režijom)* Mihael Haneke.

▸ *gog) odavno*; **3 Kilometer auseinander liegen**, *nalaziti se na udaljenosti od 3 kilometra*; **jmdm. etw. auseinander setzen** doslovno znači "predstaviti nešto nekome odvajajući različite aspekte" = *izlagati, objašnjavati nešto nekome*; **sich mit etwas auseinander setzen**, *pristupiti nečemu/obrađivati nešto kritički.*

68 **18** Ihr meistverkauftes Buch, *Lust*, ist der erste Roman ihres „Todsünden-Projekts”, das Sie mit zwei weiteren Romanen *Gier* und *Neid* fortsetzte.

19 Die fünf Kapitel von *Neid* wurden nacheinander veröffentlicht, und zwar ausschließlich im Netz, als „Privatroman”.

20 Es gibt keine Print-Fassung und keinen Verleger.

21 Wer den Roman lesen möchte, kann dies über die Homepage von Elfriede Jelinek tun – kostenlos. □

***

Übung 1 – Übersetzen Sie bitte!

❶ Gier, Neid und Lust gelten in der christlichen Religion als Todsünden. ❷ Die Veröffentlichung seiner Gedichte in einer bekannten literarischen Zeitschrift löste heftige Kritik aus. ❸ Können Sie irgendwie begründen, warum Sie dieses skandalöse Verhalten nicht kritisieren? ❹ In zahlreichen Theaterstücken und Hörspielen hat sie kompromisslos die Oberflächlichkeit der modernen Konsumgesellschaft verurteilt. ❺ Die Probleme der Gegenwart enthüllen die in der Vergangenheit begangenen Fehler.

18 Njena najprodavanija knjiga, *Razvrat* je prvi roman "projekta-smrtni grehovi", koji je nastavila s druga dva romana, *Pohlepa* i *Zavist*. 68

19 Pet poglavlja *Zavisti* je bilo redom objavljivano, i to ekskluzivno na internetu, kao "privatan roman".

20 Ne postoji štampana verzija, niti izdavač.

21 Ko želi da pročita roman, to može uraditi na sajtu Elfride Jelinek – besplatno.

***

Rešenje vežbe 1

❶ Pohlepa, zavist i razvrat se u hrišćanskoj religiji smatraju smrtnim grehovima *(se računaju kao smrtni grehovi)*. ❷ Objavljivanje njenih pesama u poznatom književnom časopisu je pokrenulo žestoke kritike. ❸ Možete li ikako objasniti *(opravdati)* zašto ne kritikujete ovo skandalozno ponašanje? ❹ U brojnim pozorišnim i radio komadima, beskompromisno je osudila površnost modernog potrošačkog društva. ❺ Sadašnji problemi otkrivaju greške počinjene u prošlosti.

68 Übung 2 – Ergänzen Sie bitte!

❶ U ovom poglavlju, pisac se kritički osvrće *(objašnjava)* na društvene i socijalne uzroke nasilja.

In diesem Kapitel .... der Autor ... ... gesellschaftlichen und sozialen .... der Gewalt ....

❷ Zaista je nepravedno prema ženama ako su nosioci ove nagrade skoro isključivo muškarci.

Es ist doch .... Frauen, ... die Preisträger dieser Auszeichnung .... Männer sind.

❸ Naravno da izdavači *(na strani izdavača)* nisu oduševljeni kad se dela najprodavanijih pisaca odjednom nađu besplatno na internetu.

.... Verleger ist man natürlich nicht begeistert, ... die ..... ihrer .... Autoren ... . im .... zu finden sind.

J. V. fon Geteu dugujemo podelu književnosti na tri najveća klasična književna roda: **Epik**, epsku književnost *(npr.* **der Roman**, roman*;* **die Novelle/die Kurzgeschichte**, novela*;* **das Märchen**, priča*);* **Lyrik**, lirsku književnost *(npr.* **das Gedicht**, spev*;* **das Lied**, poezija*;* **die Ballade**, balada*);* **Dramatik**, dramu *(npr.* **die Tragödie**, tragedija*;* **die Komödie/das Lustspiel**, komedija*).*

Izraz **die Belletristik** *obuhvata "lepu književnost", knjige za razonodu (romane, biografije, popularnu nauku) nasuprot čemu stoji naučna, zahtevna, književnost. Ako pogledate spikove best-*

④ Duga javna debata je prethodila odluci da se nastavi ovaj izuzetni projekat. 68

Der Entscheidung, dieses . . . . Projekt . . . ., war eine lange Debatte in der . . . .

⑤ Usled žestokih napada na umetnika zbog njegove prošlosti, dodela nagrade je izgledala kao dodatna provokacija.

. . . . der heftigen . . . . auf den Künstler . . . . Vergangenheit . . . . die Preisverleihung . . . . Provokation.

Rešenje vežbe 2

❶ – setzt sich – mit den – Ursachen – auseinander ❷ – eine Ungerechtigkeit gegenüber den – wenn – fast ausschließlich – ❸ Seitens der – wenn – Werke – meistverkauften – auf einmal kostenlos – Netz – ❹ – einzigartige – fortzusetzen – Öffentlichkeit vorausgegangen ❺ Infolge – Angriffe – wegen seiner – erschien – als zusätzliche –

selera časopisa **Der Spiegel** *često ćete pronaći razliku između* **Belletristik**, *koja više označava* zabavnu književnost, fikciju, *i* **Sachbücher**, praktična dela ili dela koja obrađuju teme iz posebnih oblasti, tehničkih ili naučnih. **Hörspiel**, radio komad, *veoma raširen i cenjen rod u Nemačkoj, smatra se uzvišenom književnom formom, poput pozorišnog komada ili scenarija za film.*

69 Neunundsechzigste Lektion

Deutschland, eine Reise, von Wolfgang Büscher

1 In seinem beim Rowohlt-Verlag erschienenen Bestseller berichtet der Journalist und Schriftsteller Wolfgang Büscher über Erlebnisse, über Begegnungen und Beobachtungen bei einer Reise,

2 die er zu Fuß, per Anhalter, per Bus oder Schiff entlang der Grenzen Deutschlands unternimmt.

3 Drei Monate lang ist er unterwegs.

4 Am letzten Tag erreicht er bei Emmerich erneut den Rhein, den Ausgangspunkt seiner Wanderung.

5 „Stille Nacht" ist der Titel des letzten Kapitels, von dem wir hier die letzten Abschnitte wiedergeben: ①

6 *Es wurde Abend und wieder Tag und Xanten war bitterkalt* ②.

7 *Überall spielten Weihnachtslieder. Medleys von Weihnachtsliedern, grauenhaft entstellt.*

8 *Immer schneller, immer maschinenhafter* ③*, je näher ich dem Ziel kam.*

Napomene

① U tekstu koji sledi, videćemo jednu od karakteristika nemačkog jezika - on sistematski koristi preterit kao vreme "žive" naracije!

Nemačka, jedno putovanje, Volfganga Bišera

1 U svom bestseleru objavljenom za izdavača Rovolt, novinar i pisac Volfgang Bišer piše o događajima, susretima i opažanjima prilikom putovanja duž nemačke granice,
2 peške, stopom, autobusom ili brodom.
3 Proveo je na putu tri meseca.
4 Poslednjeg dana ponovo stiže do Rajne blizu Emeriha, mesta sa kog je krenuo na putovanje *(polazište svog putovanja)*.
5 "Tiha noć" je naziv poslednjeg poglavlja, iz kojeg ćemo ovde navesti poslednji pasus:
6 *Noć je pala i novi dan je osvanuo, a Ksanten je bio veoma hladan.*
7 *Posvuda su se svirale božićne pesme. Mešavina božićnih pesama, užasno izobličenih.*
8 *Sve brže, sve više mehanički, kako sam se približavao cilju.*

② U složenim pridevima, **bitter**, *gorak*, pojačava značenje drugog prideva: **bitterkalt**, *veoma hladno*; **bitterböse**, *veoma ljut*; **bitterernst**, *veoma ozbiljan*.

③ Sufiksom **-haft** se tvore pridevi-prilozi sa značenjem "imati nešto od...", npr. **märchenhaft**, *kao iz bajke, bajan*; **traumhaft**, *kao iz snova, izmišljen*; **mangelhaft**, *manjkav, nepotpun*; **maschinenhaft** (reč koju je pisac stvorio), *koji ima nešto od mašine, mehanički*.

69 **9** *In einem Gasthaus bei Schloss Moyland war es so schlimm, ein solches Stakkato von Ihr Kinderlein kommet o Tannenbaum stille Nacht* ④, *dass ich wieder in die Kälte floh.*

10 *In Kleve schaukelte die Weihnachtsbeleuchtung über der Fußgängerzone im Wind.*

11 *Darüber tauchte der Turm der Schwanenburg* ⑤ *auf.*

12 *Alles war nun leer und still, kein Mensch mehr zu sehen, in den Häusern wurden die Kerzen entzündet, das Jahr sank erschöpft in diese Nacht.*

13 *Im letzten Tageslicht lief ich durch Felder und Wiesen.*

14 *Krähen flogen rasend schnelle Figuren am Himmel unter dem vollen Mond* ⑥.

15 *Er verschwand hinter Wolken und als er wiederkam, ging ich den Deich hinauf* ⑦.

16 *Mit jedem Schritt hüpften die Türme der Stadt am anderen Ufer ein bisschen höher über die Deichkrone.*

17 *Ohne anzuhalten, lief ich in die Rheinwiesen hinein.*

Napomene

④ Pisac ovde oživljava splet božićnih pesama, spajajući njihove nazive.

⑤ **Schwanenburg**, doslovno "labudovo utvrđenje" – prema legendi, zamak u gradu Klevu je pripadao Loengrinu, vitezu od labuda.

⑥ Kad govorimo o mesečevim menama, kažemo: **der Vollmond**, *pun mesec*, **der Halbmond**, *polumesec*, i **der Neumond**, *mlad mesec*. Da bi se ukazalo na smer, dodaje se

9 *U jednom kafe-restoranu u blizini zamka Mojland, jedan stakato iz "Dođite deco - Jelka - Tiha noć" je bio toliko loš, da sam opet izašao (pobegao) na hladnoću.* **69**
10 *U Klevu, božićna rasveta se njihala na vetru iznad pešačke zone.*
11 *Iznad se pomaljao toranj Švanenburga.*
12 *Sad je sve opustelo i utihnulo, više nije bilo ljudi (nijedan čovek se više nije video); u kućama su se upalile svećice; istrošena, godina je utonula u ovu noć.*
13 *Pri poslednjoj svetlosti dana prešao sam polja i livade.*
14 *Na nebu, pod punim mesecom, vrane su pomahnitalom brzinom letele ocrtavajući figure na nebu.*
15 *Mesec (On) je nestao iza oblaka, a kad se opet pojavio, penjao sam se na nasip.*
16 *Sa svakim korakom, tornjevi grada s druge strane reke, poskakivali su, svaki put malo više, iznad vrha nasipa.*
17 *Ne zaustavljajući se, zalazio sam u livade na obalama Rajne.*

zunehmend, *rastući*, ili **abnehmend**, *opadajući*: **Zurzeit ist abnehmender Mond**, *U ovom trenutku, mesec je u opadanju.* Kada je mesec mlad, tad govorimo o **Mondsichel (die Sichel**, *srp*).

⑦ Obratite još jednom pažnju na određenost koju **hin-** i **her-** daju nekom pokretu: **hinaufgehen**, *popeti*, **hineinlaufen**, *zaći u* (17. rečenica), **hineinstecken**, *uroniti* (22. rečenica), **herausziehen**, *izvaditi* (23. rečenica).

69 **18** *Es schien, als führte der Pfad geradewegs in die Stadt dort drüben.*
19 *Erst als ich vor ihm stand, sah ich den Fluss. Er schlug und schwappte ans Ufer, unruhiger, als ich ihn in Erinnerung hatte.*
20 *Links war die Sandbank, rechts lagen die Steine. Kein Schiff, nicht ein einziger Frachter. Nur Mond auf dem Fluss.*
21 *Meine Augen brannten.*
22 *Ich beugte mich über das Wasser und steckte den Kopf hinein,*
23 *und als ich ihn wieder herauszog, war mir, als sei ich weit weg gewesen ⑧, und alles, was sich zugetragen hatte, war in einer Sekunde geschehen.* □

Napomene

⑧ **(jmdm.) sein, als (ob)…** (+ **Konjunktiv**), doslovno "biti (za nekog) kao da…", ćemo prevesti: *reklo bi se da, činilo se, imati*

***

Übung 1 – Übersetzen Sie bitte!

❶ Vieles, was sich unterwegs zugetragen hat, wird uns für immer in Erinnerung bleiben. ❷ Wenn die Kerzen entzündet wurden, waren alle ein paar Minuten lang still und dann wurden zwei oder drei Weihnachtslieder gesungen. ❸ Sie können auf den Turm hinaufsteigen, aber seien Sie vorsichtig und beugen Sie sich nicht über die Mauer! ❹ Das Wasser war bitterkalt und kaum hatte er den Fuß hineingesteckt, da zog er ihn schon wieder heraus. ❺ Wir waren zu erschöpft, um zu Fuß hinaufzulaufen und sind schließlich die letzten Kilometer bis zu dem Dorf per Anhalter gefahren.

18 *Staza kao da je vodila (Izgledalo je kao da staza vodi) pravo, ka gradu, tamo s druge strane.*
19 *I tek kad sam se našao ispred nje, video sam reku. Zapljuskujući je udarala o obalu, mnogo nemirnije nego u mom sećanju.*
20 *Levo se nalazio peščani sprud, desno je bilo naslagano kamenje. Nijedan brod, nijedan jedini teretnjak. Samo odsjaj meseca na reci.*
21 *Oči su me pekle.*
22 *Nagnuo sam se nad vodu i zagnjurio glavu (unutra),*
23 *i dok sam je podizao, imao sam utisak da sam otišao mnogo dalje i da se sve što se dogodilo zbilo u nekoliko sekundi.*

utisak. Ako koristimo dupli veznik **als ob**, glagol u ličnom glagolskom obliku će se naći "normalno" na kraju zavisne rečenice: **Mir war, als ob ich weit weg gewesen sei!**

***

Rešenje vežbe 1

❶ Mnogo toga što nam se dogodilo na putu ćemo zauvek pamtiti *(ostaće za nas uvek sećanje).* ❷ Kad su se svećice upalile, svi su tokom nekoliko minuta bili tihi, a potom su otpevali dve ili tri božićne pesme. ❸ Možete se popeti na vrh kule, ali budite pažljivi i ne naginjite se preko zida! ❹ Voda je bila ledena i samo što je umočio nogu, odmah je brzo i izvadio. ❺ Bili smo suviše iscrpljeni da bismo se peške popeli i do kraja smo poslednje kilometre do sela prešli stopom.

69 **Übung 2 – Ergänzen Sie bitte!**

❶ U ovom poglavlju pisac priča o događajima koje je doživeo tokom poslednje etape svog putovanja.

. . . . der . . . . über . . . . der letzten Etappe . . . .

❷ Imao sam utisak da je od našeg prvog susreta vreme proletelo *(strašno brzo prošlo).*

Mir war . . . . . die Zeit . . . . Begegnung . . . . gegangen . . . .

❸ Duž obala reke bio je nasip ka kojem je vodio put kroz livade i polja.

. . . . Ufern . . . . gab es einen Deich, ... die Wiesen und Felder ein . . . .

❹ Brod je potonuo kao kamen, ali srećom, svi su uspeli da se dokopaju peščanog spruda koji se nalazio u blizini, i spasili se.

Das . . . . ein Stein . . . ., aber . . . . erreichten alle eine . . . . Sandbank und . . . .

⑤ Najbolje je da se popnete pravo ne zaustavljajući se, inače nećete stići na cilj pre mraka *(po dnevnom svetlu)*. 69

.. .. gehen Sie .... und .... hinauf, ... Sie ... . nicht mehr ... .

Rešenje vežbe 2

❶ In diesem Kapitel berichtet – Verfasser – seine Erlebnisse während – seiner Wanderung ❷ – als ob – seit unserer ersten – rasend schnell vorbei – sei ❸ Entlang den – des Flusses – zu dem durch – Pfad führte ❹ – Schiff war wie – gesunken – zum Glück – in der Nähe liegende – wurden gerettet ❺ Am besten – geradewegs – ohne anzuhalten – sonst erreichen – Ihr Ziel – bei Tageslicht

70 Siebzigste Lektion

Zusammenfassung – Ponavljanje

U ovoj poslednjoj lekciji za ponavljanje, osvrnućemo se na nekoliko sličnosti i razlika u nemačkom i srpskom jeziku.

1 Leksika

1.1 Zajednička leksika u nemačkom i srpskom jeziku

Poput ostalih evropskih jezika i nemački je pozajmio veliki broj reči iz latinskog i grčkog. U pitanju su pre svega učene reči, naročito iz oblasti religije, filozofije, nauke i politike. One čine neku vrstu zajedničkog leksičkog fonda, koji se naziva "internacionalizmi", npr. **Theologie**, *teologija*; **Philosophie**, *filozofija*; **Politik**, *politika*; **Idee**, *ideja*; **Organisation**, *organizacija*; **diskutieren**, *diskutovati*.

Srpski je iz nemačkog primio mnoge reči, kao npr. **Wage**, *vaga,* **Graf**, *grof,* **Maler**, *moler,* **Farbe**, *farba,* **Schalter**, *šalter,* **Kugel,** *kugla,* **Meister**, *majstor,* **Zeche**, *ceh,* **Schraube**, *šraf,* **Mörtel**, *malter...*

Ne zaboravite da je francuski jezik u 17 i 18. veku bio zvanični jezik na dvoru nemačkih prinčeva, naročito pruskih kraljeva. Otud i velik broj pozajmljenica iz francuskog jezika, naročito u vojnoj oblasti (**Armee**, *armija, vojska*; **Offizier**, *oficir*; **General**, *general*; **Kanone**, *top)* kao i iz mondenskog života (**Dame**, *dama*; **elegant**, *elegantan*; **charmant**, *šarmantan*; **Kompliment**, *kompliment*; **Affäre**, *afera*; **Mätresse**, *ljubavnica…*).

1.2 Lažni prijatelji

Povedite računa o lažnim prijateljima - rečima koje izgledaju i/ili zvuče isto u srpskom i nemačkom, a koje nemaju isto značenje. U tabeli koja sledi, naveli smo neke primere (**N** = nemački i *SR* = srpski):

N	**Bilder**	= *SR*	*slike*
SR	*bilder*	= N	**Bodybuilder**
N	**Dom**	= *SR*	*katedrala*
FR	*dom*	= N	**Haus, Heimat**
N	**Glas**	= *SR*	*čaša*
FR	*glas*	= N	**Stimme**
N	**kaputt**	= *SR*	*propao, upropašćen*
FR	*kaput*	= N	**Jacke**
N	**Sekt**	= *SR*	*penušavo vino*
SR	*sekta*	= N	**Sekte**
N	**Konkurs**	= *SR*	*bankrot*
SR	*konkurs*	= N	**Wettbewerb**
N	**Rat**	= *SR*	*savet*
SR	*rat*	= N	**Krieg**

1.3 Homonimi u nemačkom jeziku

Homonimi u nemačkom jeziku su većinom ujedno i homofoni (isto se izgovaraju) i homografi (isto se pišu), te se, ukoliko se javi potreba, razlikuju samo po svom rodu (i/ili množini), npr.

das Schloss (ö -er) *zamak*	**das Schloss (ö -er)** *brava*
der Leiter (-) *vođa, upravnik*	**die Leiter (-n)** *merdevine*
der Strom (ö -e) *struja, tok*	**der Strom (ö -e)** *reka, potok*
das Tau (-e) *debelo uže*	**der Tau** (sing.) *rosa*
der Stoff (-e) *štof, materijal*	**der Stoff** (sing.) *materija*
die Steuer (-n) *porez, dažbina*	**das Steuer (-)** *kormilo*
das Band (ä -er) *povez*	**der Band (ä -e)** *tom (knjige)*
die Bank (-en) *banka*	**die Bank (ä -e)** *klupa*

der Tor (-en) *budala, ludak*	das Tor (-e) *kapija*
der Teil (-e) *deo*	das Teil (-e) *komad (odvojen)*
der See (-n) *jezero*	die See (sing.) *more*

2 Izgovor i pravopis reči francuskog porekla

Pravopis germanizovanih reči francuskog porekla čuva tragove francuskog. Tako imamo sledeće slučajeve:
– glas *[v]* se piše kao **v** (umesto **w**), npr. **Konvention**, *konvencija*; **Vase**, *vaza*; **Klavier**, *klavir*; **reservieren**, *rezervisati*;
– glas *[ž]* koji ne postoji u rečima nemačkog porekla, se piše kao **g** ili **j**, npr. **Genie**, *duh, genije, nadarenost* (pridev **genial**, *genijalan*, se izgovara «po nemački»: *[génia:l]*); **Ingenieur**, *inženjer*; **Jalousie**, *žaluzina, roletna*;
– glas *[ø]* se piše **eu** (umesto **ö**), npr. **Milieu**, *okolina, sredina*; **Ingenieur**; **Installateur**, *instalater*;
– glas *[c]* se piše kao **t** (umesto **z**), u slogovima **-tion**, **-tient**, npr. **Konvention**; **Revolution**, *revolucija*; **Rationalität**, *racionalnost*; **Patient**, *pacijent, bolesnik*,
– glas *[š]* na početku reči pišemo kao **Ch** (umesto **Sch**): **Champagner**, *šampanjac*; **Champignon**, *šampinjon*; **Chance**, *šansa, sreća.*
U nekim retkim slučajevima, u nemačkom je očuvan i akcenat francuske reči, kao npr. **das Café**, *kafe*.

U nekim rečima i izgovor ostaje francuski, npr. **Restaurant**, *restoran*; **Parfum**, *parfem*; **Etat**, *budžet*; **Budget**, *budžet*. Kod drugih su, pak, i pravopis i izgovor potpuno germanizovani: **Affäre**, *afera*; **Büro**, *biro, kancelarija*; **Platz**, *trg*; **Tanz**, *ples*.

3 Nekoliko osobenosti nemačkog pravopisa

Jedna od pravopisnih osobenosti nemačkog jezika svakako je veliko slovo kojim se razlikuju zajedničke imenice, ali i odsustvo akcenata - kako ćemo izgovoriti samoglasnik na to će nam ukazati bilo samoglasnik/suglasnik koji za njim dolazi, bilo trema infleksije.

Treba da znate da je trema ostatak slova **-e** koje se dodavalo tim samoglasnicima. To se vidi prilikom transkripcije, kad na tastaturi nemamo odgovarajuća slova: **ä** = **ae**, **äu** = **aeu**, **ö** = **oe**, **ü** = **ue** (za **ß**, ćemo kucati **ss**). Pravopisna reforma iz devedesetih godina prošlog veka, o kojoj je u više navrata bilo reči, za reči stranog porekla koje su se potpuno uklopile u nemački preporučuje postupnu "germanizaciju" pravopisa, a dve grafije su dozvoljene tokom prelaznog perioda. Evo nekih primera: 70

Stara grafija	Nova grafija	Prevod
Friseur	**Frisör**	*frizer*
Graphik	**Grafik**	*gravira*
Photograph	**Fotograf**	*fotograf*
Telephon	**Telefon**	*telefon*
Centrum	**Zentrum**	*centar*
Potential	**Potenzial**	*potencijal*
Portemonnaie	**Portmonee**	*novčanik*
Symphonie	**Sinfonie**	*simfonija*

Na kraju reda, ukoliko su u pitanju složenice, reč ćemo rastaviti prvo na mestu njihovog spoja, pa potom na mestu sloga npr. **Lebensgeschichte** → **Lebens-geschichte**, potom → **Le-bens-ge-schich-te**.

Obratite pažnju da se suglasnik uvek pripaja narednom slogu, čak iako nakon tvorbe reči pripada prethodnom slogu! Na primer: **Leben** → **Le-ben**; **Ufer** → **U-fer**; **sehen** → **se-hen**.
Kad imamo dva ili više suglasnika, onda se poslednji pripaja narednom slogu (ne vodeći računa o tvorbi reči!) : **hundert** → **hun-dert**; **Vergangenheit** → **Ver-gan-gen-heit**; **Schöpfer** → **Schöp-fer**; **meistens** → **meis-tens**; **allerdings** → **al-ler-dings**; **Anerkennung** → **An-er-ken-nung**.

Obratite pažnju! Kombinacije suglasnika koje odgovaraju jednom glasu **ck**, **ch** i **sch** se ne odvajaju: **entdecken** → **ent-de-cken**; **Bücher** → **Bü-cher**; **Geschichte** → **Ge-schich-te**.

4 Upotreba glagolskih vremena

U indikativu, nemački jezik razlikuje 6 glagolskih vremena: prezent, perfekat, preterit, pluskvamperfekat, futur I i futur II.

Takođe, nemački više voli prosta vremena od složenih. U pisanim tekstovima, više od 90% upotrebljenih glagola u indikativu su u prezentu (50%) ili preteritu (40%), dok je ostalih 10 % podeljeno na četiri ostala vremena (uglavnom perfekat i pluskvamperfekat).

Futur I – i još ređe futur II – se koriste samo u nedostatku drugih rečeničnih elemenata koji bi precizirali da se radnja dešava u budućnosti – ili da ukažu na hipotetični karakter neke informacije.

Preterit je vreme naracije u pravom smislu reči: govori nam da se opisana radnja dogodila u prošlosti, dok perfektom izražavamo svršenost ili ostvarenje neke radnje: **Im letzten Tageslicht lief ich durch Felder und Wiesen**, *S poslednjom dnevnom svetlošću prešao sam polja i livade.* Ali: **Das ist das erste Buch, das ich selbst gelesen habe**, *To je prva knjiga koju sam sama pročitala.*

Osim ako aspekt svršenosti/ostvarenja radnje čini informaciju od ključnog značaja za razumevanje rečenice, nemački će uglavnom na tom mestu radije koristiti preterit: **Fast alle ihre Veröffentlichungen lösten heftige Debatten aus** (pre nego **haben... ausgelöst**), *Skoro sve njene knjige su izazvale žestoke debate.*
Ova prednost koja se daje preteritu (čime se izbegava ponavljanje pomoćnih glagola u perfektu) je očiglednija u pisanom nego u usmenom govoru. U govornom jeziku (usmenom), naprotiv, češće će se koristiti perfekt.
Slaganje vremena u nemačkom jeziku se rukovodi smislom rečenice, tako da se ono ne podvrgava nikakvim gramatičkim pravilima.

5 Red reči u rečenici - progresivni ili regresivni rečenični fokus?

U nemačkom i srpskom "prirodni" red rečeničnih elemenata koji stoje u međusobnom odredbenom odnosu nije isti:

U srpskom jeziku red reči u rečenici je prilično slobodan, pa tako pridev ili zamenica mogu doći i pre i posle svoje glavne reči, a sve u skladu s tim šta želimo da istaknemo, ili stilski ulepšamo. U nemačkom jeziku determinanta (odredba) stoji ispred određenice (= regresivni red reči). To se potvrđuje ne samo u složenicama, već i prilikom upotrebe prideva u funkciji atributa, redom rečeničnih elemenata u infinitivnoj rečenici i, najčešće, samim redom reči u rečenici. 70

Srpski jezik najčešće elemente za razumevanje rečenice stavlja na početak iskaza (progresivni rečenični fokus), dok regresivni rečenični fokus, svojstven nemačkom jeziku, te iste elemente stavlja na kraj. Evo nekih primera:

– SR : *svet mašte ispunjen avanturama,*

A : eine abenteuerliche Fantasiewelt;

– SR : *prema ispitivanju koje je sproveo ZDF.*

A : laut einer vom ZDF veranstalteten Umfrage;

– SR : *nalog da se sakupi dokazni materijal protiv Georga Drajmana...*

A : der Auftrag, belastendes Material über Georg Dreymann zu sammeln;

– SR : *Odabrala bih debelu zbirku Rilkeove poezije.*

A : Ich hätte einen dicken Sammelband mit Gedichten von Rilke gewählt.

U srpskom ćemo prvo naglasiti ono što je bitno, ne brinući o “detaljima”, dok ćemo u nemačkom prvo razjasniti detalje pa doći do onog bitnog!

Tako dolazimo do slučaja “upadanja u reč” - prekinuti nekog ko govori srpski može se, između ostalog, protumačiti i kao izraz zainteresovanosti za suštinu onoga o čemu se govori. Potpuno je drugačija situacija ako usred rečenice prekinemo našeg nemačkog sagovornika. S jedne strane, to će ga sprečiti da kaže ono što je od suštinskog značaja, a s druge, on može pomisliti da ne pridajete važnost onome o čemu govori.

Ova razlika u “pristupu” se potvrđuje i u drugim oblastima: načinu na koji se koncipira razgovor, zamišlja i ostvaruje neki projekat, vode pregovori, donosi odluka i ista sprovodi u delo...

70 A kad su predstavnici dveju kultura upućeni jedni na druge u nekom zajedničkom poslu, različita prećutna očekivanja koja se odnose na "odgovarajući način" da se nešto kaže ili uradi često će biti veoma različita i mogla bi biti izvor nesporazuma i napetosti! Zato treba biti svestan da se "suština" za jednog ne nalazi po svaku cenu tamo gde je drugi očekuje!

Dialog zur Wiederholung

1 Haben Sie Lust auf Bücher? Fällt es Ihnen nicht leicht, das passende Buch zu finden?

2 Wir haben hier für Sie eine Auswahl unter den meistverkauften Neuerscheinungen unseres Verlags getroffen:

3 *Herz im Schatten* – Der neue, bewegende Liebesroman von Siglinde Bonner:

4 Nur einmal hatte jener geheimnisvolle Fremde Elsa von Hohenheim in den Armen gehalten,

5 und obgleich alle Hoffnung, ihn wiederzusehen, längst geschwunden war, hatte sie nie an seiner Liebe gezweifelt.

6 Als er eines Tages an der Seite einer anderen Frau wieder auftaucht, glaubt sie sich verraten und beschließt, ihrem Leben ein Ende zu machen.

7 *Der Mörder kam per Anhalter* – Ein packender Krimi von Uwe Hansen, den Sie garantiert nicht zur Seite legen werden, bevor Sie auf der letzen Seite angekommen sind.

8 „*Als Kommissar Gellert sich über den Toten beugte, wurde er bleich: Es stand außer Zweifel, dass sich hier etwas Grauenhaftes zugetragen hatte.*"

9 Ein Beweisstück, das zunächst belanglos erscheint, führt zur Verhaftung eines angesehenen Politikers.

10 Doch ist der Verdacht gegen ihn wirklich begründet?

11 *Gier und Gewalt* – In seiner Aufsehen erregenden Veröffentlichung berichtet der Journalist und Schriftsteller Jochen Kohlhammer über die Ereignisse des Zeitgeschehens, die ihn besonders geprägt haben.

12 Dabei setzt er sich mit den gesellschaftlichen und politischen Krisen und Konflikten der Gegenwart auseinander

13 und enthüllt kompromisslos Ursachen und Umstände, die zu deren Entstehung beigetragen haben.

70 Prevod

1 Da li želite [da čitate] knjige? Imate teškoća da pronađete odgovarajuću knjigu? **2** Ovde smo napravili izbor među najprodavanijim izdanjima naše izdavačke kuće: **3** *Srce u senci* – novi dirljivi ljubavni roman Ziglinde Boner: **4** Tajanstveni stranac je u svom naručju samo jednom držao Elzu fon Hohenhajm, **5** a iako je sva nada da će ga ponovo videti već odavno nestala, ona nikad nije posumnjala u njegovu ljubav. **6** Kad se jednog dana ponovo pojavio u njenom životu, kraj druge žene, ona se osetila izdanom i odlučuje da okonča svoj život. **7** *Ubica je stigao auto stopom* – napet krimi roman Uvea Hansena koji nećete ostaviti *(na stranu)* dok ne pročitate i poslednju stranicu. **8** "*Kad se komesar Gelert nadvio nad mrtvacem, prebledeo je: nije*

Kao što je pisac **Deutschland, eine Reise** *u poslednjem poglavlju svoje knjige (v. 69 lekciju) okončao putovanje po Nemačkoj, tako ste i vi stigli do kraja naše knjige Nemački Usavršavanje, i do kraja putovanja kroz nemački jezik. Pokušali smo da vam ovaj put učinimo poučnim i zabavnim, da koristi kako vašem jezičkom nivou tako i vašem razumevanju nemačke civilizacije, svakodnevnog života i načina komunikacije Nemaca.*

bilo sumnje da se ovde nešto užasno dogodilo." **9** Jedan dokazni materijal, na prvi pogled bez značaja, dovodi do hapšenja poznatog političara. **10** Ali, da li je sumnja protiv njega osnovana? **11** *Pohlepa i nasilje* – u svojoj senzacionalnoj knjizi, novinar i pisac Johen Kolhamer opisuje događaje našeg vremena koji su ga naročito obeležili. **12** Tako na kritički način obrađuje društvene i političke krize i sukobe savremenog doba **13** i beskompromisno otkriva uzroke i okolnosti koji su tome doprineli.

Od srca vam savetujemo da na ovaj put krenete ponovo, ponavljajući sve od prve lekcije: otkrićete da ste puno toga usvojili, ali da ima još nekih tačaka koje treba ponoviti i produbiti.

Ne zaboravite da je jezički kapital koji ste sazdali dolazeći dovde neprocenjiv: čuvajte ga tako što ćete ga koristiti! Za kakav god način se odlučite za nastavak puta, želimo vam **Gute Reise**!

Gramatički dodatak

Sadržaj

1 Deklinacija

Padeži se najčešće izražavaju posebnim oblikom člana, prideva kao atributa, imenice ili zamenice. Ovde te specifične oblike nazivamo "oznakom padeža" i njih ćemo, u tabelama koje slede, pisati plavim slovima.
"Oznake padeža" određenog člana (v. ovde ispod) su orijentiri za bilo koju drugu dekliniranu reč.

1.1 Deklinacija članova

• **Određeni, pokazni, upitni i kvantitativni član**

	Jednina			Množina
	M. rod	Ž. rod	Sr. rod	(M.-Ž.-Sr.)
N	**der**	**die**	**das**	**die**
A	**den**	**die**	**das**	**die**
D	**dem**	**der**	**dem**	**den**
G	**des**	**der**	**des**	**der**

Legenda: N = nominativ, A = akuzativ, D = dativ, G = genitiv

Pokazni (**dieser**, **jener**), upitni (**welcher**) i neodređeni kvantitativni članovi (**jeder**, **mancher**, **solcher**) se menjaju po padežima kao određeni član.
Pažnja: Genitiv jednine muškog i srednjeg roda od **welcher**, **jeder**, **mancher**, **solcher** se tvori sa **-en**, npr. **Welchen Mannes/Kindes?**, *Od kog čoveka / deteta?*

Složeni članovi (član + pridev) **derjenige**, *ovaj ovde*; **derselbe**, *isti*, se menjaju kao određeni član (iza kojeg se nalazi pridev kao atribut).

• **Neodređeni član i član u negaciji**

	Jednina			Množina
	M. rod	Ž. rod	Sr. rod	(M.-Ž.-Sr.)
N	**ein**	**eine**	**ein**	-
	kein	**keine**	**kein**	**keine**
A	**einen**	**eine**	**ein**	-
	keinen	**keine**	**kein**	**keine**
D	**einem**	**einer**	**einem**	-
	keinem	**keiner**	**keinem**	**keinen**
G	**eines**	**einer**	**eines**	-
	keines	**keiner**	**keines**	**keiner**

U složenom članu **irgendein**, *bilo koji, ma koji* i u izrazu **Was für ein…** (upitno = *Kakav...?* uzvično = *Kakav/Kakva....!*), **ein** prati promenu neodređenog člana, npr. **Was für ein Wagen** (= nom.) **ist das? Was für einen Wagen** (= ak.) **hast du?**

• **Prisvojni član (pridev)**

Prisvojni članovi (pridevi) se menjaju kao neodređeni član ili član u negaciji. U tabeli ispod se nalaze oblici u nominativu:

	Nominativ jednine			Množina
	M. rod	Ž. rod	Sr. rod	(M.-Ž.-Sr.)
(ich)	**mein**	**meine**	**mein**	**meine**
(du)	**dein**	**deine**	**dein**	**deine**
(er)	**sein**	**seine**	**sein**	**seine**
(sie)	**ihr**	**ihre**	**ihr**	**ihre**
(es)	**sein**	**seine**	**sein**	**seine**
(wir)	**unser**	**unsre**	**unser**	**unsre** 1)
(ihr)	**euer**	**eure**	**euer**	**eure** 1)
(sie) (Sie)	**ihr/Ihr**	**ihre/Ihre**	**ihr/Ihr**	**ihre/Ihre**

1) **unser** i **euer**: imaju nastavke **-e**, **-es**, **-er**; često dolazi do gubljenja **-e-**, npr. **unsere** → **unsre**; **euerer** → **eurer**, ispred nastavaka **-en** ili **-em**, može takođe doći do izostavljanja **-e-** u 1. i 2. licu, npr. **unseren** → **unsren** ili → **unsern**.

1.2 Deklinacija zamenica

• Lične zamenice

	Jednina				
N	**ich**	**du**	**er**	**sie**	**es**
A	**mich**	**dich**	**ihn**	**sie**	**es**
D	**mir**	**dir**	**ihm**	**ihr**	**ihm**
G	**meiner**	**deiner**	**seiner**	**ihrer**	**seiner**
	Množina				
N	**wir**	**ihr**	**sie/Sie**		
A	**uns**	**euch**	**sie/Sie**		
D	**uns**	**euch**	**ihnen/Ihnen**		
G	**unserer**	**eurer**	**ihrer/Ihrer**		

Genitiv lične zamenice se retko koristi. Nalazimo ga u ustaljenim izrazima ili visoko negovanom jeziku: **Erinnern Sie sich seiner?** *Da li ga se sećate?*

• Povratne i uzajamno povratne zamenice

Ove zamenice nemaju nominativ. Jedino se 3. lice jednine i množine razlikuje od lične zamenice. Genitiv se retko koristi.

Jednina			
A	**mich**	**dich**	**sich**
D	**mir**	**dir**	**sich**
G	**meiner**	**deiner**	**seiner/ihrer/seiner**

Množina			
A	**uns**	**euch**	**sich/Sich**
D	**uns**	**euch**	**sich/Sich**
G	**unserer**	**eurer**	**ihrer/Ihrer**

• **Pokazne i relativne zamenice**

Određeni član može ujedno biti pokazna i relativna zamenica. Ipak, u genitivu jednine i množine, kao i u dativu množine, ima različit oblik. "Oznaka padeža" određenog člana ostaje prepoznatljiva.

	Jednina			Množina
	M. rod	Ž. rod	Sr. rod	(M.-Ž.-Sr.)
N	**der**	**die**	**das**	**die**
A	**den**	**die**	**das**	**die**
D	**dem**	**der**	**dem**	**denen**
G	**dessen**	**deren**	**dessen**	**deren**

Upitna zamenica **wer** se menja kao **der**: **wer**, **wen**, **wem**, **wessen**, zamenica srednjeg roda **was** ostaje nepromenljiva (osim u genitivu = **wessen**, retko u upotrebi).

Oblici upitnog člana **welche-** takođe mogu imati ulogu relativnog člana, osim u genitivu. Upotreba **welch-** (prilično retka) nam dopušta da izbegnemo ponavljanje istog člana, npr. **Die Kollegin, (die =) welche die Arbeit gemacht hat**, *Koleginica koja je uradila taj posao.*

Poput određenog člana, i mnogi drugi članovi (**dieser**, **jener**, **jeder...**) služe kao zamenice.

• **Neodređene zamenice i zamenice u negaciji**

Obratite pažnju da tad svi oblici nose "oznaku padeža".

	Jednina			Množina
	M. rod	Ž. rod	Sr. rod	(M.-Ž.-Sr.)
N	**einer**	**eine**	**eines**	-
	keiner	**keine**	**keines**	**keine**
A	**einen**	**eine**	**eines**	-
	keinen	**keine**	**keines**	**keine**
D	**einem**	**einer**	**einem**	-
	keinem	**keiner**	**keinem**	**keinen**
G	**eines**	**einer**	**eines**	-
	keines	**keiner**	**keines**	**keiner**

U nominativu i akuzativu srednjeg roda se često koriste oblici kojima je izostavljeno **-e-**, npr. **Ich habe eins/keins**, *Imam jedan / Nemam nijedan.* U genitivu, ovo izostavljanje nije dozvoljeno! Npr. **der Brief eines meiner Freunde**, *pismo jednog od mojih prijatelja.*

U govornom jeziku, neki oblici **welch-** se koriste kao neodređena zamenica. Često ćemo je prevesti kao *nešto*, npr. **Ich habe kein Brot mehr. Hast du noch welches?** *Nemam više hleba. Imaš li ti još nešto?*

Zamenica **man** dobija oblike od **einer**: **man** (nom.), **einen** (ak.), **einem** (dat.) **eines** (gen.); **jemand** (*neko*) i **niemand** (*niko*) se menjaju na isti način (ak. = **-en**; dat. = **-em**; gen. = **-es**), ali se najčešće koriste nedeklinirani oblici.

• **Prisvojne zamenice**

Zamenice koje se tvore pomoću prisvojnog člana (prideva), se menjaju na isti način (ali nema genitiva). Npr. **meiner** (*moj*):

	Jednina			Množina
	M. rod	Ž. rod	Sr. rod	(M.-Ž.-Sr.)
N	**mein**er	**mein**e	**mein(**e**)**s	**mein**e
A	**mein**en	**mein**e	**mein(**e**)**s	**mein**e
D	**mein**em	**mein**er	**mein**em	**mein**en-
G	-	-	-	-

Kod **unser** i **euer**, često dolazi do izostavljanja **-e-**: s nastavcima **-e** ili **-er** = **uns**e**re** → **unsre**; **eu**e**rer** → **eurer**, ispred nastavaka **-en** ili **-es** = **uns**e**r**es → **unsr**es ili → **uns**e**rs**.

1.3 Deklinacija imenica

• **Zajedničke imenice**

Jedino se genitiv muškog i srednjeg roda, kao i dativ množine imenica menjaju po padežima. Na primer:

	Jednina			Množina
	M. rod	Ž. rod	Sr. rod	(M.-Ž.-Sr.)
N	**Tee**	**Milch**	**Bier**	**Getränke**
A	**Tee**	**Milch**	**Bier**	**Getränke**
D	**Tee**	**Milch**	**Bier**	**Getränke**n
G	**Tee**s	**Milch**	**Bier**s	**Getränke**

Imenice muškog i srednjeg roda koje se završavaju na **-s**, **-ss**, **-ß**, **-x**, **-z**, **-tz**, tvore genitiv jednine dodajući **-es** , npr. **das Haus**, **des Haus**es . Kod imenica koje se u množini završavaju na **-n**, **-en**, nema promena u dativu množine, npr. nom. mn. = **die Frau**en, dat. mn. = **den Frau**en. Imenice koje tvore množinu sa **-s**, a to su naročito imenice stranog porekla, zadržavaju to **-s** u dativu množine, npr. nom. mn. = **die Auto**s, dat. mn. = **d**en **Auto**s.

Neke imenice muškog roda, tzv. "slabe imenice muškog roda", dodaju **-(e)n** obliku nominativa u svim ostalim padežima, npr. **der Junge**, **den Jung**en, **dem Jung**en, **den Jung**en, (pl.) **die Jung**en,... Neke "slabe imenice muškog roda" uz to još dodaju **-s** u genitivu: **der Name(n), den Namen, dem Namen, des Namens,** (pl.) **die Namen**...

• **Vlastite imenice**

Vlastite imenice dodaju **-s** u genitivu, npr. **Peter und Maria → Peters und Marias Familie.** Kad se imenice već završavaju na **-s** , **-ß** , **-x** , **-z** ili **-tz**, uglavnom se genitiv zamenjuje oblikom **von** (+ dat.), npr. **Klaus und Moritz → die Familie von Klaus und Moritz** (u pisanom obliku ćemo takođe pronaći: **Klaus' und Moritz' Familie**).

Kad navodimo skup osoba/predmeta koje nose istu vlastitu imenicu, ta imenica može tvoriti množinu, najčešće dodavanjem **-s**: osobe koje pripadaju porodici **Müller** = **die Müllers**.

Kad vlastita imenica (složena) sadrži član i pridev, oni se menjaju po padežima, npr. **Karl der Große** (N), (*Karlo Veliki*) → **von Karl dem Großen** (D).

1.4 Deklinacija prideva kao atributa

Pridev kao atribut koji prethodi imenici uvek se menja po padežima.
Kad ima više prideva u funkciji atributa, svi pridevi se menjaju na isti način!

• **"Slaba" deklinacija**

Ako ispred prideva stoji član koji nosi "oznaku padeža", tad pridev prati "slabu" promenu za koju su karakteristični nastavci = **-e** (nominativ + akuzativ jednine, osim akuzativ muškog roda) i **-en** (u svim ostalim padežima).

	Jednina			Množina
	M. rod	Ž. rod	Sr. rod	(M.-Ž.-Sr.)
N	**der kalte Tee**	**die kalte Milch**	**das kalte Bier**	**die kalten Getränke**
A	**den kalten Tee**	**die kalte Milch**	**das kalte Bier**	**die kalten Getränke**

D	**dem kalten Tee**	**der kalten Milch**	**dem kalten Bier**	**den kalten Getränken**
G	**des kalten Tees**	**der kalten Milch**	**des kalten Biers**	**der kalten Getränke**

- **"Jaka" deklinacija**

Ako ispred prideva ne stoji član koji bi nosio "oznaku padeža", pridev u funkciji atributa sledi "jaku" padešku promenu koju karakterišu nastavci = "oznaka padeža".

	Jednina			Množina
	M. rod	Ž. rod	Sr. rod	(M.-Ž.-Sr.)
N	**kalter Tee**	**kalte Milch**	**kaltes Bier**	**kalte Getränke**
A	**kalten Tee**	**kalte Milch**	**kaltes Bier**	**kalte Getränke**
D	**kaltem Tee**	**kalter Milch**	**kaltem Bier**	**kalten Getränken**
G	**kalten Tees**	**kalter Milch**	**kalten Biers**	**kalter Getränke**

U genitivu muškog i srednjeg roda, ako imenica nosi "oznaku padeža" = **-s**, pridev, ispred kojeg stoji ili ne stoji član, se uvek menja po slaboj promeni (**-en**).
Budući da je oblik prideva u dativu množine (+ **-en**) istovetan u "slaboj" i "jakoj" promeni, on odgovara imenicama nosiocima "oznake padeža" i ostalima, npr. **mit kalten Getränken, mit schnellen Autos**.

- **"Mešovita" promena**

Kad ispred prideva kao atributa stoji neodređeni član (ili član u negaciji/prisvojni), on se menja, u zavisnosti od prisustva/odsustva "oznake padeža" na tom članu, bilo po "jakoj" bilo po "slaboj" deklinaciji. Na primer:

	Jednina			Množina
	M. rod	Ž. rod	Sr. rod	(M.-Ž.-Sr.)
N	**ein kalter Tee**	**eine kalte Milch**	**ein kaltes Bier**	**- kalte Getränke**
A	**einen kalten Tee**	**eine kalte Milch**	**ein kaltes Bier**	**- kalte Getränke**
D	**einem kalten Tee**	**einer kalten Milch**	**einem kalten Bier**	**- kalten Getränken**
G	**eines kalten Tees**	**einer kalten Milch**	**eines kalten Biers**	**- kalter Getränke**

Obratite pažnju da se u jednini "slaba deklinacija" odnosi samo na 3 padeža : nominativ muškog roda i nominativ i akuzativ srednjeg roda.

Iza članova **keine**, **meine**, **deine**..., pridev sledi "slabu" promenu i u množini, pošto ti članovi već sami nose "oznaku padeža", npr. **keine/meine kalten Getränke** (nom. + ak.), **keinen/meinen kalten Getränken** (dat.), **keiner/meiner kalten Getränke** (gen.).

- **Poimeničeni pridevi**

Neke imenice nastale od prideva su zadržale svojstva tih prideva. Menjaju se kao pridevi-atributi (iza kojih dolazi imenica) i usvajaju različite oblike u zavisnosti od prisustva/odsustva člana koji nosi "oznaku padeža".
Npr. Nominativ od **der Erste**, *prvi*:

Jednina			Množina
M. rod	Ž. rod	Sr. rod	(M.-Ž.-Sr.)
der Erste	**die Erste**	**das Erste**	**die Ersten**
Erster	**Erste**	**Erstes**	**Erste**
ein Erster	**eine Erste**	**ein Erstes**	**keine Ersten**

2 Predlozi

Ovde ćete pronaći spiskove u koje smo grupisali najvažnije predloge prema padežu/padežima koji zahtevaju i njihovo značenje.

• Predlozi uz akuzativ

bis	*do*
durch	prostorno: *kroz, preko*
	oruđe: *s, pomoću*
für	*za*
gegen	*protiv*
ohne	*bez*
pro	*na, od, za* (jedinica)
per	*na, sa, s* (prevozno sredstvo)
um	*oko*; *u* (+ sat)

• Predlozi uz dativ

ab	*počev od*
aus	prostorno: *izlazeći iz, iz, kroz*
	građa: *od*
	uzrok: *iz*
außer	*osim, izuzev*
bei	*kod*; *radeći nešto.*
fern	*daleko od*
entgegen	*nasuprot, suprotno od*;
entgegen**	*u susret*
gegenüber*	*preko puta, naspram, u odnosu na*
gemäß*	*saobrazno, shodno, prema*
mit	*sa*
nach	vremenski: *posle, nakon*
	prostorno: *ka/posle*
nach**	*prema*
seit	*od*
von	*od*
zu	pravac: *kod, ka*
	cilj: *za*

* Ovi predlozi mogu stajati ispred ili iza imenice.
** Ovi predlozi imaju navedeno značenje kad stoje iza imenice.

• Predlozi uz akuzativ ili dativ

an	*na*
auf	*na*
hinter	*iza*
in	*u, na*
neben	*pored*
über	prostorno: *iznad, nad, preko, o*
unter	prostorno: *ispod, pod, između*
vor	prostorno: *ispred* vremenski: *ima (tome)* uzrok, povod: *zbog*
zwischen	*između*
entlang*	*duž*

***entlang**, ispred imenice → + dativ; iza imenice → + akuzativ.

Kad je reč o priloškoj odredbi za mesto, padež će zavisiti od smisla odredbe:
Ako se radi o cilju nekog premeštanja/kretanja → akuzativ, npr. **Wir gehen in den Park** (= ak.), *Idemo u park.*
Ako se radi o mestu gde se odvija neka radnja/događaj → dativ, npr. **Wir sitzen im Park** (= dat.), *Sedimo u parku.*

Kad imamo oba predloga u rečenici, onaj koji stoji ispred imenice određuje njen padež, npr. **bis** (ak.) + drugi predlog: **Wir gehen bis ans Ufer** (**gehen** + **an** = ak.), *Idemo do obale*, ali: **Wir gehen bis zum Ufer**, (**zu** + dat.), *Idemo do obale.*

Što se tiče predloga koji stoje uz glagole, imenice ili prideve, padež će zavisiti od njihovog smisla / svojstva, npr.
sich an (eine Reise) erinnern (= ak.), ali: **an (einer Reise) teilnehmen** (= dat.)
der Glaube an (ein Ideal) (= ak.), ali: **Der Zweifel an (einer Theorie)** (= dat.)

Savet : Naučite glagole/imenice/prideve + predlog koji zahtevaju!

Predlozi koji zahtevaju genitiv (ili dativ)

Ima mnogo predloga koji zahtevaju genitiv. Ovde ćemo navesti one koji se često sreću:

angesichts	*ispred, s obzirom na*
anhand	*pomoću, uz pomoć*
anlässlich	*povodom, prilikom*
anstatt/statt	*umesto*
aufgrund	*na osnovu*
außerhalb*	*izvan*
bezüglich	*što se tiče*
dank*	*zahvaljujući*
diesseits	*s ove strane*
einschließlich*	*zaključno, uključujući*
hinsichtlich	*u odnosu na*
infolge	*usled, zbog*
inklusive*	*uključno, zaključno*
innerhalb*	prostorno: *unutar, u granicama* vremenski: *za*
jenseits	*s druge strane*
längs -	*duž, uz*
laut*	*prema*
mithilfe	*pomoću, uz pomoć*
namens	*u ime*
oberhalb-	*uzvodno od, iznad, više*
seitens	*od strane*
trotz*	*uprkos*
unterhalb-	*nizvodno od, ispod*
voller	*pun*
während*	*tokom*
wegen	*zbog*

*Ove predloge prati dativ kad genitiv nije "prepoznatljiv", npr. **während dieser Jahre** (= gen.) (*tokom tih godina*), ali: **während zehn Jahren** (= dat.), (*tokom deset godina*) (pošto je **zehn** nepromenljiva reč, genitiv nije "prepoznatljiv").

Obratite pažnju!
Upotreba dativa se nameće i za sve druge predloge, kad priloška odredba sadrži neku drugu imenicu u genitivu (sa **-s**), npr. **trotz seines großen Erfolgs** (= gen.), *uprkos svom velikom uspehu*, ali: **trotz Peters großem Erfolg** (= dat.), *uprkos Peterovom velikom uspehu*.

Upotreba dativa umesto genitiva se sve češće može sresti (i van citiranih slučajeva). Ovo "opuštanje" ipak ostaje u domenu govornog jezika, negovaniji registri (i pisani jezik) se razlikuju upravo upotrebom genitiva.

3 Pridev: komparativ i superlativ

Komparativ i superlativ se grade dodavanjem sufiksa na pridev + infleksija samoglasnika kod nekih prideva:
– Komparativ = pridev + sufiks **-er**
– Superlativ = pridev + sufiks **-est** ili **-st**
Ovde ćemo navesti nepromenljivi oblik (= prilog ili atribut) = **am**... pridev + **-esten** ili **-sten**.
Npr.

Pridev	Komparativ	Superlativ
alt	**älter**	**am ältesten**
dunkel	**dunkler**	**am dunkelsten**
groß	**größer**	**am größten**
jung	**jünger**	**am jüngsten**
laut	**lauter**	**am lautesten**
schnell	**schneller**	**am schnellsten**
schön	**schöner**	**am schönsten**
teuer	**teurer**	**am teuersten**
	1)	**2)**

1) U komparativu dolazi do izostavljanja **-e** kod prideva koji se završavaju na **-el**, **-en**, **-er**.

2) Većina prideva pravi superlativ sa -st, neki sa -est, naročito pridevi sa jednim ili dva sloga koji se završavaju na **-s**, **-ß** (osim **groß**), **-st**, **-x**, **-z** ou **-t**, **-d**, **-sch**, npr. **am ältesten**.

Neki pridevi imaju nepravilne oblike komparativa i superlativa:

Pridev	Komparativ	Superlativ
viel	**mehr**	**am meisten**
gut	**besser**	**am besten**
hoch	**höher**	**am höchsten**
nah	**näher**	**am nächsten**
groß	**größer**	**am größten**

Kad pridev u komparativu/superlativu stoji ispred imenice, menja se po padežima kao pridev u funkciji atributa uz dodavanje odgovarajućih nastavaka: **mein älterer Bruder**, **mein ältester Bruder**.

4 Konjugacija glagola

Glagol ima svoje posebne oblike jedino u prezentu i preteritu. Sva ostala vremena se grade uz pomoćne glagole + nepromenljivi oblik glagola (infinitiv ili particip perfekta).

4.1 Nepromenljivi glagolski oblici

• **Infinitiv i particip prezenta**

Oblik	Osnova	+	
Infinitiv	**hör-**	**-en**	**hören**
Particip prezenta	**hör-**	**-en + d**	**hörend**

Kod glagola čiji se koren završava na **-el** ili **-er**, infinitiv se pravi dodavanjem **-n**, npr. **klingeln**; **handeln**; **ändern**; **zögern**.

- **Particip prošli**

Postoje tri različita oblika participa prošlog glagola.

Glagoli	Osnova	+ prefiks	+ sufiks
Pravilni	= infinitiv	**(ge-)**	**-(e)t**
Nepravilni	= izmenjen	**(ge-)**	**-en**
Mešoviti	= izmenjen	**(ge-)**	**-(e)t**
		1) 2)	

Na primer:

Pravilni glagoli

stellen, *staviti*	**gestellt**	
einstellen, *najmiti*	**eingestellt**	1)
bestellen, *naručiti*	**bestellt**	2)

Nepravilni glagoli

stehen, *stajati*	**gestanden**	
aufstehen, *ustati*	**aufgestanden**	1)
verstehen, *razumeti*	**verstanden**	2)

Mešoviti glagoli

bringen, *doneti*	**gebracht**	
mitbringen, *poneti*	**mitgebracht**	1)
verbringen, *provesti*	**verbracht**	2)

1) Za glagole s odvojivim predmetkom, prefiks **ge-** se dodaje ispred korena glagola (između predmetka i korena).
2) Glagoli s neodvojivim predmetkom nemaju prefiks **ge-**. Isto je i kod glagola čiji se infinitiv završava na **-ieren**, npr. **organisieren** → particip prošli = **organisiert**.

4.2 Glagolska vremena (indikativ)

• **Prezent**

Prezent se gradi tako što se na glagolsku osnovu infinitiva dodaju nastavci za lice.

	ich	du	er/sie/ es	wir	ihr	sie
+	-e	-(e)st	-(e)t	-en	-(e)t	-en
		1)	1)		1)	

1) Jedno **-e-** se uvek umeće nakon korena glagola koji se završava na **-t** ili **-d**, često iza korena koji se završava suglasnikom + **-m** ili **-n**, npr. **du redest/leitest, atmest/rechnest**.

Infinitiv	**hören**	**sehen**	**sein**	**dürfen**
Osnova	**hör-**	**seh-**	**sei-**	**dürf-**
ich	**höre**	**sehe**	**bin**	**darf**
du	**hörst**	**siehst**	**bist**	**darfst**
er/sie/es	**hört**	**sieht**	**ist**	**darf**
wir	**hören**	**sehen**	**sind**	**dürfen**
ihr	**hört**	**seht**	**seid**	**dürft**
sie/Sie	**hören**	**sehen**	**sind**	**dürfen**
		2)	3)	4)

2) Kod nekih nepravilnih glagola, samoglasnik (iz osnove/korena) se menja u 2. i 3. licu jednine, kao u sledećim primerima:
a → ä : fahren → ich fahre, du fährst, …
au → äu : laufen → ich laufe, du läufst, …
e → i : geben → ich gebe, du gibst, …
e → ie : lesen → ich lese, du liest, …
o → ö : stoßen → ich stoße, du stößt, …

Pomoćni glagol **haben** gubi suglasnik: **ich habe**, **du hast**, **er hat**, **wir haben**, …
3) Pomoćni glagol **sein** je nepravilan u (skoro) svim oblicima.
4) Modalni glagoli (s izuzetkom **sollen**) menjaju osnovu u sva tri lica jednine (**können** → **kann**; **mögen** → **mag**; **müssen**→ **muss**; **wollen** → **will**) i gube nastavak u 1. i 3. licu jednine. Glagol **wissen** se menja kao modalni glagol: **ich weiß**, **du weißt**, **er weiß**, **wir wissen**…

• Preterit

Preterit se gradi dodavanjem "oznake" za raspoznavanje preterita:

Glagoli	Osnova	+ sufiks	
Pravilni	= infinitiv	-(e)te-	1)
Nepravilni	= (često) izmenjen	-	
Mešoviti	= izmenjen	-(e)te-	1)

1) Za glagole koji u prezentu umeću **-e-**, to isto **-e-** se dodaje ispred sufiksa **-te**, npr. **reden** → **redete**, **rechnen** → **rechnete**. Potom se dodaju nastavci za lica:

	ich	**du**	**er/sie/es**	**wir**	**ihr**	**sie**
+	-	**-(e)st**	-	**-en**	**-(e)t**	**-en**

Obratite pažnju da je jedina razlika u odnosu na prezent odsustvo nastavka u 1. i 3. licu jednine (što smo već videli u prezentu modalnih glagola!).

Infinitiv	**hören**	**sehen**	**sein**	**dürfen**
Preterit	**-te**	**e → a**	**war**	**ü → u / -te**
ich	**hörte**	**sah**	**war**	**durfte**
du	**hörtest**	**sahst**	**warst**	**durftest**
er/sie/es	**hörte**	**sah**	**war**	**durfte**

wir	hörten	sahen	waren	durften
ihr	hörtet	saht	wart	durftet
sie/Sie	hörten	sahen	waren	durften
	1)	2)		1) 3)

1) Kada iza nastavka **-te** pravilnih ili mešovitih glagola dolazi nastavak **-en**, dolazi do skraćivanja, npr. **wir/sie hör-te-en = hörten**.
2) Kod nepravilnih glagola čija se osnova preterita završava na **-t** ili **-d** (ponekad za one koji se završavaju **-s**, **-ss**, **-ß**, **-x**, **-z**), umeće se **-e-** u 2. licu jednine i množine, npr. **finden → fand- : du fandest**, **ihr fandet**.
3) Modalni glagoli pripadaju mešovitoj glagolskoj promeni: **mögen → mochte**; **können → konnte**; **müssen → musste** (pravilni su: **wollen**, **sollen**), glagol **wissen → wusste** i neki drugi glagoli, npr. **bringen → brachte**, *doneti*; **denken → dachte**, *misliti*; **kennen → kannte**, *znati*.

- **Perfekat i pluskvamperfekat**

Ova dva vremena se prave s pomoćnim glagolima **sein** ili **haben** + particip prošli.
Pomoćni glagol **sein** se koristi uz malo glagola: **sein** (*biti*), **bleiben** (*ostati*), **werden** (*postati*), neprelazne glagole koji iskazuju kretanje subjekta: **gehen**, **fahren**, **fliegen** itd. i neprelazne glagole koji izražavaju promenu stanja: **sterben** (*umreti*), **geschehen** (*desiti se*), **entstehen** (*roditi se, nastati*) itd.
Svi ostali glagoli koriste pomoćni glagol **haben**.

	Perfekat	Pluskvamperfekat	
ich	bin	war	**gegangen**
du	bist	warst	**entstanden**
er/sie/es	ist	war	**geblieben**
wir	sind	waren	**geworden**
ihr	seid	wart	**gewesen**
sie/Sie	sind	waren	**...**

	Perfekat	Pluskvamperfekat	
ich	**habe**	**hatte**	**gestellt**
du	**hast**	**hattest**	**eingestellt**
er/sie/es	**hat**	**hatte**	**bestellt**
wir	**haben**	**hatten**	**verstanden**
ihr	**habt**	**hattet**	**verbracht**
sie/Sie	**haben**	**hatten**	**...**

- **Futur I i futur II (egzaktni)**

Za građenje oba futura, koristimo pomoćni glagol **werden**:
Futur I = **werden** + infinitiv
Futur II = **werden** + infinitiv perfekta

		Futur I	Futur II
ich	**werde**		**geschrieben**
du	**wirst**	**schreiben**	**haben**
er/sie/es	**wird**	**anrufen**	**angerufen**
wir	**werden**	**kommen**	**haben**
ihr	**werdet**	**...**	**gekommen**
sie/Sie	**werden**		**sein ...**

4.3 Pasiv

Većina glagola, uključujući i neke neprelazne glagole, mogu da imaju pasivni oblik. Odatle ipak valja izuzeti glagole koji perfekat grade s pomoćnim glagolom **sein**.

Razlikujemo 2 oblika pasiva: pasiv stanja i pasiv radnje.
Pasiv stanja = **sein** + particip prošli
Pasiv radnje = **werden** + particip prošli

• **Prezent**

	Pasiv stanja	Pasiv radnje	
ich	bin	werde	**bezahlt**
du	bist	wirst	**erklärt**
er/sie/es	ist	wird	**gefragt**
wir	sind	werden	**genommen**
ihr	seid	werdet	**verstanden**
sie/Sie	sind	werden	**...**

• **Pasiv radnje - ostala vremena**
Ostala vremena se prave od odgovarajućeg vremena pomoćnih glagola **sein** ili **werden** + particip prošli. Ovde ćemo navesti samo jedan primer za 1. lice pasiva radnje.

	ich...		
Preterit	wurde	**gefragt**	
Perfekt	bin	**gefragt**	worden
Pluskvamperfekt	war	**gefragt**	worden
Futur I	werde	**gefragt**	werden
Futur II	werde	**gefragt**	worden sein

1)

1) Pažnja: particip prošli glagola **werden**, kad se koristi kao pomoćni glagol je = **worden**.

4.4 Zapovedni način i *konjunktiv*

• **Imperativ - zapovedni način**

Imperativ ćemo dobiti kad na infinitivnu osnovu dodamo sledeće nastavke:

	du	**wir**	**ihr**	**Sie**
+	-(e)	-en	-(e)t	-en

Infinitiv	hören	reden	sehen	sein	Zam.
Osnova	**hör-**	**red-**	**seh-**	**sei-**	
(du)	**hör**(e)	**red**e	**s**ie**h**	**sei**	
(wir)	**hör**en	**red**en	**seh**en	**sei**en	wir
(ihr)	**hör**t	**red**et	**seh**t	**sei**d	
(Sie)	**hör**en	**red**en	**seh**en	**sei**en	Sie
	1)	2)	3)		

1) U govornom jeziku, često se u 2. licu jednine koristi oblik bez **-e**, u negovanom jeziku (i pisanom) oblik sa **-e**.
2) Kod glagola koji umeću **-e-** u prezentu (v. iznad), 2. lice jednine se (uglavnom po pravilu) tvori sa **-e**, a 2. lice množine (uvek) sa **-et**.
3) Glagoli koji menjaju osnovu **-e-/-eh** u -i-/-ie- u prezentu, imperativ 2. lica jednine se tvori od te promenjene osnove (**-i-** ili **-ie-**), i nikad ne dobija nastavak **-e**.

Što se tiče imperativa 1. i 3. lica množine, obavezno se dodaje lična zamenica iza glagola, npr. **Seien** wir **zufrieden!** *Budimo zadovoljni!* **Fahren** Sie **los!** *Odlazite!*

• ***Konjunktiv I* i *II* (prezenta)**

Konjunktiv I
Konjunktiv prezenta se pravi od infinitivne osnove kojoj se dodaje, za sve lične oblike prepoznatljiva "oznaka" za **konjunktiv** = **-e-** (osim glagola **sein**). Na to se onda dodaju nastavci za lica (isti kao i za preterit!):

	ich	du	er/sie/es	wir	ihr	sie
Oblici	Infinitivna osnova +					
“Oznaka”	-e-	-e-	-e-	-e-	-e-	-e-
+	-	-st	-	-en	-t	-en
=	-e	-est	-e	-en	-et	-en

Obratite pažnju da dolazi do izostavljanja jednog **-e-**, kad dva glasa **-e-** dolaze jedan za drugim.

Infinitiv	**hören**	**sehen**	**sein**	**dürfen**
Osnova	**hör-**	**seh-**	**sei-**	**dürf-**
ich	**hör** e *	**seh** e *	**sei**	**dürf** e
du	**hör** est	**seh** est	**sei(**e**)** st	**dürf** est
er/sie/es	**hör** e	**seh** e	**sei**	**dürf** e
wir	**hör** en *	**seh** en *	**sei** en	**dürf** en *
ihr	**hör** et	**seh** et	**sei** et	**dürf** et
sie/Sie	**hör** en *	**seh** en *	**sei** en	**dürf** en *

Neki oblici prezenta **konjunktiva I** (ovde označeni sa *) su istovetni oblicima prezenta indikativa. U tom slučaju se, po pravilu, zamenjuju oblicima **konjunktiva II** (v. sledeću stranu).

Konjunktiv II

Prezent se tvori od oblika preterita (!) glagola. Kod nepravilnih glagola dolazi do izmene samoglasnika osnove (ukoliko to on omogućava).

Na to se dodaje “oznaka” **konjunktiva** = **-e-**, potom nastavci za lica (isti kao za **konjunktiv I**):

Glagoli	ich	du	er/sie/es	wir	ihr	sie
Nepravilni	Preterit = promenjena osnova +					
Pravilni	Preterit = osnova + **-te-** +					
"Oznaka"	-e-	-e-	-e-	-e-	-e-	-e-
+	-	-st	-	-en	-t	-en
=	-e	-est	-e	-en	-et	-en

Infinitiv	hören	sehen	sein	dürfen
Preterit	**hörte-**	**sah-**	**war-**	**durfte-**
ich	**hörte** *	**sähe**	**wäre**	**dürfte**
du	**hörtest** *	**sähest**	**wärest**	**dürftest**
er/sie/es	**hörte** *	**sähe**	**wäre**	**dürfte**
wir	**hörten** *	**sähen**	**wären**	**dürften**
ihr	**hörtet** *	**sähet**	**wäret**	**dürftet**
sie/Sie	**hörten** *	**sähen**	**wären**	**dürften**

Obratite pažnju da ostaje samo jedno **-e-** kad dva ili više **-e-** dolaze jedno za drugim, npr. **wir/sie hör-te-e-en** = **hörten**.

Prezent **konjunktiva II** pravilnih glagola (obeleženih sa *) se ne razlikuje od preterita indikativa! Da bi se nedvosmisleno ukazalo da je reč o **konjunktivu**, često se koristi zamenski oblik sa **würde** + infinitiv (v. na strani pored).

- **Ostala vremena *konjunktiva I* i *II***

Postoje još tri vremena u **konjunktivu I** i **II**: prošlo, futur I i futur II.
Ova vremena se grade tako što se pomoćni glagoli stavljaju u **konjunktiv I** ili **II**.

Konjunktiv I: Prošli				
ich	**habe**		**sei**	
du	**habest**	**gefragt**	**sei(e)st**	**gewesen**
er/sie/es	**habe**	**gesagt**	**sei**	**gefahren**
wir	**haben**	**getan**	**seien**	**geworden**
ihr	**habet**	**...**	**seiet**	**...**
sie/Sie	**haben**		**seien**	

Konjunktiv II: Prošli				
ich	**hätte**		**wäre**	
du	**hättest**	**gefragt**	**wärest**	**gewesen**
er/sie/es	**hätte**	**gesagt**	**wäre**	**gegangen**
wir	**hätten**	**getan**	**wären**	**geworden**
ihr	**hättet**	**...**	**wäret**	**...**
sie/Sie	**hätten**		**wären**	

	Konj. I	**Konj. II**	**Futur I**	**Futur II**
ich	**werde** *	**würde**		**gesagt**
du	**werdest**	**würdest**	**sagen**	**haben**
er/sie/es	**werde**	**würde**	**tun**	**getan**
wir	**werden** *	**würden**	**sein**	**haben**
ihr	**werdet** *	**würdet**	**...**	**gewesen**
sie/Sie	**werden** *	**würden**		**sein**

Skrećemo vam pažnju na oblik sa **würde** + infinitiv - u govornom jeziku on često zamenjuje oblike **konjunktiva I** ili **II**, npr. (**Ich führe gern dorthin.**) → **Ich würde gern dorthin fahren**, *Baš bih voleo tamo da odem.*

5 Nepravilni i mešoviti glagoli

Na eventualnu promenu samoglasnika osnove u prezentu (2. i 3. lica) smo ukazali u zagradi.
Isto tako, dali smo samo najčešće značenje glagola.

backen (ä), **buk**, (ili: **backte**) **gebacken**, *peći*
befehlen (ie), **befahl**, **befohlen**, *naručiti*
beißen, **biss**, **gebissen**, *ugristi*
beginnen, **begann**, **begonnen**, *početi*
betrügen, **betrog**, **betrogen**, *prevariti*
beweisen, **bewies**, **bewiesen**, *dokazati*
biegen, **bog**, **gebogen**, *saviti*
bieten, **bot**, **geboten**, *nuditi*
binden, **band**, **gebunden**, *povezati*
bitten, **bat**, **gebeten**, *pitati, moliti nekog*
bleiben, **blieb**, **geblieben**, *ostati*
braten (ä), **briet**, **gebraten**, *pržiti*
brechen (i), **brach**, **gebrochen**, *slomiti, polomiti*
brennen, **brannte**, **gebrannt**, *goreti*
bringen, **brachte**, **gebracht**, *doneti*
denken, **dachte**, **gedacht**, *misliti*
dürfen (a), **durfte**, **gedurft**, *smeti*
empfangen (ä), **empfing**, **empfangen**, *dočekati*
empfehlen (ie), **empfahl**, **empfohlen**, *savetovati*
empfinden, **empfand**, **empfunden**, *osećati*
entscheiden, **entschied**, **entschieden**, *odlučiti*
erringen, **errang**, **errungen**, *osvojiti*
erschrecken (i), **erschrak**, **erschrocken**, *bojati se*
essen (i), **aß**, **gegessen**, *jesti*
fahren (ä), **fuhr**, **gefahren**, *voziti se*
fallen (ä), **fiel**, **gefallen**, *pasti*
fangen (ä), **fing**, **gefangen**, *hvatati*
finden, **fand**, **gefunden**, *naći*
fliegen, **flog**, **geflogen**, *leteti*
fliehen, **floh**, **geflohen**, *pobeći*
fließen, **floss**, **geflossen**, *teći*
fressen (i), **fraß**, **gefressen**, *gutati, proždirati*
frieren, **fror**, **gefroren**, *smrzavati se*
gebären (ie), **gebar**, **geboren**, *roditi, porađati*
geben (i), **gab**, **gegeben**, *dati*

gehen, ging, gegangen, *ići*
gelingen, gelang, gelungen, *uspeti*
gelten (i), galt, gegolten, *vredeti*
geschehen (ie), geschah, geschehen, *dogoditi se, desiti se*
gewinnen, gewann, gewonnen, *dobiti, osvojiti*
gießen, goss, gegossen, *sipati*
gleichen, glich, geglichen, *ličiti*
graben (ä), grub, gegraben, *kopati*
greifen, griff, gegriffen, *uhvatiti*
haben, hatte, gehabt, *imati*
halten (ä), hielt, gehalten, *zadržati*
hängen, hing, gehangen, *visiti*
heben, hob, gehoben, *dići, podići*
heißen, hieß, geheißen, *zvati se*
helfen (i), half, geholfen, *pomoći*
kennen, kannte, gekannt, *znati, poznavati*
klingen, klang, geklungen, *zvoniti*
kommen, kam, gekommen, *doći*
können (a), konnte, gekonnt, *moći*
kriechen, kroch, gekrochen, *ponižavati se*
laden (ä), lud, geladen, *natovariti*
lassen (ä), ließ, gelassen, *dopustiti, dati "uraditi"*
laufen (äu), lief, gelaufen, *trčati, ići*
leiden, litt, gelitten, *patiti*
leihen, lieh, geliehen, *pozajmiti*
lesen (ie), las, gelesen, *čitati*
liegen, lag, gelegen, *nalaziti se, pružati se*
lügen, log, gelogen, *lagati*
messen (i), maß, gemessen, *meriti*
meiden, mied, gemieden, *izbeći*
mögen (a), mochte, gemocht, *mariti, moći, želeti*
müssen (u), musste, gemusst, *morati, trebati*
nehmen (i), nahm, genommen, *uzeti*
nennen, nannte, genannt, *zvati, imenovati, nazivati*
quellen (i), quoll, gequollen, *izvirati, teći*
pfeifen, pfiff, gepfiffen, *zviždati*
raten (ä), riet, geraten, *pogoditi, savetovati*
reiben, rieb, gerieben, *protrljati*
reißen, riss, gerissen, *iščupati*
reiten, ritt, geritten, *jahati*
rennen, rannte, gerannt, *trčati, juriti*

riechen, **roch**, **gerochen**, *osećati (miris)*
rufen, **rief**, **gerufen**, *zvati, vikati*
schaffen, **schuf**, **geschaffen**, *stvarati*
scheinen, **schien**, **geschienen**, *sijati, izgledati*
schieben, **schob**, **geschoben**, *gurati*
schießen, **schoss**, **geschossen**, *pucati*
schlafen (ä), **schlief**, **geschlafen**, *spavati*
schlagen (ä), **schlug**, **geschlagen**, *udarati, tući*
schleichen, **schlich**, **geschlichen**, *šunjati se, prikradati se*
schließen, **schloss**, **geschlossen**, *zatvoriti*
schmeißen, **schmiss**, **geschmissen**, *baciti*
schmelzen (i), **schmolz**, **geschmolzen**, *istopiti*
schneiden, **schnitt**, **geschnitten**, *seći*
schreiben, **schrieb**, **geschrieben**, *pisati*
schreien, **schrie**, **geschrie(e)n**, *vikati*
schreiten, **schritt**, **geschritten**, *koračati*
schweigen, **schwieg**, **geschwiegen**, *ćutati*
schwimmen, **schwamm**, **geschwommen**, *plivati*
schwören, **schwor**, **geschworen**, *kleti se*
sehen (ie), **sah**, **gesehen**, *videti, gledati*
sein (ist), **war**, **gewesen**, *biti*
senden, **sandte** (ili: **sendete**), **gesandt** (ili: **gesendet**), *poslati*
singen, **sang**, **gesungen**, *pevati*
sinken, **sank**, **gesunken**, *tonuti, opadati*
sitzen, **saß**, **gesessen**, *sedeti*
sprechen (i), **sprach**, **gesprochen**, *govoriti*
springen, **sprang**, **gesprungen**, *skakati*
stechen (i), **stach**, **gestochen**, *ubosti*
stehen, **stand**, **gestanden**, *stajati*
steigen, **stieg**, **gestiegen**, *popeti se*
stehlen (ie), **stahl**, **gestohlen**, *ukrasti*
sterben (i), **starb**, **gestorben**, *umreti*
stinken, **stank**, **gestunken**, *smrdeti*
stoßen (ö), **stieß**, **gestoßen**, *gurnuti*
streichen, **strich**, **gestrichen**, *precrtati, brisati, prevlačiti*
streiten, **stritt**, **gestritten**, *svađati se*
treiben, **trieb**, **getrieben**, *gurati*
tragen (ä), **trug**, **getragen**, *nositi*
treffen (i), **traf**, **getroffen**, *naići, sresti*
treten (i), **trat**, **getreten**, *zakoračiti, stupiti*
trinken, **trank**, **getrunken**, *piti*

tun, **tat**, **getan**, *činiti, raditi*
trügen, **trog**, **getrogen**, *prevariti*
unterscheiden, **unterschied**, **unterschieden**, *razlikovati*
verbergen (i), **verbarg**, **verborgen**, *kriti, sakrivati*
verderben (i), **verdarb**, **verdorben**, *pokvariti, propasti*
vergessen (i), **vergaß**, **vergessen**, *zaboraviti*
vergleichen, **verglich**, **verglichen**, *uporediti*
verlieren, **verlor**, **verloren**, *izgubiti*
verzeihen, **verzieh**, **verziehen**, *oprostiti*
wachsen (ä), **wuchs**, **gewachsen**, *rasti, porasti*
waschen (ä), **wusch**, **gewaschen**, *prati*
weisen, **wies**, **gewiesen**, *pokazati, ukazati*
verwenden, **verwandte** (ili: **verwendete**), **verwandt** (ili: **verwendet**), *koristiti*
wenden, **wandte** (ili: **wendete**), **gewandt** (ili: **gewendet**), *obrnuti, okrenuti*
werben (i), **warb**, **geworben**, *zahtevati, tražiti*
werden (i), **wurde**, **geworden**, *postati*
werfen (i), **warf**, **geworfen**, *baciti*
wiegen, **wog**, **gewogen**, *biti težak*
wissen (ei), **wusste**, **gewusst**, *znati*
ziehen, **zog**, **gezogen**, *vući*
zwingen, **zwang**, **gezwungen**, *primorati*

Većina ovih glagola služi kao osnova za stvaranje novih glagola, dodavanjem prefiksa. Ti novi glagoli će se menjati kao osnovni. Ipak, glagoli s neodvojivim prefiksom neće dobiti **ge-** u participu prošlom (v. § 4.1), npr. **bringen**, **brachte**, **gebracht** → **verbringen**, **verbrachte**, **verbracht**, ali (odvojivi prefiks) → **mitbringen**, **brachte mit**, **mitgebracht**.

6 Glagolski prefiksi

Glagolski prefiksi izvedeni od predloga/priloga mogu glagolima dati različita značenja. Mogu biti odvojivi ili neodvojivi, u zavisnosti od slučaja.
Ovde ćemo za svaki prefiks navesti najčešće značenje "koje dodaje glagolu", dajući vam i primere. (Obratite pažnju: apostrof kojim smo ovde naznačili odvojivi prefiks ne postoji u nemačkom pravopisu!)

ab- (odv.)
polazište, odvajanje, udaljavanje: **ab'fahren**, *otputovati*
smanjivanje: **ab'nehmen**, *umanjiti*, **ab'hauen**, *oboriti*
zaustavljanje (suprotno od **an-** ili **ein-**): **ab'stellen**, *ugasiti*; **ab'brechen**, *prekinuti, otkazati*
pokret od gore ka dole: **ab'stürzen**, *survati se*

an- (odv.)
približavanje, dolazak: **an'kommen**, *stići*
radnja usmerena ka nekome/nečemu: **an'sehen**, *gledati nešto/nekog*
početak, pokretanje (suprotno od **aus-** ili **ab-**"): **an'fangen**, *početi*; **an'schalten**, *pokrenuti, uključiti*

auf- (odv.)
podići (se), ustati, uzlazni pravac: **auf'stehen**, *ustati, dići se*; **auf'schauen**, *podići oči/pogled (ka nečem)*
staviti/biti postavljen na nešto: **auf'haben**, *nositi nešto na glavi*,
otvaranje: **auf'machen**, *otvoriti*; **auf'klären**, *rasvetliti, razjasniti*
dovršavanje: **auf'hören**, *zaustaviti*

aus- (odv.)
od unutra ka spolja (doslovno): **aus'steigen**, *silaziti* (iz vozila); (preneseno): **sich aus'drücken**, *izraziti se*
zaustavljanje (suprotno od **an-** ili **ein-**): **aus'machen**, *ugasiti*
dovršavanje: **aus'verkaufen**, *rasprodati*

bei- (odv.)
blizina: **bei'liegen**, *biti priložen*
prisustvo, doprinos: **bei'tragen**, *doprineti*

durch- (odv.)
radnja vođena s jednog kraja na drugi (doslovno): **durch'führen**, *sprovesti, izvesti*; (preneseno): **durch'setzen** *nametnuti*
durch- (neodv.)
pravac kretanja (doslovno i preneseno) = kroz, preko: **etw. durchdenken**, *promisliti o nečemu* (ispitujući sve detalje)

ein- (odv.)
od spolja ka unutra (= **in**) (doslovno): **ein'steigen**, *popeti se* (u vozilo); **ein'packen**, *staviti u (nešto), upakovati*; (preneseno): **ein'stellen**, *angažovati, zaposliti*
pokrenuti (suprotno od **aus-** ili **ab**): **ein'schalten**, *pokrenuti, uključiti, upaliti*, uzeti u posed nešto: **ein'kaufen**, *kupiti*

hinter- (neodv.)
ostaviti iza/za sobom: **hinterlassen**, *zaveštati, zaboraviti, ostaviti* (iza sebe)
raditi iza leđa nekome: **hintergehen**, *prevariti*

mit- (odv.)
praćenje, učešće, udruživanje: **mit'bringen**, *doneti (sa sobom)*; **mit'arbeiten**, *sarađivati*; **mit'teilen**, *saopštiti*

nach- (odv.)
ići na rastojanju, biti iza: **nach'kommen** *doći* (za kim, posle); **nach'gehen** (**Uhr**), *kasniti (sat)*
ponovo nešto uraditi zbog provere/poboljšavanja: **nach'sehen**, *proveriti, pregledati*

über- (odv.)
preliti, preći iznad, na drugu stranu/na sledeće: **über'laufen**, *iskipeti, preliti se*; **übergehen zu**, *preći na*
über- (neodv.)
preći, ići s jednog mesta na drugo (doslovno): **überqueren**, *preći preko*; (preneseno): **überlegen**, *razmisliti*; **übersetzen**, *prevesti*
preći meru, preterati: **übertreiben**, *preterati*; **übertreten**, *prestupiti*
preći "preko" ne primećujući: **übersehen**, *ne primetiti, prevideti*

um- (odv.)
srušiti, izmeniti, promeniti: **um'drehen**, *obrnuti, okrenuti*
promeniti mesto / pravac: **um'steigen**, *presedati, preći*; **um'pflanzen**, *presaditi*
um- (neodv.)
oko (doslovno i preneseno): **umgeben**, *okružiti, opasati*; **umdrängen**, *opsesti, opkoliti*

unter- (odv.)
radnja usmerena: ispod / s donje strane / u (doslovno): **unter'gehen**, *nestati* (pod nečim), *(po)tonuti*
unter- (neodv.)
radnja usmerena: dole, ispod, odozdo / između (preneseno): **untersuchen**, *ispitati, istražiti*; **unterstützen**, *podržati, podupreti*; **sich unterteilen**, *deliti se*3
vor- (odv.)

doći ispred (prostorno i vremensko značenje): **vor'gehen (Uhr)** *žuriti (sat)*
staviti (se) ispred / u predstavljanju: **sich vor'stellen**, *predstaviti se*
davanje prednosti: **vor'ziehen**, *pretpostaviti, više voleti*

wider- (odv.) ili (neodv.)
smer radnje: **wider'spiegeln**, *odbijati, ogledati*
wider- (neodv.)
protiv: **widerstehen**, *odoleti, suprotstaviti se*

zu- (odv.)
pažnja usmerena ka: **zu'schauen**, *gledati na, motriti*
porast: **zu'nehmen**, *povećati se, porasti*
zatvaranje (suprotno od auf-): **zu'machen**, *zatvoriti, začepiti*
namena, ustupanje: **zu'sagen**, *prihvatiti*, **zu'geben**, *dozvoliti, dopustiti, ustupiti*

7 Veznici

U ovom poglavlju vam dajemo pregled najvažnijih veznika.

• Sastavni veznici

aber, *ali* **oder**, *ili*
denn, *jer* **und**, *i*
doch, *ipak, međutim*
oder, *ili*
und, *i*

entweder... oder, *ili... ili, bilo... bilo*
(nicht)... sondern, *nego (posle negacije)*
sowohl... als auch, *ne samo... već i*
weder... noch, *ni... ni*

Zavisni veznici

als, *kad, (u trenutku) kada*
als, *kao da*
als ob, *kao da*
als wenn, *kao da*
bevor, *pre no*
bis, *dok, do*
da, *pošto, budući da*
damit, *da bi, kako bi*
dass, *da*
falls, *ako, u slučaju da*
indem, *dok*
je… desto, *ukoliko… utoliko*
je… umso, *koliko… toliko*
nachdem, *nakon, pošto, kad*
ob, *da li* (sumnja, pitanje)
obgleich, *iako, mada*
obwohl, *iako, mada*
obschon, *iako, mada*
ohne dass, *a da ne, da ne*
so dass, *tako da*
seit/seitdem, *otkako, otkada*
sofern, *ukoliko*
solange, *dok*
sooft, *kad god, svaki put kad*
soviel, *prema, koliko*
umso mehr als, *tim više, tim pre*
umso weniger als, *tim manje*
während, *dok*
während, *dok*
weil, *jer, pošto, budući*
wenn, *kad, uvek kad*
wenn, *ako, u slučaju da*

Veznici + infinitivna rečenica

um… zu… , *da, za*
ohne… zu… , *bez*
statt/anstatt… zu… , *umesto da*

8 Česte skraćenice

Abf.	**Abfahrt**	*polazak*
Ank.	**Ankunft**	*dolazak*
Bd.	**Band**	*tom*
betr.	**betreffend/ betreffs**	*koji se tiče*
bzw.	**beziehungsweise**	*odnosno*
ca.	**circa**	*oko*
d.h.	**das heißt**	*to jest*
DIN	**deutsche Industrienorm**	*nemački industrijski standard*
Dr.	**Doktor**	*doktor (titula)*
Dr. med.	**Doktor der Medizin**	*doktor medicine*
EDV	**elektronische Daten-verarbeitung**	*informatika*
EU	**Europäische Union**	*Evropska unija*
Fa.	**Firma**	*preduzeće*
ff.	**folgenden Seiten**	*sledeće strane*
Fr.	**Frau**	*Gospođa*
geb.	**geboren**	*rođen(a)*
gez.	**gezeichnet**	*potpisan*
ggf.	**gegebenenfalls**	*ako je potrebno*
H	**Haltestelle**	*stanica*
H.	**Herr**	*Gospodin*
i.A.	**im Auftrag**	*po nalogu*
i.V.	**in Vertretung**	*po nalogu, u ime*
insg.	**insgesamt**	*ukupno*
Jh.	**Jahrhundert**	*vek*
Kfz.	**Kraftfahrzeug**	*automobil*

LKW/ Lkw	**Lastkraftwagen**	*teretno vozilo*
MWST./ MwSt.	**Mehrwertsteuer**	*porez na dodatu vrednost (PDV)*
n. Chr. **v. Chr.**	**nach Christus** **vor Christus**	*posle/pre* *Isusa Hrista*
Nr.	**Nummer**	*broj*
o.Ä.	**oder Ähnliche(s)**	*ili slično(i)*
PKW/ Pkw	**Personenkraftwagen**	*putnički automobil*
pp/ppa.	**per procura**	*po punomoći*
Prof.	**Professor**	*profesor (titula)*
PS	**Pferdestärke**	*konjska snaga*
s.	**siehe**	*vidi*
s.o.	**siehe oben**	*vidi iznad*
s.u.	**sieh unten**	*vidi ispod*
sog.	**sogenannt**	*takozvani*
Str.	**Straße**	*ulica*
u.a.	**und andere** **unter anderem**	*i drugo* *između ostalog*
usw.	**und so weiter**	*i tako dalje*
verh.	**verheiratet**	*venčan/udata*
verw.	**verwitwet**	*udovac/udovica*
vgl.	**vergleiche**	*uporedite*
z.B.	**zum Beispiel**	*na primer*
z.H.	**zu Händen**	*na ruke*
z.T.	**zum Teil**	*delimično*
z.Z.	**zur Zeit**	*blagovremeno*

Gramatički indeks

Prva cifra upućuje na lekciju, druga na napomenu ili pasus ukoliko je reč o lekciji za ponavljanje. Na te lekcije smo vam ukazali masnim slovima. Skraćenica GD se odnosi na gramatički dodatak.

Izrazi i jezički obrti u nemačkom

Brojevi koji stoje iza srpskog prevoda upućuju na lekciju, a potom na mesto gde se izraz nalazi u lekciji (bilo na broj rečenice, bilo na napomenu N, bilo na kulturni dodatak KD na kraju rečenice).

Izrazi

Ach du liebe Zeit!	*O, bože!*	10,19
Ach du lieber Gott!	*O, bože!*	15,N7
Ach du lieber Himmel!	*Dragi bože!*	15,N7
Ach du meine Güte!	*O, bože!*	15,12
Damit kann ich nichts anfangen!	*Ništa ne shvatam!* *Ne znam šta s tim da radim. / To mi ništa ne znači*	43,4 43,N2
Daran ist einiges richtig.	*Ima istine u tome.*	23,9
Das ist doch nicht dein Ernst!	*Šališ se!*	43,12
Das ist mir viel wert.	*To mi mnogo znači.*	48,N11
Das kann gut sein.	*Moguće je.*	36,16
Das versteht sich.	*Podrazumeva se.*	22,5
Er kann es wohl nicht lassen!	*Ne može protiv toga!*	44,20
Es geht los!	*Idemo! Evo ga!*	2,N2
Freut mich, Sie kennen zu lernen!	*Drago mi je!*	5,N4
Ich gehe lieber auf Nummer Sicher.	*Radije ne bih rizikovao.*	61,2
Herzliches Beileid.	*Iskreno saučešće.*	5,N1
Herzliche Glückwünsche zum Geburtstag!	*Srećan rođendan!*	5,N1
Herzlich willkommen!	*Dobrodošao/la/li!*	5,N1
in den sauren Apfel beißen	*Progutati gorku pilulu*	57,19
Je nachdem!	*Zavisi!*	47,N6
Kein Wenn und Aber.	*Bez šta i ali.*	59,N10
Keine Ahnung!	*Nemam pojma!*	24,16
Mir ist etwas dazwischengekommen.	*Bio sam sprečen.*	17,4
Muss das denn sein?	*Je li to zaista neophodno?*	40,16
Na so was!	*Tako dakle!/Tako znači!*	16,19
Nicht zuviel des Guten!	*Nije dobro preterivati!*	15,KD
Nichtzutreffendes streichen	*Nepotrebno precrtati*	57,N7

Pass auf!	*Videćeš!*	16,6
Sie hören dann von uns.	*Javićemo vam se. (profesionalni kontekst)*	24,20
Um Gottes Willen!	*Za ime boga!*	15,N7
Um Himmels Willen!	*Za ime boga!*	15,N7
Und ob!	*Još kako!*	43,13
Verdammt noch mal!	*Prokletstvo!, Dođavola!*	18,N9
Viel Spaß!	*Lep provod!*	17,16
Wären Sie so freundlich, ...?	*Da li biste bili ljubazni..?*	57,N10
Wären Sie so nett, ...?	*Da li biste mogli...?*	57,21
Wenn nichts dazwischenkommt.	*Ako nešto ne iskrsne.*	17,N3
Wie ist ihr werter Name?	*S kim imam čast?*	48,N11
Wir wollen Ihre Zeit nicht länger in Anspruch nehmen.	*Nećemo vas više/duže zadržavati.*	39,20

Formule za pozdravljanje

Lieber + Vorname / Liebe + Vorname 19,12; 19, KD
Dragi + ime / Draga + ime
Lieber Herr + Name/ Liebe Frau + Name 19,8; 19, KD
Dragi gospodine... / Draga gospođo...
Sehr geehrter Herr + Name / Sehr geehrte Frau + Name 19,16; 19, KD
Poštovani gospodine... / Poštovana gospođo...
Sehr geeherte Damen, sehr geehrte Herren 19,2; 19, KD
Poštovane dame i gospodo
Herzliche Grüße 5, N1
Srdačno vas / te pozdravljam
Mit besten Grüßen 19, KD
Srdačni pozdravi
Mit freundlichen Grüßen (MfG) 19,11+15
S poštovanjem / Srdačno vas pozdravljam
Hochachtungsvoll 19,7
S poštovanjem.

Rečnik nemačko - srpski

U rečniku ćete pronaći sve nove reči iz ove metode koje ne pripadaju osnovnom rečniku (v. takođe i rečnik u *Nemački (bez muke)*). Uz svaku reč se nalazi prevod i broj lekcije u kojoj se prvi put pojavljuje.

• Oznaka za množinu imenica se nalazi odmah uz njih, u zagradi.

• Isticanje množine **-n** ili **-en** ukazuje da je reč o "slaboj promeni muškog roda" koja ovu oznaku dodaje obliku nominativa u svim ostalim padežima jednine i množine (npr. **der Fremde** *(m)* (-n) = **der Fremde, den Fremden, dem Fremden, dem Fremden, des Fremden ; die Fremden**,...).

• Imenice označene sa (*m* ili *f*) se menjaju po padežima kao pridevi (npr. **Bekannte** (*m.* ili *f.*) (-n): **der Bekannte, ein Bekannter; die Bekannte, eine Bekannte...**).

• Apostrof ukazuje da je glagolski prefiks odvojiv. (Pazite samo: prefiks i glagol se u nemačkom pišu spojeno!)

• "Jaki" glagoli su označeni zvezdicom. Neki glagoli se mogu dvojako menjati; u takvom slučaju, videćete dodatnu napomenu (*jak* ili *slab*).

Lista skraćenica korišćenih u rečniku:

adj.	pridev	*pl.*	množina
adv.	prilog	*pr.*	zamenica
conj.	veznik	*pred.*	predlog
fam.	govorni jezik	*nešto*	nešto
f.	ž. rod	*nekog*	nekog
m.	m. rod	*sing.*	jednina
n.	sr. rod	*vb.*	glagol

A

ab	počev od 20
ab und zu	s vremena na vreme 15
ab'ändern	izmeniti 50
ab'biegen*	okrenuti 16

ab'geben*	predati, uručiti 31
ab'hängen* von	zavisiti od 30
ab'hauen	oboriti (drvo), iseći 53
ab'heben* (sich ~)	odudarati, istaći se 45
ab'nehmen*	smanjivati se, opadati 60
ab'rechnen (mit jmdm. ~)	izravnati račune s nekim 66
ab'sagen	otkazati, odbiti poziv 17
ab'schalten	isključiti, ugasiti, staviti na pauzu (aparat) 46
ab'schließen*	zatvoriti (zaključati) 22
ab'schreiben*	prepisati neki tekst 66
ab'setzen	rasprodati, prodati 60
ab'speichern	snimiti, zapamtiti, sačuvati 67
ab'sprechen*	priznati, dogovoriti se o nečemu 57
ab'stammen von	voditi poreklo od (predak, rođak) 9
ab'stimmen (über etw. ~)	glasati (zakon) 58
ab'stürzen	stropoštati se, survati se, pasti (informatika) 18; srušiti se 61
ab'wischen	brisati 38
ab'ziehen*	zaključiti 58
Abendrot *(n., sing.)*	zalazak sunca 41
Abenteuer *(n.)* (-)	pustolovina, doživljaj 12
Abgeordnete *(m.* ili *f.)* (-n)	poslanik/ca 58
Abitur *(n.)* (-e)	matura 22
Abkürzung *(f.)* (-en)	prečica 16; skraćenica 44
Absatz *(m.)* (ä -e)	plasman (robe), prodaja 60
Abschluss *(m.)* (ü -e)	zaključak 52
Abschnitt *(m.)* (-e)	odeljak, pasus 67, 69
Abwechslung (zur ~)	promena 20
Abzug *(m.)* (ü -e)	zaključivanje, odbitak 32
Achtel *(n.)* (-)	osmina 47
adlig	otmen, dostojanstven 9
AG (= Aktiengesellschaft)	D.D. (deoničarsko društvo) 22
Ahn(e) *(m.)* (-(e)n)	predak 9
ähneln	ličiti, biti nalik 10
ähnlich sehen* (jmdm. ~)	ličiti na koga 10
Ähnlichkeit *(f.)* (-en)	sličnost 10
Akt *(m.)* (-e)	čin (pozorišni komad), akt (slikarstvo) 50
Akte *(f.)* (-n)	akt, dokument, spis 50
Aktenzeichen *(n.)* (-)	pozivanje na, upućivanje 50
Aktie *(f.)* (-n)	deonica (na berzi) 50

alleine (von ~)	sam od sebe 60
allerdings	svakako 9; ipak 40; međutim 53
Allgemeinbildung *(f.)* (-en)	opšta kultura, obrazovanje 23
Allgemeinen (im ~)	uopšte 58
allmächtig	svemoguć 48
Alltag *(m.)* (-e)	svakodnevica, radni dan, običan dan 57
Alptraum *(m.)* (ä -e)	košmar 22
als	u svojstvu, poput 13; u obličju 18; kao 23
als/als wenn *(conj.)*	kao da 51
Alter *(n.)* (-)	uzrast, godine 50
alters (von ~ her)	odavno, iz davnina 37
altmodisch	staromodan, zastareo, starinski 43
am besten	najbolje je ... 47
Amtsgericht *(n.)* (-e)	prvostepeni sud 50
an'bieten*	ponuditi 5; predložiti 60
an'drehen	upaliti, pokrenuti 36
an'fragen (bei jmdm. ~)	pitati nekog 57
an'geben*	naznačiti, navoditi, prijaviti 62
an'gehen* (jmdn. etwas ~)	obraćati se nekome, ticati se 51
an'haben	nositi, imati na sebi (odelo) 38
an'halten*	zaustaviti, zadržati 69
an'hören (sich etw. ~)	slušati nešto 51
an'kommen* (auf etw. ~)	zavisiti od 60
an'kündigen	oglašavati, najaviti 52
an'legen	uložiti, investirati 61
an'nehmen*	prihvatiti 9; pretpostaviti 57
an'sagen	najaviti 57
an'schalten	upaliti (svetlo), pokrenuti (aparat) 46
an'schauen	gledati, opažati 44
an'stecken	zaraziti, preneti (bolest) 31
an'steigen*	povećati se, popeti se 20
Anbieter *(m.)* (-)	dobavljač, snabdevač 60
Anblick *(m.)* (-e)	pogled (na nešto ili nekog) 45
andernfalls	u drugom slučaju, u suprotnom, inače 57
anderswo	drugde, na drugom mestu 26
Änderung *(f.)* (-en)	promena, izmena 57
Anerkennung *(f.)* (-en)	priznavanje 64
Anforderung *(f.)* (-en)	zahtevanje, traženje 25
Anfrage *(f.)* (-n)	pitanje 57
Angabe *(f.)* (-n)	podatak, naznaka 33
angeblich	navodno, tobože 23

angeboren	urođen 26
Angebot *(n.)* (-e)	ponuda 6
Angeklagte *(m. ili f.)* (-n)	optuženik, okrivljenik 64
angenehm	prijatan 5
angeregt	uzbuđen 40
angesehen	viđen, ugledan 64
Angriff *(m.)* (-e) (~ auf)	napad 68
Angst *(f.)* (Ä -e)	strah 55
Anlage *(f.)* (-n)	ulaganje, stavljanje 61
Anlass *(m.)* (ä -e)	prilika, povod 57
anlässlich *(prep.)*	povodom, prilikom 57
Annahme *(f.)* (-n)	pretpostavka 62
Anruf *(m.)* (-e)	poziv 17
Anrufbeantworter *(m.)* (-)	automatska sekretarica 17
anschließend	potom 22; posle 47
Ansehen *(n., sing.)*	poštovanje, ugled, glas 32
Anspruch (auf etw. ~ haben)	imati pravo na što, polagati pravo na 59
Anspruch (in ~ nehmen*)	iziskivati, tražiti 39
Anspruch *(m.)* (ü -e)	zahtev, polaganje prava 39
anspruchsvoll	zahtevan 67
anstatt *(prep.)*	umesto, namesto 46
anstatt… zu *(conj.)*	umesto 36
anstrengend	zahtevan 39
Anteil *(m.)* (-e)	deo 50
Anteilnahme *(f.)* (-n)	saučešće 66
Anwalt *(m.)* (ä -e)	advokat 53
Anweisung *(f.)* (-en)	uputstvo, obuka 18
anwesend	prisutan 53
Anzeige *(f.)* (-n)	tužba, žalba 51
Arbeitgeber *(m.)* (-)	poslodavac, šef 27
Arbeitnehmer *(m.)* (-)	zaposleni, službenik 27
Arbeitslosigkeit *(f., sing.)*	nezaposlenost 59
Arbeitszeugnis *(n.)* (-se)	potvrda o prestanku radnog odnosa 23
ärgerlich	ljutit, srdit 31
ärgern (sich ~)	ljutiti se, srditi se, biti protivan 46; biti besan, ljut 59
Art (eine ~)	neka vrsta 45
Atem *(m., sing.)*	dah, disanje 29
atmen	disati 29
auch wenn *(conj.)*	iako 51
auf einmal	odjednom 67
auf sein*	biti otvoren 51

auf'fallen*	pasti u oči, skrenuti pažnju na sebe 23
auf'haben	nositi nešto (na glavi) 38
auf'klären	razjasniti 46
auf'laden*	napuniti (bateriju) 31; (na)tovariti 67
auf'passen (auf etw./ jmdn. ~)	paziti, motriti, nadzirati, nadgledati 54
auf'schauen	pogledati, podići pogled 44
auf'sehen*	pogledati (gore) 65
auf'stellen	postaviti, namestiti (da stoji) 19; predstaviti (kandidata) 58
auf'tauchen	iskrsnuti, pomoliti se 69
auf'wachsen*	porasti, rasti 67
Aufbau *(m., sing.)*	izgradnja, podizanje 25
Aufgabe *(f.)* (-n)	zadatak 55
aufgrund *(pred.)*	s obzirom na, na osnovu 53
aufmerksam	pažljivo 55
aufrecht	uspravan, prav 45
Aufsehen erregend	izazvati senzaciju 66
Auftrag *(m.)* (ä -e)	nalog, porudžbina 66
Auftritt *(m.)* (-e)	nastup, izlaženje (na scenu) 39
aus'atmen	izdisati, izdahnuti 29
aus'drucken	odštampati 18
aus'drücken (sich ~)	izraziti se 36
aus'lassen*	izostaviti, propustiti 47
aus'löschen	ugasiti 11
aus'lösen	(pro)uzrokovati 68
aus'probieren	pokušati 18
aus'sagen	izjaviti 52
aus'schalten	zaustaviti, isključiti, ugasiti (uređaj, mašinu) 46
aus'schlafen*	spavati do mile volje, kasno ustati 47
aus'sehen*	izgledati 51
aus'stellen	izložiti 66
aus'trinken*	ispiti, iskapiti 47
aus'verkaufen	rasprodati 47
aus'wählen	izabrati 3
aus'weiten (auf etw. ~)	proširiti na, raširiti 60
Ausbildung *(f.)* (-en)	obrazovanje, usavršavanje 23
Ausdruck *(m.)* (ü -e)	izraz, izražavanje 40
auseinander	razdvojeno, odvojeno 68
Ausgabe *(f.)* (-n)	izdatak 59

Ausgangspunkt *(m.)* (-e) mesto polaska 69
ausgefallen neobičan, čudnovat 67
ausgefüllt ispunjen, popunjen 52
ausgerechnet tačno, baš 17
ausgeschlossen isključen 51
Auslage *(f.)* (-n) trošak 52
Ausland *(n., sing.)* inostranstvo 34
ausländisch stran, inostran 62
Ausnahme *(f.)* (-n) izuzetak 40
ausreichend dovoljan 22
ausschließlich isključivo 68
Ausschuss *(m.)* (ü -e) kupovina, nabavka 57
Außenhandel *(m., sing.)* unutrašnja trgovina 62
außer wenn *(conj.)* osim, izuzev 67
außerdem osim toga 18; uz to 19; pored toga 25
außerehelich vanbračni 64
außerhalb *(pred.)* izvan, spolja 37
äußern (sich ~) izjasniti se 52; dati svoje mišljenje 55
außerordentlich vanredan, izvanredan 37
Ausstellung *(f.)* (-en) izložba 47
ausverkauft popunjeno, sva mesta rasprodata (predstava, izložba) 47
Auswahl *(f.)* (-en) (~ treffen*) izabrati, napraviti odabir 67
Ausweg *(m.)* (-e) izlaz 13
Ausweis *(m.)* (-e) lična karta 31
auswendig napamet 16
Auszeichnung *(f.)* (-en) odlikovanje 68
Autowerkstatt *(f.)* (ä -en) automehaničarska radionica 5

B

backen* peći 26
Bäcker *(m.)* (-) pekar 9
Badewanne *(f.)* (-n) kada 20
Badezeug *(n., sing.)* kupaći kostim 20
baldig sledeći, naredni 24
baldmöglichst čim bude moguće 17
Band *(n.)* (ä -er ili -e) veza 41
Bank *(f.)* (ä -e) klupa 22
Bankrott *(m.)* (-e) bankrot 61
Bart *(m.)* (ä -e) brada 39
Bauer *(m.)* (-n) seljak 9

Baum *(m.)* (ä -e)	drvo 9, 53
Baustelle *(f.)* (-n)	gradilište 38
Bauwerk *(n.)* (-e)	građevina, zgrada 47
beachten	poštovati 51
beanspruchen	iziskivati, zahtevati 50
beantworten	odgovoriti 44
bedauern	žaliti, sažaljevati 27
bedeuten	značiti 4
Bedeutung *(f.)* (-en)	značenje 55
Bedingung *(f.)* (-en)	uslov 25
Bedrohung *(f.)* (-en)	pretnja 62
bedürfen*	trebati 40
Bedürfnis *(n.)* (-se)	potreba 8
beenden	dovršiti 22; okončati 23
befinden* (sich ~)	nalaziti se 3, 30
befördern (zu)	unaprediti 22
befreien	osloboditi 48
befriedigend	zadovoljavajući 22
Begabung *(f.)* (-en)	talenat, dar 27
begegnen	sresti 8
Begegnung *(f.)* (-en)	susret 8
begehen*	počiniti 52
begehren	žudeti, želeti, priželjkivati 68
begießen*	zaliti 51
Beginn *(m.)* (-e)	početak 64
beginnen*	početi 22
begleiten	pratiti 48
begründen	opravdati, obrazložiti 53; motivisati 68
Begründung *(f.)* (-en)	obrazloženje, razlog 53
behalten*	zadržati 2; čuvati 39; sačuvati 61
behandeln als	smatrati za 13
behaupten	zahtevati, tražiti, tvrditi, uveravati 40
behindern	činiti prepreku 62
bei *(prep.)*	za, tokom 13; blizu (oko) 20; pored, kraj 25; za 26; tokom 34;
bei'tragen* (zu etw. ~)	pomoći, priložiti, doprineti 51, 58
Beileid *(n., sing.)*	saučešće 5
beiliegend *(adj.)*	priloženo (u nekoj pošiljci, pismu) 19
beinahe	skoro, zamalo, gotovo 31
beinahe + vb. u Konjunktivu	zamalo što ne, umalo da 31

beispielsweise	na primer 36
bekämpfen	boriti se 59
bekannt	poznat 3; znamenit, ugledan 6
Bekannte *(m.)* (-n)	poznanik 8
Bekanntschaft machen	upoznati se 8
bekommen*	primiti nešto, dobiti 5; dobiti nazad 50
belanglos	lišen interesa 66
belasten	opteretiti, tovariti 66
bellen	lajati 51
bemerken	primetiti, shvatiti, 54
bemühen (sich ~)	truditi se, nastojati 8
Bemühung *(f.)* (-en)	nastojanje, trud 54
benutzen/benützen	upotrebiti 18; iskoristiti 24
Benutzerhandbuch *(n.)* (ü -er)	uputstvo za upotrebu 18
Beobachter *(m.)* (-)	posmatrač 64
Beobachtung *(f.)* (-en)	posmatranje, motrenje 69
bequem	udoban 36
berechtigt	opravdan 53; zakonit 59
Bereich *(m.)* (-e)	područje 59
bereit	spreman, gotov 25
bereits	već 57
berichten über	izvestiti 69
berücksichtigen	uzeti u obzir 60
Beruf *(m.)* (-e)	poziv, profesija 9
beruflich	profesionalan 23
berufstätig sein*	baviti se profesionalnom aktivnošću 32
beruhigen	umiriti, utešiti 29
berühmt	čuven 23
beschäftigen (sich mit etw. ~)	baviti se čim, provoditi vreme radeći nešto 36
Bescheid sagen	obavestiti, izvestiti, upozoriti 16
bescheiden	skroman 24
beschränken (sich auf etw. ~)	ograničiti se na nešto 64
beschreiben*	opisati 44
Beschuldigung *(f.)* (-en)	optužba 52
beschützen	zaštititi 39
Beschwerde *(f.)* (-n)	žalba 19; muka, nemoć 29; žalba 50
beschweren (sich ~)	žaliti se19, 50; predati tužbu, žalbu 50
Besen *(m.)* (-)	metla 57

Besitz *(m.)* (-e)	svojina, posedovanje 50
Besitzer *(m.)* (-)	vlasnik, sopstvenik 50
besonder- *(adj.)*	naočit, osoben, poseban 3
Besonderheit *(f.)* (-en)	posebnost, osobenost 58
besonders *(adv.)*	posebno 3; naročito, osobito 19
besorgen	izvršiti 15; nabaviti 57
besorgt sein*	biti zabrinut 57
bespitzeln (jmdn. ~)	špijunirati koga, nadgledati 66
Besprechung *(f.)* (-en)	sastanak 57
Bestandteil *(m.)* (-e)	sastavni deo, element 66
bestätigen	potvrditi 57
bestehen*	položiti (ispit) 22; postojati, opstati 37
bestehen* (auf etw. ~)	istaći, zahtevati, nastojati 53
bestehen* (aus etw. ~)	biti sastavljen iz/od 53; sastojati se 58
besteigen*	popeti se, uspeti se 44
bestellen	naručiti 57
bestimmen	odrediti 20; nameniti 54; ustanoviti 62
bestimmt *(adv.)*	odlučen, siguran 18; izvestan 31
Besuch *(m.)* (-e)	poseta 3
beten	moliti se 41
betrachten	razmišljati, posmatrati, smatrati 45
betrachten als	smatrati za 22
Betrachter *(m.)* (-)	posmatrač 45
Betrag *(m.)* (ä -e)	iznos, svota 52
betragen*	iznositi, činiti 32
betreffen*	ticati se, odnositi se 50
betreten*	proniknuti, prozreti 64
Betrieb *(m.)* (-e)	preduzeće, pogon 27
betrinken* (sich ~)	napiti se 32
betroffen	zbunjen, ganut, tronut 50
Betrugsaffäre *(f.)* (-n)	obmana, prevara 46
beugen (sich ~)	saviti se, klanjati se 69
Beurteilung *(f.)* (-en)	ocenjivanje 27
Bevölkerung *(f.)* (-en)	stanovništvo 1
bevorzugen	pretpostavljati, više voleti 24
bewachen	čuvati, stražariti 55
bewahren	(sa)čuvati, držati 37
bewegen* (zu etw. ~)	pokrenuti, inicirati 60
Bewegung *(f.)* (-en)	uzbuđenje, uzbuđenost 66
beweisen*	dokazati 9
bewerben* (sich um eine	kandidovati se za posao 25

Stelle ~)	
Bewerber *(m.)* (-)	kandidat 24; pretendent 25
Bewohner *(m.)* (-)	stanovnik 51
bewölkt	oblačan, tmuran 20
bewusst (sich einer Sache ~ werden*)	postati svestan, shvatiti nešto 67
Bewusstsein *(n., sing.)*	saznanje 67
bezaubernd	očaran 48
Bezeichnung *(f.)* (-en)	imenovanje 25; označavanje 62
bezeugen	potvrditi, overiti 38
Beziehung *(f.)* (-en)	odnos, veza 12
beziehungsweise	tačnije, određenije 40; odnosno 53
Bezug *(m.)* (ü -e)	pozivanje na, upućivanje 57
bezüglich *(prep.)*	odnosno, što se tiče, u odnosu na, povodom 57
bezweifeln	sumnjati 51
Bibel *(f.)* (-n)	Biblija 37
bieten*	nuditi 3
bilden	sastaviti, obrazovati 37; sačiniti 45
Bildnis *(n.)* (-se)	portret, slika 48
Bildung *(f.)* (-en)	obrazovanje, vaspitanje 23; 58
Bindestrich *(m.)* (-e)	crtica (interpunkcijski znak) 50
Binnenland *(n.)* (ä -er)	unutrašnjost zemlje 62
bisher	do sada, do danas 10
Bitte *(f.)* (-n)	preklinjanje 40; molba 54
bitten* (um etw. ~)	moliti, tražiti 54
bitterkalt	ledena hladnoća 69
blass	bled 31
bleich	bled 11; 65
Blick *(m.)* (-e)	pogled 45
blicken	gledati 45
blöd(e)	budala, glupak, idiot 15
Blödsinn *(m., sing.)*	glupost, budalaština, koještarija 15
bloß *(adv.)*	samo 38
blühen	napredovati 41
Blut *(n., sing.)*	krv 46
Börse *(f.)* (-n)	berza 61
böse	zao, opak, ljutit 17
böse (jmdm. ~ sein*)	biti ljut na koga 17
böse werden*	naljutiti se 17
braun	braon 38

Braut *(f.)* (ä -e)	verenica, nevesta 40
Bräutigam *(m.)* (-e)	verenik, mladoženja 40
brechen*	slomiti 11
breit	širine 55; širok 60
brennen*	goreti 48
Briefmarke *(f.)* (-n)	markica za pismo 15
Briefträger *(m.)* (-)	poštar 66
Brille *(f.)* (-n)	naočari 43
brüderlich	bratski 13; 41
brüllen	urlati 38
Brunnen *(m.)* (-)	kladenac, bunar, izvor, fontana 26
Brust *(f.)* (ü -e)	grudi, prsa 30
Buch *(n.)* (ü -er)	knjiga 44
Bücherregal *(n.)* (-e)	polica za knjige 67
Buchhandlung *(f.)* (-en)	knjižara 60
Buchstabe *(m.)* (-n)	slovo 67
buchstabieren	sricati, čitati slovo po slovo 67
bücken (sich ~)	pognuti se 54
bummeln	skitati, švrljati, lutati, dangubiti, 47
Bundeskanzler *(m.)* (-)	savezni kancelar 58
Bundesland *(n.)* (ä -er)	savezna država 37
bunt *(adj.)*	šaren, raznolik 47
Burg *(f.)* (-en)	zamak 47; utvrđenje 69
Bürger *(m.)* (-)	građanin 19
Bürgermeister *(m.)* (-)	gradonačelnik 33
Busen *(m.)* (-)	nedra, grudi (ženske) 48
Buße *(f.)* (-n)	kazna, kajanje 53

C

Chatroom *(m.)* (-s)	četrum (prostor za ćaskanje) 44

D

da	onda 16; tada 20; u tom slučaju 38; eto 55
da *(conj.)*	budući da, pošto 48
dabei sein*	biti prisutan, učestvovati 10; biti dodat 18; prisustvovati 39
dabei'haben	imati pri sebi 18
Dachboden *(m.)* (ö-)	tavan 66
Dachziegel *(m.)* (-)	crep 47
dadurch	tako, na taj način 45
dafür	nasuprot, umesto, mesto 19; za to 23
daher	zbog toga, zato, otuda, dakle, 50

damit	s tim 19; tako 53
daneben	pored, pokraj 47
dank *(pred.)*	zahvaljujući 46
Dankbarkeit *(f., sing.)* (in ~)	s zahvalnošću 66
dar'stellen	predstaviti 43; prikazati 68
darunter	među tim, tamo 68
Datei *(f.)* (-en)	datoteka 18
Daten *(pl.)*	podaci 52
Datenverarbeitung *(f.)* (-en)	obrada podataka 33
Dauer *(f., sing.)*	trajanje 66
dauern	trajati 18
dauernd	stalno 4; neprekidno 15
dazu	zbog toga 47
decken	pokriti 66
Deich *(m.)* (-e)	nasip, bedem 69
Demonstration *(f.)* (-en)	demonstracije 34
Denkmal *(n.)* (-e ili ä -er)	spomenik 44
deshalb	prema tome, sledstveno tome 50
deswegen	zato 36
deutlich	jasan, razgovetan 54
dicht	gust, zbijen 45
Dichterin *(f.)* (-nen)	pesnikinja 68
dick	debeo 67
dienen	služiti, biti koristan 19
Diener *(m.)* (-)	sluga, lakej 48
diesseits *(pred.)*	s ove strane 54
Ding *(n.)* (-er) (fam.)	stvar, predmet 16
Dirigent *(m.)* (-en)	dirigent 47
doppelt	dvostruk, dvojak 15
Dorf *(n.)* (ö -er)	selo 8
Drehbuch *(n.)* (ü -er)	scenario 66
Dreijährige *(m.* ili *f.)* (-n)	trogodišnjak 64
Droge *(f.)* (-n)	droga 66
Drogenabhängigkeit *(f.)* (-en)	narkomanija 66
drogensüchtig	zavisnik 66
drüben	s druge strane 40
drucken	odštampati 52
drücken	obuhvatiti, stegnuti 48; pritisnuti 53
Druckschrift (in ~)	velikim slovima 52
Duft *(m.)* (ü -e)	miris 64
dunkel	taman, mračan 40

Dunst *(m.)* (ü -e)	magla 43
Dur	dur (u muzici) 43
durch'blicken	shvatiti, razumeti 10
durch'fallen* (bei/in)	pasti (ispit) 22
durch'führen	sprovesti, izvršiti, obaviti 46
durch'gehen*	prolaziti kroz, proći 57
durch'setzen	nametnuti 59
durchaus	sasvim, potpuno 58; apsolutno 64
durchdenken*	razmatrati 24; promisliti 42
Durchschnitt (im ~)	u proseku 24
Durchschnittswert *(m.)* (-e)	srednja vrednost 20
durstig	žedan, sušan 67
Dutzend *(n.)* (-e)	tuce 34
duzen	obraćati se nekome na «ti» 5

E

eben *(interj.)*	tim gore 2; tako je to 15; podrazumeva se 18; jednostavno 26; na taj način 36; zapravo 51
eben *(adv.)*	baš, tačno 36; tek što, maločas 38; malopre 43; taman 46
eben *(adv.)* + vb. u perf.	upravo nešto uraditi 38
Ebene *(f.)* (-n)	ravnica, dolina 37
echt	pravi, istinski 39; autentičan 40
EC-Karte *(f.)* (-n)	bankarska kartica 31
Ehe *(f.)* (-n)	brak (bračna institucija) 10
Ehefrau *(f.)* (-en)	supruga 10
ehemalig	nekadašnji, bivši- 37; iz davnina 47
Ehepaar *(n.)* (-e)	bračni par 10
Ehrfurcht *(f., sing.)*	duboko poštovanje 45
ehrgeizig	ambiciozan 24
ehrlich	pošteno 18; iskreno 66
Eifersucht *(f.)* (ü -e)	ljubomora 12
eigen- *(adj.)*	vlastit, sopstven 13
Eigenschaft *(f.)* (-en)	vrlina 25; karakterna crta 37
Eigentum *(n., sing.)*	svojina, vlasništvo 50; dobro 53
Eigentümer *(m.)* (-)	vlasnik 50
eilig (es ~ haben)	žuriti 31
ein'atmen	nadahnuti 29
ein'fallen* (jmdm. ~)	pasti napamet, setiti se nečeg 57
ein'fügen	umetnuti, uvrstiti 57
ein'geben*	uneti (podatke) 16

ein'gestehen*	priznati, potvrditi 8; 13
ein'holen	nadoknaditi, stići 32
ein'ordnen (sich ~)	stati u red 16
ein'packen	spakovati 20
ein'schalten	uključiti, pokrenuti, (aparat) 46
ein'schlafen*	zaspati 51
ein'schränken	ograničiti 59
ein'schüchtern	zaplašiti 38
ein'setzen (jmdn. als etw. ~)	postaviti, odrediti nekoga za nešto 50
ein'stellen	zaposliti 22
ein'tragen*	uneti, upisati 10
ein'treffen*	stići 57
ein'treten*	ući 5
einander	uzajamno, jedan drugoga 11
Einbahnstraße *(f.)* (-n)	jednosmerna ulica 16
einbegriffen	uračunat 6
eindeutig	jasan, nedvosmislen 53
Eindruck *(m.)* (ü -e)	utisak 45
einerseits… andererseits	s jedne strane… s druge strane 55
Einfamilienhaus *(m.)* (äu -er)	porodična kuća 51
Einhaltung *(f.)* (-en)	poštovanje (nekog pravila) 27
Einheimische *(m.* ili *f.)* (-n)	autohton, domaći 36
einige *(pr.)*	neki, nekolicina 32
einigen (sich ~)	složiti se, usaglasiti se 53
Einkaufszentrum *(n.)* *(pl.* ~zentren)	trgovački centar, robna kuća 33
Einkommen *(n.)* (-)	prihod 32
Einlass *(m.)* (ä -e)	pristup, ulaz 54
einmal	jednom, jedanput 52
Einrichtung *(f.)* (-en)	opremanje, nameštanje (stana), organizacija 59
einsam	osamljen, zabačen 12; pust 67
Eintritt *(m.)* (-e)	nastupanje 54
Einwand *(m.)* (ä -e)	prigovor 53
Einweihung *(f.)* (-en)	svečano otvaranje, inauguracija 57
Einwohner *(m.)* (-)	stanovnik 36
einzeln *(adj.)*	pojedini 37; zasebni, sam 45
einzig	jedinstven 9; sam 33
einzigartig	jedini svoje vrste 68
ekelhaft	odvratan, grozan 38
Elend *(n., sing.)*	beda, nevolja 64

Eltern *(pl.)*	roditelji 5
Empfang *(m.)* (ä -e)	prijem, primanje 57
empfehlen*	preporučiti, posavetovati 47
empfinden*	osećati 13
Empfindung *(f.)* (-en)	osećaj 48
enden	okončati 11; stati 30; završiti se 53
Endspiel *(n.)* (-e)	finale, završnica 33
eng	tesan, uzak 30
Enkel *(m.)*(-)	unuk 10
Entdeckung *(f.)* (-en)	otkriće 6
Ente *(f.)* (-n)	patka 19
entgegen'stehen* (einer Sache ~)	suprotstaviti se čemu, odvratiti 47
entgegen'wirken	usprotiviti se, ometati 62
entgegengesetzt	suprotstavljen 16
entgehen*	uteći, pobeći, izmicati 39
enthalten*	sadržati, uključiti 27
enthüllen	otkriti, otkrivati 68
entlang *(prep.)*	duž 37
entlassen*	otpustiti 22
Entscheidung *(f.)* (-en)	odluka 33
entspannen (sich ~)	odmoriti se, opustiti se 22, 36
entsprechen*	dopisivati se, biti u prepisci 52, 55
entsprechend *(pred.)*	shodno, u skladu, prema 58
entstehen*	postati, rađati se, nastajati 23; biti stvoren/a 45
Entstehung *(f.)* (-en)	postajanje, nastajanje, početak 23
entstellen	nagrditi, izopačiti 69
enttäuschen	razočarati 23
Enttäuschung *(f.)* (-en)	razočaranje 64
entweder… oder	ili… ili 18; bilo… bilo 36
Entzücken *(n., sing.)*	oduševljenje 48
erben	naslediti 50
Erbschaft *(f.)* (-en)	nasledstvo 50
Ereignis *(n.)* (-se)	događaj 39
erfahren *(adj.)*	iskusan 24
Erfolg *(m.)* (-e)	uspeh 13
erfolgreich	uspešan 13
erfreuen	razveseliti, uživati 39
erfüllen	popuniti, ispuniti 25
Erfüllung *(f.)* (-en)	ispunjenje, ispunjavanje 64

Ergebnis *(n.)* (-se)	rezultat 55
erhalten*	primiti 48; dobiti 54
erheben* (sich ~)	podići se 45
erhöhen	povisiti 33
erinnern (an etwas ~)	podsetiti (na nekoga, nešto) 26
Erinnerung *(f.)* (-en)	sećanje, uspomena 40
erkälten (sich ~)	prehladiti se 29
erkältet	prehlađen 29
Erkenntnis *(f.)* (-se)	saznanje, poznavanje 64
Erklärung *(f.)* (-en)	objašnjenje 23
erkundigen (sich ~)	raspitati se 51
erlangen	dobiti 54
Erlass *(m.)* (-e)	ukaz, rešenje, dozvola, izuzeće, izdavanje (čin izdavanja nečeg) 52
erlassen*	izdati, obznaniti (administrativni akt), podići, objaviti 52
erlassen* (etw. ~)	razrešiti, osloboditi, rasteretiti 52
erlauben	dozvoliti, odobriti 33
Erlaubnis *(f.)* (-se)	dozvola 54
erläutern	izložiti, tumačiti, objasniti 53
Erlebnis *(n.)* (-se)	doživljaj 69
erledigen	obaviti, završiti, okončati 26
erleichtern	olakšati 25
erleiden*	pretrpeti 61
Erlös *(m.)* (-e)	recept 53
ermorden	ubiti, umoriti 46
ernennen*	(na)imenovati 58
Ernst (im ~)	sasvim ozbiljno 15
ernst nehmen*	uzeti za ozbiljno, ozbiljno shvatiti 40
erpressen	iznuditi, prisiliti 66
errechnen	računati 58
erreichen	dostići 16, 22; dohvatiti 17; doći, stići, dospeti 55; ponovo naći 69
errichten	izgraditi, podići, osnovati 33
erringen*	osvojiti 58
erscheinen*	izgledati 40
erschöpft	iscrpljen 69
erst mal	prvo, najpre 40
erstens	prvo 47
erteilen	izdavati, dostavljati 50
ertrinken*	udaviti se 11

erwachsen	odrasti 67
Erwachsene *(m.* ili *f.)* (-n)	odrasla osoba 64
erwarten	očekivati 12
erzählen	pričati, pripovedati 22
Erzählung *(f.)* (-en)	priča 54; pripovetka 55
es sei denn	osim ako 53
etwa *(uzvik)*	ipak 61
evangelisch	protestant 32
ewig	večan 22

F

Fach *(n.)* (ä -er)	predmet (školski) 23
Fachkenntnis *(f.)* (-se)	znanje (u određenoj oblasti) 25
Fachmann *(m.)* *(pl.* Fachleute)	specijalista 25; stručnjak 43
fähig	sposoban 24
Fähigkeit *(f.)* (-en)	sposobnost 24
Fahrer *(m.)* (-)	vozač 38
Fahrradweg *(m.)* (-e)	biciklistička staza 33
Fall (auf keinen ~)	ni u kom slučaju, nipošto 47
Fall (in jedem ~)	u svakom slučaju 52
fällen	oboriti 53
fallen*	pasti 61; poginuti (u borbi) 64
falls *(conj.)*	ako 16
falsch	lažan, podmukao 11; pogrešan 62
Familienangehörige *(m.* ili *f.)* (-n)	član porodice 50
Familienstammbaum *(m.)* (ä -e)	genealoško stablo 9
Farbton *(m.)* (ö -e)	ton (boje) 45
Fasching *(m.)* (-e ili -s)	karneval 39
Fassung *(f.)* (-en)	verzija 18
fast + vb. u Konjunktivu	gotovo, skoro 31
Fastenzeit *(f.)* (-en)	post 39
faul	lenj 23
Fehler *(m.)* (-)	greška 2
Feierabend (nach ~)	period nakon radnog dana 36
Feind *(m.)* (-e)	neprijatelj 48
Ferne *(f.)* (-n)	dalek 30
Fernweh *(n., sing.)*	želja za daljinama 30
fertig	gotov, završen 26
fest	čvrst, jak, pouzdan, postojan 38

fest'halten*	zadržati 38
fest'legen (einen Termin ~)	zakazati sastanak 38
fest'stellen	tvrditi, konstatovati 51
Festland *(n., sing.)*	kontinent, kopno 38
Festplatte *(f.)* (-en)	hard disk 67
Feuer *(n.)* (-)	vatra 48
Feuerwehrmann *(m.)* (ä -er)	vatrogasac 32
Fieber *(n., sing.)*	temperatura, groznica 29
Firma *(f.)* *(pl.* Firmen)	firma, preduzeće 27
Fisch *(m.)* (-e)	riba 12
fischen	pecati 11
Fischer *(m.)* (-)	ribar 9
Fleischer *(m.)* (-)	mesar 26
fleißig	vredan, radan, marljiv 26; revnosan 37
Fliege *(f.)* (-n)	muva 15
fliehen*	pobeći, bežati 34
Flugblatt *(n.)* (ä -er)	letak 59
Folge *(f.)* (-n)	epizoda (serije) 46
folgend	sledeći, idući 52
folglich	dakle, prema tome 36
fordern	zahtevati 25; tražiti 54
fördern	potpomoći, unaprediti 59
Forderung *(f.)* (-en)	zahtev 25
Formel *(f.)* (-n)	formula 23
forschen nach	istraživati 9; tražiti 12
fort'setzen	goniti 47
Fortschritt *(m.)* (-e)	napredak 2
Frachter *(m.)* (-)	teret, tovar 69
Frage (in ~ kommen*)	doći u pitanje 6
Fragebogen *(m.)* (ö -)	upitnik 52
fragen	pitati 54
Frechheit *(f.)* (-en)	smelost, drskost 38
frei'stehen* (jmdm. ~)	biti dozvoljen, slobodan 52
Freiheit *(f.)* (-en)	sloboda 30
freilich	naravno, istina, razumljivo je 36
fremd	stran, tuđ 8
Fremde *(f., sing.)*	inostranstvo 30
Fremde *(m.* ili *f.)* (-n)	stranac 38
fressen*	žderati, jesti (za životinje) 15
Freude *(f.)* (-n)	radost, uživanje, veselje 53
freudig	radostan 48; zadovoljan 61

freuen (sich auf etw. ~)	radovati se, obradovati se 17
freuen (sich über etwas ~)	radovati se zbog nečeg (što se trenutno dešava) 17
Freundlichkeit *(f.)* (-en)	ljubaznost 57
Freundschaft *(f.)* (-en)	prijateljstvo 12
Frist *(f.)* (-en)	rok 25
fristlos	neodložan, bez roka 25
froh	srećan 39
fromm	pobožan 41
Frosch *(m.)* (ö -e)	žaba 19
früher- *(adj.)*	bivši 66
Frühling *(m.)* (-e)	proleće 3
Fuchs *(m.)* (ü -e)	lisica 15
fühlen	osećati 30; 48
führen	voziti, voditi, upravljati, sprovesti 6
führend *(adj.)*	lider 60; rukovodeći, vodeći 62
Führung *(f.)* (-en)	vođenje, pravac, poseta s vodičem 6
Führungskraft *(f.)* (ä -e)	upravljački kadar 27
füllen	popuniti 48
Fünftel *(n.)* (-)	peti 50
Für und Wider *(n.)* (-)	za i protiv 59
fürchten	bojati se, plašiti se 5
Fürst *(m.)* (-en)	knez, vladar 41
Fürstentum *(n.)* (ü -er)	kneževina 41
Fuß fassen (auf etw. ~)	utvrditi se, smestiti se, 62
Fußball *(m.)* (ä -e)	fudbal 46

G

Gans *(f.)* (ä -e)	guska 15
ganz	sav, ceo, čitav 2
ganz *(adv.)*	apsolutno, potpuno, sasvim 2
ganz schön *(adv.)*	prilično 39
Ganze *(n., sing.)*	celina 58
gar nicht	nikako 38
Gast *(m.)* (ä -e)	zvanica, gost 40
Gastarbeiter *(m.)* (-)	gastarbajter 32
Gasthaus *(n.)* (äu -er)	krčma 38
Gebäude *(n.)* (-)	građevina 34; zgrada 66
Gebiet *(n.)* (-e)	regija 37; teritorija 58
Gebirge *(n.)* (-)	planinski lanac, planina 37
Gebrauch *(m., sing.)*	upotreba, korišćenje 58
Gebrauchsanweisung *(f.)*	uputstvo za upotrebu 18

Gebrauchswert *(m.)* (-e)	upotrebna vrednost 36
Gebühr *(f.)* (-en)	taksa 52
Gedicht *(n.)* (-e)	poema 67
geduldig	strpljivo 25
geeignet	podesan, pogodan 59
Gefahr (in ~ sein*)	biti u opasnosti 59
Gefährte *(m.)* (-n)	saputnik 48
gefangen halten*	držati kao zatvorenika 48
Gefängnisstrafe *(f.)* (-n)	kazna zatvora 53
gefeiert	proslavljen 66
Gefühl *(n.)* (-e)	osećanje 12
gegebenenfalls	u tom slučaju, u datom slučaju 57
gegen	protiv 19; ka 20
Gegend *(f.)* (-en)	oblast 12; okolina 13
Gegensatz *(m.)* (ä -e)	suprotnost, krajnost 40
gegensätzlich	suprotan 40
gegenseitig	uzajamno obostrani 46
gegenüber *(adv.)*	preko puta 68
gegenüber *(pred.)*	prema, naspram 68
Gegenwart *(f., sing.)*	sadašnje vreme, prisustvo, sadašnjica 68
Gehalt *(n.)* (ä -er)	plata, zarada 22
Geheimkode *(m.)* (-s)	tajna šifra 27
Geheimnis *(n.)* (-se)	tajna 43
geheimnisvoll	tajanstven 64
gehen* (um etwas ~)	reč je o 25
gehorchen	poslušati 55
gehören zu	pripadati 22; brojati se među 47
Geige *(f.)* (-n)	violina 51
geistig	umni, duhovni 41
geistlich	crkveni, svetovni, duhovni (muzika), religijski 41
gekleidet	obučen 45
Geldanlage *(f.)* (-n)	plasiranje (novca) 61
Geldstrafe *(f.)* (-n)	novčana kazna, prekršajna prijava 52
Gelegenheit *(f.)* (-en)	slučaj 50; prilika 52
Gelehrte *(m. ili f.)* (-n)	naučnik 64
gelingen*	uspeti 17
gelten*	vredeti 33; primeniti, važiti se 33, 52
gelten* als	smatrati se, važiti, biti poznat 37; biti posmatran kao 40

Gemälde *(n.)* (-) slika (umetnička) 43; 45
Gemeinde *(f.)* (-n) opština 53
gemeinsam zajednički 36; saglasno, sporazumno 39
gemütlich prijatan, srdačan, udoban, ugodan 46
genau tačan 34; tačno, iscrpno 44; potpuno 51
genauso… wie isto toliko… koliko 26
Genehmigung *(f.)* (-en) odobrenje, dozvola 53
genießen* uživati, iskoristiti 32
genügend dovoljno 67
Gepäck *(n., sing.)* prtljag 6
gepflegt dobro održavan, negovan 51
gerade u datom trenutku 30; taman 46; baš 61
geradewegs samo pravo 69
Gerät *(n.)* (-e) uređaj, aparat 60
Geräusch *(n.)* (-e) buka 43
Geruch *(m.)* (ü -e) miris, zadah 64
gesamt- *(adj.)* sveukupnost 53; celokupnost 58
Gesamtzahl *(f.)* (-en) zbir 58
Geschenk *(n.)* (-e) poklon, dar 48; 54
geschichtlich istorijski 37
geschickt vešt, vičan 60
geschieden razveden 10
Geschmack *(m.)* (ä -er) ukus 43
Geschwister *(pl.)* braća i sestre 10
Gesellschaft *(f.)* (-en) društvo 59
gesellschaftlich društveni 38; 68
Gesichtspunkt *(m.)* (-e) gledište, stanovište 53
gespalten podeljen 30
gespannt radoznao, nestrpljiv (da sazna nešto) 2
gesperrt zabranjen za saobraćaj 16
Gesprächsstoff *(m.)* (-e) tema razgovora 67
Gestalt *(f.)* (-en) oblik 37; izgled, prilika, stas 64
gesund dobrog zdravlja 32; zdrav 59
gewähren dopustiti, odobriti 54
gewährleisten jamčiti, garantovati 59
Gewalt *(f., sing.)* nasilje 68
gewalttätig nasilan 46
Gewinn *(m.)* (-e) dobitak 60; korist, zarada 61
gewinnbringend unosan, povoljan 61
gewinnen* dobiti 58
gewiss- *(adj.)* izvesni (pogrdno značenje) 51

gewiss *(adv.)*	sigurno, neizbežno 65
gewissermaßen	u izvesnoj meri 36
Gewitter *(n.)* (-)	oluja 20
Gier *(f., sing.)*	požuda, pohlepa 68
Gipfel *(m.)* (-)	vrh (planine) 44
Glanz *(m., sing.)*	sjaj 41
gleich	isti 2, 68; tačan 19; jednako (matem.) 23 odmah, iz prve 61
gleich viele	isto toliko 32
GmbH (= Gesellschaft mit beschränkter Haftung)	D.O.O. 22
Gold *(n., sing.)*	zlato 15
Graben *(m.)* (ä)	jarak 47
Grauen *(n., sing.)*	zgražanje, užas 64
grauenhaft	užasno, strašno 69
greifen*	uhvatiti, dokopati se, dohvatiti 59
Grenze *(f.)* (-n)	granica, međa 53
Grenzübergang *(m.)* (ä -e)	granični prelaz 34
Grenzzeichen *(n.)* (-)	međa, granica 53
Grillparty *(f.)* (-s)	roštilj (zabava) 15
großartig	veličanstven, vanredan 45
Großeltern *(pl.)*	baba i deda 9
Großmarkt *(m.)* (ä -e)	super market 60
Großvater *(m.)* (ä -er)	deda 40
Grund *(m.)* (ü -e)	uzrok, osnova 53
Gründer *(m.)* (-)	osnivač 60
Grundrecht *(n.)* (-e)	osnovna prava 59
Grundstück *(n.)* (-e)	zemljište, parcela, plac 53
Gruppe *(f.)* (-n)	grupa 37
Gruß *(m.)* (ü-e)	pozdrav 19
Gummistiefel *(m.)* (-)	gumene čizme 20
gut *(adv.)*	nešto više od 60
Güte *(f., sing.)*	dobrota 15
Gymnasium *(n.)* (*pl.* Gymnasien)	gimnazija 22

H

Haar *(n.)* (-e)	kosa 40
Hahn *(m.)* (ä -e)	petao 15
Hälfte *(f.)* (-n)	polovina 53
halten* (für etw. ~)	držati za 51
Hammer *(m.)* (ä -)	čekić 41

Handel *(m., sing.)*	trgovina 57; 60
handeln	postupiti, delovati 48
handeln (mit etw. ~)	trgovati nečim 60
handeln (mit jmdm. ~)	trgovati s nekim 60
handeln (sich ~ um etw./ jmdn. ~)	raditi se o, reč je o 23
handeln (um etw. ~)	pogađati se 60
Händler *(m.)* (-)	trgovac 60
Handlung *(f.)* (-en)	postupak, radnja 48
handschriftlich	ručno 52
Handtuch *(n.)* (ü -er)	peškir 20
Handwerker *(m.)* (-)	zanatlija 26
hängen	obesiti, okačiti, prikačiti 44
hängen*	visiti 44
hässlich	ružan, odvratan, gadan 10
hauen	udarati, seći 53
häufig	često 29; čest 32; često 53
Hauptmann *(m.)* (-leute)	kapetan (vojni) 66
hauptsächlich	osobito, poglavito 4
Hausaufgabe *(f.)* (-n)	domaći zadatak 55
Haushalt *(m.)* (-e)	domaćinstvo 24; budžet (državni) 59
Hausmittel *(n.)* (-)	bapski lek 29
Hausordnung *(f.)* (-en)	kućni red 51
Hausputz *(m.)* (-e)	veliko spremanje (prolećno) 57
heftig	žestok 68
heilen	izlečiti, ozdraviti 13
heilig	zdrav 30
Heiligtum *(n.)* (ü -er)	svetilište 45
Heimat *(f., sing.)*	domovina, otadžbina, rodna gruda 30
Heimatland *(n.)* (-e ili ä -er)	zavičaj 41
heimatlos	apatrid 30
heimlich	tajno, krišom 26
heimwärts	kući 4
Heimweh *(n., sing.)*	nostalgija za zavičajem 30
Heirat *(f.)* (-en)	venčanje 40
heiß	vreo 48; vatren, usijan 64
heißen*	znači, hoće reći 20
heißen*: das heißt	to jest 10; odnosno 58
heißen*: es heißt	kaže se, priča se 23; piše 50
heiter	zabavan, vedar (vreme), razdragan 20

Held *(m.)* (-en)	junak 38
her'stellen	proizvoditi 62
heraus'bekommen*	otkriti, pronaći 44
heraus'finden*	otkriti 9
heraus'ziehen*	izvaditi 69
Herausforderung *(f.)* (-en)	izazov 40
Herbst *(m.)* (-e)	jesen 3
Herkunft *(f.)* (ü -e)	poreklo 9
Herr *(m.)* (-en)	Gospod 41; gospodar 64
Herrschaft *(f.)* (-en)	vladavina 39
herrschen	vladati 39
Hersteller *(m.)* (-)	proizvođač 62
herum'stehen*	vući 26, 51
hervor'gehen* aus	biti poreklom iz, biti rodom 41
hervor'heben*	istaknuti, pokazati 41
hervor'ragen	pomaljati se 45
herzlich	srdačno 5; od srca 40
heutig *(adj.)*	današnji 24
heutzutage	savremen, današnji 40
Hexe *(f.)* (-n)	veštica 67
hierfür	zato 57
hiermit	tako, na taj način 62
hinaus'schauen (über etw. ~)	gledati dalje, iza 40
Hinblick (im ~ auf)	imajući u vidu 58
hindern	sprečiti 62
hinein'stecken	zaroniti 69
hingegen	s druge strane, nasuprot 50
hinsichtlich *(pred.)*	koji se odnosi 61
hinten	u dnu 22
hinten (von ~)	iza, straga 44
Hintergrund *(m.)* (ü -e)	pozadina 44
hinterlassen*	zaveštati 9; ostaviti 17
hinunter	ka dole, na dole 65
hinzu'kommen*	pridodati 68
hoch	stepen (matematika) 23; iznad 55; dignut, visok 60
Hoch *(n.)* (-s)	anticiklon 20
Hochachtungsvoll	S poštovanjem 19
Hochdeutsch *(n., sing.)*	standardni nemački 36
Hochdruckgebiet *(n.)* (-e)	zona visokog pritiska 20

hochleben (jmdn. ~ lassen*)	nazdraviti nekome 17
Hochschule *(f.)* (-n)	visokoškolska ustanova 25
Hochsprache *(f.)* (-n)	standardni jezik 36
Hochzeit *(f.)* (-en)	venčanje (proslava) 10
Hoffnung *(f.)* (-en)	nada 43
hoffnungslos	očajan, beznadežan 22
Höhe *(f.)* (-n)	vrh 41
hold	ljubak, mio 65
Holz *(n.)* (ö -er)	drvo 53
Horde *(f.)* (-n)	horda 57
Hörer *(m.)* (-)	slušalac 9
Hörspiel *(n.)* (-e)	radijski komad/drama 68
Hügel *(m.)* (-)	brežuljak 37
Hunger bekommen*	postati gladan 47
hungrig	gladan 67
hüpfen	skakutati 69
Husten *(m.)* (-)	kašalj 29
hüten	čuvati 54

I

immerhin	ipak 50
in der Tat	ustvari 66
inbegriffen	uračunato 6
Inflationsrate *(f.)* (-n)	stopa inflacije 61
infolge *(pred.)*	usled 62
innen *(adv.)*	unutra 62
Innenstadt *(f.)* (ä -e)	centar grada 47
Innere *(n. sing.)*	unutrašnjost 47
innerhalb (von) *(pred.)*	u, unutar 37; u roku 52; u 62; za 62
ins Wanken bringen*	pokolebati 64
insbesondere	naročito 60
Insel *(f.)* (-n)	ostrvo 34
insgesamt	ukupno 46
irgendetwas	makar šta, bilo šta 8; šta god to bilo 21
irgendjemand	bilo ko, neko 8; ko god bio 21
irgendwann	kad god, u koje god vreme, ma kad 8; bilo kad 32; jednom 52
irgendwelche	bilo koji 19; svakakav 29
irgendwer	bilo ko, neko 8
irgendwie	bilo kako, ikako 27; nekako 44
Irrtum *(m.)* (ü-er)	greška 33

J

Jahrestag *(m.)* (-e)	godišnjica, jubilej 34
Jahreszeit *(f.)* (-en)	godišnje doba 3
Jahrtausend *(n.)* (-e)	milenijum 12
je *(adv.)*	nikad 48
je nachdem	zavisi od, prema, prema tome kako 47
jedenfalls	ma šta bilo, svakako 37
jederzeit	u svako doba, kad god 53
jener/jene/jenes *(pr.)*	onaj/ona/ono 30
jenseits *(pred.)*	na onoj strani, s one strane 54
jetzig- *(adj.)*	sadašnji, aktuelan 24
jeweils *(adv.)*	svako/a 36; obostrano 40
Jogginganzug *(m.)* (ü -e)	trenerica 20
Jüngling *(m.)* (-e)	adolescent, mladić, momak 11

K

Kammer *(f.)* (-n)	soba 47
Karte *(f.)* (-n)	karta (ulaznica) 3
Käufer *(m.)* (-)	kupac 33
Kaufmann *(m.)* (*pl.* Kaufleute)	trgovac 64
keinesfalls	ni u kom slučaju 57
keineswegs	nikako, nipošto 62
Keller *(m.)* (-)	podrum 67
Kenntnis *(f.)* (-se)	znanje 27, 34
Kennwort *(n.)* (ö -er)	šifra, lozinka 27
Kennzeichen *(n.)* (-)	registarski broj 52
kennzeichnen	razlikovati 62
Kennzeichnung *(f.)* (-en)	obeležje, oznaka, žig 62
Kern *(m.)* (-e)	jezgro 29
kerngesund	savršeno zdrav 29
kinderlos *(adj.)*	bez dece 50
Kindheit *(f.)* (-en)	detinjstvo 67
Kirche *(f.)* (-n)	crkva 41
kitschig	sladunjav/suviše sentimentalan 45
klagen	žaliti se 29
Klammer *(f.)* (-n)	zagrada, stega, štipaljka 28
Klamotten *(pl.)*	prnje, rite, krpe 44
Klasse *(f.)* (-n)	klasa, razred 22
klassisch	klasičan 43
Klausel *(f.)* (-n)	klauzula 58

Klavier *(n.)* (-e)	klavir 66
klemmen	stegnuti, stisnuti 44
klicken	kliknuti 18
klug	pametan 64
knacken	slomiti, polomiti, dešifrovati 27
knapp	taman, oskudno, retko 57; nešto manje od, tesno 60
Kochrezept *(n.)* (-e)	kuhinjski recept 29
kommen* : es kommt zu etw.	sledi, u nastavku 53
kommen* (zu etw. ~)	uspeti, postići nešto 19
kommen* : im/in… kommt	davati, prikazivati (na TV) 46
Kompositionslehre *(f.)* (-n)	umetnost kompozicije 68
kompromisslos	beskompromisno 68
Konditorei *(f.)* (-en)	poslastičarnica 47
Königin *(f.)* (-nen)	kraljica 48
Konkurs *(m.)* (-e)	bankrot 61
Konsumgesellschaft *(f.)* (-en)	potrošačko društvo 68
kontaktfreudig	sa smislom za kontakte 27; koji voli kontakte 61
Konzern *(m.)* (-e)	(industrijska) grupa, trust 22
Kopfhörer *(m.)* (-)	zvučnik 66
Kosten *(pl.)*	troškovi 52
kostenlos	besplatno 68
Krach *(m., sing.)*	buka, lom 43
Kraft (in ~ treten*)	stupiti na snagu 34
krähen	kukurikati, pesma petla 15
Krankenhaus *(n.)* (äu -er)	bolnica 59
Krankenkasse *(f.)* (-n)	zdravstveno osiguranje 32
Krankenschwester *(f.)* (-n)	bolničarka, medicinska sestra 32
Krankheit *(f.)* (-en)	bolest 13
Krebs *(m., sing.)*	rak 12
Kreide *(f.)* (-n)	kreda 38
Kreis *(m.)* (-e)	krug 12
Kreisverkehr *(m.)* (-e)	kružni tok 16
Kreuzfahrt *(f.)* (-en)	krstarenje 6
Kreuzung *(f.)* (-en)	raskrsnica 16
Kriegserlebnis *(n.)* (-se)	doživljaj iz rata 64
Krimi-Serie *(f.)* (-n)	policijska / krimi serija 46

kritisieren	kritikovati 24
Krone *(f.)* (-n)	kruna 48
kühl	svež 20
kümmern (sich ~ um)	baviti se nečim 3
Kunst *(f.)* (ü -e)	umetnost 3
Künstler *(m.)* (-)	umetnik 13
Kunstliebhaber *(m.)* (-)	ljubitelj umetnosti 43
Kunstwerk *(n.)* (-e)	umetničko delo 6
kurz vor	nešto ranije 50
kurzfristig	kratkoročan 25
Kurzgeschichte *(f.)* (-n)	novela 68
küssen	ljubiti, poljubiti 11

L

Ladenhüter *(m.)* (-)	neprodata roba 36
Lage *(f.)* (-n)	položaj 37; situacija 37, 43
Land (vom ~)	sa sela 54
landen	sleteti, prizemljiti se 60
Landgericht *(n.)* (-e)	Viši sud 50
Landschaft *(f.)* (-en)	krajolik 4; regija, kraj, oblast 37
Landstraße *(f.)* (-n)	sporedni put 4
lang *(adj.)*	tokom (+ trajanje) 18; dugačak 55
langfristig *(adj.)*	dugoročan 25
langjährig *(adj.)*	davnašnji 19; dugogodišnji 25
länglich *(adj.)*	u dužini 47
längst *(adv.)*	odavno 37
Lärm *(m., sing.)*	graja, dreka 51
laut *(pred.)*	prema 32; usled, prema, shodno 33
lauter	čist 47
Lebensdauer *(f., sing.)*	životni vek 24
Lebenserwartung *(f.)* (-en)	očekivani životni vek 32
Lebensgefährtin *(f.)* (-nen)	životna saputnica 48
Lebensjahr *(n.)* (-e)	godine života 17
Lebenslauf *(m.)* (äu -e)	biografija 24
lebenslustig	koji uživa u životu 37
Lebenspartner *(m.)* (-)	životni partner 10
Lebensunterhalt (seinen ~ verdienen)	zarađivati za život 66
Lebensunterhalt *(m.)* (-e)	izdržavanje 66
legen (sich ~)	leći 22
lehnen (sich an etw. ~)	nasloniti se na 41
Lehre *(f.)* (-n)	učenje 23; doktrina, teorija 68

Leiden *(n.)* (-)	bol, bolest, patnja 29; bol 30
leiden*	patiti, trpeti, podnositi 29
Leidenschaft *(f.)* (-en)	strast 12
leidenschaftlich	strastan 12
Leihwagen *(m.)* (-)	auto za iznajmljivanje, rentakar 3
lesehungrig	strastveni čitalac 67
Lesestoff *(m., sing.)*	lektira, štivo 67
Letztgenannte *(m.* ili *f.* ili *n.)* (-n)	poslednji/a/e pomenut/a/o 53
letztlich *(adv.)*	na kraju krajeva, na koncu 60
leuchten	osvetliti 11
Lichtgeschwindigkeit *(f., sing.)*	brzina svetlosti 23
lieb haben	sviđati se 11
lieber	radije 15
Liebesverhältnis *(n.)* (-se)	ljubavna veza 58
lieblich	mio, umilan, ljubak 11
Liebling *(m.)* (-e)	ljubimac, miljenik 32
Lieblings-	omiljeni 32
Liebste *(m.* ili *f.)* (-n)	voljeni 11
liefern	dostaviti, isporučiti 60
liegen lassen*	napustiti, ostaviti, zaboraviti 26
liegen*	pružati se 45
Linie *(f.)* (-n)	linija 43
Literaturwissenschaft *(f.)* (-en)	književnost 67
Lob *(n.)* (-e)	hvala, pohvala 22
locken	namamiti, privući 48; iskušavati 54
Lohn *(m.)* (ö -e)	plata 22
lohnen	vredeti 3
lohnen (sich ~)	vredeti truda 1
los'gehen*	otići 2
los'werden*	otarasiti se 27
lösen	rešiti 46
Lösung *(f.)* (-en)	rešenje 6
Löwe *(m.)* (-n)	lav 12
Lunge *(f.)* (-n)	pluća 29
Lust *(f., sing.)*	zadovoljstvo 67; pohota 68
Lust *(f., sing.)* (~ auf)	želja za 67
Lustspiel *(n.)* (-e)	komedija 68
Lyrik *(f., sing.)*	poezija 67

M

Macht *(f., sing.)*	moć 39
Macht *(f.)* (ä -e)	snaga 62
mächtig	snažan 30; moćan 54
Makel *(m.)* (-)	ljaga, mrlja 62
mal	neki dan 47
Mal (jedes ~ wenn)	svaki put kad, uvek kad 27
mal eben	samo na tren, baš, taman 31
Maler *(m.)* (-)	slikar 44
Malerei *(f.)* (-en)	slika 43
manch- *(adj.)*	mnogi, više od jednog 16; neki 16, 24
manch einer *(pr.)*	poneki, više njih 43
manches *(pr.)*	više stvari, dosta toga, neke stvari 24
mangeln: es mangelt an etw.	oskudevati u nečemu 61
männlich	mačo 68
Mappe *(f.)* (-n)	dosije, mapa 57
Marke *(f.)* (-n)	marka, žig 52
Markt *(m.)* (ä -e)	tržište 16
Marktwirtschaft *(f.)* (-en) (freie ~)	slobodna trgovina 59
Masse *(f.)* (-n)	masa 23
Maßnahme *(f.)* (-n)	mera (akcija) 19
Masterarbeit *(f.)* (-en)	master rad 31
Material *(n.)* (-ien)	materijal, materija 66
meckern	gunđati, buniti se 27
mehr denn je	više no ikad 37
Mehrfamilienhaus *(n.)* (äu -er)	kuća u kojoj živi više porodica 51
Mehrheit *(f.)* (-en)	većina 36
Mehrheitswahl *(f.)* (-en)	većinsko glasanje 58
meinen	ceniti, misliti, tumačiti 38
meinen (etw. ~)	misliti na nešto 44
Meinung (… ~ nach)	po mišljenju 43
meist- *(adj.)*	većina 9; najveći broj 58
meistens	najčešće 9; većinu vremena 27
Meisterschaft *(f.)* (-en)	prvenstvo (sportsko) 33
Meisterwerk *(n.)* (-e)	remek delo 6
melden	javiti, obavestiti, upozoriti 64
melden (sich ~)	javiti se, prijaviti se, upisati se, predstaviti se 17; tražiti reč 55
Meldung *(f.)* (-en)	saopštavanje, raport, telegram 33

Menge (eine ~)	puno, velik broj, mnogo 18
Menge *(f.)* (-n)	gomila, mnoštvo 18
merken	shvatiti, primetiti 54
merken (sich etw. ~)	zapamtiti, upamtiti 54
Messehalle *(f.)* (-n)	sajamska hala 57
mieten	iznajmiti 4
Mietwohnung *(f.)* (-en)	iznajmljeni stan 32
Minderheit *(f.)* (-en)	manjina 37
minderwertig	manje vrednosti 37; lošeg kvaliteta 62
mindestens	najmanje 47
Mischehe *(f.)* (-n)	mešoviti brak 32
Mischung *(f.)* (-en)	mešavina 58
missachten	prezirati, ne poštovati 55
misstrauen (jmdm./einer Sache ~)	paziti se, čuvati se nekoga/nečega 59
misstrauisch	nepoverljiv, obazriv 66
missverstehen*	loše razumeti, neshvatati 55
mit'bringen*	doneti, donositi sa sobom 38
mit'hören	prisluškivati 66
mit'nehmen*	poneti 38; poneti sa sobom 67
mit'teilen	oglasiti, objaviti 33
Mitarbeiter *(m.)* (-)	saradnik 25
miteinander	zajedno 10
Mitglied *(n.)* (-er)	član 57
mithilfe *(pred.)*	pomoću 59
mitteleuropäisch	srednjeevropski 37
Mittelmeer *(n., sing.)*	Sredozemno more 20
mitten in	usred, u centru 34
Mitwirkung *(f., sing.)*	učešće 37
möbliert	namešt═ 6
Moderatorin *(f.)* (-nen)	voditeljka 67
mögen* (~ mag auch noch so…)	ma kako, ma koliko 67
möglicherweise	moguće je da 52
Möglichkeit *(f.)* (-en)	mogućnost 6
möglichst	koliko je moguće 25
Moll	mol (muzika) 43
Mord *(m.)* (-e)	ubistvo 46
Mörder *(m.)* (-)	ubica 64
Morgenrot *(m., sing.)*	zora 41

Motto *(n.)* (-s)	moto 25
Mühe *(f.)* (-n)	muka 1
mühsam	mučno 67
Müll *(m., sing.)*	mirisi, smrad 51
musikalisch	melodičan 68
Muskelkater *(m.)* (-)	ukočenost, iznemoglost 29

N

nach *(pred.)*	shodno, prema 50; 52
Nachahmung *(f.)* (-en)	podražavanje, imitacija 62
nacheinander	uzastopno, jedno za drugim 68
Nachfrage *(f.)* (-n)	potražnja 60
nachher *(adv.)*	nakon *(adv.)* 46
Nachkomme *(m.)* (-n)	potomak 9
Nachlass *(m.)* (-e ili ä -e)	nasledstvo, zaostavština 50
Nachrichten *(pl.)*	vesti (na radiju/televiziji) 46
Nachrichtenmagazin *(n.)* (-e)	časopis 66
nachstehend	dole, niže 41
Nachteil *(m.)* (-e)	negativna strana 58
nächtliche Ruhestörung *(f.)* (-en)	noćna buka 51
Nachwirkung *(f.)* (-en)	posledica 68
Nähe (in der ~)	u blizini 5
Nähe *(f.)* (-n)	blizina 5
nähen	šiti 15
namens *(adv.)*	po imenu, nazvan 50
namens *(pred.)*	u ime 50
nämlich	to jest, naime, tačnije 23
Narr *(m.)* (-en)	budala, glupak, idiot 39
nass	mokar, pokvašen 5
natürlich	naravno 8
Navi *(m.)* (-s)	navigacija 16
Nebel *(m.)* (-)	magla 20; gusta magla 44
neben *(pred.)*	ne računajući, bez obzira na, osim 50
Neffe *(m.)* (-n)	nećak 50
Neid *(m., sing.)*	zavist 43
nennen*	navesti 33; imenovati 48
netto	neto 32
Netz *(n.)* (-e)	mreža 68
Neuerscheinung *(f.)* (-en)	novina, novo izdanje 67
neugierig	radoznao 26

neulich	nedavni 46
Nichte *(f.)* (-n)	nećaka 50
Niedergang *(m., sing.)*	silazak, pad 64
niedrig	nizak 20, 61
nirgendwo/nirgends	nigde 67
Nonne *(f.)* (-n)	kaluđerica, monahinja 11
Norden *(m.)*	sever 4
nordwärts	ka severu 4
normalerweise	obično 18; uobičajeno 44
Note *(f.)* (-n)	beleška, nota 22
Notlandung *(f.)* (-en)	prinudno sletanje 64
notwendig	neminovan, neophodan 51
Notwendigkeit *(f.)* (-en)	potreba, neophodnost 59
Nummer *(f.)* (-n)	broj 18
nun	ubuduće 62; sad 69
nutzen/nützen	učiniti unosnim, služiti, koristiti 24; iskoristiti 27

O

oben	gore 41
Oberbürgermeister *(m.)* (-)	gradonačelnik 39
Oberflächlichkeit *(f.)* (-en)	ovlašnost, površnost 68
oberst- *(adj.)*	najviši 54
obgleich *(conj.)*	iako 32
offen	otvoren 37
Öffentlichkeit *(f.)* (-en)	javni 68
ohne dass *(conj.)*	bez da 59
ohne… zu *(conj.)*	bez 44
Ohrfeige *(f.)* (-n)	ćuška, šamar 38
Oma *(f.)* (-s)	baka 44
Opa *(m.)* (-s)	deda 44
ordentlich	uredno, odgovarajuće 51
Ordnung (in ~ sein*)	biti u redu 36
Ordnung *(f.)* (-en)	red 53
Ordnungswidrigkeit *(f.)* (-en)	prekršaj, povreda zakona 52
Ort *(m.)* (-e)	mesto 3; kraj, predeo, varošica, selo 6
örtlich	lokalni, mesni 20
Osten *(m., sing.)*	istok 4
Ostsee *(f., sing.)*	Baltičko more 20
ostwärts	ka istoku 4

P

Paar *(n.)* (-e)	par 38
packen	zgrabiti, ščepati 67
Palme *(f.)* (-n)	palma 3
Papier *(n.)* (-e)	papir 18
Papst *(m.)* (ä -e)	papa 33
Paradies *(n.)* (-e)	raj 26
Parkverbot *(n.)* (-e)	zabrana parkiranja 31
Partei *(f.)* (-en)	partija, stranka 53
passen (zueinander ~)	složiti se 40
passieren	zbivati se, događati se, prolaziti 34
pauken	bubati, učiti 36
peinlich	nezgodno, neprijatno 57
per *(pred.)*	posredstvom 58
per Anhalter	stopom 69
Persönlichkeit *(f.)* (-en)	ličnost 9
Pest *(f., sing.)*	kuga 47
Pfad *(m.)* (-e)	putanja, staza 69
pfiffig	lukav, prepreden 37
Pflege *(f., sing.)*	briga, čuvanje, nadzor 50
Pflicht *(f.)* (-en)	obaveza 39
Pfund *(n.)* (-e)	funta 32
Piepton *(m.)* (ö -e)	zvučni signal 17
Pilz *(m.)* (-e)	pečurka 32
PKW (= Personenkraftwagen) *(m.)* (-s)	putničko vozilo 52
Platzierung *(f.)* (-en)	položaj 58
Pleite *(f.)* (-n) (~ gehen*) *(fam.)*	bankrotirati 61
Polizeipräsidium *(n.)* (*pl.* ~präsidien)	policijska uprava 52
prägen	otisnuti, utisnuti 64
preisgünstig *(adj.)*	po povoljnoj ceni, povoljno 60
Preisträger *(m.)* (-)	laureat, dobitnik nagrade 68
Preisverleihung *(f.)* (-en)	dodela nagrada 68
pressen	pritisnuti, stisnuti, stegnuti 66
Print-Fassung *(f.)* (-en)	štampana verzija 68
privat	lični 60
Probe *(f.)* (-n)	uzorak, provera, ogled 55
Probezeit *(f.)* (-en)	probni period 22
probieren	pokušati 15

Profi *(m.)* (-s)	profesionalac 24
proportional *(adv.)*	srazmerno 58
protokollieren	zavesti, uneti u zapisnik 66
prüfen	proveriti 24
Punkt	tačno (za sate) 27
putzen	čistiti, očistiti 57

Q

Quadrat (im ~)	na kvadrat 23
Qual *(f.)* (-en)	nevolja, muka, patnja 46
quälen	mučiti, kinjiti (životinju) 46
quer	popreko, preko, koso 4
quer durch	kroz 4
Quizshow *(f.)* (-s)	televizijski kviz 46

R

Radwanderung *(f.)* (-en)	vožnja biciklom 6
Ramschware *(f.)* (-n)	bofl 62
Rang *(m.)* (ä -e)	rang 38
rasen	juriti 69
Rate *(f.)* (-n)	otplata, rata, stopa 61
Rathaus *(n.)* (äu -er)	gradska kuća 34
rätselhaft	tajanstven 55
Raum *(m., sing.)*	svemir 30
Raum *(m.)* (äu -e)	prostorija 30
Raum *(m., sing.)*	obim 30
recht	dobar, prikladan, valjan, pravi 15
Recht (~ geben*)	dati za pravo 53
recht (es jmdm. ~ machen)	udovoljiti kome 15
Recht (im ~ sein*)	biti u pravu 8
recht (jmdm. ~ sein*)	odgovarati nekome, pogodovati 15
Recht (zu ~)	zasnovano, opravdano 40
recht *(adv.)*	znatno, relativno 57
Rechtsanwalt *(m.)* (ä -e)	advokat 53
rechtsfähig	pravno sposoban 50
Rechtslage *(f.)* (-n)	pravna situacija 53
rechtzeitig	pravovremene 66
reden	govoriti 4
Regel (in der ~)	obično, po pravilu 58
regelmäßig	redovno, pravilno 2
Regelung *(f.)* (-en)	uredba, propis 34
Regenmantel *(m.)* (ä -)	kišni mantil 20
Regenschauer *(m.)* (-)	pljusak 20

Regie *(f.)* (-n)	režija 66
regieren	vladati 33
Regierung *(f.)* (-en)	vlada 34
Regierungssprecher *(m.)* (-)	portparol vlade 33
Regimegegner *(m.)* (-)	protivnik režima 66
Regung *(f.)* (-en)	osećanje 48
reichen	dostajati, dosezati, biti dovoljan 15
reichen bis	ići do, pružati se do 64
Reihe (eine ~ von)	serija od, niz od 64
rein	čist 39; čisto, čedno 48
reisen	putovati 34
Reisetasche *(f.)* (-n)	putna torba 5
Reiseziel *(n.)* (-e)	odredište 3
Reiz *(m.)* (-e)	draž, privlačnost 6
reizen	izazivati, mamiti 22
reizvoll	pun draži, čari, izazova 37
rennen*	trčati 38
Rest *(m.)* (-e)	ostatak 34
restlich	ostatak, preostali deo 58
Restmüll *(m., sing.)*	otpad koji se ne reciklira 51
Rezept *(n.)* (-e)	lekarski recept 29
Richter *(m.)* (-)	sudija 53
richtig	doista, zacelo 8; tačno 10; ispravno 52
Richtung *(f.)* (-en)	pravac 16
riechen*	mirisati, osećati 51
riechen* (nach etw. ~)	osećati nešto 51
riesig	ogromno, gorostasno 17
Ring *(m.)* (-e)	prsten 64
Risiko *(n.)* (*pl.* Risiken)	rizik 61
risikofreudig sein*	imati sklonosti ka riziku 61
Rolle *(f.)* (-n)	uloga 55
Rücken *(m.)* (-)	leđa 29
Rücksicht (auf jmd./etw. ~ nehmen*)	voditi računa o nekome/nečemu 37
rückwärts	unazad, unatraške 43
Ruf *(m.)* (-e)	glas, reputacija 62
Ruhe (in aller ~)	bez žurbe, mirno 4
Ruhe *(f.)* (-n)	odmor, mir 19
rund um… herum *(predloška upotreba)*	unaokolo 44
runter'laden*	preuzeti (sadržaj s interneta) 18

S

Sache *(f.)* (-n)	spor, stvar 20
Sammelband *(m.)* (ä -e)	zbirka pesama 67
sammeln	sakupljati 15; okupiti, sastaviti 66
sämtlich	celokupan, sav 46
Sandbank *(f.)* (ä -e)	peščani sprud 69
Sänger *(m.)* (-)	pevač 46
Satz *(m.)* (ä -e)	rečenica 15
sauber	čist 51
sauer	kiseo 57
Säule *(f.)* (-n)	stub 47
schaffen*	stvarati 37
schalten	menjati brzinu, spojiti, uključiti 46
Scham *(f., sing.)*	sramota 66
schämen (sich ~)	stideti se 46
Schatten *(m.)* (-)	senka 68
Schatz *(m.)* (ä -e)	blago; dragi 47
schätzen	ceniti 38
schauen	gledati 44
Schaufenster *(n.)* (-)	izlog 66
schaukeln	klackati se, ljuljati se 69
Schauspiel *(n.)* (-e)	predstava 45
Schein *(m.)* (-e)	novčanica, priznanica 31; uverenje 50
scheinen*	sijati 20
scheinen*: es scheint	reklo bi se 45
schenken	ponuditi 18
Scheu *(f., sing.)*	bojazan, strah 38
Schicksal *(n.)* (-e)	sudbina 45
Schiedsrichter *(m.)* (-)	sudija 33
schießen*	pucati 33
schießen* (ein Tor ~)	dati gol 33
schildern	opisati 64
schimpfen (auf jmd./ etw. ~)	grditi, psovati nekoga/nešto 38
schimpfen mit	svađati se s nekim 38
Schippe *(f.)* (-n)	lopata 38
Schlaf *(m., sing.)*	san 29
Schlagfertigkeit *(f.)* (-en)	dosetljivost 38
schlau	lukav, vešt 15
schlecht (jmdm. ~ sein*)	osećati mučninu 29
schleppen	vući 20

schließlich	konačno 34; naposletku 67
Schlips *(m.)* (-e)	kravata 39
Schlosser *(m.)* (-)	bravar 31
Schlüssel *(m.)* (-)	ključ 31
schmächtig	kržljav 60
schmeißen*	baciti 39
Schmerz *(m.)* (-en)	bol 29
schmerzhaft	bolno 30
Schmetterling *(m.)* (-e)	leptir 15
schmutzig	prljav 51
Schneider *(m.)* (-)	krojač 9
Schnitzel *(n.)* (-)	šnicla, odrezak 32
Schnupfen *(m.)* (-)	prehlada 29
Schönheit *(f.)* (-en)	lepota 13
Schöpfer *(m.)* (-)	stvaralac 64
Schranke *(f.)* (-n)	međa, granica 64
Schrägstrich *(m.)* (-e)	kosa crta 50
schrecklich *(adv.)*	grozno, strahovito, strašno 17
Schreiben *(n.)* (-)	pošta 19
Schreibmaschine *(f.)* (-n)	pisaća mašina 66
schüchtern	stidljiv 24
Schuh *(m.)* (-e)	cipela 38
Schuld *(f., sing.)*	krivica, greška, prestup, odgovornost 59
Schürze *(f.)* (-n)	kecelja, pregača 57
schütteln (den Kopf ~)	klimnuti glavom 40
schütteln (sich ~)	drmati, stresti, tresti 38
Schutz *(m., sing.)*	zaštita 48
schützen	štititi, braniti 48
schwach	slab 54
Schwäche *(f.)* (-n)	slabost, slabo mesto 24; greška 27
Schwan *(m.)* (ä -e)	labud 69
Schwanz *(m.)* (ä -e)	rep 38
schwarz	crna 38
schweigen*	ćutati 15
schwer	težak, mučan 29
Schwerpunkt *(m.)* (-e)	težište 67
Schwierigkeit *(f.)* (-en)	teškoća 61
schwimmen*	plutati 65
schwinden*	gubiti se, nestajati, iščezavati 65
schwül	zapara, omorina, teško vreme 20
See *(f., sing.)*	more 3

Seele *(f.)* (-n)	duša 30
sehenswert	vredan da se vidi/poseti 47
Sehenswürdigkeit *(f.)* (-en)	turistička atrakcija, znamenitost 6; turistička lokacija 47
Sehnsucht *(f.)* (ü -e)	čežnja, žudnja 30
sei es… sei es	bilo… bilo 58
seitdem *(adv.)*	odonda 26; otada 60
seitens *(pred.)*	od strane 68
seither *(adv.)*	otad 39
Selbstporträt *(m.)* (-s)	autoportret 45
selten	redak 32
seltsam	neobičan, čudnovat 30
senden* *(jak* ili *slab)*	slati 46; poslati 48
senken	spustiti 33
setzten (unter Druck ~)	vršiti pritisak 66
siamesisch	sijamski 30
sicher	sigurno 5; siguran 66
sicher sein* (einer Sache ~)	biti siguran/uveren u nešto 61
Sicherheit *(f.)* (-en)	bezbednost, sigurnost 27
Sieg *(m.)* (-e)	pobeda 58
Silber *(n., sing.)*	srebro 15
sinken*	padati, tonuti, srušiti se 11
Sinn *(m., sing.)*	smisao 67
Sitz *(m.)* (-e)	sedište 58
sitzen lassen*	napustiti 17; ne doći na sastanak 31
Sitzung *(f.)* (-en)	sednica 22
so dass *(conj.)*	tako da 60
soeben	tek što, upravo 53
sofern *(conj.)*	ako, ukoliko 40; ukoliko 52
sogenannt	ono što nazivaju 32; takozvani 34; zvani, rečeni 58
Sohn *(m.)* (ö -e)	sin 10
solange *(conj.)*	sve dok, doklegod 39
solch- *(adj.)*	takav, ovakav, sličan, isti 19; tog tipa 19, 45
solch ein	jedan takav 43
Sommer *(m.)* (-)	leto 3
sonderbar	čudan 17
sooft *(conj.)*	svaki put kad 36; uvek kad, kad god 51
Sorge *(f.)* (-n)	briga, nemir 59
sortieren	odabirati, prebirati, sortirati 51

Sortiment *(n.)* (-e)	paleta proizvoda, asortiman 60
soweit *(conj.)*	koliko, ukoliko 67
sowie	kao što, kao i 37
sowieso	u svakom slučaju 47
sowohl… als auch	i… i, isto tako kao 45
sozial	društven, socijalan 68
Sozialbeitrag *(m.)* (ä-e)	socijalno osiguranje 32
spannend	napet, uzbudljiv 2
Spannung *(f.)* (-en)	trenutak napetosti 2; tenzija 12
Sparkasse *(f.)* (-n)	štedionica 61
Sparkonto *(n.)* (*pl.* ~konten)	štedni račun 61
sparsam	štedljiv, čuvaran 37
Speicher *(m.)* (-)	skladište, ambar, memorija 67
speichern	snimiti 52, 67; smestiti, memorisati, sačuvati, uskladištiti 67
Spekulant *(m.)* (-<u>en</u>)	špekulant 43
spendieren	pokloniti 38
sperren	blokirati, preseći, zabraniti 33
Spiel *(n.)* (-e)	meč 33
Spielfilm *(m.)* (-e)	igrani film 46
Spitze *(f.)* (-n)	vrh 22
Sportgerät *(n.)* (-e)	sportska oprema 60
Sportmöglichkeit *(f.)* (-en)	sportska oprema (kapaciteti) 6
Sprichwort *(n.)* (-e) ou (ö -er)	poslovica 15; izreka 31
Spruch *(m.)* (ü -e)	izreka, maksima 15
Spur *(f.)* (-en)	kolovoz 16
spüren	osećati 45
Staat *(m.)* (-en)	država 19
Staatshaushalt *(m.)* (-e)	državni budžet 24
Staatssicherheit *(f., sing.)*	državna bezbednost 66
stabil	stabilan 58
städtisch	građanski 45
Stadtplan *(m.)* (ä -e)	plan / mapa grada 47
Stadtverwaltung *(f.)* (-en)	opština 19
Stadtviertel *(n.)* (-)	kvart, gradska četvrt 47
Stamm *(m.)* (ä -e)	loza, pleme, rod, stablo 9
stammen	voditi poreklo 9
ständig	stalno, neprekidno 51
Standpunkt *(m.)* (-e)	stanovište, stajalište 53

Star *(m.)* (-s)	zvezda 39
stark	jak 20
Stärke *(f.)* (-n)	snaga, sila 24
statistisch	prema statistikama 32
statt *(pred.)*	umesto 46
statt'finden*	dogoditi se 48
statt… zu *(conj.)*	umesto 44
Steckdose *(f.)* (-n)	utičnica 67
stecken	staviti 31
stehen* (hinter etw. ~)	započeti nešto 66
stehen bleiben*	prestati (da radi), pokvariti se 5
stehen lassen*	napustiti koga 31
stehen*	stajati, pisati (na dokumentu) 43
stehen* (aufrecht ~)	stajati 45
steigen*	popeti se 20
Stein *(m.)* (-e)	kamen 69
Stellenangebot *(n.)* (-e)	ponuda za posao 24
Stellenanzeige *(f.)* (-n)	oglas za posao 25
Stellung *(f.)* (-en)	mesto, položaj 52
Sterbefall *(m.)* (ä -e)	smrtni slučaj 9
sterben*	preminuti, umreti 50
stets	uvek 27
Steuer *(f.)* (-n)	porez 32
Steuerzahler *(m.)* (-)	poreski obveznik 19
Stiefel *(m.)* (-)	čizma 44
Stiefmutter *(f.)* (ü -)	maćeha 10
Stiefvater *(m.)* (ä -)	očuh 10
Stier *(m.)* (-e)	bik 12
still	mir 64; u miru, u tišini 69
Stimmanteil *(m.)* (-e)	deo glasova 58
stimmen (für etw./jmdn. ~)	glasati za nekoga/nešto 53
Stimmung *(f.)* (-en)	atmosfera 27; 45
stolz	ponosan 24
stören	uznemiravati 26
Strafzettel *(m.)* (-)	zapisnik 31
Strahl *(m.)* (-en)	zrak 41
Straßenbahn *(f.)* (-en)	tramvaj 38
streben nach	težiti ka, nastojati 41; želeti dostići 54
Strecke *(f.)* (-n)	put, itinerer 16
streichen*	otkazati, izbrisati, precrtati, prevući 57
Streife *(f.)* (-n)	policijska patrola 16

Streit *(m.)* (-e)	svađa 51; spor, rasprava 53
streiten* (sich ~)	svađati se, prepirati se 50
streng	strogo 33
streuen	podeliti 61
Strom *(m.)* (-e) ili (ö -e)	reka 41
Stück *(n.)* (-e)	deo 47
Stufe *(f.)* (-n)	stepenik 37
stundenlang	satima 27
Suchmaschine *(f.)* (-n)	pretraživač 60
süchtig nach	gladan nečeg, željan, požudan 66
südwärts	ka jugu 4

T

Tafel *(f.)* (-n)	sto 40
Tageslicht *(m., sing.)*	dnevna svetlost 69
Tagesschau *(f.)* (-en)	TV dnevnik 46
Tageszeitung *(f.)* (-en)	dnevne novine 26, 33
täglich	svakodnevan 2
Tal *(n.)* (ä -er)	dolina 6
Talk-Show *(f.)* (-s)	televizijki šou /debata 46
Tapferkeit *(f.)* (-en)	hrabrost, junaštvo 39
Tasche *(f.)* (-n)	džep, tašna, kesa, torba 31
Taste *(f.)* (-n)	taster 44
Tat (in der ~)	zapravo 23
tätig sein* bei	raditi, biti zaposlen u/kod 40
Tätigkeit *(f.)* (-en)	delatnost, rad, zanimanje 24
Tatsache *(f.)* (-n)	činjenica 36, 37
Tausch *(m.)*(-e)	razmena 5
Tausend *(n.)* (-e)	hiljadu 34
Teich *(m.)* (-e)	jezero, bara 19
Teil *(m.)* (-e)	deo 1
teil'nehmen*	učestvovati 47
teilen	deliti, imati zajedničko 13
Tempel *(m.)* (-)	hram 45
testamentarisch	testamentni, zaveštajni 50
testen	tester 33
teuer	drag, mio 41
Theaterstück *(n.)* (-e)	pozorišni komad 68
Thema *(n.)* (*pl.* Themen)	tema 40
tief	dubok 11
Tief *(n.)* (-s)	nizak pritisak, depresija 20

Tiefdruckgebiet *(n.)* (-e)	zona niskog pritiska 20
Tiefe *(f.)* (-n)	dubina 45
tiefgreifend	dubok 59
Tipp *(m.)* (-s)	uputstvo, savet 24
tippen	kucati (na mašinu) 16
Tod *(m.)* (-e)	smrt 11; 50
todernst	suviše ozbiljan, smrtno ozbiljan 39; 61
todsicher	apsolutno siguran 61
Todsünde *(f.)* (-n)	smrtni greh 68
toll	divan, čudesan, sjajan 4; lud 4, 39; super 16; ćaknut 39; fantastičan 61
Ton *(m.)* (ö -e)	nijansa (boje) 45
Tor *(m.)* (-en)	glup, budala 64
Tor *(n.)* (-e)	gol 33; vrata 54; kapija 64
Torheit *(f.)* (-en)	glupost 38
töten	ubiti 46
Tote *(m.* ili *f.)* (-n)	pokojnik, mrtvac 11
traurig	tužan 11
Trauung *(f.)* (-en)	venčanje 10
treffen*	stići, naići, sresti 33
Treffpunkt *(m.)* (-e)	sastajalište 44
treiben* (jmdn. in etw. ~)	gurnuti nekog 64
Treppe *(f.)* (-n)	stepenice 26
Treppenhaus *(n.)* (äu -er)	stepenište 51
treu	veran 12
Trick *(m.)* (-s)	dosetljivost 24; smicalica, majstorija 62
trocknen	osušiti se 20
trotz *(pred.)*	uprkos 39; 54
trotzdem	mada, premda, i pored toga 61
Tugend *(f.)* (-en)	vrlina 26
tun, als ob/als wenn	praviti se kao da 11

U

Übel *(n.)* (-)	zlo, nesreća, nevolja 58
üben	vežbati, trenirati 2
über *(pred.)*	preko 4; odnosno 37; posredstvom 58
über'gehen* zu	preći na / preko 41
überlassen*	ustupiti 53, 64
über'laufen*	izliti se, preliti se 51
übernehmen*	preuzeti 53
über'quellen*	preteći preko, premašiti 51
überhand nehmen*	uvećati se, raširiti se, uzeti maha, 59

überhaupt	u osnovi, u suštini, stvarno 1
überlegen	razmisliti 44
übernehmen* (die Macht ~)	uzeti vlast 39
überprüfen	proveriti 16
Überraschung *(f.)* (-en)	iznenađenje 17
Übersetzung *(f.)* (-en)	prevod 1
übertreiben*	preterati 10
überwachen	nadgledati, motriti 66
Überwachung *(f.)* (-en)	nadgledanje, motrenje 59
üblich	običan, uobičajen 24
übrig bleiben*	ostati 53
Übrigen (im ~)	inače, uostalom 60
übrigens	uostalom 18
Ufer *(n.)* (-)	obala 19
Uhrzeit *(f.)* (-en)	radno vreme 52
um *(pred.)*	oko 60
um'drehen	vratiti se, okrenuti 43
um'gehen* mit	zanimati se nečim, baviti se nečim 48
Umbau *(m., sing.)*	prepravka, preuređenje 33
Umfrage *(f.)* (-n)	anketa 59
Umgangssprache *(f.)* (-n)	govorni jezik 16
umgeben*	okružiti, opasati, opkoliti 37
umgehen*	obilaziti, zaobići 62
Umsatz *(m.)* (ä -e)	obrt, promet 60
umsonst	besplatno, ni za šta, uzaludno 30
Umstand *(m.)* (ä -e)	okolnost, prilika 66
Umweltschutz *(m., sing.)*	zaštita životne sredine 19
Umzug *(m.)* (ü -e)	svečana povorka 39
unabhängig	nezavisan 25
unbedingt	nužno, neophodno 59
unbestimmt	neodređeno 30
unendlich	beskonačno 64
unentschieden	neodlučno, nerešeno 53
unentschlossen	nejasno 59
Unfall *(m.)* (ä -e)	nesreća, nesrećni slučaj 29
unfehlbar	neizostavno, nepogrešivo 30
ungeheuer	ogromno, strahovito, čudovišno 65
ungenügend	nedovoljno 22
Ungerechtigkeit *(m.)* (-en)	nepravda 68
ungestört	spokojan, miran 19

ungewöhnlich	izuzetan, neobičan 6; nesvakidašnji 9; izvanredan 40
Ungleichheit *(f.)* (-en)	nejednakost 59
Unglück *(n.)* (-e)	nesreća, nedaća, nevolja 48
unheilbar	neizlečiv 13
unheimlich	neprijatan, neugodan, čudnovat, mračan, zloslutan, zlokoban 16
unnötig	izlišan, suvišan 59
unrecht (jmdm./einer Sache ~ tun*)	biti nepravedan prema kome/čemu 36
Unrecht sein* (im ~)	nemati pravo 53
unruhig	nemiran 69
Unsinn *(m., sing.)*	besmislica, nonsens 33
unter *(pred.)*	manje od 60
unter anderem	između ostalog 66
unter Mithilfe	pomoću 66
unter'gehen*	zalazak sunca 42
untereinander	međusobno, uzajamno 36
Untergebene *(m.* ili *f.)* (-n)	podređen, zavisan 25
unterhalten*	izdržavati, održavati 66
unterhaltsam	zabavan 46
Unterlage *(f.)* (-n)	dokument, dosije 57
unternehmen*	preduzeti 59
Unternehmensgründer *(m.)* (-)	osnivač preduzeća 60
untersagen	zabraniti 19
unterschiedlich	različit 37
unterst- *(adj.)*	najniži 54
unterstützen	podržati 48
untersuchen	ispitati, istažiti, proveriti 29
Untersuchung *(f.)* (-en)	ispitivanje, istraživanje 46
unterteilen (sich ~)	deliti se 37
unterwegs	na putu, putem 69
unterzeichnen	potpisati 50
ununterbrochen *(adv.)*	neprestano, neprekidno 57
unverzichtbar	bitan, suštinski 66
unverzüglich	odmah 34
unvorsichtig	nepažljiv 52
unwiderstehlich	neodoljiv 64
unwirksam	bez dejstva, neuspešan 50
unzählig	bezbrojan, nebrojiv 34

Uraufführung *(f.)* (-en)	premijera 48
Urenkel *(m.)* (-)	praunuk 9
Urgroßeltern *(pl.)*	prababa i pradeda 9
Urkunde *(f.)* (-n)	akt, dokument 9
Ursprung *(m.)* (ü -e)	poreklo 62
ursprünglich	iskonski 37; prvobitno 41
Urteil *(n.)* (-e)	osuda, presuda 50
usw. (= und so weiter)	itd. 24

V

verabschieden	izglasati (zakon) 62
verabschieden (sich ~)	uzeti odmor 8
veranlassen	narediti 19
veranstalten	prirediti (predstavu) 3
Veranstaltung *(f.)* (-en)	predstava, manifestacija 3
verantwortlich	odgovoran 59
Verantwortung *(f.)* (-en)	odgovornost 60
verantwortungsvoll	s odgovornošću 22
verbergen*	sakriti, skrivati 64
verbessern	ispraviti 2
verbessern (sich ~)	popraviti se, poboljšati se 30
verbinden*	povezati, spojiti 30
Verbitterung *(f.)* (-en)	ogorčenost, ozlojeđenost 64
Verbrauchermarkt *(m.)* (ä -e)	super market 60
Verbrechen *(n.)* (-)	zločin 59
verbreiten	raširiti, rasprostirati 1
Verdacht *(m.)* (-e ili ä -e)	sumnja 66
verdächtigen	sumnjičiti 66
verdammt	proklet 18
Verdauung *(f.)* (-en)	varenje 29
verdecken	pokriti 45
verdoppeln	preticati 61
verdreifachen	utrostručiti 22
verehren	obožavati, poštovati 67
vereinbaren	dogovoriti 9
Vereinbarung *(f.)* (-en)	dogovor 53
vereint	ujedinjen 41
vereinzelt	razasut 20
Verfahren *(n.)* (-)	postupak 52
verfahren* (sich ~)	izgubiti se, zalutati, pogrešiti put 16

verfassen	napisati, sastaviti 41
Verfasser *(m.)* (-)	pisac 66
verfilmen	filmska adaptacija 68
verfolgen	goniti, terati 59
verfügen (über etw. ~)	raspolagati 58
Verfügung *(f.)* (-en)	raspolaganje 50
vergeben*	dodeliti, dati 58
vergeben* (jmdm. etw. ~)	oprostiti nekome nešto 58
vergeblich	uzaludan 54; uzaludno 55
vergleichen*	uporediti 60
Verhaftung *(f.)* (-en)	hapšenje 66
Verhältnis *(n.)* (-se)	razmera, odnos 58
Verhältnisse *(pl.)*	situacija, uslovi 58
verhandeln	pregovarati, trgovati 60
verhindern	sprečiti 58
verirren (sich ~)	zalutati, izgubiti se 16
Verkauf *(m.)* (äu -e)	prodaja 53
Verkehr *(m., sing.)*	saobraćaj 16
verkehren	ploviti duž, saobraćati (bus, voz) 22
Verkehrsteilnehmer *(m.)* (-)	korisnik puta 52
Verlag *(m.)* (-e)	izdavačka kuća 67
verlagern (sich ~)	premeštati se, seliti se 20
verlangen	zahtevati 53; tražiti 54
verlassen*	napustiti 13
Verlauf *(m., sing.)*	razvoj, ishod 54
verlegen *(adj.)*	smeten, zbunjen 38
verlieben (sich in jmdn. ~)	zaljubiti se u nekog 13
verlobt	verenik 13
Verlust *(m.)* (-e)	gubitak 61
vermeiden*	izbeći 24
vermuten	pretpostavljati 62
veröffentlichen	objaviti 66
Veröffentlichung *(f.)* (-en)	objava, izdavanje knjige, publikacija 68
Verpackung *(f.)* (-en)	pakovanje, ambalaža 62
Verpflegung *(f.)* (-en)	snabdevanje, ishrana 6
verpflichtet sein*	morati 52
Verrat *(m.)* (-e)	izdaja 66
verraten*	izdati 66
Versager *(m.)* (-)	neuspeo, promašen 22
verschaffen	dobaviti, nabaviti 62
verschieben*	pomeriti 15; odložiti 57

verschieden	različit 36
verschlimmern	pogoršati 30
verschlossen	prikriven 37
verschreiben*	prepisati 29
verschwinden*	nestati 26
Versehen *(n.)* (-)	greška, nepažnja, omaška 18
versichern	uveravati, jamčiti 57
versperren	zatvoriti, preprečiti (put) 38
verspüren	osećati 66
verständlich (sich ~ machen)	sporazumeti se 1
Versteck *(n.)* (-e)	skrovište 66
verstecken	sakriti 62
verstehen* (sich auf etw. ~)	razumeti se u nešto 48
Verstorbene *(m.* ili *f.)* (-n)	pokojnik/ca 50
verstoßen* (gegen etw. ~)	prekršiti, ne poštovati 55
versuchen	pokušati 13
verteilen	podeliti 58
Verteilung *(f.)* (-en)	podela 58
Vertrag *(m.)* (ä-e)	ugovor 10
vertragen* (sich ~ mit)	izmiriti se, pomiriti se sa 8
vertrauen (jmdm./einer Sache ~)	imati poverenja u nekog/nešto 59
vertreiben*	terati, emitovati, (po)deliti, isterati 60
vertreten*	predstavljati 32
Vertrieb *(m., sing.)*	prodaja, distribucija 60
Verwaltung *(f.)* (-en)	uprava, administracija 19
Verwaltungsabteilung *(f.)* (-en)	administrativno odeljenje 19
verwandt sein*	biti u rodu/srodstvu s nekim 9
Verwandtschaft *(f.)* (-en)	srodstvo 9
verwarnen	upozoriti, opomenuti, dati na znanje 52
Verwarnung *(f.)* (-en)	upozorenje, opomena 52
verwenden* *(jak* ili *slab)*	koristiti 2; upotrebiti 4
verwundern (sich ~)	čuditi se 38
verzichten	ne priznati, odbaciti 66
verzweifeln an	očajavati 64
Verzweiflung *(f.)* (-en)	očajanje, beznađe 13
vielfältig	promenljiv, raznolik 37
vielmehr *(adv.)*	naprotiv, baš suprotno 62
Vielzahl *(f., sing.)*	mnoštvo 60

Volk *(n.)* (ö -er)	narod 11
Volkslied *(n.)* (-er)	narodna pesma 11
voll	celokupan, ceo 47; celo, potpuno 61
vollenden	dovršiti 26
voller *(pred.)*	pun 67
völlig	potpuno 17; 29; sasvim 34; zaista 36
vollständig *(adj.)*	celokupan, potpun 41
vor'bereiten (sich auf etw. ~)	pripremiti se, spremiti se 46
vor'gehen*	žuriti (sat), ići napred, prethoditi, imati prednost, postupiti 46
vor'lesen*	čitati naglas 64
vor'machen (jmdm etw. ~)	prikazati nešto nekome 43
vor'nehmen* (sich ~)	dati reč, doneti odluku 8
vor'schlagen*	predložiti 55
vor'werfen*	prebaciti 52
vorangegangen	prethodni 40
vorausgesetzt *(adv.)*	pod uslovom da 36
vorausgesetzt dass *(conj.)*	pod pretpostavkom/uslovom da 36
Voraussetzung *(f.)* (-en)	uslov 60
vorbei'kommen*	proći pored 51
Vordergrund *(m.)* (ü -e)	prvi plan 44
Vorgesetzte *(m.* ili *f.)* (-n)	nadređeni 24
vorgezeichnet	obeležen, označen 67
vorhanden sein*	biti na raspolaganju, postojati, biti tu 37
vorher	ranije 10; pre 18; unapred 61
Vorladung *(f.)* (-en)	pozivnica 52
Vorleser *(m.)* (-)	čitalac 64
vorne (von ~)	od početka 18
Vorschlag *(m.)* (ä -e)	predlog 53
Vorwand *(m.)* (ä -e)	izgovor 66
Vorwurf *(m.)* (ü -e)	prigovor, zamerka 52

W

Waage *(f.)* (-n)	vaga 12
wachsen*	rasti, napredovati 37
Wachstum *(n., sing.)*	rast 59
Wahl *(f.)* (-en)	izbor, biranje 39
Wahlberechtigte *(m.* ili *f.)* (-n)	birač 58
wählen	birati 22
Wähler *(m.)* (-)	birač, glasač 58
Wahlkampf *(m.)* (ä -e)	izborna kampanja 57

Wahlkreis *(m.)* (-e)	okrug 58
Wahlmodus *(m.)* (*pl.* ~modi)	način glasanja 58
Wahlversprechen *(n.)* (-)	izborno obećanje 59
wahr	istinit, pravi, stvaran 55
wahr'nehmen*	opaziti, primetiti 54
während *(conj.)*	dok 32
während *(pred.)*	tokom 34
Wahrheit *(f.)* (-en)	istina 2
Wahrscheinlichkeit *(f.)* (-en)	verovatnoća 60
Wahrzeichen *(n.)* (-)	oznaka, znak, amblem 47
Wanderer *(m.)* (-)	pešak 44; šetač 45
wandern	pešačiti 6; hodati, ići, putovati 45
Wanderung *(f.)* (-en)	pešačenje, šetnja 6; putovanje 69
Ware *(f.)* (-n)	roba 62
was auch immer	ma šta 55
Waschmaschine *(f.)* (-n)	veš mašina 31
Weber *(m.)* (-)	tkalac 9
wechseln mit	smenjivati se sa 37
Weg *(m.)* (-e)	put 38
wegen *(pred.)*	zbog 16
weigern (sich ~)	odbiti 8, 53
Weihnachtslied *(n.)* (-er)	božićne pesme 69
weinen (vor Angst/ Freude ~)	plakati (od straha/sreće) 67
weise	mudar 41
Weise *(f.)* (-en)	način 36
weit *(adj.)*	širok 37
weiter'geben*	predati, preneti 67
weiter'gehen*	ići dalje, produžiti 47
welche *(pr.)*	neki, koji 18
welch ein/eine…!	kakav, koji/kakva/koja…! 36
Weltall *(n., sing.)*	svemir 30
Weltbevölkerung *(f.)* (-en)	svetska populacija 1
Weltbild *(n.)* (-er)	slika sveta 64
Wende *(f.)* (-n)	preokret, obrt 66
wenden	okrenuti, zaokrenuti 16
wenig- *(adj.)*	neki 34
Werbung *(f.)* (-en)	reklama 45
werden*	postati 13
werden* zu	pretvoriti se u 13

werfen*	baciti 39
wert sein*	vredeti 48
wesentlich	bitan, suštinski 37
Wesentlichen (im ~)	u suštini 37
Westen *(m., sing.)*	zapad 4
westlich	zapadni 34
westwärts	ka zapadu 4
Wettbewerb *(m., sing.)*	konkurencija 59
Wettbewerb *(m.)* (-e)	nadmetanje 41; takmičenje 62
Wettbewerbsfähigkeit *(f.)* (-en)	konkurentnost 62
Wettbewerbsvorteil *(m.)* (-e)	konkurentska prednost 62
Wettervorhersage *(f.)* (-n)	vremenska prognoza 20
widerspiegeln *ili* wider'spiegeln	odbijati, ogledati 58
widersprechen* (sich ~)	sam sebe osporiti 30
Widerspruch (im ~ stehen* zu)	biti u protivurečnosti s 38
widersprüchlich	protivurečan 59
widerstehen*	odoleti, suprotstavljati se 40
Widerwille *(m., sing.)*	averzija, odvratnost, gađenje 38
widmen	posvetiti 66
Widmung *(f.)* (-en)	posveta 66
wie dem auch sei	kako god bilo, u svakom slučaju 51
wieder'entdecken	obelodaniti 64
wieder'geben*	ponovo proizvesti, umnožiti 41
wieder'kommen*	opet doći, vratiti se 69
Wiedergabe *(f.)* (-n)	reprodukcija 50
wiederholt	ponovljen, u više mahova 54
Wiedervereinigung *(f.)* (-en)	ujedinjenje 34
wieso?	kako to? 4
Wille *(m.)* (-n)	volja 50
Wind *(m.)* (-e)	vetar 20
Winter *(m.)* (-)	zima 3
Wirklichkeit *(f.)* (-en)	stvarnost 6
wirksam werden*	imati dejstvo 52
wirtschaftlich	ekonomski, privredni 59
Wirtschaftsprüfer *(m.)* (-)	računovođa-stručnjak 43
Wissen *(n., sing.)*	znati 64

Witwer *(m.)* (-)	udovac 13
Witz *(m.)* (-e)	vic, šala 27
woanders	drugde, na drugom mestu 30
wobei *(adv.)*	pri čemu 37
Wochenende *(n.)* (-n)	vikend 40
wofür?	za šta? zašto? 16
wohl	verovatno 11, 34; sigurno 19; pretpostavljam 46
Wohlstand *(m., sing.)*	blagostanje, napredak 59
Wolke *(f.)* (-n)	oblak 20
wolkig	oblačan 20
Wolle *(f., sing.)*	vuna 25
wollen*	nameravati 50
Wort *(n.)* (-e) (geflügelte ~)	aforizam, krilatica, mudra izreka 15
Wort *(n.)* (-e)	reč 34
Wunder (kein ~, dass)	ne čudi da 34
wunderbar	divan 5
wundern	začuditi 8
Wunsch *(m.)* (ü -e)	zahtev, želja 59; 64
Wurzel *(f.)* (-n)	koren 30

Z

zahlen	platiti 52
zahlreich	brojan 68
Zahlung *(f.)* (-en)	plaćanje 52
Zahlungsvordruck *(m.)* (-e)	uplatnica 52
Zärtlichkeit *(f.)* (-en)	nežnost 12
Zauber *(m.)* (-)	magija, čarolija 48
Zeichen *(n.)* (-)	signalizacija 52
zeigen	pokazati 13
Zeile *(f.)* (-n)	red (teksta) 27
zeitgenössisch	savremen 46
Zeitgeschehen *(n.)* (-)	događaj jednog vremena/epohe 64
Zeitschrift *(f.)* (-en)	časopis 68
Zeugnis *(n.)* (-se)	potvrda, svedočanstvo, uverenje 23
Ziel *(n.)* (-e)	cilj, meta 3; odredište 16
Zins *(m.)* (-en)	kamata 61
zu'bereiten	pripremiti, zgotoviti 26
zu'nehmen*	povećavati se, rasti 20; uvećati se 20, 60
zu'sagen	prihvatiti (poziv) 17
zu'schauen (jmdm. bei etwas ~)	gledati nekog kako nešto radi 44

zu'schreiben*	pripisati, dodeliti 37
zu'stehen* (jmdm. ~)	pripadati nekome 58
zu'tragen* (sich ~)	dogoditi se, desiti se 69
zu'treffen*	biti tačan 53
zu'wenden* (jmdm. etw. ~) *(jak* ili *slab)*	darivati koga 50
zufällig	slučajno 8; kao slučajno 51
zufrieden	zadovoljan 22
zufrieden stellen	ugoditi, zadovoljiti 64
Zufriedenheit *(f., sing.)*	radost, zadovoljstvo 48
Zugang *(m.)* (ä -e)	prilaz, pristup 18, 34; prijem 52
zugleich	u isti mah, istovremeno 30
zumindest	barem 61
zunächst	prvo 46; najpre 60; na početku 62
zunehmend *(adv.)*	sve više 20; postupno, postepeno 62
Zuneigung *(f.)* (-en)	naklonost, privrženost 13
zurück'gehen* auf	datirati iz, poticati iz 37
zurück'kehren	vratiti se 26
zurück'senden* *(jak* ili *slab)*	poslati nazad 52
zurück'treten*	dati otkaz 33
zurück'weisen*	odbiti, odbaciti, odgoditi 50
zurück'zahlen	vratiti, refundirati 59
zurzeit	ovog časa 17; sad 18; trenutno 61
zusammen'brechen*	srušiti se, stropoštati se 43
zusammen'finden*	sjediniti se 11, 60; ujediniti se 40; 60
zusammen'stellen	ujediniti, sastaviti 57
zusammen'wachsen*	stopiti, spojiti, sjediniti se 37
zusammen'zählen	sabrati 10
zusätzlich	dodatni 40; osim toga 58; uz to 68
Zuschauer *(m.)* (-)	gledalac 38; TV gledalac 53
zuständig	nadležan, odgovoran 19
Zustimmung *(f.)* (-en)	pristanak, saglasnost 53
zuvor	ranije, pre 64
Zuwachs *(m.)* (ä -e)	rast 60
Zweifel *(m.)* (-)	sumnja 61
zweifeln	sumnjati 57
zweitens	drugo 47
Zwerg *(m.)* (-e)	patuljak 26
Zwilling *(m.)* (-e)	blizanci 12
zwingen*	primorati 9; prisiliti, naterati 66

CIP - Каталогизација у публикацији
Библиотека Матице српске, Нови Сад

811.112.2(075.4)

AJСМАН, Фолкер
Nemački : usavršavanje / Volker Eismann ; prevod i adaptacija Goran Živanović ; ilustracije Ž. L. [Žan-Luj] Guse. - 1. izd. - Novi Sad : Riznica lepih reči, 2016 (Novi Sad : Riznica lepih reči). - XI, 696 str. : ilustr. ; 24 cm. - (Assimil)

Izvornik na franc. jeziku. - Tiraž 1.000. - Registar.
- - Deutsch in der Praxis [Elektronski izvor]. - 1 elektronski optički disk (CD-ROM) : zvuk ; 12 cm
Nasl. sa etikete na disku.

ISBN 978-86-7354-239-3 (broš.)
ISBN 978-86-7354-240-9 (kutija)

a) Немачки језик - Приручници
COBISS.SR-ID 308785159

Usavršavanje nemački

ostala Assimil izdanja:

Nemački bez muke
Nemački u džepu
Komplet za konverzaciju - nemački
Nemački kroz pesmu (3-6 godina)